ÉTHIQUE ET DÉONTOLOGIE DU JOURNALISME

Édition revue et augmentée

ÉTHIQUE ET DÉONTOLOGIE DU JOURNALISME

Édition revue et augmentée

MARC-FRANÇOIS BERNIER (PH. D.)
UNIVERSITÉ D'OTTAWA

LES PRESSES DE L'UNIVERSITÉ LAVAL
SAINTE-FOY, 2004

Les Presses de l'Université Laval reçoivent chaque année de la Société de développement des entreprises culturelles du Québec une aide financière pour l'ensemble de leur programme de publication.

Nous remercions le Conseil des Arts du Canada de l'aide accordée à notre programme de publication.

Nous reconnaissons l'aide financière du gouvernement du Canada par l'entremise du Programme d'aide au développement de l'industrie de l'édition pour nos activités d'édition.

Couverture :
Charaf El Ghernati

Mise en page :
Charaf El Ghernati

3e tirage 2011

Dépôt légal (Québec et Canada), 2e trimestre 2004
ISBN 2-7637-8133-0
LES PRESSES DE L'UNIVERSITÉ LAVAL
Pavillon Pollack, bureau 3103
2305, rue de l'Université
Université Laval, Québec
Canada, G1V 0A6
www.pulaval.com
Tél. : (418) 831-7474 ou 1 800 859-7474
Téléc. : (418) 831-4021

TABLE DES MATIÈRES

PRÉFACE

Le livre de Marc-François Bernier est un excellent rappel des valeurs nécessaires pour défendre, et valoriser, les journalistes dans une perspective occidentale. Comment mettre en rapport les pratiques de plus en plus compliquées liées à la technique, à la concurrence, à la mondialisation avec les normes, à la déontologie, au respect des droits et libertés, à la responsabilité, au devoir de vérité, à l'équité, à l'intégrité, à l'impartialité, à la rigueur... ? «Le but avoué de l'ouvrage et de favoriser un journalisme plus juste, et d'encourager la liberté responsable de la presse». Il est d'ailleurs impressionnant de constater le *décalage* entre les différences que chacun perçoit dans la réalité du journalisme – et encore s'agit-il de l'Amérique du Nord, là où toutes les règles sont acceptées – et le nombre de règles et de travaux pour définir, organiser, baliser, réglementer le métier. Peu de professions ont bénéficié d'autant d'intérêt intellectuel, de réglementation, réflexion, analyse pour les défendre, les protéger, les encadrer. On est là au cœur du problème.

Pas de démocratie sans liberté d'information, mais dès que l'on s'approche des conditions *pratiques* de sa production on s'aperçoit de l'immense difficulté et des contradictions. Non seulement les pressions de toutes sortes sont croissantes, mais le statut même de l'information paraît de plus en plus difficile à circonscrire, au fur et à mesure que celle-ci est de plus en plus facile à être produite. C'est sans doute ce *décalage* entre la facilité technique et les difficultés cognitives, sociales, culturelles, économiques et politique liées au métier de journaliste qui en font une profession particulière. Et pourtant celle-ci se trouve être *au cœur* de la modernité. Le journaliste est une des figures favorites du temps présent, déstabilisant le politique, rivalisant avec le show-business, concurrençant le monde académique. Omniprésent, parfois modeste, il est de plus en plus arrogant au fur et à mesure qu'il grimpe dans la hiérarchie. Ce prestige ne s'accompagne pas toujours de la popularité, mais il propulse ce métier, et cette fonction sociale, dans le cercle de la nomenclatura occidentale, largement médiatisée pour en faire les grands prêtres de la modernité. Cependant comme je l'ai écrit dans l'introduction d'*Hermès* : « Les journalistes ont-ils encore du pouvoir ?» (n° 35, CNRS Éditions, Paris, 2003), il s'agit «d'une si fragile victoire[1].»

Trois facteurs complémentaires menacent ce métier indispensable à la démocratie et à une certaine conception humaniste de la mondialisation. C'est d'abord le *progrès technique* qui, en favorisant la production et la diffusion d'un nombre considérable d'informations de toute nature, accentue les problèmes de déontologie. C'est ensuite la *pression économique*. L'information et la communication étant devenues des industries mondiales, la concurrence s'est accrue, facilitée par les progrès techniques, qui permet de réduire le délai entre l'évènement et l'information, accentuant ainsi les pressions économiques. Et enfin la fin de l'*affrontement Est–Ouest* qui maintenait une tension entre deux philosophies de l'information. Aujourd'hui l'Occident est seul. Ses valeurs dominent, mais ses industries aussi. Ce qui permet tous les mélanges. Défendre les industries culturelles mondiales et les médias occidentaux n'est pas toujours synonyme de défense de la liberté. On l'a bien vu lors de la guerre en Irak lorsque les médias américains ont littéralement été «embarqués» pendant plus de dix-huit mois. Ils ont largement soutenu la politique du président Bush, malgré l'opposition de l'écrasante majorité des gouvernements du monde, des opinions publiques et des autres médias mondiaux. L'adhésion, sans quasiment aucune nuance et même parfois avec tous les excès, du groupe de Robert Murdoch est saisissante. D'autant que depuis cinquante ans la presse américaine ne cessait de faire des leçons de démocratie et d'indépendance vis-à-vis de tous les médias du monde…

Cet alignement de la presse américaine – dont on a déjà oublié les excès, tant un évènement chasse l'autre – est à la fois une contre-épreuve et une libération pour tous les journalistes. Ceux-ci savent dorénavant qu'il n'y a plus de

1. Dans plusieurs ouvrages, j'ai abordé la question du statut du journaliste: *Éloge du grand public* (1990); *Penser la communication* (1997); *Internet et après?* (1999); *L'autre mondialisation* (2003). La revue *Hermès* a aussi consacré plusieurs numéros à cette question du statut de l'information et des journalistes: *Hermès* n° 4 (1989), «Le nouvel espace public»; *Hermès* n°s 11/12 (1993), «À la recherche du public. Réception, télévision, médias»; *Hermès* n°s 17/18 (1995), «Communication et politique»; *Hermès* n° 35 (mars 2003), «Les journalistes ont-ils encore du pouvoir?»; *Hermès* n° 37 (décembre 2003), «L'audience. Presse, radio, télévision, Internet».

«moralité» ni d'étalon d'une liberté de l'information à l'égard du pouvoir politique. C'est à chaque pays de construire *sa* culture de la liberté de l'information. Au-delà de la désillusion, c'est une émancipation. Et de ce point de vue le livre de Marc-François Bernier est un exemple du modèle achevé d'un certain type de journaliste, avant les déséquilibres liés à la mondialisation technique et économique et aux nouveaux rapports de force mondiaux.

Ces références seront très utiles, quand il faudra refaire les règles déontologiques d'un *nouveau journalisme,* aux prises avec beaucoup plus de désordre des valeurs. Ce livre est une ressource pour penser les problèmes du journalisme à l'heure de la mondialisation. Et l'on peut même avoir une pointe de nostalgie quand on se rend compte de l'immensité des problèmes qui sont devant nous par rapport au capital juridique, symbolique et d'expérience qui existait dans le monde plus fermé d'hier et dont témoigne l'auteur. Dans un monde ouvert, plus multiculturel, tout sera beaucoup plus difficile pour une presse américaine, et même occidentale. S'il est un *domaine* sur lequel l'Occident devra à la fois relativiser sa vision du monde *et* en défendre les valeurs fondamentales qui ont bien une portée universelle, c'est bien dans le domaine de l'information…

Cinq chantiers sont à ouvrir, où le travail notamment de Marc-François Bernier apportera de substantiels secours.

1. *La disjonction information-communication.* Hier l'information, peu nombreuse, créait la communication. Aujourd'hui, avec l'abondance d'informations, on découvre la résistance des récepteurs. Le public n'accepte pas facilement ce qu'on lui dit. L'information ne crée plus la communication. Il y a d'une part le message et d'autre part la relation, la communication. S'il ne faut pas informer en fonction du récepteur, il faut *aussi* admettre l'autonomie du récepteur. Cela complique le travail des journalistes. Il crée l'information, mais le public est de plus en plus méfiant.

2. *L'inégalité Nord-Sud.* Non seulement l'abondance d'informations ne crée pas naturellement la communication, mais on comprend, avec la mondialisation, l'importance des distances culturelles. Le monde est un village global d'un point de vue technique, mais les différences culturelles sont de plus en plus visibles. Non seulement «la fin des distances physiques révèle l'étendue des distances culturelles», mais «chacun voit tout et sait tout». Ce qui veut dire que les peuples du Sud voient non seulement l'inégalité des flux d'informations Nord-Sud, mais surtout ils constatent la faible ouverture culturelle du Nord à l'égard des autres cultures et civilisations. Concrètement, l'information produite

au Nord est facilement reçue au Sud comme un impérialisme culturel. La guerre en Irak n'a fait qu'accentuer ce déséquilibre rendu visible par le monde multipolaire.

3. *Différencier les genres d'informations.* L'abondance d'informations oblige à différencier les genres. *L'information-news* n'a rien à voir avec *l'information-service* en pleine expansion au travers Internet. Pas plus non plus qu'avec *l'information-donnée,* liée à l'essor des bases et des banques de données. Pas plus non plus avec *l'information-loisir* qui est l'autre grand marché lié aux nouveaux médias. Les journalistes doivent engager leurs responsabilités pour l'information-news, et bien distinguer celle-ci de *tous les autres marchés de l'information.* L'information-news, n'est pas «meilleure». Elle est simplement d'une autre nature car elle est liée directement à la politique et à l'histoire. Distinguer les genres d'informations, c'est aussi montrer les liens entre journaliste et documentaliste, et les différencier par rapport à tous les autres professionnels qui produisent de l'information ou de la connaissance.

4. *Une convention internationale sur l'information.* L'abondance d'informations, de genre et de statut différents, et les effets mélangés de la pression économique et politique, obligent à une convention internationale sur l'image et l'information, qui soit normative et contraignante. L'autodiscipline et les règles de déontologie ne suffisent plus. Il faut une règle assortie de sanctions pour stipuler les règles et la responsabilité des uns et des autres (États, groupes de communication, direction, journalistes, tribunaux...). La loi ici n'est pas liberticide, mais au contraire créatrice de liberté. La tradition et l'autocontrôle ne suffisent plus. Il faut un cadre d'ensemble, qui n'empêchera ni les détournements ni les trahisons, mais qui s'imposera à l'ensemble des médias adhérents aux valeurs démocratiques. C'est comme la démocratie; elle peut être trahie quotidiennement, mais les références et le cadre normatif sont là.

5. *Les nouveaux rapports entre information-documentation-connaissance.* Les journalistes sont à l'origine de l'information, mais celle-ci est aujourd'hui multiforme et nécessite de par son volume d'être aussi traitée par des documentalistes. Ceux-ci largement et injustement sous-valorisés sont cependant les compléments indispensables des journalistes. De même pour tout ce qui est connaissance et expertise. Le monde complexe d'aujourd'hui repose autant sur l'information que la connaissance. Il faut en tout cas établir des ponts et marquer la différence entre information, documentation et connaissance. Chacun doit rester dans son espace, *mais* il y a de nouveaux liens à construire à la hauteur des enjeux de culture, technique et politique liés à la «révolution de l'infor-

mation». Si l'on veut que celle-ci reste du côté de l'émancipation, il faut la penser dans un contexte technique économique et géographique du XXIe siècle qui n'a rien à voir avec l'explosion des médias d'il y a un siècle. Sauver les valeurs de l'information, c'est penser les conditions de sa production, sa diffusion et son utilisation dans un monde ouvert et interactif sans commune mesure avec ce qui existait dans les années 1950.

L'Occident doit apprendre à faire deux choses simultanément qui sont partiellement contradictoires. D'une part, reconnaître qu'il n'est plus seul au monde et qu'il peut y avoir d'autres philosophies de l'information non forcément hiérarchisées par rapport à la sienne. D'autre part, défendre néanmoins le modèle universel qu'il a été le premier à construire. *Autrement dit apprendre à gérer respect de la diversité culturelle et maintien d'une référence à l'universalisme*. Les Européens, parce qu'ils ont conquis le monde avant les États-Unis, et ont été obligés de reconnaître, par les défaites militaires, l'importance d'autres civilisations, sont beaucoup plus prêts à comprendre la double dimension de l'information.

Ce livre peut contribuer à une réflexion indispensable sur les réformes à mener, des deux côtés de l'Atlantique, pour adapter et sauver une conception de l'information et du journalisme qui, malgré toutes ses limites, a joué un rôle d'émancipation en deux siècles. Il faut aujourd'hui laisser une place à d'autres conceptions de l'information, et du journalisme, apprendre à être plus modeste et respectueux d'autres cultures, *mais* néanmoins réaffirmer nos valeurs. De toute façon il n'y a pas de liberté possible de l'information sans l'existence de journalistes libres. Ceux-ci restent l'épine dorsale de la liberté de l'information. Pas d'information sans le travail indispensable des journalistes comme médiateurs. C'est le mérite du livre de Marc-François Bernier d'en montrer les difficultés. Le journaliste doit rester à la fois modeste, fier, compétent et discret, indépendant et fidèle à la *confiance que lui accorde le public*.

Dominique Wolton
Directeur de recherche au CNRS
Directeur de la revue Hermès

AVANT-PROPOS

Le journalisme exercé dans les sociétés démocratiques, libérales et pluralistes repose sur des normes fondamentales largement répandues et reconnues. Le présent ouvrage cherche à les expliquer, certes, mais surtout à les documenter et à les expliciter. Sa substance repose largement sur de nombreuses années de pratique de ce métier qui aspire tant bien que mal au rang de profession. Elle repose aussi sur plusieurs années de recherche documentaire (les références bibliographiques vont de 1923 à 2004 !), théorique, analytique et scientifique. Je crois que ce livre saura être utile pour tous ceux qui désirent relever pleinement les délicats et parfois douloureux défis d'une éthique et d'une déontologie du journalisme adhérant au concept de la *liberté responsable de la presse*. En ce sens, il échappe radicalement au régionalisme en se penchant sur les principes et les valeurs du journalisme des sociétés démocratiques. Le livre permettra de les renforcer là où elles existent déjà aussi bien qu'à faciliter leur implantation dans les pays en voie de démocratisation.

Sa forme, surtout en ce qui concerne la seconde partie consacrée aux *piliers du journalisme*, doit beaucoup à des analyses de cas réalisées dans divers contextes, notamment dans le cadre de rapports d'expertises déposés devant les tribunaux pour des litiges civils liés à des allégations de diffamation, litiges où l'expert a souvent le mauvais rôle, malheureusement nécessaire, de documenter avec rigueur et minutie les fautes professionnelles eu égard aux normes journalistiques reconnues. C'est que le souci démocratique du journaliste doit aussi s'étendre au respect des droits et libertés des autres citoyens de la société, à la préservation de leur dignité humaine sans laquelle la vie deviendrait intolérable, d'où l'importance d'un plaidoyer pour une liberté responsable de la presse.

Intégrant, actualisant et présentant sous un nouveau jour des concepts déjà abordés dans des publications éparpillées ainsi que dans la première édition de 1994, il s'agit de la continuation d'une entreprise intellectuelle ; et le lecteur le moindrement familier reconnaîtra rapidement des sentiers déjà visités, mais nullement piétinés encore.

L'approche préconisée est d'inspiration libérale sans être libertarienne. Elle s'alimente largement au courant anglo-saxon en favorisant la recherche d'une certaine compatibilité entre les droits, les libertés et les responsabilités de la presse, tout en accordant un statut privilégié, mais non absolu, à la liberté. Elle reconnaît par ailleurs une large part de la responsabilité professionnelle aux individus plutôt qu'aux structures et organisations, sans toutefois nier le rôle de ces dernières quant aux contraintes qui pèsent parfois lourdement sur les épaules et dans l'esprit des journalistes. À ce chapitre, la commercialisation de l'information, couplée au double phénomène de la concentration et de la convergence des médias traditionnels et des nouveaux médias, ont pour effet d'inciter les grands médias commerciaux à privilégier une information similaire en vue de servir un même public prisé par les annonceurs. Cela encourage parfois le journalisme de meute, le jugement sommaire, les généralisations hâtives ; si bien que maintenant, pour bon nombre de citoyens, la crainte des excès et de l'arbitraire du pouvoir médiatique est fondée alors que de telles craintes ont longtemps visé principalement les pouvoirs politiques et économiques. La présence de ces contraintes structurelles n'absout pas le devoir individuel que doit assumer chaque journaliste. À la décharge des conglomérats médiatiques et des grands groupes de presse, il faut bien admettre que les menaces à la qualité et à la diversité de l'information sont bien souvent étroitement reliées aux automatismes et aux réflexes de journalistes qui préfèrent adopter des pratiques et comportements conformes aux attentes de leurs groupes de référence (pairs, sources, employeur, etc.) plutôt que de s'aventurer sur des chemins moins fréquentés ou encore de remettre en question, voire de réformer les façons traditionnelles de travailler. La réflexion éthique qui s'alimente à la déontologie du journalisme peut contribuer positivement à lutter contre ce conformisme.

* * *

Il est possible que le journalisme soit en train de subir des transformations durables qui en feraient de moins en moins une fonction sociale étroitement liée à la vigueur démocratique de nos sociétés, mais les indices sont encore incertains à ce chapitre et il faudra attendre avant de constater une réelle mutation. Une chose est cependant certaine; si une telle mutation est réellement en cours, elle ne prétend aucunement au service prioritaire de l'intérêt public et du citoyen. Son moteur est le mode de propriété des médias et l'importance primordiale accordée à leur fonction économique, laquelle importance cherche trop souvent à transformer l'information journalistique en information promotionnelle dans les meilleurs cas, en propagande dans les pires cas.

Il convient peut-être de rappeler une vérité trop souvent ignorée ou occultée: le journalisme n'appartient pas aux journalistes ni aux médias. Ils n'en sont que les fiduciaires et ne peuvent, de ce fait, prendre toutes les libertés que prescrivent sourdement les objectifs de rendement du grand capital. À ce chapitre, le rappel éthique et déontologique du journalisme peut constituer un puissant modérateur des appétits économiques des propriétaires et actionnaires, tout en étant le gardien des dérives médiatiques ou abus de presse régulièrement observés et décriés. Dans certains contextes sociaux, démocratiques et pluralistes, ce rappel pourra inspirer réformes et ajustement des pratiques journalistiques. Mais dans les sociétés où la lutte pour la démocratie et le pluralisme est en quelque sorte une urgence nationale, ce rappel pourrait alimenter et encourager la résistance aux médias à la solde des régimes autoritaires ou antidémocratiques tout en favorisant l'éclosion d'une presse citoyenne, libre et responsable.

Il ne fait pas de doute que nous vivons plus que jamais dans un environnement de communication globale et sous l'empire d'un postmodernisme qui cherche à effacer les frontières entre des disciplines autrefois bien balisées conceptuellement à défaut de toujours l'être dans la réalité quotidienne. Ils sont nombreux, mais rarement désintéressés, ceux qui souhaitent accélérer l'effritement des frontières entre les différents genres médiatiques qui, traditionnellement, se partageaient les trois grands domaines de la communication: l'information journalistique, la persuasion publicitaire ou idéologique, le divertissement culturel de masse populaire ou *classique*. À première vue, ce décloisonnement aurait quelque chose de positif par ses promesses d'horizons élargis, par la mise en commun d'expériences variées, la mise en marché de produits médiatiques inédits attrayants pour de vastes auditoires et, de ce fait, par la garantie d'une rentabilité économique accrue. Mais à y regarder de plus près, on se demande quel intérêt rationnel le citoyen de la démocratie aurait-il à devoir constamment nager dans la confusion systématique des genres médiatiques afin de départager au jour le jour ce qui est information, ce qui est persuasion ou propagande, ou encore ce qui est divertissement dans le magma communicationnel auquel il s'expose par la force des choses, par sa curiosité naturelle, par son besoin de croire et de se divertir.

Face aux transformations professionnelles et à la confusion des genres communicationnels, on peut adopter une attitude fataliste et résignée, en espérant que le citoyen de demain soit d'une sagacité telle qu'il puisse être à la hauteur de la pénible tâche qui l'attend, qu'il puisse en tout temps séparer le bon grain de l'ivraie. On peut également espérer que les médias et leurs propriétaires sauront en tout temps s'autodiscipliner pour ne pas abuser de la situation. C'est un pari risqué…

D'autre part, la lucidité invite à ne pas trop croire en un renversement subit des réacteurs, au retournement rapide d'une tendance profonde qui chercher à fondre dans un *tout communicationnel* journalisme, persuasion marchande et divertissement.

Toutefois, il est possible de reconnaître aux journalistes un statut particulier au sein de la nouvelle constellation des communicateurs. À eux, cependant, de revendiquer et de justifier un tel statut, de préserver leur liberté de penser et de s'exprimer, leur liberté et leur légitimité de chercher et diffuser l'information vraie, d'intérêt public, rigoureuse et exacte, impartiale à défaut d'être objective, équitable et intègre, car tels sont les piliers normatifs du journalisme légitime. À eux, journalistes, d'adhérer résolument à un corpus de valeurs, de principes, de règles et de critères pour guider leurs pratiques quotidiennes afin de se démarquer radicalement des autres éléments de la constellation des communicateurs, et encore davantage des amateurs et des charlatans qui vont de plus en plus parasiter Internet et revendiquer le titre de journaliste sous prétexte d'avoir qui une opinion à exprimer, qui une rumeur à faire circuler, qui un élément d'information à communiquer.

* * *

En somme, le présent ouvrage ne vise rien d'autres que l'affirmation renouvelée des fondements, des principes éthiques et des règles déontologiques du journalisme. Cela devrait faire beaucoup pour dissiper un certain relativisme moral et son enfant taré qu'est le cynisme, en renouant avec les valeurs fondamentales de la profession. Je souhaite qu'il contribue quelque peu à chasser l'impressionnisme et le réflexe pour y substituer autant que faire se peut la délibération, le jugement bien pesé et la réflexion. Cela est essentiel pour une profession menacée d'éclatement dans un univers où la diffusion et la circulation de l'information ne sont plus l'apanage de quelques-uns, et qui pose du même coup l'incontournable question de la crédibilité et de la qualité de l'information.

Les piliers normatifs du journalisme sont les éléments essentiels et fondamentaux qui garantissent en quelque sorte la qualité de l'information journalistique, une étiquette qu'il ne faut pas craindre d'utiliser pour quiconque croit encore à la démocratie, à la justice et à l'intelligence des citoyens.

Du reste, dans une décision d'une grande importance rendue en juillet 2004, la Cour suprême du Canada a clairement exprimé que, pour évaluer la faute des journalistes, il «... faut examiner globalement la teneur du reportage, sa méthodologie et son contexte.»[1] Derrière ces quelques mots se retrouvent justement les piliers normatifs du journalisme qui se retrouvent explicités dans le présent ouvrage. La teneur du reportage fait référence à son contenu (vérité, rigueur, exactitude, intérêt public), la méthodologie fait référence aux moyens utilisés par les journalistes (équité sur le plan procédural, équité dans la sélection des informations diffusées, devoir de suite, etc.) et le contexte fait notamment référence aux motivations (l'intégrité journalistique et surtout la question des conflits d'intérêts).

Le plus haut tribunal équilibre donc la liberté de la presse et ses obligations eu égard aux droits des citoyens, il accrédite la notion de la liberté responsable de la presse dans une société démocratique.

1. *Société Radio-Canada c. Gilles E. Néron*, (2004, CSC 53), au paragraphe 59 de la décision. Par souci de transparence, je tiens à aviser le lecteur que j'étais le témoin expert de M. Néron dans cette cause.

INTRODUCTION À LA NOUVELLE ÉDITION

Il ne se présente plus une crise sociale sans que les médias et les journalistes soient pris à partie tantôt en raison d'un soi-disant manque d'impartialité ou d'équité, tantôt pour leur présumé manque de rigueur ou d'intégrité; bien souvent en raison de leur empressement à s'ingérer dans la vie privée des gens ou du peu de souci qu'ils ont des conséquences potentiellement néfastes de leur conduite. Ils sont alors nombreux les commentateurs qui les incitent à respecter des règles de conduite professionnelles strictes; ces règles leur semblent évidentes à un point tel qu'ils les formulent rarement de façon explicite, comme si elles étaient connues de tous et, surtout, incontournables.

À l'opposé de ces postures critiques qui prennent souvent des allures de règlements de compte se trouvent des défenseurs à tout crin de la liberté de la presse. Ils ne souffrent ni les contraintes raisonnables qu'on voudrait imposer aux médias, encore moins les critiques pouvant, selon eux, fragiliser la légitimité des journalistes ou les inciter à l'autocensure fondée sur le sens des responsabilités sociales. Ces fiers plaideurs préfèrent laisser toute liberté aux journalistes en matière de conduite professionnelle et présument que, tout compte fait, l'intérêt public sera mieux servi malgré les inévitables «bavures» inhérentes à ce système.

Le présent ouvrage ne se situe pas au milieu de ces tendances lourdes, dans tous les sens du mot, mais au carrefour des arguments, voire des idéologies qui les sous-tendent. Ne pouvant adhérer à la vulgate des libertés indéfinies pas plus qu'à celle des responsabilités sociales écrasantes et paralysantes, je propose l'approche qui permettra de concilier ces deux visions qui, dans leurs fondements, font tout de même appel à des attitudes et à des comportements sensés. C'est pourquoi je cite d'abondance les auteurs qui se sont exprimés sur les questions d'éthique et de déontologie du journalisme, en prenant soin ici et là d'écarter les énoncés fragiles et d'en valoriser d'autres. D'ailleurs, tout a été dit. Les arguments sont là, reposant parfois sur des recherches empiriques ou des systèmes philosophiques sophistiqués, souvent sur des certitudes relevant du sens commun. Il reste à les recenser, à les présenter au lecteur peu familiarisés aux sources spécialisées mais tout de même intéressé à s'exposer à leur contenu. Il reste aussi à proposer une méthode en vue de les soupeser, ces arguments, dans les situations de dilemme auquel se heurte plus d'une fois chaque journaliste.

Le journaliste est un acteur social dont l'utilité revendiquée est de servir avant tout l'intérêt public. Pour ce faire, il doit assumer certaines responsabilités reconnues comme favorables à l'atteinte de cet objectif: notamment chercher et diffuser de façon équitable et rigoureuse des informations véridiques et pertinentes qui aideront l'ensemble des citoyens d'une société à faire, dans tous les domaines de la vie contemporaine, des choix éclairés visant à améliorer leurs conditions de vie. Bien entendu, les informations, aujourd'hui produites et diffusées à profusion, assurent rarement la concrétisation parfaite de ces attentes élevées. La bonne foi et la prudence ne préviennent malheureusement pas contre l'erreur. Toutefois, dans bien des cas, on peut constater un défaut dans la qualité de l'information journalistique comme en témoignent le sensationnalisme et le voyeurisme médiatiques, les abus de presse, les réputations injustement sacrifiées par la rapidité, l'insouciance, la négligence ou simplement l'incompétence.

De plus, certaines informations peuvent causer des préjudices graves à des individus, sinon à de larges groupes sociaux, sans pour autant répondre adéquatement au besoin légitime de savoir des citoyens, si bien qu'on peut avancer que la diffusion des informations véridiques ne sert pas toujours l'intérêt public. C'est dans ce contexte qu'on entend parler des victimes du journalisme, et que s'affrontent les discours polarisés de ceux qui préconisent une conduite professionnelle compatible avec diverses responsabilités sociales et de ceux qui conçoivent la liberté d'expression comme étant justement le refus systématique de telles exigences.

Au lieu de retourner stérilement dos à dos ces deux conceptions, je veux en tirer une méthode féconde qui permette aux journalistes d'assumer leurs devoirs professionnels sans nier leurs responsabilités sociales, qui les aide à remplir leurs obligations à la fois envers *leur* public et envers le public, dans le cadre d'une liberté qui ne doit pas être confondue avec la licence. La liberté du journaliste, c'est aussi d'être pleinement conscient des conséquences de son travail; les nier ou les occulter n'est pas un acte de liberté, ce serait autant un aveu d'incompétence qu'un signe de carence éthique, à moins que les journalistes ne modifient leurs discours et ne se présentent résolument comme des professionnels qui n'ont pas à tenir compte de l'intérêt public ni de la détresse des autres individus.

Je propose une approche où la réflexion éthique se nourrit de deux systèmes différents: d'une part, les règles déontologiques dominantes, c'est-à-dire celles qui sont très largement reconnues comme devant s'appliquer dans différentes situations (conflits d'intérêts, invasion de la vie privée, sources anonymes, etc.) et, d'autre part, les valeurs caractérisant la société (intérêt public, droit à la réputation, respect de la vie privée, compassion, honnêteté, etc.). Le but avoué de l'ouvrage est de favoriser un journalisme plus juste, d'encourager la liberté responsable de la presse.

C'est lorsque ces deux systèmes entrent en conflit que le journaliste se trouve dans une situation complexe où la règle déontologique dominante peut se révéler inadéquate, voire dévastatrice pour l'intérêt public comme pour les individus ou les groupes sociaux. Par exemple, le journaliste doit *toujours dire la vérité*, mais doit-il suivre aveuglément cette règle déontologique, s'il risque de nuire gravement à autrui (mettre une vie en péril par exemple) sans pour autant servir l'intérêt public? On se doute bien que non. Mais ce constat établi, on est amené à se demander quels critères seraient utiles pour déterminer les situations où la règle déontologique dominante demeure valide, dans quelles situations elle devient douteuse ou carrément injustifiable; car, s'il y a rarement des vies en jeu, il faut considérer les réputations, le bien-être psychologique, la vie privée, etc. Bref, il y a les autres…

Ces critères, ils ne doivent surtout pas être arbitraires. Au contraire, si l'on veut résoudre un dilemme moral en vue d'un objectif précis (servir l'intérêt public, ne pas faire souffrir inutilement, etc.), il faut recourir à des critères rationnels qui permettent de prévoir les conséquences de nos actes tout en se dotant de «bonnes raisons» qui pourront toujours servir *a posteriori* pour justifier les actes commis.

C'est avec ces critères rationnels, qui présentent certaines similarités d'un thème à l'autre, que je propose de résoudre les dilemmes qui se posent dans des situations exceptionnelles. Afin d'utiliser une formulation plus didactique, je dirais qu'il faut savoir *dominer la règle déontologique dominante*, mais cela doit se faire de façon rationnelle et non pas à la faveur d'un relativisme moral pouvant justifier n'importe quel comportement. Quant aux situations «ordinaires» dans lesquelles se trouve le journaliste tous les jours, les règles déontologiques dominantes sont le plus souvent très adéquates.

Le présent ouvrage veut également dresser un état des lieux concernant l'éthique et la déontologie du journalisme. Il s'adresse premièrement aux journalistes: ils y trouveront matière à alimenter leurs réflexions, et aussi, avec les nombreux critères proposés, des outils intellectuels d'une grande utilité pour décider de leurs pratiques professionnelles. Cependant, il y a en éthique un préalable incontournable: il faut admettre dès le départ que la réflexion peut nous amener à refuser d'accomplir des actes que bien d'autres journalistes accompliront de façon automatique. Il faut accepter le risque, ou le privilège d'être le seul à prendre certaines décisions. Ce n'est pas rien pour les journalistes au sein d'entreprises qui tentent continuellement de copier ce que font les concurrents.

Mais ce livre peut également être d'une grande utilité pratique et théorique pour tous ceux qui s'intéressent aux médias et aux pratiques journalistiques. En exposant les fondements théoriques de plusieurs notions (morale, éthique, déontologie, liberté de la presse, objectivité, responsabilités sociales, etc.), il aide à mieux comprendre les débats que ces notions suscitent régulièrement sur la scène publique et idéalement à y participer. En abordant successivement plusieurs thèmes (vie privée, discrimination, conflits d'intérêts, sources anonymes, tromperies, etc.), il véhicule une foule de connaissances théoriques et empiriques, outre qu'il expose clairement les arguments que les journalistes et les chercheurs soulèvent à leur sujet.

Par ailleurs, cet ouvrage ne se limite pas au journalisme québécois ou canadien. Au contraire, il se réfère largement aux auteurs américains, parce que la recherche empirique est importante aux États-Unis et que les nombreux codes de déontologie qu'on retrouve ont suscité plusieurs débats et réflexions. Je n'ai pas délaissé pour autant les auteurs européens, africains et asiatiques.

Dans la première partie du livre, j'aborde les thèmes généraux, tandis que la seconde traite des questions directement reliées aux problèmes déontologiques et éthiques considérés comme les plus importants par les journalistes.

Finalement, la déclinaison des problématiques de la seconde partie repose sur un classement réalisé en fonction des sept piliers du journalisme que sont l'intérêt public, la vérité, la rigueur et l'exactitude, l'équité, l'impartialité, l'intégrité et l'imputabilité. Certes, la répartition des différentes thématiques entre ces différents piliers peut parfois faire l'objet de débat, certains thèmes, par exemple la question du recours aux sources anonymes, pouvant relever de l'équité ou de la rigueur, selon les circonstances. Il n'y a, en cette matière, aucune certitude, malheureusement. Dans les cas de conflits, le classement a privilégié la catégorie la plus étroitement associée à la thématique, quitte à en reconnaître les limites conceptuelles, plutôt que de céder à l'arbitraire. J'espère ne pas avoir trop erré.

PREMIÈRE PARTIE

SURVOL THÉORIQUE

CHAPITRE 1

LÉGITIMITÉ SOCIALE ET CRÉDIBILITÉ DU JOURNALISME[1]

La question de la crédibilité de la presse est l'objet de nombreux débats professionnels ainsi que de multiples contributions scientifiques théoriques et empiriques, notamment par les sondages réalisés régulièrement auprès du public. Souvent, on va même jusqu'à soutenir qu'il existe une crise de crédibilité à l'égard des entreprises de presse et de leurs journalistes. Une question plus fondamentale encore, qui englobe et dépasse celle de la crédibilité de la presse, est cependant laissée pour compte: la légitimité sociale du journalisme et des journalistes. Il faut distinguer immédiatement les notions de crédibilité et de légitimité de la presse. La légitimité est la reconnaissance sociale de l'utilité du journalisme dans le cadre d'une société pluraliste et démocratique. Comme on le verra, il s'agit ni plus ni moins du consentement du public à l'égard des journalistes pour qu'ils assument leur fonction d'informateur. La crédibilité relève davantage du niveau de confiance que ce même public témoigne à l'égard des informations diffusées par les journalistes. Il faut par ailleurs préciser que nous nous intéressons ici avant tout à la légitimité sociale de la presse, et non à certaines formes de légitimités internes entre différents types de journalisme (généraliste, politique, spécialiste, etc.) qui font souvent l'objet de débats professionnels comme l'a notamment bien illustré Jean-Marie Charon (1993).

---

1. Ce chapitre est largement inspiré de l'article intitulé «Les conditions de légitimité du journalisme: esquisse d'un modèle théorique», *Cahiers du journalisme*, Centre de recherche de l'École supérieure de Lille, vol. 1, n° 2, décembre 1996, p. 176-192.

Concept noble en science politique par la richesse des écrits qui y sont consacrés, en raison de son importance dans les mutations sociales et politiques, la légitimité est un thème négligé, voire ignoré chez plusieurs professionnels de l'information et la plupart des observateurs et analystes des médias. La critique des entreprises se limite le plus souvent à quelques questions d'importance, certes, mais qui n'existeraient pas si le journalisme ne jouissait pas, en premier lieu, d'une légitimité certaine. On aborde d'autant moins cette notion de légitimité qu'on la croit inhérente à l'ordre social existant, indiscutable, d'une évidence aveuglante qui interdit de la mettre en doute, comme il était impensable, jadis, de douter de la légitimité des rois qu'on disait de descendance divine. Les sociétés modernes ne conçoivent plus ainsi cette notion et toute légitimité y prend ses origines au sein du public. Elle y retourne nécessairement pour s'y faire confirmer sans cesse ou y être désavouée le cas échéant, comme en témoignent les révolutions politiques et les lendemains d'élection démocratiques.

En ce qui concerne le journalisme, la légitimité tient à un consensus généralisé qu'on peut assimiler à un contrat social. Elle n'existe qu'au terme d'un processus complexe où les journalistes jouent un rôle capital. Ainsi, on aurait tort de marginaliser ou de n'accorder aucun intérêt théorique et pratique à la légitimité du journalisme en tant que fonction sociale. À cette fin, je propose un schéma qui présente ce qui semble être les principaux éléments du processus de légitimation du journalisme. Outre l'avantage qu'il y a à visualiser les éléments et leur interaction afin d'en faciliter la compréhension et l'intégration pratique, ce schéma peut également servir d'instrument de formation pour les publics intéressés au journalisme, d'une part, ainsi qu'à l'analyse et à la critique des pratiques journalistiques réelle, d'autre part[2].

Par ailleurs, dans le débat de plus en plus récurrent qui cherche à distinguer journalisme et autres métiers de la communication publique (attachés de presse, conseillers et relationnistes, publicitaires et rédacteurs, etc.), ce schéma s'inscrit en quelque sorte comme le fondement théorique d'une telle distinction. Dans un univers de communication et de circulation massive et instantanée des informations, le journaliste se distinguera de la constellation des communicateurs par son adhésion à certains principes et valeurs fondamentales qui constituent les piliers normatifs du journalisme, notamment le service de l'intérêt

2. Ce modèle a déjà été présenté dans un essai critique publié au Québec : *Les planqués : le journalisme victime des journalistes* (Montréal, VLB Éditeur, 1995). Le présent chapitre s'inspire de cet ouvrage, mais les concepts ont été remaniés et sont présentés à la fois de façon plus formelle et moins polémique.

public, parfois nommé l'intérêt général, ainsi que la sauvegarde d'une démocratie saine et vigoureuse. On conçoit alors aisément l'existence concrète d'une déontologie particulière pour des communicateurs particuliers. Le journaliste doit également se démarquer du communicateur par son adhésion à des règles déontologiques claires, connues du public et dont les transgressions arbitraires ou motivées par l'attrait de gains personnels – aux dépens de l'intérêt général – seront passibles de sanctions morales et matérielles.

Un postulat du présent ouvrage est que le journaliste n'est pas qu'un communicateur, il est surtout un chercheur, un enquêteur ou investigateur procédant à une forme d'interrogatoire public, au nom de ses lecteurs, des ses auditeurs et de ses téléspectateurs ; au nom de ceux qu'il *représente*. Cela commande le respect de normes déontologiques misant avant tout sur son honnêteté intellectuelle, son intégrité, sa rigueur, son impartialité et un sens élevé de l'équité. S'il ne tient pas compte sans justification du respect de ces conditions nécessaires, le journaliste aura peine à plaider l'utilité sociale de sa fonction. Sera alors menacée sa légitimité de représentant du public qui lui permet, en principe, de contraindre les puissants de ce monde à rendre des comptes qu'ils préféreraient souvent occulter afin de mieux consolider leur pouvoir politique, économique et social.

LA LÉGITIMITÉ

Il ne fait pas de doute que la légitimité de l'informateur public qu'est le journaliste trouve son origine dans la volonté ou le consentement des informés, les citoyens, qui reconnaissent en lui un *représentant*. Cette idée selon laquelle «les journalistes et les élus puisent leur légitimité à la même source, le public» (Charron 1990, 7) n'est pas nouvelle en soi, mais il est bon de la remettre régulièrement sur la place publique, pour en faire apprécier toute la puissance et l'importance qu'elle doit avoir pour quiconque s'intéresse au journalisme. Dans une entrevue qu'il accordait au quotidien belge *Le Soir*, et publiée en mars 1995, Dominique Wolton a tenu à rappeler «aux journalistes que leur seule légitimité, la seule condition de leur liberté, c'est le public. C'est aussi leur seul capital» (Stroobants 1995, 2).

Ajoutons que si la légitimité se situe ailleurs que dans le stricte respect de la légalité (car des renversements de l'ordre établi peuvent être à la fois illégaux mais légitimes), elle doit cependant être un attribut indispensable à qui possède le pouvoir d'influencer le déroulement des événements sociaux et il me paraît incontestable que les journalistes détiennent un pouvoir effectif dans nos démocraties libérales. Gilles Lipovetsky l'exprime à sa façon en écrivant que «...nous sommes témoins de la montée en puissance des médias, lesquels ont réussi à s'ériger en "quatrième pouvoir". (...) Tout indique que cette puissance médiatique est durablement "installée" : on voit mal quel pouvoir politique serait à même de la museler» (2002, 113). Ce pouvoir légitime, qui n'est pas sans rapport étroit avec les notions de représentativité et de contrat social, a cependant des exigences qui conduisent à considérer les notions de liberté, de responsabilité, d'imputabilité ainsi que d'éthique et de déontologie du journalisme.

D'autre part, les journalistes œuvrent au renforcement de leur légitimité. Charron et De Bonville le reconnaissent bien à leur façon quand ils observent que les journalistes «occupent une position dans la société, de laquelle découle un statut. De cette position et à partir de ces caractéristiques, ils élaborent une idéologie qui constitue un dispositif de légitimation» (1997, 19).

LA REPRÉSENTATIVITÉ OU LE CONTRAT SOCIAL

La légitimité de la presse se manifeste à travers un ensemble d'interactions, de faits et de mécanismes sociaux, parmi lesquels on trouve une forme de contrat social déléguant aux journalistes le rôle de représentants du public auprès des détenteurs de pouvoirs divers (politique, économique, culturel, religieux, etc.), afin que ces derniers rendent des comptes relatifs à l'accomplissement des devoirs et des responsabilités conférés par la communauté et ses institutions, ou qu'ils se sont eux-mêmes attribués. Ce contrat social reconnaît un espace de liberté aux journalistes ; espace en partie délimité par les lois, mais largement laissé au jugement des journalistes. Cette conception contractualiste veut que le journalisme soit une fonction sociale dont la visée fondamentale est de servir l'intérêt public, favoriser la démocratie et le respect des valeurs humaines de base par la diffusion d'informations vraies et importantes. Dans cet esprit, le journaliste a le devoir premier d'assurer la vitalité démocratique de la société en informant ses concitoyens des faits pertinents à la conduite générale et autonome de leur vie. Théoriquement, chez ces derniers, cela devrait se manifester par des prises de position éclairées en matières politiques, économiques et sociales, pour ne nommer que ces dimensions civiques. En retour, et afin qu'ils soient en mesure d'assumer pleinement leurs devoirs, la société accorde aux journalistes des droits, des libertés et des privilèges, comme on le verra un peu plus loin.

Certes, un tel contrat n'existe pas dans le texte, mais il constitue le prolongement naturel de la liberté d'expression et des vertus démocratiques qui y sont associées. Il y a similarité avec Jean-Jacques Rousseau qui a reconnu que même si les clauses de son *Contrat social* n'ont «peut-être jamais été formellement énoncées, elles sont partout les mêmes, partout tacitement admises et reconnues» (1992, 39). Parce qu'il n'a pas le formalisme d'un contrat notarié, on pourrait recourir à la notion de consentement mutuel pour mieux faire saisir ce qui en est réellement. Dans un contexte nord-américain, Stephen Klaidman et Tom L. Beauchamp parlent pour leur part d'un contrat implicite entre la presse et la société à partir duquel on peut justifier les privilèges de la presse afin qu'elle puisse fournir aux citoyens des informations adéquates concernant la sphère publique aussi bien que d'autres préoccupations. Selon ces auteurs, on peut évaluer une information diffusée par des journalistes par la compréhension qu'elle procure des faits sociaux, essentielle à la délibération d'un individu qui doit faire librement des choix. Ils estiment que la justification de privilèges accordés à la presse est sérieusement minée si celle-ci ne parvient pas à répondre à ce critère (1987, 129-130). Le contrat liant la presse et la société reconnaît une importante marge de liberté à la première afin de mieux servir la seconde. L'*American Society of Newspaper Editors* (ASNE) a formellement reconnu que la presse américaine jouit de libertés non seulement pour informer ou servir de forum des débats de société, mais aussi pour assurer une surveillance constante sur les détenteurs de pouvoirs, y compris la conduite des dirigeants gouvernementaux (Lambeth 1986, 33). Ainsi peut-on presque parler des entreprises de presse comme d'organisations privées qui exercent une fonction gouvernementale dans le sens où, par leur vigilance, elles favorisent, en principe, la bonne conduite des affaires publiques, pour l'intérêt du plus grand nombre et dans le respect des valeurs sociales dominantes.

La notion de contrat doit être étroitement associée à la représentativité, qui est sans doute l'une des convictions fondamentales et historiques à la base du travail journalistique. Selon cette conviction, le journaliste serait en quelque sorte le représentant des citoyens auprès des détenteurs de pouvoirs sociaux afin de forcer ces derniers à rendre compte des décisions et des gestes qui concernent la collectivité. Avec ce mandat de représentant en poche, les journalistes assument en réalité un pouvoir de contrôle, autrement dit un contre-pouvoir. Les journalistes tiennent le registre des faits, des gestes et des décisions de ceux qui ont des comptes à rendre, c'est-à-dire de mandataires imputables en vertu de certains principes démocratiques, dont celui de la représentation des citoyens et du devoir d'œuvrer pour le bénéfice de l'intérêt général. Ces comptes à rendre - de nature gouvernementale à l'origine, mais s'étendant aujourd'hui aux secteurs économiques, médicaux, légaux, policiers, syndicaux et autres - font l'objet de comptes rendus que les journalistes diffusent au public, jouant ainsi leur rôle d'émissaires des citoyens. Dans une analyse des textes des divers genres journalistiques, Lochard estime que ceux qui ont une visée informative dominante, et font de ce fait plus de place à l'objectivité qu'à la subjectivité, sont plus légitimes parce qu'ils campent le journaliste «dans un rôle de rapporteur, un messager délégué par une collectivité publique à la Quête et à la transmission de données factuelles nécessaires au bien-être individuel et collectif» (Lochard 1996, 88). Dressant en quelque sorte un *continuum* des genres journalistiques distribués entre deux pôles caractérisés par la légitimité (objectivité) et la crédibilité (subjectivité), Lochard estime que les genres - dépêche, reportage, éditorial, analyse, critique, chronique, etc. - «engagent... à des degrés très variables, la légitimité de la parole journalistique. En vertu d'un principe résultant d'une image idéale du rôle social du journaliste (celle du messager), il apparaît en effet que, dès que celui-ci tend à se démarquer du rôle de 'pourvoyeur', c'est bien sa légitimité identitaire qu'il met en jeu» (p. 90). Il va même jusqu'à soutenir que les genres rédactionnels plus subjectifs contribuent à délégitimer le travail du journaliste qui doit donc miser sur sa crédibilité pour avoir droit à une certaine reconnaissance sociale (p. 91). Cette dernière affirmation est certes contestable, car il semble que légitimité et crédibilité journalistiques sont deux notions plus étroitement reliées que ne le suggère Lochard. Toutefois, je suis d'accord avec lui pour avancer que la légitimité du journalisme est associée à son rôle social de pourvoyeur d'information. Parlant du mandat de description du journalisme d'information, par opposition au journalisme d'opinion, Breton et Proulx y voient un «contrat implicite entre le lecteur où le descripteur donne ses yeux à l'auditoire qui n'a pas accès à ce qu'il voit: les yeux du journaliste, du témoin en général, sont nos yeux et ce qu'il nous décrit doit être ce que nous verrions à sa place» (2002, 100).

La conviction profonde voulant qu'ils représentent le public guide de nombreuses démarches journalistiques, la plus évidente étant certes leur insistance à «poser des questions que les gens poseraient s'ils étaient ici», comme on peut souvent l'entendre de la part de journalistes qui insistent pour forcer des personnalités publiques à répondre à leurs questions. Allan Levine, qui a étudié l'histoire des relations entre les journalistes et les différents premiers ministres du Canada, de 1967 à 1992, va même jusqu'à prétendre que ce sont les journalistes qui se sont autoproclamés représentants du peuple et qui en ont tiré la certitude qu'ils avaient un droit d'accès au premier ministre Pierre Elliott Trudeau, ainsi qu'à ses ministres et aux fonctionnaires fédéraux (1993, 274). Dans leur étude portant sur les pratiques journalistiques et la couverture des campagnes électorales au Canada, William Gilsdorf et Robert Bernier ont également observé que la «plupart des journalistes estiment avoir un droit d'accès aux candidats, surtout aux chefs, et considèrent que ce droit est indissociable du rôle qu'ils jouent dans la société» (1991, 31-32). La rhétorique de la représentativité joue donc un rôle majeur de légitimation du travail journalistique. En France, Charon a observé que la «relation au public fonde la forme nouvelle de la légitimité des journalistes... Il est désormais question d'un journalisme qui agit par délégation du public, qui représente le public...» (1993, 89).

Dans mon approche de la légitimité du journalisme, les notions de représentativité et de contrat social débouchent sur une triade complexe, constituée des concepts suivants: libertés et responsabilités, éthique et déontologie ainsi qu'imputabilité. Je propose un bref survol de ces notions qui seront par ailleurs amplement débattues en seconde partie de l'ouvrage.

LE VIEUX COUPLE LIBERTÉ ET RESPONSABILITÉ

Liberté et responsabilité forment un «vieux couple» conceptuel qu'on retrouve même dans l'esprit civique. Ainsi, le philosophe Domenach affirmera-t-il: «Pas de liberté sans responsabilité» (1994, 11). Un peu plus loin, il ajoute que la «responsabilité colle à la liberté: si celle-ci venait à s'en défaire, elle irait inévitablement vers le crime ou la folie» (p. 11). Sans entreprendre un examen philosophique exhaustif des fondements de la liberté de presse et ceux liés aux responsabilités que doivent assumer les journalistes, rappelons simplement que la liberté de presse est une extension de la liberté d'expression. Inspirée largement de la métaphore du «libre marché des idées», une approche controversée selon laquelle la vérité s'imposera si on permet l'expression libre, sans entrave, des idées et des opinions, la liberté de presse présume que le bien-être de la société et des individus qui la composent ne peut que profiter de l'absence de contraintes et de censure, outre les «limites raisonnables» de la loi.

En accord avec la liberté de presse comme fondement normatif, les journalistes jouissent de libertés et privilèges. Par exemple, dans plusieurs pays, ils n'ont besoin d'aucun permis de travail, d'aucune reconnaissance étatique pour solliciter les commentaires de leurs concitoyens, que ces derniers soient des élus, des criminels, des scientifiques ou des témoins de faits divers sordides. Les journalistes ont aussi le droit et la liberté de traiter les sujets qu'ils veulent, même si les médias se réservent le droit de les censurer pour différentes raisons qui ne sont pas toujours compatibles avec l'intérêt public et l'émancipation intellectuelle de leur public. Les journalistes peuvent déterminer sous quel angle ils traiteront les thèmes retenus, les questions qui seront posées, les réponses qui ne seront pas diffusées, la mise en contexte, l'importance qui sera accordée à certains faits et déclarations alors que d'autres iront aux oubliettes. Ils peuvent aussi choisir le moment de la diffusion du reportage, l'importance qui y sera accordée au milieu des autres reportages du jour, etc. Ils sont libres au sens où aucune loi ne les oblige à adopter des façons strictes de travailler, même au détriment des autres citoyens, sauf quelques rares exceptions. Outre les libertés, il y a aussi les privilèges tels la facilité d'accès aux cours de justice, aux assemblées législatives, l'accès à une foule de documents publics qui leur sont souvent acheminés de façon routinière par les organismes et institutions, leur admission à certains lieux où se déroulent des événements d'importance, et la liste n'est pas exhaustive.

Bien entendu, les contraintes objectives qui pèsent sur eux existent néanmoins, qu'elles proviennent de leur employeur, des collègues ou de leurs sources d'information. Ces dernières ont des stratégies, aussi précises que coûteuses dans certains cas, pour inciter les journalistes à porter attention à leurs propos dans un premier temps, et à les diffuser à l'ensemble de la société dans un second temps. Les stratégies des sources d'information visent à obtenir un impact médiatique optimal afin de mieux séduire le public pour qu'il se procure certains biens et services, ou encore pour tirer profit de l'opinion publique qui devient une ressource dans d'autres jeux, comme c'est le cas des politiciens. Dans le cas de sources d'information ayant des biens et services à vendre, les stratégies de persuasion des journalistes sont souvent matérielles (cadeaux, gratifications, voyages, etc.) et ont peu à voir avec l'importance réelle de l'information en jeu au regard de l'intérêt public et de l'émancipation intellectuelle.

Tout compte fait, un ensemble de moyens concrets accordent aux journalistes une très importante latitude professionnelle, d'autant plus qu'ils ne sont pas soumis, pour la plupart, à des codes de conduite explicites et rigoureusement appliqués de la part de leur employeur ou d'organismes qui pourraient assurer la fonction de contrôle. Bien entendu, ces libertés, ces droits et ces privilèges ne constituent pas la globalité de l'univers journalistique. Il faut aussi aborder la question des responsabilités et devoirs de la presse pour complexifier le tableau, et il faudra traiter ultérieurement des questions d'éthique, de déontologie et d'imputabilité pour le compléter.

Il serait trop facile de déléguer unilatéralement des responsabilités aux journalistes, en fonction de convictions idéologiques, politiques, voire religieuses dans certains cas. Il importe ici d'insister particulièrement sur les responsabilités fondamentales de la presse, celles sans lesquelles les journalistes perdraient toute légitimité, celles que les entreprises de presse et leurs journalistes devraient assumer en tout premier lieu avant de songer à divertir le public, ou à faire la promotion d'intérêts particuliers, qu'ils soient économiques (entreprises, commerces, etc.), politiques (partis, réformes, idéologies, etc.) ou sociaux (groupes communautaires, associations sportives, etc.). Comme on le verra plus loin, les médias doivent à tout le moins offrir des comptes rendus véridiques et complets à propos des événements d'importance pour le plus grand nombre de citoyens possible, insérer ces événements dans un contexte qui leur redonne leur sens véritable, servir de lieu d'échange des commentaires et des critiques et faire en sorte que les individus composant le public comprennent bien ce qui se passe dans leur entourage social. Dans un contexte où la presse se veut impartiale et prétend avant tout rendre compte des événements, avant de les commenter, les journalistes ont aussi la responsabilité d'agir de façon indépendante et honnête lorsqu'ils diffusent des informations. Ils doivent également jouer pleinement leur rôle de représentants du public, et du public seulement, auprès des détenteurs de pouvoirs susceptibles d'influer directement ou indirectement sur le sort des citoyens. Il faut que les citoyens soient informés de la façon dont on gère les affaires de la collectivité, qui sont leurs affaires en définitive, pour que la démocratie soit possible. Cette condition essentielle de la démocratie doit s'imposer de tout son poids aux journalistes, comme pour leur rappeler sans relâche qu'ils ne travaillent pas uniquement à la satisfaction de leurs désirs personnels et des actionnaires. Ces responsabilités portent à conséquence si l'on prend le journalisme au sérieux.

L'ÉTHIQUE ET LA DÉONTOLOGIE

C'est l'affrontement des concepts de liberté de la presse - y compris les excès et abus que cela peut comporter - et de la responsabilité de la presse, eu égard au contrat social, qui rend nécessaires la réflexion éthique. Celle-ci demeure ce qui nous préserve le mieux des abus de presse sans jamais nous assurer la perfection.

Il existe un ensemble de procédures et de méthodes généralement acceptées et revendiquées par la majorité des membres du corps journalistique et par le public. On débouche alors sur l'éthique et la déontologie professionnelle, sur des systèmes de valeurs hiérarchisées qui se manifestent concrètement par des règles et des codes de déontologie, par la création de conseils de presse ou de fonctions d'ombudsman, pour ne nommer que les formes les plus courantes. Ces codes et ces règles ont une grande importance dans le processus de légitimation, car elles permettent de s'y référer dans le cadre de l'imputabilité des journalistes, dont il sera fait état plus loin. On peut rendre des comptes à partir de règles et des codes déontologique explicites, en invoquant les principes éthiques qui les sous-tendent et en démontrant avoir respecté certaines valeurs professionnelles reconnues comme essentielles. Le but de l'exercice n'est pas de faire l'unanimité, mais simplement de faire la preuve d'un comportement professionnel rationnel et responsable. Je prendrai soin, dans un prochain chapitre, de bien distinguer la morale de l'éthique, l'éthique de la déontologie, la déontologie de la morale afin de combattre une grande confusion qui est souvent présente. Pour les besoins du présent chapitre, il suffit d'annoncer que, de mon point de vue, éthique et déontologie forment un couple conceptuel stable. Le raisonnement éthique servant à fonder rationnellement les pratiques professionnelles jugées désirables et acceptables. L'éthique conduit à l'élaboration de règles déontologiques dominantes, celles qui seront reconnues valides dans la grande majorité des situations professionnelles courantes, celles que l'on retrouve systématiquement quand on procède à l'analyse de très nombreux codes de déontologie, sur les cinq continents. Mais le même raisonnement éthique incitera aussi à *dominer la règle dominante*, c'est-à-dire à y déroger lorsque cette règle devient aberrante, dans certaines situations particulières ; lorsque obéir aveuglément à la règle déontologique produit des résultats contraires à l'esprit de la déontologie et aux valeurs qui la fondent.

Il importe alors de se doter de codes de déontologie alliant rigueur et souplesse, où l'on retrouve des règles déontologiques précises et clairement énoncées, auxquelles sont associés des critères – ou des conditions – qui serviront à l'évaluation des situations justifiant qu'on déroge à la règle en vigueur. Les journalistes ont toujours le fardeau de la preuve quand ils décident de déroger aux règles déontologiques reconnues. Être en mesure de démontrer que cet écart est compatible avec les principes éthiques de leur profession est une nécessité. C'est ce qui distingue la *dérogation* déontologique pour motifs éthiques raisonnables et légitimes - à des fins d'intérêt public notamment - de la *transgression* déontologique dont la finalité est foncièrement personnelle ou égoïste et est avant tout au service d'intérêts particuliers d'individus, d'entreprises, de partis, d'associations ou de groupes de pression.

Sans verser dans un altruisme exagéré, il importe de reconnaître que la condition essentielle de toute réflexion éthique est le souci de l'autre, des conséquences de nos actes surtout, souci dont l'importance peut varier d'une situation à l'autre, mais qui doit toujours être présent. Ce qui n'est pas toujours le cas de la morale ou de la déontologie, pour lesquelles les impératifs du devoir l'emporteront presque toujours sur l'évaluation raisonnable des conséquences néfastes pour autrui.

En procédant à la reconstruction du processus de légitimation du journalisme, on ne peut pas passer outre aux aspects éthiques et déontologiques de la profession, puisque c'est nécessairement à travers ces considérations que se concrétisent, dans la vie de tous les jours, les libertés et responsabilités professionnelles. C'est à l'aune des principes éthiques et des règles déontologiques que s'évaluent la pertinence de recourir ou non à certaines méthodes douteuses de cueillette d'information (caméras cachées, fausse identité, vols de documents) et de diffusion de ces mêmes informations (simulations, mises en scène, mensonges). C'est également en se référant à l'éthique et à la déontologie qu'on doit évaluer la pertinence et justifier, le cas échéant, l'ingérérence dans la vie privée de personnalités publiques comme celle de citoyens dits ordinaires.

Le respect des responsabilités professionnelles est soumis à une analyse ou une réflexion s'inspirant obligatoirement de principes éthiques et de règles déontologiques. Mais ces règles n'auraient pu être élaborées si, à l'origine, il avait été impossible de s'entendre sur certaines responsabilités professionnelles incontournables. Ces responsabilités impliquent bien entendu certaines valeurs morales, même si cela n'est pas souvent reconnu par les journalistes qui croient trop souvent que leur métier est constitué de comportements et de choix objectifs n'ayant rien à voir avec quelque norme morale que ce soit. Comme si adhérer fortement à la vérité et par conséquent dénoncer le mensonge, valoriser l'honnêteté et démasquer imposteurs et charlatans, ou respecter l'impartialité et refuser de servir des intérêts particuliers au détriment de l'intérêt public n'étaient pas des positions morales en soi.

On comprend assez facilement l'importance que l'éthique et la déontologie professionnelle prennent dans le processus de légitimation du journalisme, et les journalistes ne peuvent s'en éloigner sans risquer de miner leur légitimité professionnelle; sans parler de leur crédibilité auprès de leurs pairs comme de leurs sources d'information et du public, dans la mesure où ce dernier est informé des dérapages éthiques et déontologiques de ceux qui, rappelons-le, sont ses représentants. La meilleure façon d'aider les journalistes à demeurer en contact avec leurs responsabilités sociales, professionnelles et déontologiques est sans doute de les soumettre eux aussi au principe d'imputabilité qui consiste simplement à leur demander de rendre compte, de répondre de leurs décisions et de leurs pratiques.

L'IMPUTABILITÉ

À titre de proposition générale, on peut avancer que la société est entièrement en droit de réclamer des comptes non seulement de la part des dépositaires de sa souveraineté politique ou économique, mais aussi des dépositaires de droits, de privilèges, de libertés et de responsabilités liés à l'information des citoyens. Toutefois, les journalistes échappent souvent au principe même d'imputabilité qu'ils invoquent haut et fort pour forcer les autres acteurs sociaux à faire preuve de transparence devant ce que certains nomment le tribunal de l'opinion publique, à défaut d'être une agora.

Jouissant de libertés mais devant assumer des responsabilités à l'égard du public, et au nom du public, les journalistes sont soumis au principe de l'imputabilité comme élément de leur légitimation. Ils doivent rendre des comptes en rapport avec leurs responsabilités, mais aussi relativement à leur façon d'user de leurs libertés et privilèges. En s'affirmant représentants du public, c'est-à-dire en soutenant qu'ils jouent auprès de diverses instances un rôle que leur ont délégué les citoyens, les journalistes ne peuvent se limiter à parcourir seulement la moitié du chemin qu'ils empruntent. Ils ne peuvent aller simplement vers les détenteurs de pouvoirs, au nom des citoyens, y accomplir leurs tâches – notamment chercher la vérité d'intérêt public et la diffuser au plus grand nombre - sans revenir vers ceux qui les ont délégués pour rendre compte des actes et des gestes posés en leur nom. Les citoyens doivent juger en connaissance de cause la qualité du travail et des comportements de ceux qui agissent à leur place et en leur nom.

Cependant, les journalistes sont plus enclins à s'expliquer auprès de leurs sources d'information, qu'ils côtoient quotidiennement, qu'auprès de leur source de légitimité, ce public bien souvent abstrait. Il s'agit là d'un thème récurrent chez les critiques des médias, notamment aux États-Unis. Dans le cadre d'un numéro spécial portant sur la critique des médias, les éditeurs du *Media Studies Journal* reconnaissaient que peu d'institutions encouragent les commentaires négatifs à propos de leurs activités et de leur production et que les entreprises de presse ne sont pas une exception. La croyance selon laquelle le marché est le meilleur indicateur du soutien ou du rejet de la part du public est répandue dans les médias qui évitent de faire face à leurs clients et fuient les moyens normaux d'imputabilité parce que cela menacerait la liberté d'expression (MSJ 1995a, 1). D'un point de vue strictement économique, Edwin Baker réfute cette croyance en faisant valoir, notamment, que le fait de choisir un média plutôt qu'un autre ne démontre aucunement que le public ne souhaiterait pas avoir mieux. Au contraire, il pourrait désirer autre chose que le libre marché ne peut cependant pas lui offrir, ce qui le conduit à plaider en faveur de la présence de médias publics aux côtés des médias commerciaux (2002, 63-97).

Par ailleurs, le journaliste canadien Peter Desbarats estime que les journalistes, ces champions de la transparence gouvernementale et de l'examen public de toutes les entreprises, ont développé une «allergie professionnelle» relativement à toute suggestion relative à l'imputabilité. Il ajoute que cette question a été et demeure l'un des enjeux fondamentaux non résolus des entreprises de presse (1990, 154).

Insistant foncièrement sur celle des autres mais occultant la leur, les journalistes ont une conception parfois sélective et tronquée de ce qu'est réellement l'imputabilité. Elle s'appliquerait en premier lieu aux représentants élus, puis aux représentants des corps intermédiaires, des professions, des associations diverses, bref à tous ceux qui assument un rôle social quelconque. Mais eux y échapperaient. Pourtant, cette conception implicite de *l'acteur social donc acteur imputable* s'applique tout à fait à la profession de journaliste, dont on ne peut nier qu'elle détient un important pouvoir social, notamment celui d'influencer, sinon de construire de toutes pièces pour certains événements, ce qu'on désigne comme étant l'opinion publique. Il est indéniable que le public, qui est la source de légitimité *du* journalisme dont tirent profit *les* journalistes, doit être en mesure d'évaluer, agréer ou critiquer le travail journalistique fait en son nom. La condition essentielle de cette évaluation, mais non la seule, est que le public soit informé à propos de ses informateurs. Il faut que *l'auteur* de la légitimation puisse surveiller les *acteurs* de la légitimation.

Malheureusement, la légitimité que le public accorde aux journalistes résulte davantage de la tradition démocratique, de l'ignorance ou de l'indifférence que du consentement éclairé. Pour consentir, encore faut-il savoir à quoi on consent, ce qui n'est pas tout à fait le cas du journalisme dont on ne peut voir que les résultats finaux (comptes rendus, reportages, etc.), mais jamais ou très rarement les méthodes employées pour y parvenir (fausses identités, simulations, ingérence dans la vie privée, etc.). Le public doit faire face au fruit du travail journalistique, mais très rarement les journalistes expliquent ou justifient les moyens employés pour en arriver là. Dans certains cas, ils s'efforcent même de cacher leurs procédés.

Un consentement éclairé du public devrait se fonder au moins sur la connaissance de deux types de comportements journalistiques : d'une part, les comportements qui ont donné lieu à la production et à la diffusion de comptes rendus et de reportages et, d'autre part, les comportements qui concernent l'occultation ou la censure de faits importants pour diverses raisons, dont celles qui ont peu à voir avec le service exclusif de l'intérêt public. Sans cette connaissance, le public n'est pas en mesure d'évaluer la loyauté des journalistes à son endroit. Si les journalistes oublient de mettre à nu leur profession comme ils le font quotidiennement pour les autres groupes d'acteurs sociaux, on ne peut parler de consentement éclairé du public.

Cela permet de bien saisir l'importance d'un des critères suggérés par bon nombre d'auteurs nord-américains pour guider la délibération éthique, soit le «test de la publicité» qui force le journaliste désirant recourir à diverses pratiques contraires à la déontologie professionnelle – fausse identité, acceptation de cadeaux et de gratifications, simulations, etc. – à se demander s'il sera en mesure d'en informer le public dans le cadre de ses comptes rendus, sans que cela discrédite son travail. Voilà une interrogation éthique qui réintroduit la notion d'imputabilité dans le champ de la conscience du professionnel.

Sans un tel questionnement, la transparence des médias est illusoire et rend fragile l'argument voulant que le public renouvelle chaque jour sa confiance envers les journalistes et les médias, alors qu'il lui est impossible de le faire en toute connaissance de cause, de façon éclairée. Du reste, malgré le fait que le public soit tenu dans l'ignorance à propos de ceux qui l'informent, il témoigne d'une méfiance assez importante à l'endroit des journalistes, comme le suggèrent régulièrement les sondages portant sur la crédibilité de la presse aussi bien en France, qu'aux États-Unis, au Canada et au Québec, comme on le verra bientôt. La presse, qu'elle soit écrite ou électronique, paraît de plus en plus assimilée aux institutions sociales dont se méfient les citoyens et il est raisonnable de croire que ce mouvement pourrait s'amplifier si un réveil déontologique ne vient pas contrecarrer les transformations journalistiques que les conglomérats provoquent dans leur recherche de profit maximal pour leurs actionnaires et dirigeants.

LE MODÈLE DE LÉGITIMATION

L'élément dominant du processus de légitimation du journalisme est certes le contrat social. Sans lui, il devient impossible d'aborder le thème de la légitimité du journalisme, laquelle dépend d'un consentement social minimal. Sans lui, pas de principe de représentativité non plus. Le contrat social renvoie à son tour aux notions de libertés et responsabilités de la presse, lesquelles ont généré les droits et les devoirs qui permettent aux journalistes de respecter les clauses du contrat social et d'être de dignes représentants des citoyens. Ces libertés et responsabilités doivent être assumées de façon rationnelle, en fonction des valeurs sociales et professionnelles reconnues.

Ce qui nous conduit aux concepts d'éthique et de déontologie du journalisme, grâce auxquels on peut justifier à la fois des pratiques professionnelles courantes au regard de valeurs reconnues et de finalités avouées de la profession (servir l'intérêt public, par exemple) et justifier des pratiques marginales, contraires aux règles déontologiques, dans la mesure où les valeurs sociales et les finalités professionnelles demeurent bien servies. Comme le propose le modèle, les préoccupations éthiques et les règles déontologiques renvoient d'abord à des valeurs et principes moraux ou philosophiques. Ceux-ci inspirent divers mécanismes d'imputabilité, les principaux étant les codes de déontologie, les ombudsmans et les conseils de presse. Ces mécanismes assurent en principe le contrôle ou l'autorégulation des pratiques professionnelles et peuvent conduire à des sanctions de natures diverses, lorsque la protection du public est une préoccupation réelle de la profession. On peut parler ici *d'imputabilité restreinte*.

C'est également afin de s'assurer que le public et les sources d'information ne soient pas victimes de pratiques professionnelles condamnables qu'intervient un autre élément essentiel du processus de légitimation, soit *l'imputabilité générale*, par laquelle les journalistes doivent eux aussi rendre des comptes au public concernant leurs pratiques, leurs attitudes, leurs décisions et les conséquences néfastes qu'elles ont pu avoir. Du reste, l'imputabilité est intimement liée à la notion de représentativité puisque lesdits représentés, c'est-à-dire les citoyens, ont un intérêt légitime et rationnel à être tenus informés des comportements que les journalistes adoptent en leur nom. L'imputabilité est un outil essentiel pour combattre la fausse représentation. Elle permet au public d'exercer la fonction de contrôle, c'est-à-dire de contre-rôle[3], lequel peut à son tour déboucher sur différentes formes de sanction, en fonction des attentes légitimes du public. Tandis que les sanctions professionnelles peuvent aller de la réprimande morale – privée ou publique – à la suspension temporaire ou permanente comme cela se produit fréquemment aux États-Unis, les sanctions du public prennent principalement les formes suivantes : lettres

3. Ce qui implique, pour mon propos, un contrôle qui est notamment «...enregistrement, vérification, surveillance, limitation... Rappelons que le terme est d'origine française selon une contraction de «contre-rôle», ou registre tenu en double...» (Bergeron 1990, 26).

Processus de légitimation du journalisme

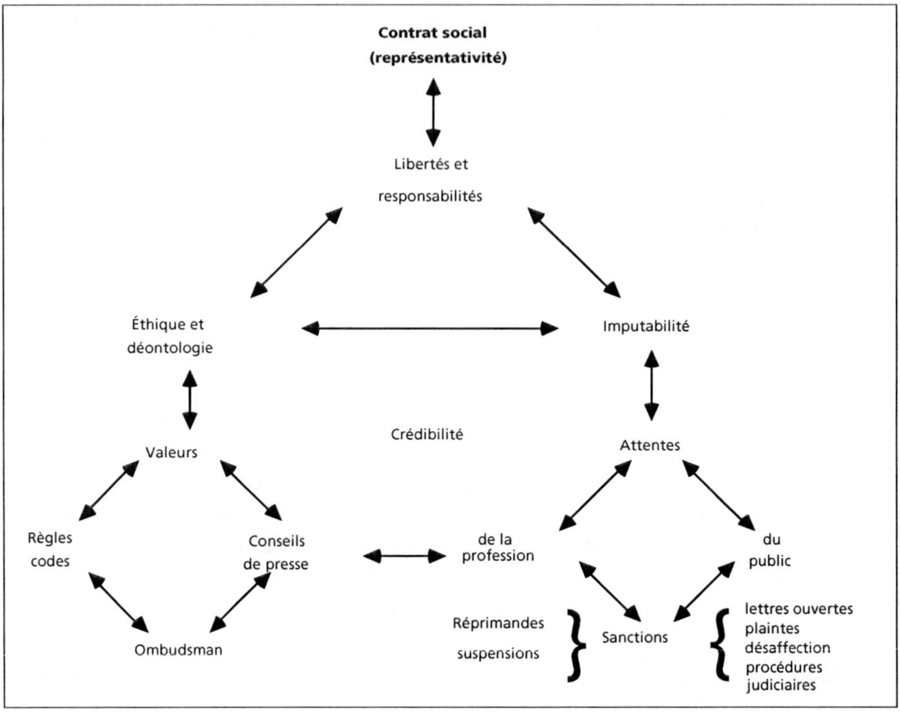

ouvertes, plaintes écrites ou orales adressées aux responsables des salles de rédaction, aux journalistes eux-mêmes ou aux instances chargées de faire respecter l'éthique et la déontologie professionnelles (ombudsman, conseils de presse, etc.), désaffections morale (perte de crédibilité) ou économique (perte de clientèle) ou, pour les plus fortunés du public, recours aux procédures judiciaires.

L'imputabilité professionnelle est un élément clé de ce processus de légitimation. D'elle relève la capacité du public de juger en connaissance de cause de la compétence des entreprises de presse et des journalistes à assumer les responsabilités liées au contrat social, à leur représentativité ainsi qu'au respect des principes éthiques et règles déontologiques faisant l'objet de consensus. Le consensus existe bel et bien sur certains points quand on constate que moins d'une douzaine de règles déontologiques se retrouvent dans la très grande majorité des codes de déontologie existant en Occident, énoncées différemment mais valorisant les mêmes conduites professionnelles.

LA CRÉDIBILITÉ

Le modèle tient compte de l'importante notion de la crédibilité des médias et il faut en dire quelques mots. La crédibilité des journalistes est une notion à géométrie variable, parce qu'elle est reliée à des publics différents dans leurs attentes, leurs expériences avec les médias, leurs idéologies, leurs connaissances et leurs préjugés. La façon la plus reconnue de mesurer cette notion de crédibilité demeure le sondage d'opinion. La confiance que le public a envers ceux qui l'informent peut varier grandement d'un sondage à l'autre, notamment à cause de la formulation de la question et de la période de sondage. Les résultats sont rarement réjouissants, souvent désolants comme on le verra plus loin. Mais retenons que plusieurs facteurs peuvent influer sur la crédibilité accordée aux médias, notamment les allégeances politiques, le profil sociodémographique et diverses attitudes générales.

Par exemple, Zimmer rapportait en 1979 une différence entre ceux qui avaient voté pour Nixon et ceux qui avaient voté pour McGovern, dans le cadre d'élections présidentielles. À la suite du Watergate, les partisans de Nixon ont eu tendance à faire moins confiance aux médias, tandis que les électeurs de McGovern ont eu des attitudes opposées. En France, il y eut des années où les sympathisants socialistes étaient nettement plus critiques et sceptiques face aux médias que ceux de l'UDF et du RPR (Missika 1994, 18).

Ce constat n'est cependant pas partagé par tous. Robinson et Kohut font valoir que la crédibilité des médias n'est pas si fragile puisque la majorité des gens croient la plupart des informations diffusées et que leur confiance n'est pas étroitement associée à diverses variables démographiques ou politiques et que les écarts souvent mesurés en presse écrite et télévision ne sont pas aussi importants qu'on le suggère (1988, 174). Il y a lieu de préciser que leur étude repose sur une définition restreinte de la crédibilité (le fait de croire ou non l'information diffusée) et portait sur des médias et des journalistes spécifiques (Walter Cronkite, Dan Rather, Peter Jennings et Ted Koppel, par exemple). Les résultats accordent un plus haut degré de crédibilité aux médias d'information «dure» (*Wall Street Journal*, *CBS News*, CNN, *ABC News*, *NBC News*, etc.) comparativement aux médias d'information «molle» (*People*, *USA Today*, *Rolling Stones*, *National Enquirer*, etc.). Les présentateurs de nouvelles télévisées étaient également plus crédibles que le réseau pour lequel ils travaillaient. Ils n'ont observé que de maigres corrélations entre différentes variables (âge, sexe, instruction, service militaire, orientation idéologique, connaissance des médias, etc.) et la crédibilité des trois principaux réseaux de télévision de l'époque.

Aux États-Unis

Selon une série de 19 sondages Roper, de 1973 à 1994, la proportion des Américains qui ont une grande confiance en la presse a chuté d'environ 25 % à seulement 10 % (moyenne 19,4 %), la proportion de ceux qui ont juste un peu confiance a chuté de 62 % à 50 % (moyenne 56,7 %), la proportion de ceux qui n'ont presque pas confiance a pour sa part augmenté de 15 % à 40 % (moyenne de 23, 8 %). Tucher et Bischoff soutiennent que la confiance envers les journalistes de la presse écrite est en chute depuis 1975 et font référence à un sondage Gallup de 1994 selon lequel seulement 20 % des répondants estiment que les journalistes de la presse écrite ont des normes déontologiques et une honnêteté élevées ou très élevées (1995, 152). Ils citent un sondage du *Los Angeles Times* de 1993 selon lequel seulement 17 % des répondants pensaient que les médias d'information accomplissaient un très bon travail, une baisse de 30 % depuis 1985. Par ailleurs, 40 % des répondants affirmaient avoir moins confiance dans les médias qu'au moment où ils ont commencé à s'intéresser à l'actualité.

Pour sa part, Rosen cite les sondages répétés de Yankelovich Partners qui demandent la même question année après année. En 1988, 55 % des Américains disaient avoir une grande confiance aux nouvelles télévisées, mais cela avait chuté à 25 % en 1993. En 1988, 50 % disaient avoir une grande confiance aux journaux, mais cela a chuté à 20 % en 1993. La chute a été de 38 à 12 % pour les magazines. Rosen y perçoit la même chute de confiance subie par les autres institutions sociales (1995, 20-21).

En 1996, un sondage Gallup réalisé pour le compte du *USA Today* et de CNN révélait que seulement 32 % des gens avaient une grande ou une bonne confiance aux journaux et 36 % aux nouvelles télévisées, pendant que 44 % et 39 % leur accordaient seulement un peu de confiance. En fait, on retrouvait plus de répondants qui disaient avoir très peu confiance en ces médias (21 % et 22 % respectivement) que de répondants qui déclaraient avoir une très grande confiance (11 % et 13 % respectivement). Ce sondage s'ajoutait aux autres réalisés les années précédentes et indiquait une importante chute de 10 % pour la télévision depuis 1993 (46 % à 36 %) alors que la chute de crédibilité concernant les journaux remontait grosso modo à 1990 (39 % contre 32 %).

Dans un sondage du Roper Center for Public Opinion Research réalisé en janvier 1997 pour le compte du *Freedom Forum Media Studies Center*, 60 % des répondants qualifiaient d'excellente ou bonne la qualité de l'information télévisée locale, mais la proportion chutait à 54 % pour les informations du réseau national, à 49 % pour la radio et à 48 % pour le journal local. Pour l'ensemble des médias, 47 % des répondants qualifiaient d'excellente ou de bonne l'information diffusée (Prichard 1997). Dans ce sondage, 19 % des répondants estimaient que les normes déontologiques des journalistes de l'écrit ou de la télévision sont très élevées ou élevées. Les journalistes se trouvent un peu devant les élus ou les avocats (15 %), loin devant les animateurs de talk-show (10 %), mais très loin derrière les prêtres et ministres du culte (75 %), les professeurs et enseignants (68 %) ou les médecins (60 %). Ce sondage révèle finalement que 80 % des répondants estiment que le rôle de la presse est crucial dans le fonctionnement d'une société libre, mais peu savent que la liberté de la presse est un droit constitutionnel garanti par le Premier Amendement et seulement 34 % sont d'avis qu'il s'agit d'un droit absolu. Plus récemment, une enquête réalisée pour le compte de l'*American Journalism Review* révèle que 65 % des répondants croient que tout ce qu'ils lisent ou la majorité de ce qu'ils lisent dans leur journal est vrai (Stepp 2001). On pourrait poursuivre sans fin l'énumération de tels sondages d'opinion qui confirment la suspicion existant envers les médias et les journalistes.

La crédibilité est tributaire de divers facteurs, comme on l'a vu, mais des situations exceptionnelles l'affectent parfois positivement. C'est ce qui s'est passé notamment aux États-Unis à la suite des attentats du 11 septembre 2001. En novembre 2001, le critique des médias Howard Kurtz commentait un nouveau sondage qui révélait que le public était très satisfait de la couverture offerte par des médias, le taux de satisfaction était alors à 77 %, il avait été de 89 % à la mi-septembre. Tout de même, 30 % estimaient que les médias avaient fait trop d'erreurs dans leur couverture des menaces liées à l'anthrax. Il est fort probable que le grand patriotisme des médias américains à la suite de ces événements terribles ait momentanément gonflé le taux de satisfaction à leur égard et il n'était nullement surprenant de voir redescendre la courbe de la confiance dans les mois suivants.

Au Canada et au Québec

Un sondage Léger et Léger (1993) réalisé pour le compte du Forum des directeurs et directrices des communications du gouvernement du Québec, auprès de communicateurs gouvernementaux, révélait que 46,4 % des répondants affirmaient que les propos qu'ils ont tenus à un journaliste ont déjà été déformés à la diffusion, contre 40,6 % à qui cela n'est pas arrivé. La déformation a été qualifiée de bénigne dans 21 % des cas, et de notable dans également 21 % des cas. De son côté, Lévesque (1990, 54) rapporte des résultats d'un sondage qui indique que la crédibilité des médias chute de façon importante quand ils font la promotion ou commanditent des événements que leurs journalistes couvriront par la suite. En effet, 24 % des répondants considéraient «que les nouvelles publiées par un journal sur un festival ou un salon qu'il commandite seront peu ou pas crédibles ; 34 % estiment que, dans ce cas, les journalistes ne seront pas libres d'écrire ce qu'ils pensent ; 33 % pensent que les journalistes ne seront pas tellement ou pas du tout libres d'écrire les commentaires qu'ils désirent sur un film ou une série télévisée commanditée par leur journal et 42 % pensent que, dans un tel cas, la crédibilité du journal est en danger. 45 % pensent le contraire et 13 % ne se prononcent pas sur cette question». De plus, quand on leur demandait «quelle confiance ils accordent généralement aux informations provenant des journalistes», seulement 59 % des personnes répondaient qu'elle est «assez grande ou très grande. 39 % disent plutôt que leur confiance n'est pas tellement grande ou qu'ils n'ont pas du tout confiance» (p. 55).

Pour sa part, Desbarats (1990, 123) rapporte un sondage de 1987 selon lequel les Canadiens croient généralement que les médias ne sont ni plus ni moins objectifs qu'avant, pendant que 21 % croient que l'objectivité s'est accrue et 13 % qu'elle a diminué. Il mentionne aussi une étude de Robinson, qui a comparé les sondages d'opinion publique menés en 1933, 1939 et 1985 selon lesquels les attitudes du public à propos du comportement de la presse et de la valeur que représente la liberté de presse sont demeurées sensiblement les mêmes depuis 50 ans (p. 226). Il faut cependant faire attention aux comparaisons avec des sondages réalisés alors que les techniques d'échantillon, la façon de libeller les questions et la façon de présenter les réponses proposées n'étaient pas encore bien maîtrisées.

Une enquête d'opinion publique réalisée à l'automne 1998 par la firme Angus Reid pour le compte du quotidien *Globe and Mail* et du réseau de télévision CTV[4] révélait pour sa part que les journalistes se classaient loin dans la liste des professions puisque seulement 15 % des répondants (24 % au Québec) affirmaient avoir beaucoup de respect pour eux et 55 % un peu de respect, ce qui était similaire à des scores obtenus en 1993.

Un sondage réalisé en 2002 pour le compte de la Presse Canadienne révélait que 55 % des Canadiens (48 % des Québécois) faisaient confiance aux journalistes, qui se classaient loin derrière les professions de la sécurité (pompiers, policiers) de la santé (médecins, infirmières), de la justice (avocats,

4. Sondage Angus Reid de novembre 1998, réalisé auprès de 1 500 Canadiens.

notaires) et même derrière les représentants de l'Église. À la même question, posée en février 2003, le sondage réalisé pour la Presse Canadienne révèle un recul de 7 %, car seulement 46 % des Canadiens (46 % des Québécois) déclarent alors faire confiance aux journalistes. Ce sondage montre d'ailleurs que le taux de confiance a chuté pour toutes les professions[5].

Un autre sondage réalisé en 2002 pour la Presse Canadienne[6] révélait une certaine méfiance du public, car 61 % des répondants n'étaient pas d'accord avec l'énoncé voulant que «les médias canadiens proposent toujours une information objective» contre 35 % qui approuvaient cette proposition, et 62 % des répondants étaient d'avis que «les médias canadiens sont trop axés sur le sensationnalisme dans le traitement des nouvelles».

Toujours dans la même veine, une enquête réalisée en novembre 2002 pour le compte de la Fédération professionnelle des journalistes du Québec a révélé que 52,6 % des Québécois sont d'avis que les médias disent la vérité, contre 45,2 % qui croient le contraire. Ceux qui doutent le plus de la crédibilité des médias se retrouvent surtout chez les répondants dont la principale source d'information est la radio (49,5 % de méfiance contre 43,4 % pour la télévision et 37,9 % pour les journaux). De même, chez ceux qui estiment que les médias ne disent pas la vérité, on retrouve près de 58 % de femmes alors que les hommes représentent près de 53 % de ceux qui croient aux médias. Globalement, 58 % des hommes croient que les médias disent la vérité contre seulement 48 % des femmes, tandis que 37,3 % des hommes et 47,3 % des femmes ne croient pas que les médias disent la vérité. Somme toute, le scepticisme est nettement plus élevé chez les femmes (Bernier 2003a).

En Europe

En Europe comme presque partout au monde, la télévision est considérée comme la source d'information la plus fiable, mais la crise de la confiance n'épargne aucun média. Ainsi, les Allemands accordaient moins de crédibilité aux médias en 1985 qu'en 1980 (Schoenbach 1991, 87). En Suisse, le sondage réalisé pour *Baromédia 2001* fait lui aussi le constat de la lente érosion de la confiance du public à l'égard de ses médias de 1997 à 2001, même si les radios publiques s'en sortent mieux que les médias privés (Ringier Romandie 2001, 9).

---

5. Sondage Léger Marketing publié le 17 février 2003, réalisé auprès de 1 529 Canadiens (http://www.legermarketing.com/francais/set.html).

6. Sondage Léger Marketing, avril 2002, réalisé auprès de 1 500 Canadiens (http://www.legermarketing.com/documents/spclm/020506fr.pdf).

En France, la situation est bien documentée et connue grâce aux enquêtes répétées de la SOFRES en collaboration avec le quotidien *La Croix*. Dès le milieu des années 1990, Ramonet affirmait que:

> *«... la confiance des Français dans les médias s'est effondrée. En un an, le nombre de ceux qui acceptent la manière dont la presse rapporte les événements est passé de 56% à 45%, une baisse de onze points! Et à l'égard de la télévision la chute - de 60% à 45% - est de quinze points! Une défiance qu'auront sans doute confirmée les écœurants excès médiatiques lors de la mort de François Mitterrand, ainsi que les révélations diffusées (et, pour certaines, lamentablement censurées) à cette occasion» (1996, 1)*

En septembre 1989, le quotidien *Le Monde* publiait les résultats d'un sondage selon lequel seulement 15% des personnes interrogées faisaient confiance aux journalistes pour dire la vérité, alors que les associations de consommateurs recevaient l'appui de 54% des répondants et les patrons d'entreprises 17% (Mamou 1991, 155). Ce dernier rappelle aussi qu'en 1991 un sondage, publié par *Le Nouvel Observateur*, montrait «qu'au hit-parade des professions jugées prestigieuses par les Français les journalistes arrivaient en queue de peloton, juste avant les prostituées et les députés» (p. 47).

De 1987 à 2001, la cote de crédibilité des journaux français a légèrement augmenté, passant de 47% à 50%, ce qui représente presque la marge d'erreur des différents sondages (SOFRES 2001b). Au fil des événements et des controverses, elle a connu un creux de 43% en 1991 et un sommet de 58% en décembre 1999. Pour la télévision, on est témoin d'une importante chute puisque la confiance est passée de 59% à 51% pendant cette même période, avec une pointe à 65% en 1988 et 1989 et un creux à 45% en 1995. Quant à la radio, la confiance que lui témoignent les Français a peu varié de 1987 à 2001, étant à 56% dans les deux cas et ayant connu un sommet de 66% en 1994 et un «creux» de 53% en 1990.

Cette méfiance du public n'est pas sans être encouragée par certains, dont Woodrow, qui affirme que le public ne doit pas cesser d'être vigilant à l'endroit des médias. Pour lui, la règle d'or du bon lecteur, auditeur et téléspectateur est le «doute méthodique. En effet, il y a de nombreuses raisons pour douter des informations sur lesquelles nous nous appuyons avec tant de crédulité» (1990, 39). Se référant à la thèse de l'historien et professeur à l'Institut d'études politiques Jean-Noël Jeanneney, Mamou (1991, 155) avance que c'est la censure militaire, pendant la guerre de 1914-1918, qui a discrédité pour longtemps la presse écrite, à cause des mensonges et des secrets qui caractérisent les périodes de guerre où la première victime, dit-on, est la vérité.

Ces données internationales, loin d'être exhaustives, indiquent néanmoins que les médias et les journalistes ont des problèmes majeurs au chapitre de leur crédibilité. Bien entendu, il ne faut pas exagérer l'importance de ce problème. De tout temps, la presse a dû faire face à son lot de scepticisme, de remise en question, de critique et même de tentatives de bâillonnement. Cependant, le rôle prépondérant joué par cette institution en fait un acteur social imposant donc chaque dérapage est une menace, si bien que le manque de crédibilité pourrait contribuer à miner sa légitimité sociale, affaiblissant ainsi considérablement la force des arguments liés à l'utilité sociale de la liberté de presse.

CERTAINES ATTENTES DES PUBLICS

Les notions de représentativité, de légitimité et de crédibilité de la presse et des journalistes sont en rapport avec les attentes des divers publics constituant les sociétés pluralistes et démocratiques tout comme des publics des sociétés qui aspirent à cette forme de démocratie. Il peut être risqué, sinon téméraire, de chercher à cristalliser de façon qu'on voudrait définitive ces attentes qui évoluent avec le temps.

À ce chapitre, il est même fort probable qu'existe un phénomène paradoxal selon lequel augmenteraient les attentes et exigences de certains segments du public à l'égard des journalistes, alors même que les entreprises de presse cherchent de leur côté à séduire un public de plus en plus vaste et homogène en diluant l'information dite sérieuse, ou civique, dans des genres médiatiques plus proches du divertissement ou de la promotion. Il en irait un peu comme dans la vie politique où les électeurs sont de plus en plus exigeants, voire intransigeants avec la classe politique dont ils se désintéressent pourtant, ce qui oblige les acteurs politiques à recourir à de nouvelles formes de communication pour rejoindre et séduire leurs publics, notamment en acceptant de se plier aux jeux de l'humour et du divertissement dans les émissions télévisées qui n'ont rien à voir avec le journalisme et l'information des citoyens. Nous serions en présence de publics plus exigeants pour leurs dirigeants comme pour leurs journalistes, mais eux-mêmes moins disposés à investir les efforts nécessaires à la compréhension des grands enjeux sociaux et culturels qui doivent désormais leur être présentés sous des formes édulcorées pour ne pas les rebuter et perdre leur patronage essentiel aux visées commerciales des entreprises de presse. C'est avec ces observations en guise de précaution qu'il convient de se pencher sur les attentes exprimées par les publics à l'endroit des médias et de leurs journalistes.

Selon une importante étude de Phillips et Kees (1995), qui ont notamment comparé les opinions du public, de politiciens et de journalistes américains à l'aide de trois sondages, les principales attentes et critiques du public sont les suivantes :

- *Les citoyens veulent d'abord que les journalistes couvrent les affaires publiques en fonction des intérêts de la population et non de ceux des politiciens ; qu'ils expliquent, par exemple, en quoi les derniers événements sont bons ou mauvais pour la population au lieu de chercher à savoir s'ils sont bons ou mauvais pour les politiciens.*
- *Les répondants du sondage veulent des faits, non des spéculations. Si ces dernières sont nécessaires, ils souhaitent que les journalistes leur expliquent pourquoi et se réfèrent à au moins deux sources d'information pour les soutenir.*
- *Le public s'attend aussi à ce que les journalistes soient des leaders dans leur communauté, mais sans sacrifier les valeurs professionnelles que sont l'équité, la rigueur ou l'impartialité.*
- *Les journalistes devraient couvrir les entreprises de presse au même titre que les autres institutions. Le public estime que les journalistes sont hypocrites quand ils exigent des autres acteurs sociaux une perfection - professionnelle, éthique et personnelle - qu'eux-mêmes sont incapables d'atteindre. En somme, le public voudrait davantage de ce qu'il est convenu d'appeler du métajournalisme (Bernier 1995), c'est-à-dire une vigilance et une critique journalistique quant aux performances des médias d'information.*
- *Il désire également que les entreprises de presse se dotent de moyens d'échanger avec le public sur des questions d'équité et d'éthique professionnelle.*
- *Le public souhaite que la fonction de service public des entreprises de presse passe avant la recherche de profits. Une proportion de 76 % des répondants estiment que la priorité des médias est de chercher et diffuser de l'information importante sur des questions d'intérêt public, 6 % croient que la priorité est la recherche de profits et 16 % estiment que les médias doivent avant toute chose donner au public ce qu'il souhaite avoir comme information, sans égard à l'intérêt public par exemple.*

L'enquête a soumis divers énoncés aux répondants des trois groupes visés afin de mesurer leurs attitudes à l'égard des journalistes. Là encore, les révélations sont dignes de mention car elles indiquent une posture critique plus prononcée chez le public.

- *Ainsi, 70 % des répondants du public croient que les États-Unis sont gouvernés par une clique de politiciens, de journalistes et de gens d'affaires influents pour lesquels les opinions des citoyens ont peu d'importance.*
- *53 % des citoyens interrogés étaient d'avis que les journalistes sont davantage intéressés par le pouvoir que par le bien de la nation.*
- *58 % des membres du public croient que les journalistes sont plus intéressés à faire valoir leurs opinions dans leurs comptes rendus qu'à faire du travail équitable et impartial.*
- *79 % des membres du public (82 % des politiciens interrogés mais seulement 27 % des journalistes) sont d'avis que les gestionnaires d'entreprises de presse sont davantage intéressés à vendre leur journal ou augmenter les cotes d'écoute qu'à les informer sur les choses importantes.*
- *Par ailleurs, 57 % des citoyens (72 % des politiciens, 38 % des journalistes) croient que les journalistes ne sont pas plus honnêtes que les politiciens qu'ils critiquent.*

Dans la même veine, le sondage Léger et Léger réalisé en novembre 1993 pour le compte du Forum des directeurs et directrices des communications du gouvernement du Québec, déjà évoqué plus haut, révèle que 53 % de ceux-ci sont d'avis que les journalistes ne recherchent que le spectaculaire et le *scoop*, ayant peu de temps pour fouiller les dossiers. L'enquête d'opinion publique de novembre 2002 réalisée pour le compte de la FPJQ, elle aussi citée plus haut, abonde dans le même sens.

Un sondage du Roper Center for Public Opinion Research réalisé en janvier 1997 pour le compte du Freedom Forum Media Studies Center indique que la moitié des répondants trouvent les médias trop sensationnalistes ou trop négatifs, les Noirs étant encore plus enclins que les Blancs à trouver la presse biaisée. Selon ce sondage, 91 % des répondants trouvaient la presse trop négative, 90 % trop manipulée par des groupes d'intérêts, 87 % l'estimaient trop biaisée, 80 % trop superficielle, 83 % dénoncent son manque de rigueur. Ce même sondage révèle que le public estime que les médias d'information sont négativement influencés par leur désir de faire des profits, l'intérêt des corporations qui en sont propriétaires, les annonceurs, les grandes entreprises et les élus. De même, un sondage réalisé pour le compte du *Forum Magazine* (1994) révélait notamment que le public estimait les médias trop sensationnalistes, trop mêlés aux jeux de coulisse pour en rendre compte honnêtement et même qu'ils conspiraient pour humilier les politiciens! La même enquête d'opinion reproche l'insensibilité des journalistes face à la douleur des victimes d'événements malheureux (82 % des répondants), et la trop grande importance accordée à la vie privée des élus (75 %). Gordon (1995, 152) rapporte pour sa part que 71 % des répondants à un sondage estiment que les médias nuisent à la résolution des problèmes auxquels les États-Unis font face. Povich (1996) analyse un sondage *Roper-Freedom Forum Center* selon lequel 51 % des répondants sont d'avis que le Congrès des États-Unis et les médias d'information sont aussi responsables l'un que l'autre du déclin du respect public envers le Congrès et 63 % estiment que les médias d'information empêchent le Congrès de faire son travail, même si 45 % croient néanmoins que, sans les médias, le Congrès serait davantage corrompu.

Peter Desbarats (1990, 123) évoque quant à lui un sondage réalisé en 1987 selon lequel la majorité de la population canadienne estime que les médias font un effort conscient afin d'influencer ou de biaiser l'opinion publique. Près de la moitié des répondants estimaient que le biais des médias constituait un problème sérieux (12 %) ou assez sérieux (37 %) et près du tiers des répondants (31 %) indiquaient qu'ils appuieraient une réglementation gouvernementale visant à garder les médias honnêtes et objectifs. Mais Levine (1993, 159) fait quant à lui référence à un sondage *Macleans/Decima* de novembre 1990 selon lequel une majorité de Canadiens considéraient comme assez rigoureuse la couverture médiatique des événements, et croyaient que les médias les aidaient à comprendre ces événements et qu'ils n'étaient pas responsables du cynisme présent au Canada. Un sondage Léger Marketing du printemps 2002 révèle que seulement 35 % des Canadiens sont d'accord pour dire que les médias canadiens « proposent toujours une information objective des événements d'actualité » et 60 % estiment que les journalistes devraient rapporter les événements sans les commenter. Du reste, seulement 47 % des Canadiens étaient d'avis que la qualité d'information donnée au moment du sondage était supérieure à celle donnée en 1992, tandis que 32 % la croyaient supérieure et 18 % de qualité inférieure. Finalement, 62 % des répondants étaient d'accord avec l'énoncé voulant que « les médias canadiens sont trop axés sur le sensationnalisme dans le traitement des nouvelles[7] ».

---

7. *Id.*.

En France, les sondages répétés sur la confiance envers les médias révèle que les citoyens doutent fortement de l'intégrité des journalistes. À titre d'exemple, le sondage 2001 montre que 55 % des répondants croient que les journalistes ne sont pas indépendants des pressions des partis politiques et du pouvoir et 54 % sont d'avis qu'ils ne sont pas indépendants aux pressions de l'argent. Il faut cependant noter que ces résultats étaient les moins négatifs parmi les résultats annuels obtenus depuis 1993.

Les éditeurs du *Media Studies Journal* (1995b) ont déjà noté que la décennie 1985-1995 avait été marquée par le déclin de la crédibilité des institutions, dont les gouvernements et les médias. Si l'on peut comprendre que les gouvernements soient mal vus, à cause de la couverture de presse notamment, pourquoi les médias qui occultent les discours critiques à leur endroit sont-ils aussi victimes de cette tendance, sinon parce que les publics perçoivent les journalistes comme arrogants et aussi insensibles à leurs problèmes que le seraient leurs élus, ou encore parce qu'ils constatent chaque jour le négativisme d'une information qui ne fait qu'alimenter un cynisme généralisé[8] ?

La situation n'est certes pas désespérée, mais elle mérite qu'on la prenne au sérieux. Car plusieurs sont d'avis que ce phénomène mine l'appui populaire à la liberté de presse et peut inciter ou encourager des mesures restrictives (Klein 1970). La perte de crédibilité des médias est aussi la source d'un manque de respect, voire d'un mépris, qui rend de plus en plus difficile la défense des médias devant la justice. Le taux de succès des médias devant les tribunaux américains est en chute et certains spécialistes du droit des médias hésitent à en appeler devant la Cour suprême par crainte d'avoir des jugements restrictifs alors qu'autrefois on était confiant de l'emporter. Non seulement les juges seraient plus enclins à condamner les médias, mais les entreprises de presse craignent de plus en plus la présence de jurys qui peuvent mal comprendre des notions légales contre-intuitives ou abstraites et qui souhaitent surtout punir les médias pour des erreurs ou des dérapages. Certains, rapporte Douglas Lee (1997), attribuent ce ressentiment du public à une mauvaise perception du rôle des médias.

---

8. Il y aurait certes matière à aborder longuement la question de l'incidance des médias sur le cynisme des électeurs, car de très nombreuses études sont consacrées à ce thème et toutes n'accordent pas la même responsabilité aux médias. Voir à cet effet la recension de Nadeau et Giasson (2003).

Selon une enquête de l'ASNE auprès de nombreux responsables de salles de rédaction américaines, la crédibilité est une des valeurs de base du journalisme. Pour la préserver, on recommande de conserver de bonnes pratiques journalistiques : soit d'exercer en tout temps un jugement autonome, courageux et honnête, d'être à l'écoute de la diversité des problèmes réels, des tendances et des événements de leur communauté, d'aider les lecteurs à comprendre comment travaillent les journalistes, d'encourager ces derniers à utiliser leur sens critique concernant leur travail et de faire en sorte que les journalistes soient imputables relativement à leur capacité à fournir un portrait réaliste et vrai de ce qui se déroule dans leur communauté (Klos 1997).

* * *

En somme, la légitimité sociale du journalisme est étroitement associée à la crédibilité des journalistes, cette crédibilité est pour sa part reliée aux attentes légitimes du public en ce qui concerne la qualité de l'information qui lui est transmise. Cette même qualité de l'information, on le verra plus loin, tient très largement au respect des normes professionnelles reconnues, normes étroitement associées à de grandes valeurs et qui se déclinent en règles déontologiques abordant de nombreuses thématiques.

Comme tout modèle théorique, celui de la légitimation du journalisme expose les liens qui existent entre légitimité, crédibilité, éthique et déontologie, liberté et responsabilité ainsi que l'imputabilité des médias. Après avoir réalisé un survol général, il convient maintenant d'aborder de manière plus précise les éléments du modèle en se consacrant tout d'abord à lutter contre une grande confusion qui règne entre éthique, morale et déontologie.

CHAPITRE 2

LA GRANDE CONFUSION

« … si les goûts ne se discutent pas, les jugements moraux, eux, se discutent. »

Raymond Boudon

« N'oubliez jamais que ce qu'il y a d'encombrant dans la Morale, c'est que c'est toujours la Morale des Autres. »

Léo Ferré

Connaître, réfléchir, juger : autant d'aptitudes cognitives essentielles au raisonnement moral[9]. D'où nous viennent ces facultés cérébrales, sinon de l'évolution humaine, elle-même résultante de l'évolution animale, à son tour résultante de l'évolution biologique, laquelle prend ses matériaux et virtualités organisatrices dans les propriétés des éléments chimiques ayant émergé de la longue histoire de l'univers. Je n'irai pas plus loin. Il suffit ici de reconnaître que l'éthique est une activité cérébrale particulière qui ne saurait exister sans le support biochimique qu'est le cerveau complexe d'*Homo sapiens*. Bien sûr, l'activité cérébrale n'est pas un simple « donné » biologique, il est aussi et surtout le résultat du développement cognitif et psychologique chez l'individu, qui induit le développement du jugement moral : ce dernier a fait l'objet de travaux scientifiques, dont ceux de Lawrence Kohlberg souvent cités (Kohlberg 1984). Malgré les critiques, nombreuses et nécessaires, suscitées par sa théorie, celle-ci demeure une référence incontournable, reconnaît l'un de ses critiques qui cherche à la réfuter (Minnameier 2001). Pour les besoins du présent ouvrage qui n'a aucune prétention à la psychologie cognitive, il importe surtout de retenir la notion de développement du jugement moral. Kohlberg a élaboré un modèle selon lequel les gens passent *normalement* par une séquence déterminée du développement de leur jugement moral depuis leur enfance jusqu'à l'âge adulte. Ce développement n'est pas sans rappeler les stades logiques chez l'enfant, mis en évidence par Piaget. Du reste, il serait inspiré à la fois des travaux de Piaget et de la théorie de la justice de Rawls, dont il sera question plus loin (Rest *et al.* 2000).

9. Le raisonnement moral ne doit pas être confondu avec faire la morale, qui est une tout autre question. J'en parlerai plus loin.

Selon Kohlberg, on peut évaluer la qualité du jugement moral d'un individu en étudiant les raisons invoquées pour justifier ses actions ou orienter ses décisions (Fortin 1989, 76 et suiv.). L'auteur distingue six stades dans le développement du jugement moral de l'enfance à l'âge adulte. Au *niveau préconventionnel,* le bien et le mal sont interprétés dans une perspective «purement hédoniste». Ce niveau regroupe les stades 1 et 2. Le stade 1 est celui d'une morale basée sur la peur et la punition ou encore sur l'obéissance aveugle, explique Fortin. Quant au stade 2, il fait référence à une morale fondée sur l'intérêt personnel «qui constitue le critère de bonté ou de la malice d'une action » (p. 77).

Au *niveau conventionnel*, soit les stades 3 et 4, l'individu adapte son comportement aux attentes du milieu en tenant peu compte des autres conséquences. Le stade 3 fait référence à la bonne conduite comme étant celle qui plaît aux siens, celle qui est approuvée par le milieu: «Le bon professionnel, c'est celui qui se conforme aux stéréotypes véhiculés dans la corporation» (p. 77). Au stade 4, c'est le devoir qui prime et définit la bonne action, tout en respectant l'autorité et en contribuant à maintenir l'ordre social «pour lui-même». Fortin illustre ce stade par les expressions du genre «la loi c'est la loi; la norme c'est la norme; le règlement, c'est le règlement» (p. 77).

Il y a finalement le *niveau postconventionnel*, avec les stades 5 et 6, où l'individu fait preuve d'autonomie quant aux principes moraux. Comme le résume bien Fortin, dans le stade 5, «le bien est défini en référence au contrat social, aux droits individuels: les règles, les normes font l'objet d'un examen critique tout en se référant à l'agrément de l'ensemble de la société» (p. 77). Au sixième stade, la personne agit en fonction de principes abstraits, et non de règles morales comme on en trouve dans les codes d'honneur ou les 10 commandements. On s'y inspire des principes «universels» de justice, égalité, fraternité, dignité humaine. «D'après Kohlberg, un tiers seulement de la population adulte parvient au stade 5 et très peu de personnes atteignent le sixième stade» (p. 77).

La pertinence de cette théorie prendra son importance au moment de discuter, d'une part, de ce qui différencie l'éthique de la morale et, d'autre part, du respect des règles de déontologie journalistique, lequel respect ne peut pas être absolu et requiert une réflexion éthique autonome et créative dans des situations d'exception.

On l'a vu, le modèle de Kohlberg ne fait pas l'unanimité, et on ne lui en demande pas tant, en réalité. Des chercheurs ont d'une part évalué empiriquement sa validité pour conclure que tous leurs sujets d'expérience ne passaient pas de façon identique par ces «stades de développement moral» (Singletary *et al.* 1990, 964-965). Pour sa part, Minnameier (2001, 333) trouve cette théorie insatisfaisante pour expliquer avec précision à quel moment ou dans le cadre de quel conflit on passerait d'un stade à l'autre. Une autre critique maintes fois adressée à ce modèle est qu'il évalue le développement moral à partir de valeurs soi-disant «mâles». Pour Marylin French, il s'agit surtout d'un modèle du pouvoir. La perspective de Kolhberg, selon elle, est foncièrement antisociale et enracinée dans les valeurs mâles traditionnelles comme l'indépendance, l'isolement et le détachement (Beauchamp 1988, 128). Une critique similaire est reprise par Carol Gilligan, qui conteste la hiérarchisation des valeurs effectuée par Kohlberg, selon laquelle les comportements masculins deviennent la norme au détriment des attitudes féminines (Christians 1991, 19).

Je ne compte pas épuiser ici la question. Il me suffit de l'évoquer. D'ailleurs, le débat sur les comportements spécifiques innés, acquis ou résultant de l'endoctrination sociale, ou d'une quelconque combinaison de ces types, peut s'éterniser, comme en convient Cooper. Mais peu importe, reprend ce dernier, car il semble que les enfants de toutes les cultures étudiées partagent certaines valeurs universelles: ils désirent la liberté d'expression, ont besoin qu'on leur dise la vérité et veulent assumer des responsabilités sociales (Cooper 1989c, 255). Il est d'ailleurs permis de penser que c'est au cours de son processus d'évolution cognitive que l'humain en est venu à sélectionner et à adopter certains comportements qui entrent dans les mœurs, deviennent valorisés, sont nommés «valeurs» et engendrent finalement une codification des mœurs: *la* morale. Ces valeurs, associées à des comportements spécifiques, devaient avoir une utilité liée à la survie du groupe, l'*Homo sapiens* ne faisant ici que développer et exagérer des qualités existantes chez les primates supérieurs, selon Jacques Ruffié (1986b, 371).

Ruffié est d'avis que le développement du psychisme, une conséquence directe du développement du système nerveux selon lui, a permis d'établir entre individus des liens qui aboutissent à la socialisation du groupe. Il suggère l'hypothèse que certains tabous, dont le tabou sexuel mère-fils observé chez beaucoup de primates supérieurs, sont en fait des comportements innés retenus par la sélection naturelle parce qu'ils sont biologiquement avantageux (1983a, 59). Quant aux comportements altruistes, qui caractérisent toute éthique, on peut en observer, notamment, chez les babouins en fuite qui emportent leurs blessés. Ruffié note avec intérêt:

> *«... qu'en dehors du comportement amoureux, modifié par la morale, la plupart des comportements humains innés se retrouvent, ébauchés*

au moins, chez le chimpanzé : ils représentent, chez nous, de véritables "comportements fossiles" difficiles à mettre en évidence car perdus dans la masse de comportements acquis» (Ruffié 1983b, 44).

Les comportements altruistes comme les soins, l'apport de nourriture, la protection apportée aux jeunes, nécessaires à la survie des sociétés humaines, dont on trouve des ébauches chez beaucoup d'oiseaux et certains mammifères, «peuvent atteindre une grande intensité chez les primates infra-humains » (Ruffié 1983b, 90). Au fil de l'évolution, ces comportements altruistes rejoignent des individus de plus en plus éloignés de la famille immédiate ; innés à l'origine, ils sont progressivement acquis, émergeant du champ biologique pour s'étendre à la sphère culturelle des sociétés.

On se demandera ce que cet exposé anthropologique vient faire dans un ouvrage voulant traiter de l'éthique et de la déontologie journalistiques. Il a pour fonction essentielle de démontrer au lecteur peu familiarisé avec les diverses disciplines scientifiques qu'avant d'être une préoccupation philosophique, l'éthique est enracinée dans un substrat biologique évolutif et qu'on ne peut pas la ramener uniquement à des concepts moraux. On doit en reconnaître le caractère fondamentalement biologique, voire sélectif, pour mieux apprécier l'importance des concepts philosophiques qui en émergent chez l'*Homo sapiens*.

Outre les aspects biologiques, cognitifs et anthropologiques de sa genèse chez l'individu et l'espèce, il faut reconnaître une genèse historique de l'éthique : c'est-à-dire le développement de l'éthique comme activité philosophique. Fink, qui a une définition contestable de l'éthique sur laquelle je reviendrai plus loin, mentionne que des témoignages écrits datant de 2 500 ans font état de débats portant sur l'éthique (Fink 1988, 5) auxquels ont participé les philosophes de l'Antiquité. Dans la tradition musulmane, l'éthique a été un thème important chez plusieurs philosophes, dont les Ikhwan al-Safa, en Irak, au Xe siècle de notre ère (Molawna 1989, 140). Pour sa part, Agrawal signale que si l'éthique concernant la communication de masse existe depuis moins de 100 ans, la civilisation indienne a cultivé une éthique de la communication depuis des millénaires (Agrawal 1989, 148). Bien avant l'époque de la colonisation, on retrouvait au Nigeria une éthique qui s'appliquait aux formes de communication orale et visait essentiellement à décourager les pratiques trompeuses comme le mensonge ou (déjà !) la désinformation (Okigbo 1989). Mais cette éthique, il est vrai, en appelait aussi à des forces surnaturelles afin de s'assurer que l'honnêteté, la justice et la vérité caractérisent la communication interpersonnelle.

On voit bien que l'éthique, lorsqu'elle est perçue comme une préoccupation morale, a des origines débordant les barrières culturelles. Elle semble en elle-même être un invariant culturel, une constante qui transcende les époques.

J'ai désigné l'éthique «comme une préoccupation morale» parce que ce mot souvent mal utilisé a tendance à envahir des territoires sémantiques qui ne sont pas les siens. On l'associe tantôt à la morale, tantôt à la déontologie, surtout en journalisme, peut-être à cause de l'influence anglo-saxonne, le code de déontologie devenant un *code of ethics,* ce que des francophones s'empressent de traduire, à tort, par «code d'éthique». La distinction me semble importante, car si l'on confond morale, éthique et déontologie, il deviendra vite impossible de discuter avec rigueur des pratiques professionnelles, de distinguer les règles de conduite sociales (morale) des règles de conduite professionnelles (déontologie), et l'éthique sera tantôt associée aux premières, tantôt aux secondes, et plus personne ne s'arrêtera au fait que l'éthique est justement le carrefour «philosophique» où se discutent et se hiérarchisent les valeurs ayant inspiré les règles morales et déontologiques. C'est du reste à une distinction pratique de ces trois notions que je consacrerai la suite du présent chapitre.

LA MORALE

La définition de la morale du *Petit Larousse* a la qualité d'aller droit au but. La morale y est décrite comme l'ensemble des règles de conduite en usage en société, règles à suivre pour faire le bien et éviter le mal. La version encyclopédique va plus loin: on en parle comme d'une science des mœurs, mais une science normative qui enseigne ce qu'il faut faire et ce qu'il ne faut pas faire. On dit qu'elle est normative parce qu'elle établit des normes, contrairement à la psychologie ou à la sociologie qui sont des sciences descriptives de ces mœurs. La moralité veut régler les comportements, si bien que «donner l'image d'un être moral c'est avant tout proposer une garantie d'un être fiable» (Etchegoyen 1991, 79). Celui-ci y va de sa distinction entre morale et éthique en reprenant à son compte l'expression d'André Comte-Sponville: «La morale commande, l'éthique recommande» (Etchegoyen 1991, 79).

Sur le plan étymologique, on avoue une certaine confusion puisque éthique et morale sont dérivés des mots grec *ethos* et latin *mores* qui se rapportent tous les deux aux mœurs, à la conduite de la vie et aux règles de comportement (Gaudette 1989, 23). Si la racine étymologique des termes éthique et morale est similaire, la distinction établie entre ces deux concepts est un phénomène contemporain selon Giroux pour qui la morale renvoie à des ordonnances, à des prescriptions ou à des codifications inspirées par l'éthique, qui en représentent le fondement et la finalité (Giroux 1991, 120-121). Pour Weil, elle détermine ce qui est bien et mal dans toutes les sociétés humaines modernes et primitives, avec ses règles de mariage interdisant l'inceste, ses distinctions entre nourritures permises et interdites, parfois prescrites pour les besoins de cérémonies spéciales, et autres prescriptions (rapporté par Gaudette 1989, 24).

Mais dans un contexte où le postmodernisme cherche à s'imposer, la morale prescriptive connaît une dure époque. Comme le soutient Bégin, l'une des caractéristiques des sociétés pluralistes contemporaines est leur refus des anciens dirigismes et, de ce fait, elles ne reconnaissent donc plus à quiconque, du moins officiellement, le pouvoir de dire, au nom de tous, ce qui est bien et ce qui est mal. Les ordonnances de la morale sont donc très mal reçues en ce début de XXIe siècle, alors que l'éthique semble plus adaptée aux attentes d'individus adhérant davantage à des valeurs comme la tolérance et l'ouverture, quand ce n'est pas à un certain pragmatisme parfois proche voisin de l'opportunisme égoïste. Bégin a bien résumé sa position sur ce sujet :

> *« Alors que le moraliste dit à ses semblables ce qu'ils doivent faire, l'éthicien les aide plutôt à décider ce qu'ils feront. La différence n'est pas négligeable. Le premier en impose du haut de sa certitude, le second partage des outils de réflexion permettant de clarifier et de nuancer une décision qui devra être assumée par celui ou celle qui la prendra. » (Bégin 1992, 36)*

On conçoit bien qu'il est difficile, voire impossible, d'aborder sérieusement la notion de morale sans se frotter à celle de l'éthique, d'où le risque de confusion. Je vais m'attarder encore quelque peu à la première notion avant de me tourner vers la seconde.

La morale n'est pas un système dysfonctionnel. Au contraire, on lui reconnaît une grande utilité sociale. En dictant ses règles de conduite, la morale a une fonction stabilisatrice essentielle dans la société et contribue à sauvegarder la dignité humaine (Klaidman et Beauchamp 1987, 15). D'autres, tel Samuel Butler, voient la morale comme la consécration des règles communes que se donnent une société et ses citoyens, si bien que le cannibalisme devient moral dans une société qui le pratique (rapporté par Rivers et Mathews 1988, 9). Par ailleurs, l'anthropologie sociale met en évidence la cohésion des institutions ainsi que le caractère intégratif de la famille, de la morale et surtout de la religion (Laplantine 1987, 11). Pour Ruffié encore, dans toutes les sociétés, les règles socioculturelles constitutives de la morale sont indispensables à l'équilibre et à l'harmonie du groupe, ainsi qu'à l'intégration des individus qui le constituent. Il situe la morale au centre d'une triade mythe/morale/religion qui caractérise l'espèce humaine (Ruffié 1983b, 81). Ici aussi la morale est dotée d'une fonction de ciment social.

Faire le bien, a-t-on dit plus haut, mais qu'est-ce qui est «moralement bon»? Aristote affirmait que ce qui était moralement bon contribuait au développement des potentialités humaines et à la réalisation complète de la nature profonde de chacun (Bovée 1991, 138). Mais qui est le mieux placé, en temps ordinaire, pour déterminer ce qui est bon pour lui-même, sinon l'individu en question? Il peut certes se présenter des cas où il gagnera à être conseillé ou sera obligé d'agir d'une façon déterminée par une autorité extérieure, mais les contraintes et les conseils des uns peuvent-ils prétendre à l'universalité? C'est précisément la question qu'il faut poser à toute morale afin de voir quelles bonnes raisons justifient ces comportements qu'on dit «aller de soi». C'est du reste par ce retour au questionnement sur les fondements des règles de conduite que l'on retrouve le chemin de l'éthique qui est une démarche autonome opposée à l'imposition de normes morales ou déontologiques par des autorités extérieures à l'individu.

Au-delà des définitions qu'on donne de la morale, on peut se demander si le journaliste doit être moral dans le cours de son travail. A-t-il des obligations morales ou, au contraire, peut-il faire totalement abstraction de ces considérations? Le journaliste peut-il éviter de prendre des décisions mettant en jeu des valeurs morales et se retrancher derrière le paravent de l'objectivité (une autre valeur morale) pour tout publier sans se préoccuper des conséquences de son acte professionnel? Altschull prétend que tout publier (même s'il devenait possible de le faire à l'intérieur de l'espace limité consacré à l'information dans les médias) consiste à faire un choix moral dépourvu de moralité. Il estime que cela revient à éviter de prendre des décisions importantes qui devront alors être prises par le public au moment de la réception du message médiatique. Ce point de vue selon lequel «ne pas choisir c'est faire un choix» correspond du reste aux opinions de Sartre et d'autres auteurs existentialistes (Merrill et Barney 1975, 9). Autrement dit, le «rejet de décisions morales est en lui-même un choix moral, et ce choix est l'amoralité, c'est-à-dire l'absence de décisions morales» (Altschull 1980, 106-107).

Altschull affirme également que les journalistes sont en réalité des gardiens de la moralité parce qu'ils prêchent quotidiennement leur propre conception de la morale en défendant des valeurs comme l'ouverture, la cohérence, l'honnêteté ou encore la responsabilité. Enfin, Mander soutient que, parce qu'elle consiste en une représentation narrative de la réalité, la pratique journalistique comporte ou implique nécessairement une dimension morale, ne serait-ce que pour la représenter avec rigueur et honnêteté (rapporté par Gauthier 1991a, 82). Pippert va même plus loin (trop loin?) en affirmant que le journaliste doit être non seulement un professionnel moral, mais aussi un individu moral (Pippert 1989, 26). Même si cela est des plus souhaitables, je ne suis pas convaincu qu'on puisse formellement en exiger autant. Mon propos veut se limiter aux aspects déontologiques et éthiques du journalisme. À cet effet, il me paraît raisonnable de croire qu'un journaliste puisse remplir convenablement ses fonctions professionnelles tout en étant par ailleurs un citoyen peu soucieux des règles morales de la société dans laquelle il vit. Par exemple, un journaliste politique peut très bien rapporter l'actualité et les débats de l'Assemblée nationale, aller ensuite au bar la plus proche, y boire abondamment, rentrer chez lui plus tard en état d'ébriété, au volant de sa voiture (ce qui met la vie d'autrui en danger), menacer sa conjointe, tenter de frauder l'impôt (donc le gouvernement et ses concitoyens), etc. Ces comportements socialement inacceptables n'en font pas moins un journaliste pouvant faire preuve de rigueur et d'équité, à la hauteur des exigences de la liberté responsable de la presse au sein d'une société démocratique.

Mon propos se limite à la pratique du journalisme. Si le journaliste doit agir en conformité avec des valeurs morales dans l'exercice de sa profession, il doit du même coup se doter d'une morale professionnelle. Il s'agira alors d'un ensemble de règles de conduite adaptées à ses fonctions, une sorte de morale «locale» si l'on veut, pouvant certes reprendre et affirmer certaines valeurs morales de la société, mais également en favoriser d'autres qui seront spécifiques à la profession. Cela nous conduit à la déontologie.

LA DÉONTOLOGIE

La déontologie est souvent définie comme l'ensemble des devoirs que des professionnels s'imposent dans l'exercice de leurs fonctions (Giroux 1991, 121). On parle alors de règles de conduite professionnelles. Bien entendu, chez les journalistes comme pour plusieurs professions et métiers, ces règles veulent et doivent refléter certaines valeurs comme la vérité, l'intérêt public, l'honnêteté, la liberté, la compassion, l'équité, et l'énumération n'est pas exhaustive. Ce mot aux racines grecques recouvre les notions de devoir, *deon*, et science, *logos*. Il s'agit d'une «science» qui traite des devoirs à accomplir. On constate que, fondamentalement, morale et déontologie ont beaucoup d'affinités, puisque les deux s'attardent aux règles à suivre. La morale s'applique à régir la vie sociale tandis que la déontologie se limite au champ professionnel.

En dictant les actes qui doivent moralement être accomplis, la déontologie impose des obligations sans tenir compte des conséquences que cela peut entraîner chez les êtres humains (Cooper *et al.*, 1989, xv). Kant, par exemple, considérait qu'un acte est acceptable si les intentions de celui qui le commet sont bonnes. Il ne tenait pas compte des conséquences. Au contraire des utilitaristes, les «déontologues» croient que la maxime du «produire le plus grand bien pour le plus grand nombre» n'a rien à voir avec la moralité des gestes commis (Merrill 1975a, 12). Merrill considère que la principale critique que l'on peut faire à Kant, en cette matière, est qu'il a adopté une attitude mécaniste dans sa conception du devoir. La pensée mécaniste, dans son essence, considère «l'avenir et le passé comme calculables en fonction du présent, et prétend ainsi que *tout est donné*» (Bergson 1962, 70).

Il n'existe certainement pas de journaliste appliquant une déontologie *pure*, qui ne tient pas compte des conséquences de ses actes. D'une certaine façon, prendre en considération l'intérêt public consiste à justifier un acte par les conséquences supposées bénéfiques pour la société, ce qui caractérise la philosophie utilitariste. Le fondateur de l'utilitarisme, Jeremy Bentham, a enseigné que la déontologie pouvait réguler «les relations "marchandes" existant entre les hommes en vue d'un quelconque profit bénéficiant à l'individu et par conséquent, sous l'influence d'une main invisible, à l'ensemble de la collectivité, simple agrégat d'individus» (Fortin 1989, 72). On aperçoit ici que la déontologie, tout en étant prescription d'un devoir, peut être en même temps téléologie, c'est-à-dire recherche d'une finalité considérée comme désirable. Par ailleurs, on peut contester cette conception de la société comme étant la somme de tous les intérêts individuels. Par exemple, il est permis de faire valoir que cette vision ne tient pas compte des profits sociaux, comme la paix et la sécurité sociale, que permettent d'instaurer des mesures sociales allant à l'encontre de certains intérêts individuels, comme les taxes et impôts qui permettent, entre autres, l'assistance de l'État aux plus démunis, les rendant du même coup moins disposés aux révoltes, voire aux révolutions.

Le problème pour le journaliste soucieux de servir sa conception de l'intérêt public, aussi floue soit-elle pour l'instant mais nous y reviendrons plus loin, c'est qu'il lui est à peu près impossible de prédire avec exactitude les conséquences de ses actes dans le champ social, surtout quand ces actes sont perçus par des millions d'individus. Entre l'utilitariste et le déontologue purs, se trouve une version hybride de ces deux types. Il existe des journalistes qui accordent une grande importance aux règles déontologiques, mais tiennent tout de même compte des conséquences probables de leur application (Lambeth 1986, 17). Ce journaliste hybride, libre et responsable, est au cœur du présent ouvrage, comme on le verra plus loin.

L'ÉTHIQUE

Si nous consultons de nouveau le dictionnaire pour une définition de l'éthique, on y parle d'une doctrine du bonheur des hommes et des moyens d'accès à cette fin. Mais il faut aller plus loin que cet énoncé trop général. George E. Moore a observé que plusieurs philosophes trouvent adéquate la définition voulant que l'éthique se penche sur les questions du bien et du mal dans les comportements humains (cité par Hulteng 1976, 6). Gauthier est plus explicite :

> *« L'éthique, c'est le domaine par excellence du dilemme et de la décision. Un problème moral se présente ordinairement sous la forme d'une pluralité d'actions possibles et sa résolution consiste à choisir une attitude donnée, à adopter une certaine ligne de conduite. Cette décision est par ailleurs véritablement éthique dans la mesure où elle cherche à échapper à l'arbitraire de l'instinct, de la passion ou de toute autre force ou pression irrationnelle. Il y a dans l'éthique une prétention et une visée à fonder en raison des normes de conduite retenues. » (Gauthier 1990, 140)*

Ailleurs, Gauthier distingue l'éthique normative, qui se donne pour tâche d'établir les règles ou les normes du comportement moral, s'intéresse au bien, à la conduite idéale, souhaitable ou acceptable, et la méta-éthique, qui ne s'occupe pas de la conduite humaine mais bien de l'éthique dont elle veut déterminer les fondements, les limites, les modes de théorisation, etc. (Gauthier 1991a, 66).

La plupart des définitions de l'éthique que proposent les auteurs tiennent compte des éléments suivants : ce qui est bien, hiérarchie des valeurs, volontarisme et rationalité. La rationalité sert à justifier des comportements qui peuvent sembler *a priori* contestables, ce qui serait pour certains auteurs l'essence même de l'éthique (Rivers et Mathews 1988, 11). Mais une approche rationnelle ne doit pas conduire à la rationalisation qui « consiste à vouloir enfermer la réalité dans un système cohérent. Et tout ce qui, dans la réalité, contredit ce système cohérent est écarté, oublié, mis de côté, vu comme illusion ou apparence (Morin 1990, 90).

Merrill a bien décrit le journaliste soucieux de l'éthique professionnelle qui s'en tient à un jugement rationnel et rejette la pensée magique, les caprices et les énoncés non fondés qu'on pourrait lui servir. Ce journaliste n'est pas sans désirs, il est celui qui ne laisse pas ses désirs occulter sa raison. Il n'est pas sans émotions, il est celui qui ne laisse pas ses émotions se substituer à sa raison. Il n'est pas sans passions, mais ses passions ne deviennent pas des caprices (Merrill 1974, 8).

En somme, l'éthique consiste essentiellement en un constant combat de soi contre soi où le meilleur l'emporte. Nous sommes souvent pris entre nos désirs et nos valeurs, nos émotions et notre raison. Être rationnel ne consiste pas à nier cet état. Cela nous permet plutôt de le reconnaître comme tel, dans un premier temps, et de ne pas nous laisser dicter nos actions par des forces psychologiques irrationnelles et potentiellement néfastes pour autrui. Car il n'est pas d'éthique qui ne tienne compte des autres. Selon Frost, tout sens moral relève de nos relations avec les autres ou, pour certains, avec leur Dieu. Sans les autres, il n'y aurait aucun dilemme moral à résoudre. Les dilemmes moraux sont le prix de notre engagement social, le prix à payer pour vivre en relation avec les autres (Frost 2000, 2). Aussitôt que nos gestes peuvent avoir un effet quelconque sur autrui, surgit une obligation éthique. Cet effet potentiel peut être négatif et il faut bien y penser avant de passer aux actes. C'est la réflexion éthique centrale à laquelle doit se livrer, par exemple, un journaliste sur le point de révéler un scandale qui ébranlera sévèrement la vie des personnes mises en cause. Il devra se demander, entre autres questions, quel est l'intérêt légitime du public à prendre connaissance de ces informations s'il veut exercer de façon responsable sa liberté d'informer.

Johannesen va plus loin en affirmant qu'il y a potentiellement des enjeux éthiques dans chacun des comportements humains qui comportent un choix conscient quant aux moyens à prendre pour atteindre une fin quelconque, lorsque nos actes peuvent faire l'objet d'un jugement de valeur portant sur le bien et le mal. Si nos actions semblent avoir très peu d'effets à court ou à long terme sur autrui (physiquement ou psychologiquement), leur aspect éthique peut alors être considéré comme peu important. Ainsi s'annonce l'*Homo ethicus* : l'humain capable de réflexions éthiques (Johannesen 1983, 1 et 175).

La réflexion éthique conduit au jugement éthique qui englobe le jugement social, esthétique, professionnel et technique, entre autres (Lippman 1992, 107). Pour Gaudette, la personne qui se livre à l'effort de la réflexion éthique « répond à une tâche essentielle : se prendre en mains dans la recherche d'un accomplissement authentique, accomplissement qui ne se réalise qu'à l'intérieur d'un dynamisme ouvert (liberté), dans la solidarité (société) et selon des critères de sens (valeur) qui tient le sujet de façon absolue par l'intermédiaire de la conscience» (Gaudette 1989, 25).

On peut ramener cette conception de l'éthique dans le champ du journalisme et parler d'éthique professionnelle, une question qui n'est pas nouvelle dans l'histoire de cette profession. Ce thème a alimenté les débats en Europe occidentale dès l'apparition de la presse écrite, au début du XVIe siècle (White 1989, 40). Au Québec, dès 1834, le journaliste François-Réal Angers dut subir les foudres de Louis-Joseph Papineau, qui avait relevé une erreur dans un compte rendu et qui s'était empressé de dénoncer imprimeurs et «rapporteurs» dont le travail désavantageait les députés. Le journaliste visé «plaida son honnêteté intellectuelle et la rigueur de son éthique professionnelle» (Gallichan 1991, 173). Il s'en trouve même pour dire que l'éthique a été associée au journalisme dès l'origine de cette pratique, qui était alors essentiellement un travail de missionnariat sociopolitique (Juusela 1991, 8). On rapporte que, dans le monde anglo-saxon, les critiques à propos du manque d'éthique des journalistes ont émergé en même temps que l'avènement de la presse commerciale à qui l'on reprochait de s'attarder aux informations triviales et de délaisser l'information «sérieuse» sans se soucier de la rigueur professionnelle (Hemánus 1980, 45).

Aux États-Unis, l'intérêt pour l'éthique du journalisme s'est manifesté pour la première fois pendant les années 1920, pour ensuite décliner à compter de la décennie suivante et demeurer absent jusqu'au début des années 1970 (Anderson 1987, 341). Ce serait surtout le scandale du Watergate qui a ramené le débat sur la place publique (Ferré 1990, 218). La question a depuis gagné en popularité, ce qu'illustrent, entre autres phénomènes, la création d'une revue savante spécialisée *(Journal of Mass Media Ethics)* ainsi qu'une augmentation considérable du nombre d'écoles de journalisme offrant des cours portant sur l'éthique des médias. Les écoles et programmes de journalisme ont continué à prendre de l'expansion dans bon nombre de sociétés démocratiques ou en voie de démocratisation. En même temps, les critiques des médias, des dérapages des journalistes et des abus de la liberté de la presse n'ont cessé de se faire entendre. Il faut toutefois préciser que bien des doléances et plusieurs dénonciations sont basées sur des convictions, des valeurs et des principes étrangers aux normes reconnues du journalisme. Il faut espérer que le présent ouvrage contribuera quelque peu à endiguer les attaques excessives qui trahissent le plus souvent les biais de leurs initiateurs plutôt que de faire une quelconque démonstration des fautes déontologiques des journalistes.

Par ailleurs, on a déjà estimé que la popularité de l'éthique journalistique est un phénomène cyclique et éphémère qui se répéterait tous les 30 ans et se manifesterait notamment par une hausse du nombre de livres traitant de ce thème (Dennis 1989, 380). Il me semble cependant que depuis le milieu des années 1990, notamment grâce à la présence de critiques des médias traditionnels sur Internet, l'éthique des médias et l'évaluation normative des pratiques journalistiques sont devenues des sujets courants de recherche, de débats et de discussion. Bien entendu, il survient toujours des événements dramatiques ou spectaculaires qui amplifient ce phénomène, tels les attaques terroristes du 11 septembre 2001, à New York, la propagande de certains médias américains qui soutenaient inconditionnellement la volonté de Georges W. Bush de faire la guerre à l'Irak au début de 2003 ou encore le comportement des médias qui ont couvert les rebondissements de l'affaire Clinton-Lewinsky. De tels sursauts relèvent peut-être de l'indignation sélective, mais bien souvent ils font appel aux responsabilités de la presse libre et au droit du public à une information de qualité.

Une chose semble certaine, cependant, les conflits moraux des journalistes ont longtemps intéressé le public et ceux qui le divertissent. Ainsi, depuis 70 ans, Hollywood a produit au-delà de 1 700 films dont les intrigues mettent en scène des gens des médias. De plus, un certain nombre de ces films s'attardent précisément sur des comportements douteux sur le plan de l'éthique et de la déontologie professionnelles (Christians et Covert 1980, 42).

Quant aux fonctions qu'on peut lui attribuer, l'éthique professionnelle des journalistes est étroitement liée à leurs responsabilités professionnelles, surtout dans un contexte de concurrence d'ordre économique pouvant favoriser des comportements condamnables. Ce souci de l'éthique est également indissociable du besoin de maintenir la crédibilité de la profession comme on le verra plus loin.

Dans un autre ordre d'idées, s'inspirant de l'analyse stratégique exposée par Crozier et Friedberg, Demers émet l'hypothèse que l'éthique «est un moyen que les journalistes utilisent pour tenter d'améliorer leur position vis-à-vis certains acteurs du système de l'information publique, en offrant à ces derniers de rendre leur comportement davantage prévisible», et il en conclut que cette stratégie n'est pas efficace pour les journalistes. Il explique que pour certains groupes d'acteurs du système, par exemple les sources d'information familières, le comportement des journalistes est déjà largement prévisible. Demers ajoute que, de toute façon, le «milieu journalistique n'a pas été en mesure jusqu'ici d'offrir un discours éthique qui augmente véritablement la prévisibilité du comportement de ses membres» (Demers 1992, 49). D'un autre côté, suggère-t-il, l'éthique aurait des avantages pour les gestionnaires. Elle permettrait de mettre en place «les moyens d'intéresser les employés à orienter leur liberté dans un sens profitable à l'organisation, de réussir à les faire participer» (p. 53).

La position de Demers repose sur une conception contestable de l'éthique, laquelle ne veut «pas du tout désigner [...] la découverte des valeurs qui guident dans les faits les choix et les gestes des journalistes » (p. 49). On se demande alors si l'on parle encore d'éthique. Y voyant surtout une stratégie qui n'a «rien à voir avec la réflexion morale et tout à voir avec l'intérêt personnel ou de groupe», l'approche de l'éthique privilégiée par Demers est incompatible avec la visée altruiste que j'ai développée plus haut.

Quant à son argument concernant une forme d'aliénation de la liberté professionnelle au profit de l'entreprise et de ses gestionnaires, on verra plus loin qu'il peut s'avérer pertinent dans le cadre d'une déontologie rigide. L'éthique est cependant tout le contraire de ce type de déontologie. Elle est liberté créative là où l'on voudrait imposer des codes de conduite définitifs. J'estime que l'éthique peut même être perçue comme une menace chez les gestionnaires qui devront accepter que le jugement d'un journaliste lui permette d'énoncer de bonnes raisons de déroger à certaines règles déontologiques afin de servir l'intérêt public et cela, aux dépens de l'entreprise dans certaines circonstances. Dans d'autres circonstances, la réflexion éthique du journaliste s'opposera clairement aux visées politiques, économiques ou promotionnelles de l'entreprise médiatique. Il me semble donc que l'on peut soutenir avec raison que l'éthique et la déontologie du journalisme, bien qu'elles puissent rendre un peu plus prévisibles les comportements des journalistes quand ces derniers adhèrent aux normes reconnues, ne soient pas pour autant des obstacles à la qualité de l'information. On reviendra longuement sur cette question plus loin. Il faut d'abord abolir successivement la confusion entre morale et éthique, éthique et déontologie ainsi qu'entre déontologie et morale.

MORALE ET ÉTHIQUE : LA CONFUSION

On l'a vu, ce qui distingue essentiellement la morale et l'éthique, c'est que la première dicte des règles de conduite en société tandis que la seconde privilégie l'adhésion volontaire à des valeurs hiérarchisées en système dans le but de faire le bien. Si la morale est fondée sur les valeurs et les comportements à adopter pour faire ce qui est considéré comme bien, l'éthique permet la remise en question de ces valeurs et encourage leur hiérarchisation quand elles sont en conflit, également dans le but de faire le bien, cette finalité commune ne commandant pas toujours le recours aux mêmes moyens d'une situation particulière à l'autre. Pourtant, la confusion existe entre morale et éthique.

Pour illustrer cette confusion, je prendrai le cas d'Etchegoyen, qui a consacré un ouvrage à la critique «des éthiques» de notre époque. Pour cet auteur, la morale *commande* et l'éthique *recommande*. Il s'en prend au fait que l'éthique implique la réflexion: «On ne vous demande pas d'être moral, on vous demande de réfléchir un peu!» (1991, 79) et, plus loin, il ajoute:

> *«La moralité se soucie peu des circonstances, du calcul ou du temps qui passe, elle s'affirme immédiatement. L'éthique, au contraire, est un raisonnement qui parie sur le temps et choisit le long terme par rapport au court terme. Autrement dit, l'éthique se présente comme un compromis entre la morale et l'intérêt. [...] Reste à savoir si ce n'est pas une "morale de l'intérêt"...» (p. 79-80)*

Etchegoyen affirme le caractère «sacré» et «inviolable» de la morale face à une éthique que sa propre justification intelligente et argumentative pervertit et permet de tout justifier, selon lui: «La morale se passe d'avocats et de plaidoiries, pas d'interrogations» (p. 91). Par ailleurs, l'auteur parle de l'éthique au singulier comme au pluriel. Quand il en parle au pluriel (les éthiques), il fait surtout référence aux éthiques d'entreprises qui prescrivent les règles de conduite professionnelles, lesquelles relèvent plutôt de la déontologie selon moi. Il en parle ensuite au singulier (l'éthique) et poursuit sa charge qui, en fait, s'appliquerait mieux à la déontologie.

De plus, sa notion de morale sacrée et inviolable évolue au fil de l'ouvrage pour faire finalement place à l'ouverture des choix. (Mais à partir de quelles réflexions et de quels raisonnements procède-t-on à ces choix? Cela demeure du non-dit.) Il va même jusqu'à écrire qu'il faut «peu de chose pour que l'éthique fasse place à la morale elle-même: moins de communication, plus d'actes concrets, moins d'affirmations, plus d'interrogations, moins de décrets, plus de connaissance, moins de surface et plus de profondeur» (p. 157).

Cet exemple démontre bien la confusion qui peut souvent régner entre les notions de morale et d'éthique. Sans m'illusionner sur mes chances de succès absolu, je veux faire ma part pour lutter contre cette confusion. Giroux m'est d'un grand secours dans cette entreprise quand il écrit que la morale sert «à différencier, à l'aide de règles qu'elle *impose*, le "bien" du "mal", tandis que l'éthique *proposerait* un "art de vivre" [...] en mettant de l'avant un certain nombre de valeurs qui sous-tendent les prescriptions de la première» (Giroux 1991, 120).

Cette façon de distinguer les deux concepts contredit Etchegoyen, lequel propose une définition de la morale qui se modifie et se contredit au fil de l'écriture (elle est d'abord rigide et fermée, puis devient souple et ouverte), outre qu'il attribue souvent à l'éthique les propriétés caractéristiques de la déontologie. On doit comprendre qu'Etchegoyen a surtout voulu critiquer l'entreprise de récupération à laquelle on assiste depuis plusieurs années, alors que tous réclament une déontologie qu'ils nomment éthique, et cela, afin de servir des intérêts personnels ou corporatistes, au lieu d'avoir une visée altruiste. Giroux précise plus loin:

> *«[...] l'éthique émerge comme [...] exigence de l'autonomie de la conscience de chacun. Cela correspond alors à une volonté d'affranchissement des consciences envers les dogmes moraux d'autrefois qui réduisaient celles-ci en esclavage. Un tel phénomène obéit au pluralisme moral de notre époque qui résulte de la prise de conscience de la relativité des valeurs.» (p. 120)*

Dans la même veine, Bourgeault entend par morale:

> *«... ce qui est système et codification d'exigences régissant la conduite humaine, réservant le mot éthique pour désigner ce qui, échappant aux systèmes et aux codes et les transcendant tout en y inscrivant parfois les résultats de ses démarches, oriente néanmoins, par ses sensations et ses propositions plus que par l'imposition de règles, la conduite humaine.» (1987, 22)*

Si, autrefois, la réflexion éthique a pu assurer les fondements d'une codification des valeurs pour en faire *la* morale, cette dernière a perdu contact avec une nécessaire remise en question, comme l'explique Kremer-Marietti. Elle considère qu'une fois entrée dans les mœurs et érigée en seconde nature, la morale délaisse progressivement ses rapports avec la conscience pour s'ériger en doctrine qui peut cependant être révisée par la réflexion éthique. Les moments de crise morale peuvent constituer les états d'alerte qui conditionnent la reprise de la réflexion éthique, laquelle peut contribuer à l'élaboration des fondements philosophiques d'une nouvelle morale (1987, 8).

ÉTHIQUE ET DÉONTOLOGIE: LA CONFUSION

Comme on vient de le constater, ce qui distingue la morale de l'éthique est la codification des valeurs et des principes dans la première, la réflexion et la hiérarchisation des mêmes valeurs et principes dans la seconde. La «codification» est en quelque sorte le mot clé que j'utiliserai comme critère de distinction entre éthique et déontologie.

La confusion règne entre ces deux termes. Par exemple, on entend souvent parler de «codes d'éthique» alors même que l'éthique n'est pas codifiable par définition, puisqu'on «la retrouve au début et à la fin de toute problématique déontologique» (Fortin 1989, 70). Giroux a très bien expliqué ce qui distingue l'éthique et la déontologie, mais aussi ce que ces deux notions ont en commun:

> *«Il y a entre l'éthique et la déontologie une relation nécessaire, sans quoi la seconde représenterait un système normatif débouchant sur une codification vide de son sens. Effectivement, dans une telle relation, la déontologie apparaît comme une série d'ordonnances et d'interdictions se superposant, de l'extérieur, à des activités qui exigeraient pourtant une marge d'autonomie pour qu'elles puissent être qualifiées de professionnelles. Il y aurait là une contradiction qui aurait comme conséquence d'invalider la déontologie dans le champ du professionnalisme.» (1991, 119)*

Les règles déontologiques du journalisme ont certes été élaborées à la suite de réflexions éthiques où des valeurs et des principes divers ont été mis de l'avant, justifiés, hiérarchisés. En ce sens, la déontologie résulte de l'éthique, mais elle ne doit pas s'y substituer ou tenter d'échapper à sa remise en question qui passe par la réflexion éthique. C'est ce qui fait dire à Giroux que l'éthique professionnelle se situe en quelque sorte en amont et en aval de la déontologie: «[...] en amont, dans la mesure où elle nourrit cette dernière par des valeurs qui sont susceptibles d'évoluer; en aval, pour que les valeurs ayant déjà été normalisées ou codifiées soient périodiquement remises en question puis révisées» (1991, 121). Selon Tremblay, l'éthique «nous situe dans le champ de la quête des valeurs, des orientations majeures à privilégier, des choix vitaux à promouvoir» (Tremblay 1989, 5).

Laissée à elle-même, la déontologie se cristallise, se sédimente et nie ses fondements pour s'autojustifier sans fin. Un principe de conduite issu d'une réflexion éthique risque de se cristalliser en règle déontologique immuable et absolue, tel un *a priori* que plus personne n'ose remettre en question: le cristal dont la structure moléculaire stable résiste aux pressions de l'environnement n'est pas adaptable aux situations particulières: il tranche. C'est la réflexion éthique qui permet de décristalliser la déontologie et de lutter contre sa sédimentation, signe avant-coureur de sa pétrification. Fortin exprime une même conviction en soutenant que faire l'économie de la réflexion éthique, qui rouvre et garde ouverte la question des finalités de la pratique professionnelle, conduit tôt ou tard à se rendre compte que les règles sont creuses, vides, «inopérantes même, si elles ne font pas appel à l'éthique, c'est-à-dire aux capacités de création et de responsabilité de ceux et celles qui y font référence» (1989, 70).

C'est de la conscience individuelle que naît l'éthique, et de la conscience professionnelle qu'émerge l'éthique d'une profession, l'une comme l'autre se matérialisant dans une morale assimilable à la déontologie dans le champ des professions (Giroux 1991, 121). En somme, la morale serait une déontologie citoyenne (déontologie civique) qui prescrirait des devoirs en fonction de valeurs définies, comme la déontologie professionnelle prescrit les devoirs professionnels en fonction d'autres valeurs elles aussi définies.

Certes, la confusion entre éthique et déontologie n'est pas propre aux journalistes. Elle a déjà été déplorée chez les philosophes qui semblaient davantage «à la recherche de principes généraux fiables et bien établis, dont ils pourraient déduire, dans un style tout euclidien, ce qu'il convient de faire dans tous les cas» (Couture 1991, 8). Pourtant, la raison ne procède pas comme en géométrie où les prémisses sont données une fois pour toutes. Au contraire, «les mêmes raisons pourront dicter à des personnes différentes, ou à la même personne à des moments différents, des actes profondément différents, quoique également raisonnables » (Bergson 1962, 46).

En constatant l'existence de liens entre l'éthique et la déontologie, on constate aussi le gouffre qui les sépare. Vues de cette façon, ces deux notions ne devraient plus susciter la confusion... ni en être victimes.

DÉONTOLOGIE ET MORALE : LA CONVERGENCE

Si l'éthique réussit à se démarquer assez nettement de la morale et de la déontologie, ces deux dernières notions sont semblables, bien que les champs d'application qu'elles visent, respectivement la société et la conduite professionnelle, soient très différents.

Il y a en effet convergence de la morale et de la déontologie. Nous sommes ici en présence de deux systèmes de valeurs et de principes codifiés (tu ne tueras point, tu ne mentiras pas, etc.) qui ont pour fonction de régir les conduites sociales et professionnelles. Au centre de leurs préoccupations se trouve l'importance de respecter les mœurs reconnues. Pour un journaliste cependant, les valeurs morales auxquelles il adhère à titre individuel (valeurs issues de la religion ou de systèmes philosophiques) peuvent entrer en conflit avec les valeurs liées à ses fonctions professionnelles. C'est du reste un phénomène observé chez des journalistes ayant participé à une étude qualitative, selon laquelle les journalistes sont «troublés par les conflits entre leurs normes professionnelles et leur allégeance à d'autres normes morales» (Mills 1983, 593). C'est souvent lorsque le journaliste tente de contourner des obstacles rencontrés dans son travail de collecte d'information que ses valeurs professionnelles risquent le plus d'entrer en conflit avec ses valeurs morales; faut-il tromper les sources d'information pour obtenir une confession, une information? Faut-il sacrifier la vie privée pour servir le droit du public à l'information? On voit s'affronter des valeurs: la vérité et la diffusion d'informations dans le premier cas, le respect d'un droit individuel fondamental et le service d'un droit collectif dans le second. Les questions d'éthique professionnelle portent d'ailleurs très souvent sur le caractère acceptable des moyens utilisés pour atteindre certaines finalités (Rivers et Mathews 1988, 15).

La convergence de la morale et de l'éthique apparaît dans leur structure, qui est une codification des règles de conduite reposant sur des valeurs. Elle ne se trouve pas automatiquement dans la similarité des valeurs morales et déontologiques, puisque celles-ci peuvent être conflictuelles.

Il m'importe d'ajouter une chose, en cette fin de chapitre. Les valeurs personnelles et professionnelles ne sont pas toujours en conflit ou en convergence, elles sont même parfois tout à fait indépendantes les unes des autres. Il est des gestes qu'un journaliste peut poser et qui vont bien au-delà des devoirs professionnels (Klaidman et Beauchamp 1987, 140). Il est possible, par exemple, d'être charitable ou de porter secours à une personne en danger rencontrée dans le cadre du travail, bien que cela ne soit pas un impératif déontologique et ne contrevienne nullement aux règles déontologiques de la profession.

CHAPITRE 3

LIBERTÉ OU LICENCE

> *« Ce que les Allemands considèrent aujourd'hui comme la liberté de la pensée et de la presse se réduit au droit de se mépriser réciproquement et en public. »*
>
> GOETHE

La liberté de la presse est, en Occident, une valeur fondamentale. Toutefois, lorsqu'elle est admise de façon radicale, la voilà utilisée par les journalistes pour défendre leur refus de reconnaître qu'ils ont des responsabilités inhérentes à leur liberté d'expression. Sans balise reconnue, cette notion indéfinie peut facilement cautionner l'abus, la licence en quelque sorte. Ainsi n'est-il pas surprenant que plusieurs aient réclamé une forme de responsabilité de la presse où la liberté accordée serait exercée conformément à l'intérêt public ; cela nous ramène directement à la question de la liberté responsable de la presse, ce qui a des implications déontologiques et éthiques incontournables. Cependant, cet appel à la responsabilité en contrarie plusieurs, qui y voient un obstacle à la recherche de la vérité, laquelle ne pourrait émerger que d'un libre marché des idées qui serait lui-même garanti par une presse sans contrainte aucune : c'est-à-dire une presse à laquelle on reconnaîtrait le droit aux excès comme aux abus, en présumant que les méfaits de cette liberté seront largement compensés par ses bienfaits. Ce sont ces thèmes que je vais approfondir dans le présent chapitre.

DE LA LIBERTÉ...

Qu'est-ce que la liberté de la presse ? Plusieurs auteurs en ont suggéré des définitions tantôt positives (ce qu'elle est), tantôt négatives (ce qu'elle n'est pas), et ont insisté sur le fait que la liberté n'est pas la licence (liberté excessive), ce qui ouvre du même coup la porte à une conception définie de la liberté, c'est-à-dire délimitée par les contraintes de la responsabilité, contrairement à la liberté de la presse indéfinie dont a parlé Camille Desmoulins en 1793, une fois qu'elle eut été guillotinée par les excès de la Révolution française (De Virieu 1990, 292).

Ainsi, la liberté de la presse est-elle perçue par John C. Merrill, probablement l'un des auteurs majeurs du XXe siècle en ce qui concerne la liberté de la presse, comme étant fondamentalement l'absence de tout contrôle extérieur aux entreprises de presse, ce qui revient à parler d'autonomie de la presse (1974, 26). Il s'agit d'une définition négative de la liberté puisqu'elle est fondée sur l'absence de contrôles extérieurs. Prujiner a justement observé que le concept de liberté était plus facile à définir négativement que positivement parce que c'est lorsqu'elle n'existe plus que la liberté prend tout son sens (1986, 9). Dans le même ouvrage collectif consacré à la liberté de la presse, Paquet écrit qu'elle passe «par le refus de toute contrainte au niveau des méthodes et des moyens, hormis celles imposées par la loi à tous les citoyens également» (1986, 78). Hobbes représente ce courant, lui qui affirme «que la liberté n'est autre chose que l'absence de tous les empêchements qui s'opposent à quelque mouvement», mais il poursuit en admettant que l'individu libre doit se soumettre aux lois (1982, 189 et 202). Pour d'autres, la liberté est une absence d'obstacles qui implique le libre choix de nos actions, lequel choix est plus important que les actions elles-mêmes (Christians 1989, 7). On est même allé jusqu'à dire que la liberté de la presse est équivalente à une absence de toute obligation à l'exception de celle d'être fidèle à l'intérêt public (Glasser 1986, 90).

Ces définitions négatives sont fondées sur l'absence de contraintes et plaident implicitement pour un laisser-faire qui n'aurait de limites que celles que les journalistes, à titre individuel, s'imposent volontairement. Les journalistes seraient donc les seuls arbitres pour décider de leurs comportements dans un cadre légal minimal. Cette conception ressemble à la théorie économique libérale selon laquelle le marché, laissé à lui-même, s'autorégulera et corrigera ses excès. Mais le laisser-faire économique a des incidences majeures pour les démunis de la société, qui en sont souvent les victimes et ont besoin d'une intervention étatique en leur faveur, comme l'indique la fameuse formule de Lamennais: «Entre le fort et le faible, c'est la liberté qui opprime et c'est la loi qui libère» (cité par Périer-Daville 1989, 109). *Laissé à lui-même,* le marché favorise ceux qui le contrôlent, ceux qui ont réussi à s'y approprier des positions dominantes, et on peut dire que le marché est plutôt *laissé à eux-mêmes* et tend à favoriser ceux qui y ont déjà une position privilégiée. Ce qui est vrai de l'économie l'est aussi de la liberté de la presse qui doit ménager les puissants et «à sa honte… n'est libre qu'envers les faibles et les gens isolés» (Balzac 1991, 27). Il faut dire que c'est ce même romancier qui écrivait que si la presse n'existait pas, il ne faudrait surtout pas l'inventer! (Swenson 1927, 75)

Heureusement, il s'en trouve pour soutenir que l'usage éclairé de cette liberté est au cœur même de l'éthique et de la déontologie du journalisme (Juusela 1991, 4), ce qui suppose que tout n'est pas permis sous prétexte de liberté, car l'éthique implique des choix réfléchis pouvant tantôt justifier un acte, tantôt convaincre de ne pas l'accomplir. John Stuart Mill, que nombre de libertaires citent pour justifier leur thèse, a bien balisé la liberté individuelle qui ne devient du ressort de la société que lorsqu'elle concerne les autres (1990, 74-75). Quant à la liberté d'expression, et par extension la liberté de la presse, que certains voudraient sans limites, même avec ses excès, Mill écrit que les opinions devaient être exposées avec calme et honnêteté. Il était d'avis que «les opinions perdent leur immunité lorsqu'on les exprime dans des circonstances telles que leur expression devient une instigation manifeste à quelque méfait» (p. 145). Cela nous ramène à la célèbre phrase de Voltaire: «Je ne suis pas d'accord avec vos idées, mais je me battrai pour que vous puissiez les exprimer», mais encore faut-il savoir que Voltaire lui-même n'hésitait pas à chercher à faire taire certains de ceux qui, comme l'éditeur Grasset, critiquaient trop sévèrement ses œuvres (Marlin 2002, 206). Même Milton, qui menait une lutte de tous les instants contre la censure, se disaient néanmoins d'accord pour censurer les catholiques romains et les athées, rappelle également Marlin (p. 208).

Pour plusieurs, la liberté d'expression constitue à tort une permission non seulement d'exprimer leurs idées, mais de les exprimer de n'importe quelle façon, sans égard aux autres et à leurs droits. Il va de soi que l'on peut avancer à peu près toutes les idées mais qu'il y a une façon de le faire, cette liberté n'est pas absolue. Elle doit tenir compte des droits et libertés des autres, comme l'a également fait valoir Merrill (1989, 238), qui a modifié de façon importante sa vision des choses au fil des années, au point de plaider en faveur de l'usage responsable de la liberté de presse.

À côté des définitions à caractère négatif, c'est-à-dire celles fondées sur l'absence de contraintes *a priori*, il y a celles qui reposent plutôt sur la nature positive de la liberté. Ainsi, Glasser plaide pour une conception de la liberté fondamentalement plus large, où les individus sont considérés comme libres seulement quand ils peuvent atteindre des buts communs qu'ils ne pourraient pas atteindre seuls. Dans ce contexte, la liberté ne serait pas seulement l'absence de contraintes, elle nécessiterait la présence de moyens d'émancipation parce que, comme l'a déjà fait valoir Arendt en 1963, assurer la liberté d'un individu en abolissant les contraintes n'équivaut pas automatiquement à assurer la liberté individuelle de participer à la vie de la société (Glasser 1991, 243).

Pour les philosophes de l'Antiquité, la liberté n'avait pas la signification moderne des droits privés et civils, ceux-ci visant en quelque sorte à protéger l'individu de l'État. Elle signifiait plutôt la liberté de participer à la vie publique, de faire partie de la sphère publique (Peters et Cmiel 1991, 202). Une société peut-elle se qualifier de libre si on s'y contente de limiter les contraintes, sans offrir du même coup des incitatifs favorisant la participation à la vie publique: par exemple, garantir un accès égal à l'instruction et à la culture comme outils d'émancipation? La liberté se mesure-t-elle à l'aune du laisser-faire? Faut-il limiter la liberté de ceux qui menacent les libertés des autres, au nom de l'équité et de la justice? C'est ce que propose notamment John Rawls pour qui le principe de liberté mène au principe de responsabilité (1994, 239).

Quelle que soit la définition qu'ils en ont, la liberté de presse est une valeur de grande importance pour les journalistes. Ils l'associent étroitement à la liberté d'expression. C'est justement la liberté d'expression qui serait le mythe fondateur du journalisme, selon Giroux (1991, 118), si bien que les journalistes la voient comme une valeur intouchable. Il en donne pour exemple le cas de journalistes québécois qui ont catégoriquement refusé de condamner les propos injurieux d'un animateur radiophonique, André Arthur pour ne pas le nommer, en se référant à la liberté d'expression. Dans un tel contexte, cette dernière devient une idéologie immunisée contre le raisonnement éthique et on refuse *a priori* d'envisager que d'autres valeurs puissent à l'occasion justifier une mesure disciplinaire qui serait alors venue du Conseil de la radiodiffusion et des télécommunications canadiennes (CRTC). La valeur professionnelle est alors passée au statut de mythe, on l'a sacralisée, et malheur à quiconque tente de la remettre en question, de la relativiser: on ne relativise pas l'absolu! Au terme d'une analyse de cas portant sur une station radiophonique de Québec (CHRC-AM), prise à partie par le quotidien *Le Soleil,* qui avait tenté de lui faire perdre son permis de diffusion, Giroux observe que la station a voulu jouer le rôle de défenderesse de la liberté d'expression. Cela s'est fait avec:

> *«… l'aval de la presse québécoise, sans égard au fond de l'affaire, dans une perspective éthique. […] On a pu, de cette façon, éluder un important débat à propos des limites qu'il faut assigner à la liberté d'expression, dans une société comme la nôtre, lorsqu'elle est exercée d'une façon irresponsable» (p. 126)*

Ce cas québécois illustre bien la notion de liberté d'expression comme mythe journalistique intouchable que l'on retrouve abondamment aux États-Unis, au Canada et en Europe. Certes, les journalistes reconnaissent abstraitement qu'elle a des limites mais préfèrent bien souvent laisser la justice s'en occuper, évacuant ainsi toute réflexion éthique et augmentant les probabilités de décisions contestables qu'ils dénonceront par la suite. La liberté de la presse pourrait n'être, finalement, qu'un argument qu'on brandit selon l'intérêt du moment, au lieu d'une valeur dont on accepte pleinement d'assumer les conséquences. Valéry disait que le mot liberté était de ceux qui ont plus de valeur que de sens, ce à quoi Etchegoyen ajoute qu'ils «sont l'objet de détournements subtils et souvent dangereux, surtout quand leur valeur est le résultat d'un besoin» (1991, 80). À la fois critique de la presse américaine mais promoteur de plusieurs mécanismes d'autorégulation inspirés du modèle anglo-saxon, Bertrand écrit que les «médias ont toujours tendance à invoquer le Premier Amendement pour défendre leurs intérêts et à l'occulter quand c'était les droits d'organes contestataires et, plus banalement, ceux de publics minoritaires qui se trouvaient menacés» (1980, 34).

LA RHÉTORIQUE DE LA LIBERTÉ DE LA PRESSE

Il existe donc une rhétorique de la liberté de la presse selon laquelle c'est lorsqu'il n'y a aucune contrainte que cette dernière s'affirme le mieux et avec les meilleurs résultats à long terme. Les contraintes auxquelles font généralement allusion les adeptes de cette rhétorique proviennent surtout de l'État. Quant à celles inhérentes aux lois du marché, on se contente d'y faire allusion comme à un moindre mal. Les contraintes économiques ne sont pourtant pas sans influence sur les politiques rédactionnelles des médias, mais, encore une fois, on tient pour acquis que cela ne peut pas être malsain pour la société, malgré les erreurs de parcours (admises comme des *bavures* et des *anecdotes* sans grande importance). Les études ne manquent pourtant pas qui décrivent les influences organisationnelles orientant les méthodes de collecte d'informations, la définition de la «nouvelle» et sa présentation. Ces études[10] suggèrent notamment que les contraintes pesant sur la liberté d'action des journalistes sont aussi à l'intérieur des entreprises de presse qui les emploient: ce sont des contraintes économiques, sociales et bureaucratiques.

C'est à ces contraintes internes que se réfèrent (et se limitent trop souvent) les critiques des médias qui distinguent liberté *de* presse et liberté *de la* presse, la première étant surtout la liberté reconnue aux entreprises de presse,

10. Des études sur les sources d'information et leurs relations avec les journalistes suggèrent aussi que l'autonomie des journalistes est relative en raison de l'obligation de négocier avec leurs sources afin d'atteindre leurs objectifs. On peut donc dire que la liberté des journalistes est entravée par des facteurs extérieurs. Voir notamment Bernier (2000), Charron (1994), Ericson *et al.* (1989 et 1987), Gans (1979) ou Tunstall (1971).

tandis que la seconde serait celle concernant la liberté d'expression des journalistes. La liberté d'entreprise *de* presse existe, mais il faut admettre qu'elle contraint la liberté *de la* presse que pourraient exercer les journalistes employés par ces entreprises, comme c'est le cas dans tous les pays démocratiques, y compris les États-Unis (Merrill 1989, 34-35).

D'une certaine façon, cette distinction lexicale importe peu, mais le phénomène de «liberté sous contrôle» qu'elle évoque doit être discuté. Dans un ouvrage qui s'est imposé comme une référence, Edward Herman et Noam Chomsky ont rigoureusement élaboré un modèle selon lequel les principaux médias américains sont des outils de propagande au service des intérêts des États-Unis. Selon eux, les médias américains se comportent de la même façon que ceux de systèmes totalitaires: ils permettent et encouragent le débat, la critique et la dissidence aussi longtemps que ceux-ci demeurent à l'intérieur d'un système de présuppositions et de principes compatibles avec le consensus des élites. Ces deux auteurs décrivent un système idéologique si puissant qu'il est largement intégré par les individus sans que ceux-ci en soient vraiment conscients (1988, 302). Sauf quelques cas d'exception, la critique et la dissidence ne doivent pas déborder ce système, le remettre radicalement en question, car le journaliste le fera à ses risques. Ce cadre d'analyse est partagé par bon nombre d'auteurs critiques des Amériques et d'Europe qui insistent sur la fonction idéologique des médias d'information qui sont des acteurs importants d'un *establishment* capitaliste qui donne aux journalistes l'illusion de la liberté (Fisque 1992, 287). Dans la même lignée, la politologue Anne-Marie Gingras fait valoir que les journalistes, dans «leur désir d'être libres... en viennent à considérer leurs contraintes organisationnelles comme des conditions de travail naturelles» (1999, 6). On y parle aussi des médias comme d'instruments de contrôle et des producteurs d'illusion (Kellner 1990, 11). Le principal reproche que l'on puisse faire à cette approche est qu'elle ne tient pas compte de la complexité de la réalité qu'elle cherche avant tout à juger plutôt qu'à expliquer. Elle a cependant l'incontestable avantage de mettre en évidence les limites réelles de la liberté de presse, limites qui sont souvent occultées par les journalistes qui refusent d'admettre pleinement les conséquences pratiques et quotidiennes de leur statut de salarié au service d'importantes entreprises capitalistes qui ont des intérêts à défendre soit par l'amplification de certaines tendances, soit par l'omission d'enjeux politiques et sociaux.

La rhétorique de la liberté de la presse admet le caractère contraignant des limites imposées par la justice mais refuse souvent toute référence éthique et déontologique comme principe formel de contrôle ou de sanction. Or, laisser à la justice le soin de définir la liberté d'expression est une arme à double tranchant. C'est admettre que les limites de la loi dictent le cadre de la réflexion éthique, alors que l'éthique transcende les lois et peut nous convaincre, dans des situations précises, de les transgresser, justement quand ces lois nous semblent limiter de façon injustifiée la liberté de la presse. En affichant un respect absolu pour les contraintes de la loi, les médias se replient frileusement sur un légalisme confortable du genre que dénonce Merrill, qui y voit surtout une façon d'éviter de prendre des décisions courageuses (1989, 214). Il est indiscutable que la réflexion éthique est au cœur de l'usage que l'on fait de la liberté de la presse. En refusant de considérer les conditions de l'usage de cette liberté, les entreprises de presse et les journalistes se privent d'un solide outil intellectuel pouvant être d'une grande utilité pour justifier les dérogations aux lois lorsque cela doit se produire, et ainsi se prémunir contre des sanctions injustifiées quand les dérogations ont servi de façon importante l'intérêt public sans sacrifier de façon inconsidérée les droits et libertés des individus mis en cause.

LA BELLE MÉTAPHORE

Au cœur de la théorie libertarienne[11] de la presse réside une métaphore, celle du libre marché des idées, selon laquelle la vérité émergera d'une libre circulation des idées. Cette question est très importante et je compte lui accorder le traitement qu'elle mérite. Je veux d'abord expliquer ce qu'est une métaphore, quelle est son utilité et quelles en sont les limites. Puis, je vais m'attarder plus longuement sur celle qui m'intéresse ici, soit le libre marché des idées.

La métaphore est bien plus que le procédé stylistique par lequel on «transporte» un mot de l'objet qu'il désigne d'ordinaire à un autre objet auquel il ne convient que par une comparaison sous-entendue, selon *Larousse*. Si les philosophes positivistes ont déjà cru que la métaphore n'était utile que pour faire passer des émotions, une conception encore partagée par plusieurs aujourd'hui, il a été démontré depuis qu'elle «travaille davantage au niveau cognitif qu'affectif» (Cyr 1990, 222).

Boudon considère la métaphore «comme un acte symbolique [...] destiné à produire un effet de mobilisation» (1986, 36). Elle représenterait ainsi «l'opération par excellence sur laquelle reposerait la construction et la

11. Dans la première édition, j'utilisais l'expression «libertaire». Mais depuis quelques années, l'expression «libertarienne» s'est imposée pour désigner le courant libéral, alors que l'expression «libertaire» fait davantage référence au mouvement anarchiste.

séduction des idéologies. Il est vrai que bien des notions idéologiques (l'exploitation de l'homme par l'homme, la main invisible, la lutte des classes) sont des métaphores, et que bien des mythes sont des systèmes de métaphores» (p. 74). C'est ainsi qu'on pourrait ajouter une autre métaphore à cette brève énumération, celle du libre marché des idées qui, pour emprunter une analogie, est à la liberté d'expression ce que la main invisible d'Adam Smith est au libéralisme économique.

Ayant par ailleurs la fonction de favoriser la compréhension, la métaphore permet de nous transporter d'un domaine qui nous est connu à un domaine inconnu ou méconnu. Plus il est difficile de comprendre une chose, en raison de sa nouveauté ou de sa complexité, plus la métaphore pourra s'avérer utile. On aperçoit tout de suite que le choix de la métaphore utilisée n'est pas sans importance puisqu'il dépend de lui que l'on ait une compréhension juste ou erronée de l'idée ou du phénomène à découvrir.

La métaphore favorise la compréhension en suggérant la valeur d'évocation, de suggestion, d'illustration et non d'explication, remarque pertinemment Morin pour qui elle «est souvent un mode affectif et concret d'expression et de compréhension. Elle poétise le quotidien en transportant sur la trivialité des choses l'image qui étonne, fait sourire, émeut, voire émerveille» (1986, 143).

L'analogie et la métaphore sont de merveilleux outils de connaissance, d'apprentissage et de communication aussi longtemps qu'elles sont reconnues comme tels. Mais elles perdent sur-le-champ ces qualités en devenant des discours inconscients de leur nature, cherchant alors à faire passer pour réel ce qui n'est finalement que stratégie cognitive. Ainsi, les idées métaphoriques qui alimentent certaines œuvres fictives peuvent également fournir un éclairage différent qui nous aidera à mieux comprendre notre réalité quotidienne, et en ce sens seront porteuses de connaissance. Mais le risque est de les admettre comme des énoncés vrais et d'adapter notre comportement en conséquence. Une métaphore «endormie» est celle qui a lentement glissé vers un type non métaphorique parce que ceux qui l'emploient ne sont plus conscients de sa nature première. Comme l'indique Boudon, elle est devenue une *catachrèse*, c'est-à-dire une métaphore non perçue comme telle (1990, 333). Dans ce cas, la métaphore devenue catachrèse risque de devenir source d'erreur cognitive. Elle n'est plus évaluée à sa juste valeur. Elle est surévaluée ou sous-évaluée, mais toujours mal évaluée. À l'autre extrême se trouvent les esprits rigides qui, sous prétexte de rigueur, rejettent comme impertinente toute métaphore qui ne saurait à leurs yeux avoir une quelconque valeur de connaissance et se replient sur les énoncés logiques formels.

Finalement, la métaphore inappropriée, sélectionnée de mauvaise foi, volontairement présentée dans le but de convaincre, ne me semble plus relever de la simple technique de persuasion mais de la manipulation. Bien instruits de la nature de la métaphore comme de ses déviations, de ses fonctions et de ses effets pervers, nous pouvons maintenant aborder celle qui nous intéresse particulièrement : le libre marché des idées.

L'ORIGINE DU LIBRE MARCHÉ DES IDÉES

Cette métaphore a pris naissance dans un ouvrage publié en 1644 par le poète anglais John Milton, *Aeropagitica* (Fink 1988, 7 ; Christians et Covert 1980, 41). Cette conception allait engendrer la philosophie libertarienne de la presse, qui s'est développée à la fin du XVIIe siècle et au début du XVIIIe en Amérique du Nord et en Angleterre.

Cette philosophie est fondée sur la capacité des gens à faire des choix rationnels et à prendre les décisions pertinentes si l'information nécessaire est disponible grâce à une presse libre. La presse devait alors éclairer le public, protéger les libertés individuelles et s'opposer à toute tentative visant à l'asservir (Fink 1988, 8). Cette conception s'est répandue dans la plupart des démocraties occidentales où les journalistes avaient l'obligation de fournir en idées et en opinions les citoyens qui étaient ainsi en mesure de faire des choix rationnels et éclairés dans la conduite de leurs affaires.

La métaphore du libre marché des idées a connu un grand succès depuis trois siècles. On y a souvent eu recours pour combattre les tentatives des gouvernements qui désiraient supprimer la liberté d'expression (Glasser 1986, 83-84). Enracinée dans la tradition des droits naturels[12], cette philosophie a plus tard bénéficié du soutien des partisans de la conception darwinienne de la sélection des idées, selon laquelle seules les meilleures idées survivent dans un milieu où les individus peuvent librement faire leur choix. Même s'ils ne pouvaient en prédire les effets ultimes, les partisans de cette théorie postulaient que la « main invisible » du libre marché allait favoriser les meilleures options. En ce sens, les libertariens n'ont jamais offert de critères objectifs pouvant déterminer à l'avance ce que le libre marché allait offrir. Plutôt que de se demander

12. Selon Marquiset, les droits naturels, innés en chacun de nous, ont toujours été reconnus à travers les âges comme les lois non écrites formant ce que Cicéron nommera une « doctrine conforme à la nature, répandue chez tous les hommes, constante et éternelle » (1965, 12). Parmi les droits naturels, on retrouve les droits à l'existence, à l'intégrité corporelle et à la santé.

«qu'est-ce qui devrait en résulter», ils constataient ce qui existait dans les faits (Glasser 1986, 89).

Ainsi comprise, la métaphore du libre marché des idées admet que la presse peut aussi bien être irresponsable que responsable, publier des faussetés ou des vérités. Pour le libertarien radical[13], cela ne change rien car les citoyens sont des êtres rationnels capables de différencier le vrai du faux (Goodwin 1986, 7). Selon cette métaphore souvent érigée en dogme, les techniques de manipulation de l'opinion publique, comme la désinformation, n'auraient pas plus d'importance ou d'effet que la diffusion de la vérité.

On se rend vite compte de la fragilité de cette théorie. Fondée sur le postulat que les citoyens sont des êtres rationnels, elle laisse croire que la rationalité est un état permanent, alors qu'elle est en lutte continuelle avec l'émotivité. S'en remettre à la rationalité des citoyens pour légitimer la publication de faussetés en présumant qu'en émergera la vérité témoigne d'une méconnaissance de la nature humaine. L'*Homo sapiens* est aussi l'*Homo demens* aux prises avec ses dimensions irréductibles à la raison.

UNE MÉTAPHORE FONCTIONNELLE

La métaphore du libre marché des idées n'est pas dénuée de vertus sociales, la principale étant de faire valoir une certaine conception de la société qui serait ouverte aux opinions et aux idées, ainsi qu'aux débats qu'elles peuvent susciter. Certains prétendent même que le Premier Amendement de la Constitution des États-Unis a favorisé les droits relatifs à la liberté d'assemblée, de parole et de la presse moins pour protéger la liberté d'expression des individus que pour susciter les débats publics essentiels à une société vigoureuse (Boylan 1991, 34). Le libre marché des idées doit donc servir à la bonne santé d'une société démocratique en stimulant les débats au lieu de gaver les citoyens d'opinions prédigérées, a déjà exprimé Dana Bullen, directeur adjoint du World Press Freedom Committee, en parlant de l'organisation d'une presse libre en Pologne. Il plaidait alors pour l'instauration d'un libre marché des idées et de garanties constitutionnelles semblables au Premier Amendement au lieu de l'élaboration de documents de 25 pages contenant des restrictions et des valeurs sociales (Aumente 1991, 42). Les journalistes qui s'inspirent de cette métaphore «croient que le bouillonnement des idées, thèses et invectives sur la place publique médiatique,

13. Il importe de préciser que le libéralisme regroupe des tendances plus «douces» auxquelles on pourrait associer, par exemple, des philosophes comme John Rawls ou Ronald Dworkin, et des tendances plus radicales que représentent bien Robert Nozik et Friedrich Hayek.

y inclus les bavures, partialités et attitudes partisanes est indispensable à la vie démocratique» (Demers 1992, 62). Dans la théorie politique américaine, rappelle Bertrand, «il est fondamental que le peuple souverain soit informé et que toutes les opinions entrent en concurrence sur "le libre marché des idées". L'équilibre des pouvoirs exige par ailleurs qu'une institution indépendante contrecarre et contrebalance les trois branches du gouvernement» (1982, 29).

LA MÉTAPHORE AU PILORI

À l'encontre des chantres de la métaphore du libre marché des idées, des auteurs émettent des critiques souvent sévères, qui la remettent radicalement en question. Entman est de ceux-là. Dans *Democracy Without Citizens,* Entman affirme en premier lieu que la presse américaine est censée favoriser la démocratie en stimulant l'intérêt politique des citoyens et en leur fournissant l'information dont ils ont besoin pour juger leurs gouvernements. Mais il constate que la presse n'est pas libre d'agir en ce sens. Limités par les goûts de ses publics et dépendants des élites politiques pour obtenir leurs informations, les journalistes participent à un système d'information caractérisé par l'interdépendance - des journalistes et de leurs sources, des médias et des annonceurs - qui n'est pas un libre marché des idées. Dans les faits, les médias ne parviennent pas à concrétiser la conception idéale d'une presse libre qui agit comme éducatrice civile et gardienne de la démocratie (1989, 3).

Par ailleurs, Entman rappelle que la métaphore du libre marché des idées postule qu'une circulation suffisante d'idées permettra au public de choisir celles qui représentent correctement la réalité ou favorisent l'intérêt public. Mais ce modèle n'explique pas pour quelles raisons les médias favoriseraient nécessairement les «bonnes» idées plutôt que les «mauvaises», pas plus qu'il ne précise comment le public pourra distinguer les unes des autres. L'auteur ajoute ne pas avoir d'indices lui permettant de croire que la véracité ou la qualité d'une idée est la valeur première qui est prise en compte dans le processus de production et de consommation de nouvelles journalistiques (p. 22). Il rejoint en cela la position de John Stuart Mill pour qui l'affirmation «selon laquelle la vérité triomphe toujours de la persécution est un des mensonges que les hommes se plaisent à transmettre – mais que réfute toute expérience – jusqu'à ce qu'ils deviennent des lieux communs» (1990, 102-103). Mill voit dans l'idée d'une vérité triomphante une «pure sensiblerie» et soutient que souvent les «hommes ne sont pas plus zélés pour la vérité que pour l'erreur» (p. 104-105).

Un autre aspect de la critique d'Entman concerne le public qui devrait, selon la métaphore, diversifier ses sources d'information, en lisant plus d'un journal, et s'intéresser à chacune des différentes catégories de nouvelles – locales, nationales, internationales – ainsi qu'aux commentaires et éditoriaux. Mais la réalité est tout autre, selon diverses études dont il rend compte. En 1974, par exemple, une étude nationale réalisée par le Center for Political Studies, de l'Université du Michigan, a révélé que seulement 5,6 % des répondants lisaient deux ou trois journaux ainsi que les différentes catégories de nouvelles énumérées plus haut (p. 23). Moins de 14 % des Américains disaient lire au moins deux journaux différents et regarder régulièrement les bulletins nationaux de nouvelles présentés en soirée. Des résultats similaires ont été obtenus à nouveau en 1984, par le même centre de recherche. Au total, on peut dire que pas plus de 15 % des Américains répondent aux critères d'une utilisation variée et attentive des médias afin de bien se renseigner sur les affaires publiques (p. 24). Cependant, il faut reconnaître que l'information télévisée et, ces dernières années, Internet ont contribué à diversifier grandement les habitudes de lecture et la façon de s'informer. Toutefois, cela ne semble pas vouloir encourager une utilisation citoyenne ou démocratique puisque les médias les plus populaires sont le plus souvent ceux qui accordent le moins d'importance à la couverture des grands enjeux auxquels ils substituent des thématiques superficielles et sensationnalistes.

D'autre part, Entman fait valoir que le succès de la pratique du libre marché dans le domaine économique n'a pas son corollaire sur le plan des idées (p. 91). Il fait aussi remarquer que les théoriciens n'ont pas vraiment expliqué pourquoi il faudrait présumer que la compétition économique des entreprises de presse favorise leur contribution à la réalisation de ce que représente la métaphore du libre marché des idées, soit la multiplication d'idées différentes et nouvelles parmi lesquelles les citoyens pourraient faire un choix. À cet effet, il observe que les médias qui s'approchent le plus de l'idéal évoqué par la métaphore du libre marché des idées ne sont pas les grands journaux ou réseaux de télévision, mais plutôt les médias qui existent en marge des règles du marché conventionnelles et sont souvent méconnus du public. Ce qui caractérise ces médias, c'est qu'ils n'ont généralement pas – ou peu – le mandat de générer des profits (p. 107-108). Cet argument est devenu encore plus pertinent maintenant que les médias sont de plus en plus happés par les mouvements de concentration et de convergence des grands conglomérats internationaux qui doivent se plier aux appétits sans fin (et sans faim!) des actionnaires qui exigent des rendements toujours plus élevés sur leurs investissements. Cette pression économique se fait ressentir jusque dans les salles de rédaction où elles influencent le type de dirigeants qui seront promus, les priorités de couverture qui seront privilégiées et même, dans bien des cas, le profil des journalistes qui seront embauchés, remerciés ou isolés pour cause de non-conformisme. Merrill reconnaît lui aussi que malgré la grande liberté dont jouit la presse, en matière d'indépendance et de faculté critique, il n'y a guère de place dans le journalisme américain pour des journaux originaux, non conformistes et indépendants d'esprit parce que les dirigeants de la presse exercent sur les salles de rédaction un contrôle serré. Il admet que la liberté de la presse américaine repose sur une base étroite et «qu'il s'agit d'une liberté institutionnelle de type purement capitaliste, qui exclut 99% des journalistes» (1986, 212). C'est ainsi qu'elle ne contribue nullement à concrétiser les aspirations des philosophes du Siècle des lumières (Merrill 1989, 238).

Entman ajoute que plusieurs ont supposé, toujours sans l'expliquer, que la recherche de profits inciterait les entreprises de presse à privilégier un journalisme de plus grande qualité (p. 93). Ce n'est pourtant pas le cas puisque les principaux médias s'adaptent aux goûts des publics et, dans le cas des médias électroniques par exemple, en viennent à remplacer des émissions d'information par des émissions de divertissement. Le mandat économique des médias serait ainsi une contrainte additionnelle jouant en défaveur de la concrétisation de la métaphore.

Il existe d'autres objections à la théorie du libre marché des idées. L'une d'elles rappelle que, lorsqu'il est question de notions comme la vérité ou la qualité, les partisans du libre marché font preuve du plus extrême subjectivisme en s'en remettant à la règle de la majorité (la meilleure idée aura le plus grand nombre d'adhérents). Cette posture équivaut à enlever tout leur sens à des mots comme «vérité», «bon», «pertinent» ou «sensé». Comme le soutient Boudon, contrairement aux suggestions de Feyerabend et Habermas, «certaines questions méritent de ne pas être soumises au suffrage universel », lui qui rapporte certaines expériences où la majorité des participants ont fait le mauvais raisonnement, ce qui les a conduits à l'erreur plutôt qu'à la vérité (1986, 57).

Une autre objection, soulevée par Schauer, est originale en ce sens qu'elle se rapporte au temps. La théorie du libre marché ne retient pas ce facteur, comme s'il était sans conséquence sur le fonctionnement de la société d'attendre qu'une «bonne» idée soit reconnue et adoptée par la majorité (rapporté par Glasser 1986, 89) avant de la concrétiser. Baker fait lui aussi valoir que, si le marché peut assurer à long terme l'élimination de ce qui est considéré comme néfaste (en ce qui a trait aux régimes politiques notamment), il n'est pas de grands secours pour ceux qui vivent concrètement les problèmes et qui sont privés ders avantages auxquels ils ont droit (Baker 2002, 131). Une telle attitude fait perdurer des idées populaires au détriment d'idées moins populaires, indépendamment de leurs qualités intrinsèques bénéfiques pour l'évolution de la société, ce qui n'est pas sans conséquences néfastes lorsque les idées populaires en question s'opposent, par exemple, à l'instruction publique, à la séparation des pouvoirs temporels et religieux, à la vaccination obligatoire ou encore à l'enseignement de la théorie de l'évolution dans les écoles. Voilà autant d'oppositions basées sur des idées populaires qui ont longtemps endigué l'émancipation des consciences et laissé perdurer la souffrance humaine. On peut répliquer que c'est justement grâce au libre marché que les moins bonnes idées ont finalement dû céder la place à de meilleures. Je réponds qu'il ne faut pas confondre liberté d'expression et tyrannie de la majorité, quand celle-ci cause des retards importants qui n'ont que des désavantages pour la société. Laisser les opinions et les idées s'exprimer, être communiquées librement, n'est pas du tout la même chose que d'accepter *a priori* que les opinions et les idées les plus répandues soient nécessairement les meilleures. Il y a un glissement injustifié du qualitatif au quantitatif. Sur le libre marché dont nous parle la métaphore, les qualités et les bienfaits potentiels de certaines opinions et idées peuvent être des propriétés nécessaires pour que celles-ci soient reconnues et adoptées, mais ces propriétés ne peuvent entraîner à elles seules la reconnaissance publique. D'autres forces que la raison s'exercent : l'émotivité, l'esthétique, les passions, les tensions sociales, les difficultés économiques, le pouvoir politique ou économique des promoteurs de certaines idées favorables à leurs intérêts de classe, etc.

Alléguer que la meilleure idée ou une opinion juste emportera nécessairement l'adhésion des citoyens vivant dans un libre marché des idées, c'est prétendre à l'infaillibilité, car une opinion réduite au silence ou ignorée de tous peut très bien être vraie, pour paraphraser Mill (1990, 140).

Le libre marché des idées a cependant de grandes qualités indéniables, il faut le reconnaître. Morin soutient que les conditions prescriptives de la société (comme la normalisation ou l'*imprinting*) n'imposent pas des idées nécessairement fausses, tandis que les conditions permissives (comme le libre marché des idées) peuvent favoriser le débat critique et la lutte contre l'erreur : « Mais les idées qui jaillissent dans les conditions permissives ne sont pas nécessairement vraies. [...] on peut déterminer les conditions favorables à la lutte contre l'erreur, mais non y trouver la vérité » (1991, 86). Dans son quatrième tome de la *Méthode*, qu'il consacre exclusivement aux idées, Morin soutient qu'en ce qui concerne les conceptions du monde, qu'elles soient philosophiques ou théoriques, « il n'est pas de principe de sélection, naturelle ou culturelle, en faveur de la vérité » (p. 87) :

> *« Nous avons appris que la sélection sociologique, culturelle, noologique des idées n'obéit que rarement à leur vérité, et qu'elle peut au contraire être impitoyable pour la recherche de la vérité. Ce n'est pas la sélection des meilleures, c'est la sélection des plus frappantes » (p. 244).*

Il est donc erroné de croire que le libre marché des idées est l'une condition suffisante à l'émergence de la vérité, alors qu'il en est simplement une des conditions nécessaires. Encore faut-il qu'un tel marché existe vraiment, ce qui est fortement contesté. En réalité, les principaux pourvoyeurs et diffuseurs de ce marché, les médias privés à vocation commerciale, sont antipathiques aux idées peu orthodoxes, à un point tel qu'il pourrait être fondé, au nom même des conditions nécessaires à un véritable libre marché, à intervenir légalement pour s'assurer que ces idées impopulaires soient diffusées afin qu'elles puissent concurrencer les idées et opinions privilégiées par les responsables des médias. La « sélection » des idées se fait non pas dans la société, comme le propose la métaphore, mais en amont du débat public, c'est-à-dire dans les médias qui ont pourtant le mandat d'alimenter la société afin qu'elle devienne véritablement le libre marché des idées nécessaire à la démocratie (Ismach 1989, 8). La « sélection » des idées effectuée en amont du débat social, surtout en situation de concentration de la propriété de la presse, « ne peut manquer d'avoir un effet nocif sur la pluralité de l'information et des opinions » (Coryell 1989, 131).

Cette situation a du reste été reconnue puisque le gouvernement américain s'est senti obligé de corriger les défaillances manifestes du libre marché par son Newspaper Preservation Act de 1970. Cette loi visait à assurer un soutien financier aux journaux dans une situation précaire afin de favoriser l'accès du public à des points de vue diversifiés (Tuchman 1978, 169). Même si cette loi est l'objet de maintes critiques voulant qu'elle aurait plutôt favorisé l'existence de duopoles douteux dans certaines localités (Barnett 1991), on peut difficilement trouver meilleur aveu d'échec de la concrétisation d'une métaphore qui semble irrémédiablement condamnée à demeurer une ruse de la rhétorique.

Certaines idées n'ont même pas accès au marché, tellement les critères économiques des médias les désavantagent. Au milieu du XIXe siècle, il se trouvait déjà des responsables politiques qui misaient sur la mission de rentabilité économique des médias pour filtrer et contrôler les opinions dissidentes. Par exemple, le chancelier libéral de l'Échiquier britannique, sir George Lewis, considérait que les lois du marché économique allaient favoriser les journaux qui respecteraient la ligne de pensée des annonceurs, ce qui a sérieusement affaibli les journaux qui militaient pour les classes ouvrières, constatent Herman et Chomsky. Pour ces derniers, le poids des annonceurs est plus déterminant pour la survie des journaux que le nombre de lecteurs. Ils donnent des exemples de journaux à très fort tirage qui n'ont pas survécu à l'insuffisance d'annonceurs (1988, 14).

Par ailleurs, Glasser en vient à la conclusion que, techniquement parlant, les individus vivant en démocratie ont seulement le droit de parler *en* public : parler *au* public exige des moyens de communication et ces moyens (les médias) ne sont pas du domaine public, ils relèvent de l'entreprise privée. Il perçoit un gouffre béant entre la liberté d'expression et la liberté de la presse, ce gouffre étant plus grand aux États-Unis qu'ailleurs. Il y a plusieurs années, cette situation obligeait les gens, à titre individuel ou collectivement, à recourir aux seuls moyens de communication qui leur restaient pour se faire entendre et afficher publiquement leur mécontentement : le piquetage, les manifestations, la distribution de pamphlets, etc. Internet a radicalement changé la donne à ce chapitre depuis près de 10 ans. Au-delà des critiques qui dénoncent l'utopie démocratique et l'illusion technologique de certains discours visionnaires, il est indéniable que le réseau des réseaux offre maintenant un accès inégalé à l'espace public pour quiconque possède certaines ressources minimales, dans nos sociétés occidentales du moins. On ne compte plus les sites Internet consacrés à la défense d'enjeux moraux, environnementaux, économiques, politiques ou sociaux traditionnellement ignorés ou occultés par les médias commerciaux traditionnels. L'envahissement de l'Irak par les forces américaines et britanniques, au début de 2003, a illustré de façon magistrale le pouvoir démocratique qu'Internet remet entre les mains d'individus qui ont ainsi pu offrir, au public motivé à échapper à la propagande des réseaux de télévision, d'autres versions des conséquences dramatiques de cette guerre illégale et illégitime. Certes, Internet est à la fois la source de mensonges, de rumeurs, de demi-vérités, de stratégies de désinformation et de propagande de la part d'une multitude d'acteurs, mais il permet aussi l'expression de la parole vraie, du témoignage sincère et d'un humanisme qui échappe aux lois traditionnelles du marché puisque dans bien des cas les créateurs des messages acceptent de supporter eux-mêmes les coûts de diffusion de leurs messages sans même espérer le moindre profit économique.

En effet, en ce qui a trait aux médias traditionnels, il semble qu'un nombre croissant d'auteurs admettent maintenant que le libre marché économique l'a emporté sur le libre marché des idées, car les forces économiques qui soutiennent les médias d'information américains désavantagent les personnes et les idées qui leur sont hostiles (Hart *et al.* 1991, 6-7).

On peut finalement critiquer l'efficacité concrète de la métaphore pour la permissivité qu'elle accorde aux journalistes. En effet, plusieurs allouent peu d'importance aux conséquences de leurs reportages puisque, conformément aux principes du libre marché des idées, ils se croient tenus de publier toutes les informations en leur possession afin que la sélection se fasse en aval, par le public (Christians et Covert 1980, 41). Premièrement, il y a quelque chose de trompeur dans cette prétention puisque le métier de journaliste impose toujours un important travail de sélection des faits pertinents à la compréhension de l'événement. Du reste, quand ce travail est réalisé non dans le but d'accroître la compréhension mais bien de tirer profit ou d'exploiter commercialement le caractère dramatique d'un événement, on associe cela à du sensationnalisme médiatique. Il y a donc toujours un travail de sélection de l'information au cœur de la pratique journalistique qui contredit le discours de ceux cherchant à faire croire que leur rôle n'est que de transmettre machinalement les faits et témoignages qu'ils ont observés et recueillis. Un premier travail de sélection est donc réalisé en aval du public, sinon à son insu. Deuxièmement, il ne fait aucun doute que ce travail de sélection est exercé avec une plus grande rigueur, voire une plus grande rigidité quand les enjeux risquent d'être majeurs pour l'ordre établi, comme on l'a de nouveau constaté dès les premiers jours de l'envahissement de l'Irak en mars 2003, quand les grands médias américains ont refusé de présenter des images de leurs soldats morts au combat tout comme celles montrant les ravages des frappes aériennes sur la population civile. Troisièmement, l'organisation même des entreprises de presse, les impératifs de leur mission économique, de plus en plus exigeants du reste, font en sorte que bon nombre de faits, d'opinions et d'événements sont littéralement ignorés ou occultés. Ils se retrouvent dans l'angle mort de l'information. C'est le plus souvent le cas d'enjeux sociaux majeurs tels la protection de l'environnement, la défense réelle des droits des consommateurs, la question des inégalités sociales, la criminalité des cols blancs ou l'évasion fiscale des grandes sociétés, le rôle des firmes de relations publiques dans la mise à l'ordre du jour de certaines questions, etc. (Hackett et Gruneau 2000, 10). Il y a donc là une autre réfutation de la rhétorique de ceux qui utilisent la métaphore du libre marché pour justifier ou tenter de faire croire qu'il appartient au public, au bout du compte, de faire ses choix, puisque de tels choix ne peuvent être réalisés dans un contexte d'entière liberté.

Cela conduit naturellement à aborder la question des responsabilités des journalistes et de la responsabilité sociale de la presse. Nous verrons que les journalistes doivent assumer trop de responsabilités si l'on se base sur la liste non exhaustive de celles qui leur sont attribuées ici et là. Mais nous verrons aussi que la presse ne peut pas échapper à sa responsabilité sociale et qu'il ne faut pas nécessairement opposer cette dernière à la liberté de la presse.

LES GARDE-FOUS DE LA LIBERTÉ

C'est à dessein que j'ai mis côte à côte liberté et licence. Cette dernière ne doit pas être comprise comme la déchéance des règles morales d'une société. Elle renvoie plutôt aux excès de l'exercice de la liberté, ce qui conduit notamment à l'abus de presse même si de tels abus sont souvent contestés en fonction des préférences des protagonistes. La licence est l'autorisation illimitée donnée aux individus de poursuivre leurs propres caprices, tandis que la liberté «s'entend au contraire comme la recherche d'un contenu éthique donné à l'indépendance individuelle et pouvant servir de principe régulateur des relations sociales», soutient Bouretz, dans sa préface à *De la liberté* de John Stuart Mill (1990, 42).

Les excès existent, nul ne peut en douter. La presse occidentale est parfois sans scrupules a déjà déploré le physicien et dissident soviétique Andreï Sakharov, qui relate certaines de ses mauvaises expériences dans ses *Mémoires* (1990, 479). Le philosophe et historien français Marcel Gauchet a pour sa part remarqué que la protection de la vie privée était mise de côté par les médias au nom d'une «conception abusive de la liberté de presse» et souhaitait la mise en place de garde-fous (cité par Woodrow 1990, 72). Woodrow ajoute que c'est paradoxalement l'excès de liberté, bien davantage que la menace de censure, qui cause un problème au journaliste consciencieux et que, sous prétexte d'avoir conquis la liberté de tout dire, on dit n'importe quoi (p. 121, 153). Même aux États-Unis, où règne le Premier Amendement, la loi reconnaît que certaines circonstances justifient la limitation de la liberté d'expression ou de la presse, par exemple quand sont mis en cause la sécurité nationale, les droits des accusés ou la réputation des personnes.

Mais une loi ne doit pas annihiler la réflexion éthique, pas plus que cette dernière ne doit nier le respect de la loi au nom des valeurs privilégiées par ce processus de réflexion. Il y a interdépendance de ces deux champs distincts. L'exercice du jugement moral caractérisant l'éthique ne peut pas faire l'économie des contingences légales, mais il n'est pas tenu de s'y limiter s'il existe de bonnes raisons de désobéir à la loi. C'est du reste ce qu'ont fait les fondateurs du journalisme en Amérique du Nord lorsqu'ils ont, pour la première fois, publié des journaux sans attendre l'*imprimatur* royal.

Par ailleurs, on sait que la liberté de la presse s'est démarquée de la liberté d'expression dès le XVIIIe siècle, quand on a fait valoir qu'elle devait servir l'intérêt public (Klaidman et Beauchamp 1987, 127), ce qui confirmait en même temps un contrat social fondé sur une certaine responsabilité, soit servir un intérêt public indéfini, mais qui peut être mieux cerné par le recours à certains critères, comme on le verra plus loin.

C'est du reste l'affrontement de ces deux concepts, la presse libre avec ses excès et la presse dévouée à ses responsabilités sociales, qui devient la condition nécessaire de la réflexion éthique, laquelle préserve aussi bien de la licence que de la servilité de la presse. Dans le vocabulaire de Max Weber, on parlerait d'une éthique de la conviction face à une éthique de la responsabilité. Le journaliste qui adhère à l'éthique de la conviction est d'abord guidé par ses convictions morales et « n'a pas à se soucier des conséquences qui peuvent en résulter », tandis que le journaliste guidé par une éthique de la responsabilité pose des actes dont la finalité est « davantage rationnelle, en ce sens que l'agent social est soucieux et se sent concerné par les conséquences prévisibles de son comportement » (Gosselin 1992, 76). Le second journaliste, selon Gosselin, prend soin d'examiner les moyens à sa disposition et les conséquences désirables ou indésirables de son action « parce que sa conscience lui interdit de se décharger sur les autres des effets néfastes de sa conduite » (p. 77).

LA PRESSE (TROP !) RESPONSABLE

Les débats éthiques entourant les droits et les responsabilités de la presse en Europe occidentale ont commencé dès l'apparition de la presse écrite, à la fin du XVe et au début du XVIe siècle (White 1989, 40). Il y a essentiellement deux façons de gouverner la conduite de la presse : les contraintes légales, dont relèvent les cas de diffamation par exemple, et les contraintes éthiques et déontologiques, dont le but est de s'assurer que les responsabilités de la presse ne seront pas soumises, entre autres, aux impératifs de la concurrence entre médias (Williamson 1979, 63). L'encadrement moral que procurent les aspects éthiques et déontologiques du métier est le plus souvent mis en place dans un contexte d'autorégulation professionnelle. De tels mécanismes existent de longue date en Europe et en Amérique du Nord et sont en pleine phase de consolidation en Afrique (Duplat 2002). Ces mécanismes, le plus souvent, font valoir à la fois l'importance de la liberté et des responsabilités des journalistes.

Toutefois, la liste des devoirs de la presse est parfois abusive, si bien qu'il est permis de soutenir que les responsabilités sociales des journalistes sont (trop !) nombreuses, si nombreuses qu'il semble quasiment impossible de tant exiger d'un même individu, aussi vertueux soit-il. Dans un contexte pluraliste, où les différences de chacun peuvent s'exprimer librement, on peut s'attendre à ce que l'ensemble de la profession, constituée de millions d'individus à l'échelle mondiale, puisse assumer ces multiples responsabilités en ayant en son sein des journalistes favorisant, avec une intensité différente, les diverses valeurs sous-tendant les responsabilités sociales de la presse. À titre démonstratif, il y a lieu de faire le tour des responsabilités dont il est généralement question chez les auteurs.

Pour Tunstall, la responsabilité sociale de tout journaliste digne de ce nom est aussi importante que celle des universitaires (1971, 9). De plus, le journaliste doit être véridique (Pippert 1989, 14) et ne pas avoir recours à la tromperie, aussi bien à l'égard du public qu'à l'endroit de son employeur (Cooper 1989a, 33). Cooper rapporte que les codes de déontologie étudiés par Bruun prescrivent des devoirs tels le respect du secret professionnel, la poursuite des objectifs de la communication de masse, le respect de la vie privée, le refus de gains personnels et l'interdit de recourir au plagiat. Dans 98 % de ces codes, on reconnaît que la diffusion de la vérité est l'une des responsabilités de la presse (p. 34). La profession journalistique pourrait même avoir la responsabilité d'e délivrer des permis de travail à ceux qui en feraient la demande, sur une base volontaire, sans que cela soit considéré comme une atteinte à la liberté de la presse (Youm 1990, 121). Mais ce n'est pas tout, la liste des responsabilités est à peine entamée. Il s'en trouve une foule d'autres, par exemple la responsabilité de fournir un compte rendu véridique, équitable et compréhensif des événements (Hulteng 1976, 12). Goodwin ajoute que ce travail doit être réalisé de façon « aussi agressive que possible », sans préciser jusqu'où cette agressivité doit aller (1987, 65).

D'autres auteurs défendent une position que je pourrais qualifier de « chrétienne » en affirmant que la responsabilité sociale de la presse passe nécessairement, et essentiellement, par la défense des démunis et des marginaux de la société (Christians 1986, 110) et la diffusion des points de vue des minorités (Gilmore et Root 1975, 34).

Elliott, pour sa part, relève sept obligations souvent attribuées aux médias : être honnête, juste et impartial dans la présentation des nouvelles ; servir de porte-parole aux opprimés ; faire connaître la nouvelle à tout prix ; servir d'yeux et d'oreilles au public; être sensible à la situation des personnes qui font l'objet ou qui sont sources de nouvelles; exercer un rôle de chien de garde des gouvernements; et disposer de l'autonomie suffisante pour faire des choix moraux personnels (cité par Gauthier 1990, 138). Les journalistes devraient aussi préserver la liberté de la presse au bénéfice des prochaines générations (Rivers et Mathews 1988, 28). Sauvageau contribue à cette liste des obligations de la presse en affirmant que «la responsabilité du journaliste est de respecter suffisamment son public pour croire qu'il peut s'intéresser aux enjeux difficiles et qu'il appartient aux médias de les lui expliquer sans l'ennuyer» (1986, 222).

De son côté, Olen fait valoir que la responsabilité et la probité signifient plus que le rejet d'un parti pris inacceptable. Pour lui, le sensationnalisme, qui consiste à insister trop fortement sur l'aspect émotif et dramatique d'un événement, est aussi une atteinte à la responsabilité sociale si cet élément est déterminant dans la décision de diffuser un reportage (1988, 107). Le journaliste responsable devrait donc s'en tenir loin. Chez Juusela, le journaliste doit aussi tenir compte de valeurs comme la paix, le désarmement, la résistance à la guerre, le développement international, l'amitié et, bien entendu, la liberté (1991, 13). Merrill plaide pour une conception «éthique» de la responsabilité du journaliste sur le plan international, qui devrait favoriser la coopération sociale plutôt que la confrontation sociale (1980, 114).

Morton soutient au contraire que ce sera toujours le rôle du journaliste responsable de mettre en lumière les travers de la société plutôt que ce qui y fonctionne bien. Il se demande du même coup pourquoi un journaliste devrait perdre de son «précieux temps» à parler aux gens de ce qui va bien puisque, les choses devant bien aller en principe, il est inutile d'en faire mention (1991, 50). Ce dernier raisonnement paraît simpliste car le journalisme, qui doit rendre compte de la réalité sociale, ne peut pas occulter son côté performant, fonctionnel et, disons le mot, positif, au profit d'une réalité morbide, noire, dysfonctionnelle. Autrement il crée une fausse impression globale de la société, exactement comme ces bulletins télévisés qui insistent à outrance sur les délits criminels et laissent ainsi croire à leur auditoire que l'environnement est beaucoup plus dangereux qu'il ne l'est en réalité. Mais la question du caractère positif ou négatif de l'information ne devrait pas être la principale dont tienne compte le journaliste; celui-ci doit avant tout privilégier l'intérêt public, le souci de la vérité, la rigueur dans l'exécution de son «art», qui n'est pas dénué de responsabilités professionnelles, comme l'a d'ailleurs soutenu Lambeth (1986, x).

Au chapitre des «responsabilités» dont la compatibilité avec l'intérêt public me paraît plus que fragile, on a déjà soutenu que la raison d'être des journalistes dans une société démocratique est de «publier des informations qui nuisent au bon fonctionnement des gouvernements» (Falardeau 1992, 9). C'est un exemple d'éthique de la conviction où la «cause» l'emporte sur les conséquences. Au-delà de leur pouvoir de séduction auprès de journalistes aventuriers ou ambitieux, de tels énoncés sont des plus contestables. On peut soutenir, au contraire, que ce n'est pas nécessairement vrai que l'intérêt public est bien servi par la diffusion d'informations qui nuisent aux autorités politiques, surtout quand ces informations empêchent un gouvernement d'appliquer des mesures bénéfiques à la population, ou le contraignent à le faire à des coûts supérieurs, nécessitant ainsi des sommes d'argent qui auraient pu être utilisées ailleurs à bon escient. Par exemple, en temps de guerre, est-il vraiment d'intérêt public de devoir nuire au gouvernement en révélant à l'avance le jour, le lieu et l'heure d'une opération militaire, et menacer ainsi la vie de plusieurs concitoyens, affliger leurs familles, et priver en outre la société de jeunes citoyens qui, à leur retour, pourront généralement contribuer à la prospérité de tous? Il faut reconnaître que les journalistes intégrés aux troupes militaires américaines et britanniques, lors de la guerre en Irak du printemps 2003, ont eu raison d'accepter la contrainte leur interdisant de révéler de telles informations dans le cadre de leurs reportages.

Comme en font mention les codes de déontologie en Finlande et en Suède, parmi d'autres, le journaliste est ultimement responsable devant le public. On y relève même quatre niveaux de responsabilité puisque les journalistes devraient être au moins moralement responsables devant la communauté internationale, puis devant la société dans laquelle ils vivent, ensuite devant le public visé par leur travail et, finalement, vis-à-vis de leur conscience (Juusela 1991, 13-14, Merrill 1989, 240).

Louis W. Hodges soutient quant à lui que la presse doit assumer les responsabilités inhérentes à ses quatre fonctions: dans sa fonction politique, informer les citoyens des gestes et des décisions des gouvernements; dans sa fonction éducative, exposer et promouvoir les échanges d'idées et d'opinions, faire connaître la vérité; dans sa fonction utilitaire, canaliser l'information concernant les faits sociaux; enfin, dans sa fonction sociale et culturelle, refléter la société dans laquelle nous sommes, avec ses héros et ses *vilains*, refléter nos valeurs, etc. (1986, 21).

En ce qui concerne plus précisément la fonction éducative, le philosophe John Stuart Mill a énoncé quatre raisons pour justifier les responsabilités des médias bénéficiant de la liberté de la presse: premièrement, c'est par la discussion que l'on peut parvenir à corriger une erreur de jugement; deuxièmement, même si une affirmation est véridique, sa remise en question est essentielle pour qu'elle conserve sa vitalité et ne prenne pas le statut de dogme; troisièmement, la discussion peut compléter les vérités partielles qui émergent de la majorité des opinions que nous nous formons; quatrièmement, un public privé de débats et d'opinions viendrait à méconnaître leur importance, ce qui contribuerait à l'implantation de dogmes et non à la circulation des idées (Hodges 1986, 21). Par ailleurs, il existe d'autres classifications où les responsabilités sociales de la presse regrouperaient *surtout* les fonctions d'information, d'éducation et de leadership, alors que les fonctions d'information, de divertissement et de recherche du profit relèveraient de la doctrine libérale de l'information (Charron 1990, 304).

Cependant, une chose paraît certaine: les journalistes ont en leur possession un important pouvoir. Le produit de leur travail peut avoir des effets majeurs sur la vie des gens, sur le plan individuel ou collectif, sur la réputation de l'un et les décisions de l'autre. Ils ont par conséquent une obligation éthique de disposer de ce pouvoir de façon responsable (McGillivray 1990, 29). Abuser de leur liberté pourrait ultimement provoquer des réactions légitimes dans le public, réactions potentiellement néfastes pour les journalistes et pour la liberté d'expression elle-même (Merrill 1989, 39). Il revient aux journalistes de faire les choix moraux relativement à ce qu'il convient de publier ou de diffuser (Klaidman et Beauchamp 1987, 12), la distinction entre ce qui est «convenable» et ce qui ne l'est pas étant certes un sérieux problème à affronter, mais non à éviter. Ce travail implique souvent une analyse des affirmations recueillies, la prévision des conséquences probables et l'évaluation consciencieuse des valeurs en jeu (Johannesen 1983, 6).

Ce ne sont pas les responsabilités sociales des journalistes qui manquent! Il est certes impossible de tenir compte de toutes celles que nous avons énoncées. Il est également impossible de n'en pas tenir compte du tout. Nous verrons plus loin que les codes de déontologie viennent en aide aux journalistes en leur fournissant des règles de conduite professionnelles afin qu'ils assument le mieux possible les responsabilités que leurs différentes associations ont reconnues comme pertinentes. Nous verrons également que ces codes, si utiles par ailleurs, peuvent devenir des menaces pour l'intérêt public et qu'il faut alors renoncer aux automatismes déontologiques que dictent les règles de conduite dominantes et rouvrir la réflexion éthique afin de «dominer les règles dominantes» en fonction de l'intérêt public ou d'autres valeurs qui auront été jugées fondamentales.

DÉFINIR LA RESPONSABILITÉ SOCIALE

Heureusement, les définitions de la responsabilité sociale de la presse sont moins nombreuses que les pratiques et attitudes professionnelles qu'elles entraînent. Malheureusement, elles sont toutefois plus diffuses et *verbeuses*. Par exemple, Lloyd définit vaguement la responsabilité sociale par rapport à la nécessité de contribuer au progrès social (qu'il ne définit cependant pas) et à l'objectif d'accroître la liberté des individus. Les individus devront accepter les obligations qu'ils ont envers la société, en retour des bénéfices qu'ils en retirent (1991, 202).

Une autre façon de définir ce concept passe par la distinction entre responsabilité de la presse et son imputabilité, deux termes pouvant être confondus si on n'y prête pas assez d'attention. La question de la responsabilité concerne la détermination des besoins sociaux que les journalistes doivent combler, tandis que celle de l'imputabilité vise les moyens à utiliser pour amener les journalistes à rendre des comptes et à justifier leur travail au regard des responsabilités qu'on leur a attribuées. La responsabilité se rapporte à la conduite, l'imputabilité concerne les résultats (Hodges 1986, 13-14). Hodges poursuit sa distinction entre responsabilité et imputabilité en précisant que parler de la première revient à parler du contenu de «nos devoirs et obligations morales, de la substance de ce que nous devons faire». Parler de la seconde nous amène à nous demander qui détiendra le pouvoir de demander aux journalistes, par la persuasion ou la menace, de rendre des comptes (1986, 14). Pour Hodges, la question de la responsabilité précède logiquement celle de l'imputabilité. Malgré ces distinctions, constate l'auteur, lorsque la question de la responsabilité est évoquée devant les journalistes américains, ceux-ci sautent immédiatement à la question de l'imputabilité et se mettent sur la défensive, invoquant le Premier Amendement de la Constitution des États-Unis. Hodges conclut que la notion de responsabilité est associée à l'énoncé suivant: plus nous avons le pouvoir ou l'occasion d'influencer les autres, plus nous avons de devoirs moraux (1986, 16).

La distinction entre responsabilité et imputabilité n'est pas toujours aussi claire, cependant, car selon certains la première notion contient la seconde. Ainsi, plaide Johannesen, outre le respect de ses devoirs et de ses obligations, pour être jugée responsable la presse devrait aussi rendre des comptes et accepter d'être évaluée en fonction de critères préétablis (1983, 6). L'auteur ne précise cependant pas à qui la presse doit rendre des comptes et qui déterminera les critères de son évaluation. Selon Pritchard (1991, 74), derrière la question de l'imputabilité de la presse se dresse une présomption, à savoir que les journalistes et les entreprises adopteront des comportements que la société sera disposée à qualifier de responsables s'ils savent qu'ils auront à rendre des comptes à certaines instances (conseil de presse, ombudsman, etc.).

À titre d'exemple d'exercice d'imputabilité, on peut cependant suggérer que la presse pourrait, une fois l'an, rendre des comptes publics en diffusant un bilan des thèmes dont elle a traité, l'importance relative de ces thèmes et ceux qui feront l'objet d'une attention particulière à l'avenir. En même temps, les médias pourraient en profiter pour faire une synthèse des critiques positives et négatives qui lui ont été adressées pendant l'année écoulée. Ce bilan pourrait aussi faire état des plaintes formulées aux diverses instances (justice, conseil de presse, etc.) par le public. Ce bilan annuel pourrait être diffusé le jour anniversaire de la fondation du média, ce qui serait une bonne façon de faire le point. En évitant que tous les médias rendent des comptes à la même date, on permet au public d'être exposé plusieurs fois par année à cet exercice d'autocritique qui n'a rien d'une séance publique d'autoflagellation.

Peu dispendieux, cet exercice d'imputabilité «maison» respecterait du même coup la sacro-sainte autonomie des médias qui s'opposent depuis toujours à se faire imposer une forme quelconque d'imputabilité. En toute honnêteté, il faut ajouter que cette farouche opposition se fonde rarement sur le principe de l'intérêt public, même si cet argument est servi avec un empressement douteux quand les patrons de la presse montent aux barricades pour combattre toutes les mesures qu'ils perçoivent comme des menaces à leur liberté d'entreprise. Reconnaissant qu'il faut écarter toute forme d'intervention extérieure, le théologien Reinhold Niebuhr a plaidé pour la mise en place de mécanismes simples et pratiques afin d'encourager la responsabilité sociale des médias. Le mécanisme proposé ici me semble satisfaire à ces deux conditions. Par contre, je ne suis pas bien sûr qu'il faille *a priori* écarter toute intervention extérieure qui viserait à inciter les médias à faire preuve d'une plus grande responsabilité en étant imputable à l'égard de leur public. Quant à ceux qui affirment que les médias sont jugés tous les jours par le nombre d'auditeurs et de lecteurs qui «votent» pour eux, ils font appel à l'argument du plus grand nombre qui est indéfendable sur le plan éthique. Cet argument devrait toujours être reconnu pour ce qu'il est en réalité: une fallacieuse dérobade.

LA COMMISSION HUTCHINS

L'idée voulant que la presse ait des responsabilités sociales n'est pas née en même temps que la presse imprimée, il y a quelques siècles. Pour ceux qui s'y opposent, la notion de responsabilité sociale ne serait qu'une «invention» du XXe siècle, voire une aberration, alors qu'elle est une «découverte» pour ceux qui la soutiennent. Il semble qu'il faille remonter au début du présent siècle pour observer une première fois ce que Fink qualifie de «développement majeur» de cette notion. On assista alors à l'émergence d'une conscience communautaire chez les responsables de journaux, qui se traduisit chez les journalistes et les propriétaires par la conviction que les responsabilités à l'égard de la société étaient des corollaires de la notion de liberté de la presse (1988, 9).

Mais de façon plus explicite et formelle, il aura fallu attendre le rapport de la commission Hutchins, en 1947, pour se faire dire que la liberté de la presse était en danger pour trois raisons majeures : premièrement, parce que malgré la croissance et la multiplication des médias, l'accès y est de plus en plus difficile pour les citoyens désireux d'exprimer leurs idées et opinions ; deuxièmement, parce que ceux qui y ont accès sont de moins en moins représentatifs de la population en général et répondent moins bien à ses besoins ; troisièmement, parce que les médias ont parfois recours à des pratiques que la société condamne et que si cette situation perdure il y aura inévitablement des pressions pour que la liberté de la presse soit régie et contrôlée (Fink 1988, 10). Cela évoque la relation entre légitimité et liberté de la presse, explicitée en début d'ouvrage.

Parmi les obligations dont le respect peut servir de critère d'évaluation du niveau de responsabilité sociale des médias, la commission suggérait les suivantes : fournir un compte rendu véridique et complet des événements de la journée ainsi que du contexte qui leur donne sens ; servir de lieu d'échange des commentaires et des critiques ; présenter et expliquer les objectifs et les valeurs de la société et, finalement, permettre au public de bien comprendre ce qui se passe (Lambeth 1986, 7).

Quelques responsabilités sociales sont admises de façon différente d'une nationalité à l'autre, selon les importantes conclusions de Donsbach. Par exemple, il a déjà observé que les journalistes britanniques se perçoivent comme des serviteurs sociaux qui reflètent au public sa propre image, tandis que les journalistes de ce qui était alors l'Allemagne de l'Ouest se considèrent surtout comme des avant-gardistes politiques ayant des fonctions de leadership social et d'éducation du public (cité par Cooper 1989c, 254). Bien que cette recherche date un peu, cette distinction est encore d'actualité au sein des différentes collectivités de journalistes de différents pays. On y voit des tendances s'affronter, parfois férocement, entre une conception sacerdotale du journalisme et une conception avant tout entrepreneuriale.

Le concept de la responsabilité sociale n'est pas sans soulever des objections que nous allons aborder ici et développer plus loin. Selon Merrill, il existe au moins trois théories de la responsabilité sociale : il y a d'abord celle où ce concept est légalement défini par le gouvernement ; puis, celle où la responsabilité sociale est professionnellement définie par le milieu de la presse lui-même ; enfin, la théorie où le concept de responsabilité sociale est défini et déterminé de façon pluraliste et individualiste par les journalistes. Merrill a déjà soutenu que la troisième théorie, dite libertaire, était la plus compatible avec les valeurs, l'idéologie, la tradition et la Constitution des États-Unis (1986, 49), mais il a par la suite modifié son point de vue, comme on le verra.

Ces trois théories peuvent être énoncées autrement, de façon plus formelle par exemple, comme l'a fait Hodges (1986, 17-18). Selon ce dernier, il existe trois genres de relations qui obligent à avoir des responsabilités envers les autres : les relations assignées (ordres donnés de A à B par exemple, de façon autoritaire) ; les relations contractées (où A et B s'entendent pour échanger des obligations et des responsabilités) ; les relations auto-imposées (où A décide lui-même de ses responsabilités envers les autres). On a vu plus haut que notre approche est de nature contractualiste, qui insiste sur l'existence d'un contrat social entre le public et les médias où l'on reconnaît à la fois des libertés et des droits, des privilèges et des responsabilités. Bien entendu, ce contrat s'inscrit dans un cadre général libéral qui accorde une grande importance au respect de la liberté de la presse sans toutefois lui accorder une valeur absolue.

ATTEINTE À LA LIBERTÉ

Les discours relatifs à la responsabilité sociale de la presse, on l'a vu, ont suscité des réactions chez Merrill, qui estime que la théorie libertarienne doit prévaloir en cette matière. Ainsi, ce sont les journalistes qui devraient, à titre individuel, déterminer leurs obligations et leurs responsabilités. Cela ne doit pas être l'œuvre des gouvernements ou des organismes professionnels, encore moins des groupes de pression. Cet important auteur de la littérature relative à l'éthique et à la déontologie du journalisme a longtemps admis que n'importe quel effort visant à rendre la presse responsable et imputable est une dangereuse négation de la liberté. Si la société, un conseil de presse, un juge, un jury ou n'importe quel groupe extérieur au journalisme revendique le pouvoir de définir ce que doit être la responsabilité de la presse, c'est que la liberté aura été perdue (1974, 83). Bien des années plus tard, Merrill a de nouveau fait valoir ses craintes devant le regain de popularité de la notion de responsabilité sociale de la presse:

> *«[...] je prévois des temps difficiles pour la liberté de la presse comme pour la liberté dans la presse. Il y a à l'œuvre des forces plus ou moins subtiles qui cherchent à transformer la presse (et ses journalistes) en un système gentil, inoffensif, institutionnalisé et professionnalisé, où au nom du plus grand bien de la société, la coopération et le "jeu d'équipe" seraient de règle, et où la mot liberté ferait figure de grossièreté.» (Merrill 1986a, 214)*

Dans ce cadre d'analyse, sans doute fortement inspiré de relents de la guerre froide et de lutte idéologique contre la menace du totalitarisme soviétique, il n'était pas surprenant de voir Merrill en arriver à la conclusion que la notion de responsabilité sociale de la presse n'est qu'un pas franchi en direction d'un système autoritaire ou communiste (1974, 37). Dans une société libre, fait-il valoir, il revient à chacun de définir la notion de responsabilité. Il a même ramené le débat à un énoncé d'un simplisme désarmant: si l'on aime une action, elle nous paraît responsable, si on ne l'aime pas, elle devient irresponsable (1986b, 51). On verra plus loin que l'opinion de Merrill a évolué grandement ces dernières années.

La conception de la responsabilité sociale comme une menace à la liberté de la presse est partagée par plusieurs théoriciens et praticiens des médias. Cave, qui fut longtemps responsable du magazine américain *Time*, se demande s'il est possible que plus de deux siècles après la déclaration constitutionnelle américaine qui garantit une presse libre de tout contrôle extérieur, la menace provienne de la volonté des journalistes de se contrôler eux-mêmes. Il conclut que la presse doit continuer d'assumer une obligation, soit l'exercice vigoureux de la liberté (1989, 113). Sa façon de présenter le problème est caractéristique de celle des journalistes en ce sens qu'il perçoit très bien que deux valeurs s'opposent (responsabilité et liberté) mais ne cherche pas à en avoir une vision complexe où l'une et l'autre seraient reliées. Il préfère plutôt constater leur opposition tout en admettant qu'il peut exister une zone grise (qui ne sera évidemment pas recherchée, analysée et présentée) mais il n'ose pas s'y aventurer et en vient à la conclusion qu'il faut privilégier la valeur traditionnelle, la conception libertarienne de la presse en l'occurrence.

La responsabilité sociale de la presse est aussi perçue comme un germe de despotisme dans certains textes savants, comme en témoigne l'article de Lloyd, qui y va d'une analogie avec *Les frères Karamazov*, le célèbre roman de Dostoïevski, dans lequel les gens de Séville ont abandonné leurs libertés politiques et intellectuelles en échange de mesures de sécurité sociale. D'après Lloyd, ceux qui soutiennent la thèse de la liberté sociale de la presse aimeraient créer une société semblable à celle de Séville.

> *« Ils sont prêts à sacrifier la liberté de penser et de s'exprimer en échange d'un système de sécurité sociale pouvant être administré par des méthodes autoritaires. Ils ignorent la capacité des individus de prendre eux-mêmes leurs responsabilités pour mener leur propre vie. [...] En fait, en raison des principes fondamentaux qu'elle suit, la théorie de la responsabilité sociale de la presse est un pas en direction de l'autoritarisme. » (Lloyd 1991, 201)*

Cette position est parfois exprimée autrement. Par exemple, l'approche libertarienne impliquant des choix individuels, il est souvent reconnu que cela laisse place aux excès, mais ces excès sont tolérés parce que ceux d'une presse libre « sont préférables à la propreté d'une presse servile. Une presse trop encadrée perdrait sa vitalité et son utilité sociale » (Laplante 1986, 44). L'analyse d'un tel argument révèle l'existence d'un *a priori* qui veut qu'une presse encadrée soit nécessairement et obligatoirement trop encadrée et, partant, servile. Or, cette affirmation est loin d'être démontrée et ce n'est pas en se référant aux modèles totalitaires qui ont effectivement marqué le XXe siècle, aux hypothèses maximalistes en quelque sorte, qu'on peut réfuter pour autant des hypothèses minimalistes ou modérées de contrôle, où les médias sont incités explicitement à faire preuve de plus de responsabilité au lieu de leur reconnaître une liberté voisine de l'arbitraire. Klaidman et Beauchamp reconnaissent que, mis à part les poursuites pour diffamation, les conséquences négatives du travail des journalistes conduisent rarement à des sanctions, même lorsque le bénéfice pour le public n'est pas à la hauteur du mal causé à certains. Cette situation est tolérée en raison de l'axiome énoncé plus haut, à savoir que les effets négatifs du contrôle de la presse seraient plus importants que les effets négatifs générés par les excès d'une presse libre de tout contrôle. Mais les auteurs soutiennent que cet axiome ne libère aucunement les journalistes de leur responsabilité morale qui consiste à éviter le mal inutile qu'ils pourraient infliger aux sujets de leurs articles, qu'il s'agisse de leurs sources, des institutions ou du public en général (Klaidman et Beauchamp 1987, 94).

Bien entendu, il n'existe pas *une* façon d'accéder à la responsabilité, tout comme il n'y a pas un unique chemin qui nous mène à Rome. On peut prendre différents chemins, dont certains s'avéreront des culs-de-sac et exigeront de revenir sur ses choix. Cette métaphore vise à faire comprendre deux choses: premièrement, il faut se rendre à Rome, c'est-à-dire accéder à un entendement consistant et rationnel de ce qu'est la responsabilité sociale; deuxièmement, il n'existe pas une seule route, c'est-à-dire un seul et unique raisonnement, pour atteindre cet objectif. Du reste, l'éthique est souvent une question d'imagination et de délibération qui nous permettra de déterminer des conduites optimales où le devoir d'informer pourra être honoré sans sacrifier arbitrairement les valeurs fondamentales de nos sociétés: vie privée, réputation, liberté et autonomie, etc. Prétendre le contraire, imposer une voie royale, un itinéraire unique nous menant à la responsabilité reviendrait à imposer à la presse un système déontologique rigide et réducteur, ce qui serait contraire aussi aux traditions occidentales de ces derniers siècles en ce qui concerne la liberté de la presse. De plus, un tel système serait difficilement applicable et pourrait devenir un obstacle à la libre circulation des idées (McManus 1992, 205).

Si l'on peut faire une analogie entre la voie unique et la déontologie érigée en système, on peut également en faire une entre les voies multiples et le raisonnement moral caractéristique de l'éthique. L'existence de plusieurs chemins conduisant à la responsabilité sociale est un signe de souplesse qui ne doit pas être confondu avec la mollesse intellectuelle du relativisme où tous les chemins se valent sans qu'il soit besoin de les justifier de façon rationnelle. Je reviendrai sur ce thème plus loin, quand j'aborderai la question des critères que je présente comme des outils intellectuels indispensables de tout raisonnement éthique.

Pour en finir avec l'exposé des critiques de la responsabilité sociale de la presse, en voici une dont la radicalité peut avoir des allures de caricature si l'on oublie tout le pouvoir qu'elle a et les excès qu'elle peut admettre. Tiré d'un éditorial du *Wall Street Journal* paru il y a près de 80 ans, cet extrait cité par Shaw serait toujours conforme au point de vue de nombreux membres de la communauté journalistique des États-Unis:

> *« Un journal est une entreprise privée qui ne doit rien au public, lequel ne lui accorde pas de privilège en retour. Il n'est par conséquent nullement concerné par l'intérêt public. Il est simplement le bien de son propriétaire qui vend un produit manufacturé à ses risques et périls. » (Shaw 1984, 9)*

Il est assez surprenant de lire ceux qui conçoivent la notion de responsabilité sociale comme une atteinte directe à la liberté de la presse quand, par ailleurs, on devrait la considérer comme une forme raisonnable et rationnelle de régulation de la liberté d'expression dont les abus font des victimes réelles. Cette liberté sise au cœur des sociétés démocratiques protège la liberté d'exprimer ses opinions et ses idées. Or, les responsabilités attribuées à la presse, on l'a vu, ne sont pas des consignes de silence et de censure, mais des appels à l'ouverture : donner une image représentative de la société, faire connaître les points de vue et la situation des démunis et des marginaux, surveiller le gouvernement, etc. Quand les responsabilités reconnues font référence à des énoncés restrictifs, ce n'est du reste jamais ni les opinions ni les idées qui sont en cause, mais bien des informations dont l'utilité sociale est minimale alors qu'est important leur pouvoir de nuisance inutile ou injuste. C'est le cas, par exemple, de l'identité des victimes de crimes sexuels, de l'envahissement de la vie privée, de la diffusion d'informations fausses qui menacent la réputation, etc. De telles restrictions n'empêchent aucunement l'expression d'idées et d'opinions des journalistes, elles ne font que reconnaître aux citoyens le droit au silence ou à l'anonymat dans la conduite de leurs affaires personnelles, elles les protègent contre la tentation inquisitoire de médias qui y trouvent avant tout un matériau dont la valeur commerciale l'emporte sur toute autre considération.

C'est pourquoi il faut être très attentif aux arguments présentés par ceux qui voient automatiquement une atteinte à la liberté de la presse lorsqu'il est question des responsabilités de la presse. Il faut exiger de ceux-ci des explications claires afin qu'ils démontrent quelles opinions et quelles idées sont réellement en danger, quels débats sont vraiment évités par l'existence des responsabilités sociales de la presse. Il faut aussi se demander si leurs objections profondes et inavouées ne sont pas d'un autre ordre, si la responsabilité de la presse ne constitue pas plutôt une menace pour des intérêts autres que la libre circulation des idées, des opinions et des informations relatives aux faits sociaux significatifs. Car ces responsabilités sont un rempart de protection du citoyen et de la société contre les dérives et dérapages réels qui menacent à la fois la légitimité de la presse que les droits et libertés des citoyens.

On a vu que les responsabilités sociales de la presse pouvaient être dénoncées et critiquées sous prétexte d'attaquer la liberté de la presse. Cette posture critique est généralement explicite et revendiquée. Mais tel n'est pas le cas de la critique s'opposant à ces responsabilités sociales quand on les considère comme autant de menaces pesant sur les propriétaires de médias. En effet, chez certains, une presse libre et responsable « représente une menace réelle et substantielle pour les propriétaires, parce qu'elle menace de prolonger la liberté de presse au-delà des privilèges de la propriété» (Giroux 1991, 135). La crainte est que, au nom de la liberté et de la responsabilité de la presse, les propriétaires doivent se plier à des exigences comme un accès plus large en faveur des différents groupes sociaux, ce qui représente à leurs yeux une grave perte d'autonomie. Conscients de ce qu'ils perçoivent comme une menace, les propriétaires de médias, surtout aux États-Unis, se sont presque toujours opposés à la création de méthodes et des groupes de surveillance de l'action des médias en matière de responsabilité sociale. Mais ces dernières années, on l'a vu plus haut, ils sont de plus en plus nombreux à s'inquiéter des conséquences commerciales liées à la perte de crédibilité des entreprises de presse qui se traduit par un déclin des tirages et des cotes d'écoute en même temps que par une augmentation de la vigueur comme de la récurrence des critiques adressées aux médias.

Un indice du peu de considération que les propriétaires et gestionnaires ont déjà eu, et ont encore dans certains cas, face à leurs responsabilités sociales nous vient de Meyer qui a mené une étude auprès de membres de l'American Society of Newspaper Editors (ASNE). Quand il leur a demandé de hiérarchiser les 10 valeurs soumises à leur réflexion, les cadres de la rédaction de différents médias ont privilégié la santé financière et l'image de la compagnie avant les services à la communauté (1987, 121). Ces dernières décennies, le mode de gestion des entreprises de presse a accentué l'importance de leur mission économique et il est raisonnable de croire que la santé financière demeure l'élément dominant de leurs préoccupations. Mais il semble de moins en moins certain que celle-ci puisse s'imposer au détriment de certaines obligations sociales et professionnelles dont l'ignorance risque de ternir gravement l'image de l'entreprise. Les cas sont nombreux où une entreprise de presse a sévèrement et publiquement sanctionné ceux dont les comportements déviants menaçaient de miner l'image d'intégrité essentielle à la crédibilité du média. Par exemple, le *Los Angeles Times* a enquêté sur ses propres dérives commerciales et publié un compte rendu critique et exhaustif afin de révéler comment on en est arrivé à publier un cahier spécial sur l'inauguration d'un amphithéâtre sportif, le *Staples Center*, dont les profits étaient partagés avec l'administration du complexe sportif, soulevant ainsi la question du conflit d'intérêts et de l'intégrité journalistique. Le critique des médias du *Los Angeles Times*, David Shaw, a mené cette enquête pour en arriver à la conclusion qu'un tel événement n'est possible que lorsqu'on veut minimiser les normes professionnelles en vigueur afin d'accroître des revenus de publicité, lorsqu'on accepte de faire tomber le mur devant cloisonner la rédaction des influences publicitaires pour lui substituer une simple ligne, beaucoup plus facile à franchir et à déplacer au gré des situations et des opportunités (Shaw 1999). Malgré tout, un sondage réalisé par la suite pour le compte du magazine professionnel *Editor & Publisher*, auprès de 165 éditeurs de médias et responsables de rédaction, a révélé que 51 % des éditeurs estimaient que l'entente commerciale entre le quotidien de *Los Angeles* et le Staples Center était acceptable, contre seulement 19 % des responsables de rédaction (Risser 2000). On voit que les responsabilités professionnelles et sociales du journalisme rencontrent plus de résistance chez les gestionnaires des entreprises de presse, représentants directs des propriétaires, que chez ceux qui sont responsables de leur mission d'information.

Pour plusieurs, la liberté de la presse est la liberté de commercer sans restriction ni contrainte particulière, et la question des responsabilités sociales est considérée comme une source de telles contraintes. Pourtant, assumer des responsabilités exige une marge de liberté qui permet de prendre les moyens de les mettre en pratique, ce qui semble paradoxal à première vue quand on se contente d'opposer liberté et responsabilité. On peut penser que ce sont en réalité les libertés conférées aux journalistes, afin qu'ils assument pleinement leurs responsabilités, qui apeurent les propriétaires, lesquels y voient des limitations concrètes de leurs pouvoirs. Actuellement, les journalistes ont des engagements plus ou moins explicites envers la société, en vertu du contrat social élaboré plus haut. Ceux qu'ils ont envers leur employeur sont généralement plus explicites et formels. Idéalement, les journalistes devraient pouvoir remplir aussi bien leurs engagements sociaux que les engagements qu'ils ont à titre de salariés d'entreprises de presse, mais ils font face à des dilemmes de loyauté où service du public et service de l'employeur font appel à des responsabilités différentes, parfois contradictoires.

Sur le plan éthique, les journalistes sont des agents moraux autonomes, responsables de leurs propres actions. Cela les oblige à procéder à des choix, d'une part, et à assumer ces choix, d'autre part. Par assumer les choix, il faut entendre qu'ils acceptent les blâmes que leurs actions peuvent susciter sans rejeter la faute sur l'employeur qui a donné la directive (Elliott 1986, 42). Afin d'éviter des blâmes provenant du public, et pour agir en accord avec ses principes éthiques et déontologiques, le journaliste compris comme agent moral autonome peut librement choisir de désobéir aux ordres de ses supérieurs et invoquer une clause de conscience. On peut comprendre, *a fortiori*, la crainte des propriétaires d'entreprises de presse face aux concepts de responsabilité sociale et d'éthique professionnelle qui peuvent devenir des obstacles majeurs à leur droit de gestion.

RESPONSABILITÉ ET LIBERTÉ

On peut dorénavant concevoir que les concepts de responsabilité et de liberté puissent être autres choses que des notions s'excluant l'une l'autre. À la critique qui se voit contrainte de choisir entre l'une *ou* l'autre, je substitue une approche de type complémentaire qui intègre l'une *et* l'autre, tout en reconnaissant que ces deux notions demeurent d'une certaine façon concurrentes et antagonistes. Klaidman et Beauchamp soutiennent que les journalistes américains qui acceptent la liberté que leur concède le Premier Amendement de la Constitution des États-Unis sont moralement tenus de favoriser l'intérêt public, bien qu'ils puissent le faire en fonction de leur jugement (1987, 131). En fait, les deux volets du Premier Amendement seraient justement la liberté et la responsabilité, et en voulant être responsables les journalistes ne feraient que rendre hommage à la liberté (Rivers et Mathews 1988, 6). Reconnaissant que les relations entre ces deux concepts sont difficiles, ces auteurs font tout de même valoir que la meilleure défense de la liberté, de nos jours, de la part de la presse, est la responsabilité (p. 126). John C. Merrill a finalement adhéré à cette vision en parlant lui aussi de «liberté responsable» et du besoin de réconcilier ces deux concepts (1989, 2), après avoir fait une «confession publique» de ses erreurs passées. D'après cet auteur, la responsabilité a un contenu éthique et il va même jusqu'à dire que la liberté journalistique sans préoccupations éthiques est aussi inutile que de vivre sans cerveau (p. vii). Non seulement responsabilité et liberté sont complémentaires, elles seraient même inséparables, prétend Swearingen pour qui, sans liberté, il n'y aurait aucun besoin de responsabilité, la première engendrant nécessairement la seconde (1984, 102). Ce type de discours – qui chercher à équilibrer liberté de presse et utilité sociale de la presse tout en tolérant de nombreux écarts – est souvent mal reçu dans les pays influencés par la conception américaine absolutiste de la liberté de presse, ce qui fait dire à Giroux que «les journalistes ont tendance, en général, à subordonner leur fonction sociale à leur liberté d'expression» (1991, 129).

On sait par ailleurs que la notion de responsabilité sociale a souvent été perçue comme une atteinte à la liberté de la presse, laquelle a presque obtenu le statut de valeur sacralisée. Si cette réaction de défense a pu être justifiée aux siècles passés et jusqu'à ces dernières décennies, en raison des sanctions possibles des pouvoirs politiques surtout, elle est de moins en moins fondée de nos jours. Selon Hulteng, puisque la liberté de la presse est devenue la liberté de l'entreprise de presse, elle n'est plus en mesure d'atteindre les objectifs que les philosophes attendaient de sa réalisation. Il explique que la théorie libertaire de la presse repose sur la diversité des sources de diffusion des opinions et des idées dans la société comme moyen de favoriser l'émergence de la vérité, ce qui nous ramène à la métaphore du libre marché des idées dont il a été question plus haut. Mais, ajoute Hulteng, à partir du moment où la propriété de la presse est de plus en plus concentrée entre de moins en moins de mains, cette théorie n'est plus de mise. Pour faire échec aux effets pervers de ce phénomène de concentration de la propriété où les canaux de communication se font plus rares et l'accès aux médias plus limité à certains groupes, Hulteng propose que les personnes qui y travaillent (journalistes, cadres, etc.) acceptent désormais des responsabilités précises en même temps qu'elles revendiquent la liberté de faire leur travail sans être harcelés par les gouvernements (1976, 12). Dans le même esprit, Nielson considère que le Premier Amendement est fondé sur le principe du libre marché des idées qui a pour principe sous-jacent la diversité nécessaire des médias, laquelle diversité est la négation de la concentration de la propriété des médias (1978, 202). Ces points de vue, exprimés il y a près de 30 ans, sont encore d'actualité compte tenu de la vague de concentration et de convergence des médias qui a déferlé sur l'Occident depuis le milieu des années 1990 et on assiste régulièrement à la répétition de tels arguments, sans trop d'effets faut-il dire.

RESPONSABILITÉ ET CRÉDIBILITÉ

La théorie de la responsabilité sociale de la presse ne prétend pas seulement à la défense et à la promotion de l'intérêt public, elle peut aussi œuvrer à accroître le niveau de crédibilité des journalistes qui n'est pas particulièrement brillant un peu partout en Occident, comme on l'a vu plus haut.

Isaacs, qui fut président du défunt Conseil de presse des États-Unis, porte un jugement très sévère sur la presse et sur sa responsabilité quant à l'étiolement généralisé de sa crédibilité. Il voit un lien entre la perte de crédibilité et le refus d'assumer diverses responsabilités professionnelles, ce qui se manifeste, notamment, par une vérification défaillante des faits, des citations incorrectes, l'invasion de la vie privée, le manque de compassion et, surtout, l'élévation des droits de la presse au-dessus de toutes les autres valeurs sociales (1982, 55). À son tour, Fink constate que les sondages portant sur la crédibilité des journalistes montrent que la confiance décroît. Ce qu'il nomme le «*credibility gap*» est caractérisé par le fait que les lecteurs se méfient de ce qu'ils lisent dans les journaux, dont ils mettent en doute l'impartialité et l'honnêteté, et aussi par le fait que les téléspectateurs ont tendance à rejeter et à trouver sensationnalistes la plupart des nouvelles télévisées.

De fait, rares sont les enquêtes dont les résultats sont élogieux pour la crédibilité journalistique. Fink reconnaît que de temps à autre, au milieu de sondages défavorables aux journalistes, en surgit un qui témoigne, au contraire, de la confiance du public à leur égard (1988, xxiii). Un exemple marquant de ce phénomène a été observé à l'hiver 2003 quand les États-Unis ont pris l'initiative d'attaquer l'Irak. On a alors vu que la confiance que les Américains témoignaient en leurs médias d'information a augmenté considérablement pendant quelques mois pour ensuite revenir à des taux d'insatisfaction élevés. Le bilan scientifique de la couverture médiatique de cette guerre est loin d'être complété, mais on peut s'attendre à ce qu'il révèle au cours des prochaines années de nombreuses carences ou collusions entre les journalistes, l'armée et le gouvernement américain, ce qui va de nouveau alimenter la cynisme et la perte de confiance. Hale croit pour sa part qu'on peut voir dans les problèmes de crédibilité des journalistes le même phénomène de perte de confiance qui a ébranlé plusieurs institutions sociales, dont le gouvernement américain (1984, 55).

Ici, la réflexion éthique peut être d'une certaine utilité. Giroux souhaite que les journalistes reconnaissent l'importance de l'éthique pour hausser leur crédibilité auprès du public, mais d'abord et avant tout pour qu'ils soient transparents et imputables (1991, 32). Il a même été soutenu par certains auteurs que les journalistes ont attendu que leur image commence à se ternir avant de se sentir visés par les questions de responsabilités sociales. À quelques exceptions près, ils auraient évité toute discussion sérieuse portant sur l'éthique de la profession entre la Dépression et le scandale du Watergate (Ferré 1990, 218). Dans bien des sociétés, finalement, c'est souvent la crainte de l'intervention gouvernementale qui constitue le moteur le plus puissant pour favoriser la réflexion éthique, l'autoréglementation et l'imputabilité des médias.

CHAPITRE 4

LES CODES DE DÉONTOLOGIE

Si l'on fait abstraction de l'influence des tribunaux, il existe principalement trois instruments pour baliser les pratiques des journalistes: les codes de déontologie, les ombudsmans et les conseils de presse. Ce sont en premier lieu les codes de déontologie qu'il est pertinent d'examiner dans le présent ouvrage, lequel s'articule sur l'importance de *dominer la règle déontologique dominante.* Quant aux ombudsmans et aux conseils de presse, ce sont principalement des lieux de surveillance des pratiques professionnelles dont les analyses et les décisions se fondent par ailleurs sur les règles déontologiques. Ici, il convient de discuter des fondements des différentes règles déontologiques propres au journalisme ainsi que des critères généraux et spécifiques qu'il faut considérer avant toute dérogation des règles, le refus d'un tel examen pouvant plutôt conduire à une transgression et à la faute professionnelle. Avant de passer à cette étape, toutefois, il convient de mieux connaître les fonctions, les qualités et les défauts des codes déontologiques, ainsi que leurs limites.

On peut constater leur omniprésence aux quatre coins du monde, mais comment peut-on définir ce qu'est un code de déontologie? Il faut avant tout écarter la tentation de recourir à *une seule* définition qui simplifie à outrance le propos; il est préférable de regrouper quelques définitions pour en dégager ensuite l'essentiel.

Dans le domaine qui nous intéresse, un code de déontologie fait appel à des règles de conduite relatives aux relations que les journalistes ont avec leurs sources, leurs collègues, leur employeur et le public. Le code énonce ce qui est considéré comme étant des *devoirs* professionnels. Ces règles de conduite sont définies soit par des individus, soit par des associations, soit par des entreprises.

Même la loi s'en mêle, dans certains cas (Van der Meiden 1989, 88), ce qui n'est pas incompatible s'il faut en croire le juge Dufour qui est d'avis que le droit et les normes déontologiques volontaires sont de nature différente, «mais il y a une interpénétration entre ces deux sortes de normes» (1990, 30).

On peut relever quatre variétés de code, selon Cooper (1989b, 236). Il y a les codes liés au mandat du journaliste (considérés comme inhérents à son travail), les codes volontaires (que le journaliste est libre de suivre), les codes élaborés en accord avec ses convictions intimes, et les codes imposés par une autorité extérieure. Meyer fait remarquer que les codes de déontologie écrits par des comités sont généralement représentatifs de ce que l'ensemble de la profession pense de ses obligations en matière de comportements professionnels. Mais ces codes écrits cohabitent souvent avec des codes tacites, non écrits, dont les journalistes sont parfois inconscients. Ce second type de code est plus difficile à décrire et à analyser, mais il est aussi le plus puissant des deux (Meyer 1987, 17).

Une autre façon de définir ce qu'est un code de déontologie consiste à énumérer ses attributs, la définition devenant une description. C'est ce que fait Cooper lorsqu'il énonce les cinq attributs qui devraient caractériser un code de déontologie pour les médias. Le code doit être: *concret*; *représentatif* et *spécifique* des valeurs et des pratiques de l'univers auquel il s'applique; *intentionnel*, c'est-à-dire élaboré de façon consciente et souvent laborieuse au bout d'un processus de réflexions, de négociations, de révisions et de critiques qui peut demander des années de travail; il doit transporter un certain degré de *sens* par son symbolisme, sa formulation et son inspiration (1989a, 30).

En somme, on pourrait définir le code de déontologie comme un ensemble de règles de conduite professionnelles adoptées volontairement ou imposées par une autorité extérieure. Ces règles sont des énoncés formulés de façon consciente (on retrouve ici l'intentionnalité) qui cherchent à rendre le journaliste responsable au regard de son mandat social. Idéalement, ces règles devraient constituer un code concret et représentatif des valeurs et des pratiques des professionnels auxquels il s'adresse et avoir du sens pour ces professionnels. On voit l'ampleur du défi émergeant de cette définition.

LES FONCTIONS DES CODES

Ces définitions introduisent une autre dimension des codes de déontologie, soit leurs fonctions. Qu'en attend-on exactement? Est-ce une façon de se donner bonne conscience? Veut-on réellement protéger le public contre des pratiques professionnelles condamnables? Ou bien est-ce simplement une opération de relations publiques visant à promouvoir une image du journalisme comme profession s'opposant aux conceptions «ouvrières» de ceux qui y voient tantôt un art, tantôt un métier, quand ce n'est pas une vocation? Les avis à ce sujet sont assez partagés, mais implicitement on attribue des fonctions aux codes de déontologie, même si l'on ne s'entend pas sur la nature de ces fonctions.

En faisant le tour de la littérature, on recense au moins huit fonctions attribuées aux codes de déontologie et, bien entendu, certaines sont plus importantes et évidentes que d'autres.

Sauvegarder la crédibilité

Juusela est d'avis qu'une des raisons d'être de la déontologie du journalisme, en pays démocratiques, est le maintien de la confiance du public à l'égard des moyens de communication de masse. En faisant valoir l'importance de la bonne conduite professionnelle, on suggère du même coup que les journalistes sont conscients de leurs responsabilitées (1991, 7). En ce sens, on aurait raison, comme le fait notamment Williamson, de dire que la déontologie professionnelle est profondément enracinée dans le désir de protéger la crédibilité de la profession et des entreprises de presse (1979, 69). Cette fonction serait même l'une des principales raisons qui expliquerait le regain d'intérêt manifesté par la profession à l'égard de la déontologie (Sanders et Chang 1977, 3).

Protéger l'image

Certains auteurs soutiennent que les journalistes n'ont commencé à se préoccuper de leurs responsabilités morales qu'à compter du moment où leur image a perdu de son lustre auprès de l'opinion publique (Ferré 1990, 218). Cet argument prend du poids quand on observe, comme l'a fait Meyer, que les trois principaux codes de déontologie aux États-Unis[14] ont en commun le souci de préserver les apparences (à propos des conflits d'intérêts surtout), ce qui soulève une hypothèse qu'il juge troublante: les gens des journaux considè-

14. Soit les codes de l'American Society of Newspaper Editors (ASNE), de la Society of Professional Journalist et de l'Associated Press Managing Editors (APME).

rent la déontologie comme étant fondamentalement une question de relations publiques plutôt qu'une préoccupation de faire le bien en soi (1987, 9). Meyer estime même qu'un code de déontologie qui se préoccupe des apparences est condamné à ne pas atteindre son objectif, soit protéger l'image de la profession, car les discussions tournent autour de ce qui *paraît* mal au lieu de se pencher sur ce qui *est* mal. S'en remettre au point de vue des lecteurs pour juger des questions déontologiques est une grave erreur, croit-il (p. 20). Cette fonction de sauvegarde de l'image est reprise par Hixson (1980, 134), qui soutient par ailleurs que les codes sont rarement mis en application : en somme, leur véritable fonction serait d'exister simplement et de faire savoir qu'ils existent.

Valoriser le caractère professionnel

Une autre fonction des codes de déontologie est de contribuer à professionnaliser une activité, un métier ou un art. Olen est d'avis que la raison d'être d'un code est de définir la mission, les objectifs et les valeurs d'une profession, et d'établir les règles de conduite professionnelles qui en découlent. L'existence de valeurs communes et des normes correspondantes constitue généralement un des traits caractéristiques des professions. Olen précise qu'en se dotant de codes les journalistes tentent d'améliorer leur statut professionnel (1988, 29). Selon Fortin, le code déontologique est considéré comme « un moyen d'accréditation de la corporation ou de la profession dans la société ; le code est alors perçu comme un moyen de promotion sociale de l'organisation » (1989, 73). Les codes serviraient donc à valoriser le caractère professionnel du journalisme.

Protéger le public

La protection du public contre un usage irresponsable, antisocial et propagandiste des médias est aussi une des fonctions reconnues aux codes de déontologie (Juusela 1991, 7 et Fortin 1989, 73). Cette présumée protection du public est au cœur de la théorie fonctionnaliste qui a tenté d'expliquer l'introduction, l'application ou la reformulation des codes de déontologie dans différentes professions au cours des XIXe et XXe siècles. La théorie fonctionnaliste, dite du « service public », s'appuyait sur l'argumentation selon laquelle la qualité des services offerts par différents professionnels ne pouvait pas être évaluée par un juge, ou même prétendre être constante d'une activité à l'autre. Dans ce cas, il revient aux professionnels visés, présumés les plus compétents pour ce faire, d'élaborer un code de déontologie afin de protéger le public contre d'éventuelles pratiques néfastes (White 1989, 51). En ce sens, ces codes ont une valeur devant symboliser une confiance sacrée entre le public et ces professionnels dont l'expertise et les services sont importants pour le bien-être de la société (p. 52-53).

Giroux est d'avis que la protection du public passe aussi par la transparence et l'imputabilité des journalistes face au public, afin que ce dernier soit mieux en mesure de connaître et d'évaluer leurs pratiques professionnelles (1991, 132).

Protéger la profession

Il serait naïf de croire que la noble intention de protéger le public n'en cache pas une autre, que certains qualifieraient de corporatiste, soit protéger la liberté de la profession, quand ce ne sont pas ses privilèges. En Grande-Bretagne, par exemple, des pressions d'une opinion publique parfois hostile à l'égard de la presse ont incité les députés (qui s'en sont parfois réjouis) à élaborer et même à voter des lois limitant certaines pratiques de la presse. C'est cette menace d'intervention qui a motivé les professionnels des médias à se réformer eux-mêmes, le plus souvent par l'élaboration de codes de déontologie ou de règles portant sur les devoirs professionnels (Bertrand 1989b, 274). Du reste, l'expérience de l'autorégulation en Grande Bretagne est considérée comme un échec et certains n'hésitent pas à revendiquer une plus grande intervention gouvernementale après plus de 50 ans de résistance stratégique des entreprises de presse qui utilisent les mécanismes d'autorégulation pour tenter d'échapper à leur devoir d'imputabilité (O'Malley et Soley 2000).

Protéger le journaliste

En énonçant des règles de conduite professionnelles claires et précises, les codes peuvent également protéger les journalistes contre les pressions et les sanctions des employeurs qui voudraient les forcer à adopter des pratiques irresponsables, des comportements humiliants ou à commettre toute action qui irait à l'encontre de leur conscience (Juusela 1991, 7-8). C'est ainsi que les codes de déontologie, en protégeant contre des représailles arbitraires, permettent aux consciences de s'émanciper. Par exemple, le *Guide de déontologie des journalistes québécois*, adopté en 1996 au terme d'un débat et de consultations ayant duré près de trois ans, comprend une clause de conscience selon laquelle les journalistes «ne doivent pas être contraints de recourir à des pratiques contraires à l'éthique et à la déontologie de leur profession, pas plus qu'ils ne peuvent rejeter le blâme de leurs propres actions sur les autres» (FPJQ 1996, 24). Naji résume divers textes déontologiques et en arrive à dire que cette clause de conscience «doit prémunir le journaliste également contre l'exécution de tout acte professionnel ou l'expression de toute opinion, que ses convictions et sa conscience refusent» et il en fait une question de protection de l'intégrité morale du journaliste (Naji 2002, 56). Abordant la question dans une perspective à la fois sociologique et normative, Lemieux est d'avis que l'existence de «textes de référence» tels les chartes et codes de déontologie peut à la fois protéger le public contre les abus de presse, mais aussi protéger les journalistes contre certaines sanctions qui pourraient provenir du public ou de leurs supérieurs hiérarchiques (2000, 454).

Freiner ou susciter la compétition

Dans un système économique de type libéral comme celui qui caractérise les grandes démocraties de la planète, la compétition est une valeur économique dont les qualités et les bienfaits supposés ou reconnus sont presque passés au rang de mythe sacré. Ito et Hattori affirment que, si la compétition améliore généralement la qualité des produits de consommation, il n'en va pas de même pour les *produits* des entreprises de communication chez lesquelles les mécanismes de compétitivité ne fonctionnent tout simplement pas. La compétition, quand elle n'est pas freinée ou tempérée, peut conduire les journalistes à adopter des pratiques dommageables pour le public. En réponse à ces conditions particulières, les codes de déontologie ont une fonction d'autorégulation et d'autodiscipline pour les journalistes (1989, 168).

Toutefois, White suggère que les dirigeants des médias peuvent recourir aux codes déontologiques afin de stimuler la compétence de leurs employés, et cela, dans le but d'améliorer la position de l'entreprise sur un marché compétitif (1989, 55).

Uniformiser les pratiques

Codifier, c'est prescrire des normes. En ce sens, il ne faut pas s'étonner de trouver dans les codes de déontologie une fonction d'uniformisation des pratiques professionnelles, ce qui ne doit pas être considéré comme un appauvrissement dans la variété et l'originalité des conduites possibles. Cette uniformisation est étroitement reliée aux responsabilités sociales de la presse, au respect des droits et libertés des citoyens, au service de l'intérêt public, etc. On verra plus loin que la réflexion éthique peut mener à déroger aux normes prescrites dans la mesure où cela est justifiable auprès de tiers grâce à des raisons d'agir partageables, si bien que l'uniformisation n'est jamais absolue. Elle couvre la vaste majorité des pratiques journalistiques mais tolère une marge raisonnable et raisonnée de déviance.

LES CONDITIONS D'EXISTENCE DES CODES

Plusieurs auteurs ont abordé la question des conditions d'existence des codes de déontologie. Un survol de la littérature fait ressortir deux conditions capitales : la *reconnaissance* et la *représentativité*. Ces conditions, ou l'une d'entre elles selon les différents contextes sociaux et politiques, ne sont pas suffisantes à elles seules pour susciter la création de codes, mais elles me semblent du moins nécessaires et incontournables dans le processus d'élaboration de codes de déontologie.

La reconnaissance

Comme le soutiennent pertinemment, entre autres, Erickson et Fleuriet (1991, 285), un code doit être reconnu autrement que comme un simple assemblage d'énoncés prescriptifs. Il doit être plus qu'une collection de clichés. Idéalement, il devrait être reconnu par tous les journalistes et refléter leurs valeurs. Selon Couture, qui reprend la même idée, un «principe dont il serait impossible de montrer qu'il serait délibérément et en toute connaissance de cause choisi par un groupe d'individus, n'a aucune chance de se qualifier comme [un] principe susceptible d'être mis en pratique» (1991, 7). Elle ajoute que le praticien qui veut implanter dans son secteur une règle d'action «à laquelle il a lui-même, délibérément et après mûre réflexion, décidé de se conformer [...] doit d'abord s'assurer que cette règle est susceptible de remporter l'adhésion de ses collègues [...]» (p. 10), ce qui réintroduit à nouveau la notion de raison d'agir (ou de ne pas agir) partageable par un tiers.

William Howell a déjà décrit comment les codes de déontologie formels évoluent souvent à l'intérieur des groupes et des cultures pour en arriver, finalement, à bien refléter les valeurs du groupe (Chemillier-Gendreau 1991, 18). Pour lui, les normes prescriptives évoluent à partir de l'expérience personnelle de plusieurs personnes, sur une période de temps considérablement longue, puis tendent à devenir uniformes et stables. C'est à partir de ce moment qu'on peut en venir à prescrire des règles de conduite sur la base d'énoncés concernant les «choses à faire et à ne pas faire» qui définissent les balises pour les membres d'une même collectivité.

En somme, il en irait de la déontologie comme il en va de la loi, qui est une autre forme de codification des règles de conduite à observer en société. Pour qu'un code, légal ou déontologique, puisse aspirer à une quelconque légitimité chez ceux qu'il vise, il faut qu'il y ait «adéquation entre les normes produites et leur acceptation sociale véritable» (Chemillier-Gendreau, 1991, 18). La reconnaissance par tous ou par la très grande majorité des gens visés est une solide garantie de légitimité et une condition que je qualifierais de nécessaire pour justifier l'existence d'un code (déontologique ou criminel), ce qui n'exclut aucunement la possibilité de transgression de ses règles. Marquiset faisait valoir qu'il ne suffit pas que le code stipule que l'homicide sera puni pour qu'il ne s'en commette pas (1965, 23). Ainsi est-il illusoire de croire qu'un code, même reconnu et légitime, est une garantie absolue contre toute transgression.

La représentativité

La condition de la représentativité est clairement exprimée par Gieber et Johnson, selon qui les normes et la réalité ne doivent pas être en conflit (1961, 296). Les codes sont généralement conçus par des professionnels qui ont incubé longuement les règles de conduite s'y retrouvant. En ce sens, leurs conditions d'existence sont intimement reliées aux conditions sociales qui ont modelé leurs auteurs. Les codes seront d'autant plus facilement acceptés qu'ils refléteront les conditions actuelles de vie, même si ces conditions sont des conséquences d'événements éloignés dans le temps. C'est pourquoi, quand on veut évaluer la représentativité des codes, on doit tenir compte de plusieurs facteurs présents et passés : légaux, économiques, politiques, sociaux, religieux, culturels et ethniques, psychologiques (en ce sens que les codes reflètent la pensée et, partant, le fonctionnement cognitif d'individus et de groupes), anthropologiques, symboliques, linguistiques, environnementaux, nationaux, émotifs (Cooper 1989b, 233-235). Les codes doivent être adaptés à ceux qui devront s'y plier, et ces derniers doivent pouvoir s'y retrouver, reconnaître que les règles sont représentatives des valeurs dominantes.

LES POUR ET LES CONTRE

Bien entendu, la nécessité des codes de déontologie pour les journalistes ne fait pas l'unanimité, tant s'en faut. Ce qui est remarquable dans ce débat, c'est la qualité et la pertinence des principaux arguments qui militent ou bien en faveur ou bien en défaveur de l'existence de ces codes. Cela oblige du reste à tenir compte de cette réalité. Un recensement des arguments soulevés par les deux clans indique, de façon assez nette, que la majorité des arguments et des auteurs recensés plaident en faveur des codes de déontologie. Mais cela ne constitue pas une justification de l'élimination pure et simple des arguments minoritaires puisque leur valeur peut subitement s'élever dans des situations exceptionnelles.

Arguments favorables

Un argument important en faveur des codes de déontologie est qu'ils sont, métaphoriquement parlant, des phares dans la nuit. C'est-à-dire qu'ils indiquent les chemins à suivre pour ne pas s'échouer sur des rives inhospitalières. En ce sens, un code est un instrument qui permet d'exprimer et d'indiquer ce qui est considéré comme une conduite responsable (Klaidman et Beauchamp 1987, 26). Un code de déontologie permet aussi au journaliste de mieux faire le lien entre l'abstrait et le concret, l'abstrait étant la situation type dont fait état la règle déontologique et le concret étant la situation vécue par le professionnel. En passant de l'un à l'autre dans le but de les comparer, le journaliste est en mesure de mieux se situer. Il a des repères pour lui venir en aide, même si l'on doit constater qu'il existera toujours un écart entre les idéaux et les pratiques. Selon Thomas Nilsen, les codes suggèrent des idéaux reflétant des convictions profondes qui ont pris forme dans nos moments de réflexion les plus calmes (1974, 15), dans des circonstances propices qui n'ont rien à voir avec celles où il nous faut agir plus ou moins rapidement.

Par ailleurs, on a fait valoir que les codes permettent une certaine prédiction des comportements qui donne à l'avance une idée de la façon d'agir des journalistes (Merrill 1980, 114). Du reste, fait valoir Stepp (1991, 24), le public est fondé àattendre des journalistes qu'ils agissent selon des règles de conduite codifiées, et le modèle de légitimation présenté en début d'ouvrage tient compte de ces attentes. Dans cet esprit, un code de déontologie devient une référence pour l'action, mais également une référence pour le journaliste et pour le public. C'est justement dans le but de mieux servir le public que le *Wilmington News Journal*, un quotidien américain, publie son code de déontologie dans ses pages chaque année (Goodwin 1986, 348). Un code écrit et affiché a aussi l'avantage de pallier les carences de l'oral (Etchegoyen 1991, 135), et favorise les discussions sur les pratiques professionnelles adoptées (Meyer 1987, 20 et Johannesen 1983, 145). Richard Crable (1978) a évoqué une utilité argumentative des codes formels qui offrent des normes impersonnelles à partir desquelles les adversaires et les partisans de certaines pratiques peuvent discuter de la valeur éthique de ces dernières.

Un code a par ailleurs la qualité d'être inspiré de l'expérience de situations, d'époques et d'individus différents. Ainsi, les problèmes professionnels les plus fréquent peuvent être résolus plus facilement, avance Johannesen, qui reconnaît du même coup que les situations complexes et nouvelles exigeront toujours des efforts de réflexion et une prise de décision (1983, 145).

Éviter l'ingérence gouvernementale, qui pourrait se manifester par l'imposition de conseils de presse, d'ombudsman ou de codes déontologiques d'État, est aussi un argument en faveur de l'élaboration de codes par et pour des entreprises de presse, qui pourraient le faire de façon individuelle, ce qui correspondrait à leur désir maintes fois exprimé de ne pas être prises en charge par l'État (Shaw 1983, 13). Cet argument peut sembler paradoxal à première vue parce qu'il substitue à un code, celui de l'État, un autre, celui de l'entreprise de presse. Mais sa valeur réside dans le fait que l'élaboration d'un code par les entreprises de presse diminue les probabilités et la pertinence d'une ingérence gouvernementale (Johannesen 1983, 145). Pour être plus précis, le présent argument en faveur d'un code de déontologie a pour effet de désigner qui devrait idéalement se charger de la rédaction dudit code.

Bien entendu, le pouvoir de promouvoir l'image du journaliste intègre est aussi un avantage reconnu aux codes de déontologie. Pour McAdams, il va de soi que plusieurs journalistes ne sont peut-être pas conscients des perceptions négatives que peuvent susciter leurs engagements personnels dans divers groupes communautaires, engagements qui tournent parfois en démêlés (1986, 702) et que certaines normes déontologiques cherchent justement à éviter.

Certains avancent un argument peu populaire auprès des journalistes pour justifier l'existence d'un code de déontologie. Ce fut le cas de l'ex-protecteur du citoyen du Québec, Me Daniel Jacoby, qui estimait que la presse constitue un pouvoir énorme et ne voyait pas très bien comment un tel pouvoir n'aurait pas, comme les autres, de limites (Trudel 1992). Me Jacoby considérait alors que la fonction de protection du public d'un code de déontologie est un argument important qui justifierait même l'institutionnalisation du Conseil de presse du Québec (c'est-à-dire le faire relever de l'Assemblée nationale) et l'implantation d'un code de déontologie pour les journalistes, comme le recommandait par ailleurs un rapport officiel qui voulait favoriser, toujours au Québec, une administration de la justice équitable et respectueuse des droits des citoyens jouissant de la présomption d'innocence (Guérin 1992, 12). L'avantage du code, ici, serait de limiter le pouvoir de la presse quand il est considéré comme une entrave à l'intérêt public. Christians reprend cet argument pour affirmer que le premier impératif de la déontologie et de l'éthique professionnelle est de freiner ce pouvoir (1991, 21).

Pour sa part, Fortin estime que la pertinence, voire la nécessité de réglementer les pratiques professionnelles se révèle d'elle-même quand «on prend conscience de l'impact social que peut avoir la délinquance professionnelle»

(1989, 66). C'est dans cet esprit que Paul Janensch, qui a été rédacteur en chef pour le groupe de presse Gannett, a déjà insisté pour que les médias adoptent des codes écrits et que tous les gens engagés dans la production de l'information sachent ce qui est permis et ce qui ne l'est pas (Goodwin 1986, 6).

Frank Scott, qui fut le premier professeur de journalisme à l'Université de l'Illinois, a déjà fait valoir, dès 1924, que pour être reconnu comme une profession, le journalisme devrait se doter d'un code de déontologie afin que les charlatans y soient aussi marginalisés qu'ils le sont dans des professions comme la médecine et le droit (Christians et Covert 1980, 2).

Un journaliste québécois, Yves Gagnon, fait pour sa part valoir qu'un premier avantage est de créer un environnement professionnel de qualité puisque la simple existence des documents écrits que sont les codes aide à instaurer un climat «qui favorise la recherche constante d'une meilleure information et surtout d'une information plus responsable» (1986, 62). En l'absence d'un code faisant l'objet d'un consensus, comme c'est le cas dans plusieurs médias, il revient à chaque journaliste d'assumer la lourde responsabilité d'adopter une conduite compatible avec l'éthique professionnelle (Fink 1988, 12). En ce sens, la présence d'un code allège ce fardeau, sans en libérer complètement le journaliste qui doit adapter ces règles à la praxis.

Gagnon estime également que les documents écrits que sont les codes déontologiques facilitent l'intégration des jeunes journalistes qui s'identifient rapidement au journal, à ses orientations, à ses politiques et à ses contraintes. Comme l'explique la philosophe Angèle Kremer-Marietti dans *L'éthique*, «les habitudes que donnent les bonnes lois sont la disposition réalisant la vertu à une fréquence élevée» (1987, 29-30). Il importe donc que le journaliste soit avisé des normes et des attentes de sa profession si l'on veut qu'il adopte des pratiques conformes (Hulteng 1976, 2). Troisièmement, poursuit Gagnon, «on évite [...] le conditionnement arbitraire qui s'opère dans beaucoup de journaux par les décisions des chefs de pupitre, rédacteurs en chef et directeurs, plus aptes souvent à juger selon les traditions, sinon l'humeur du moment, ou la tête du journaliste» (p. 62-63). Un quatrième avantage relevé par cet auteur est d'«obliger une justification "a priori" de toute décision allant apparemment à l'encontre du code» (p. 63). Cela exige un travail de réflexion qui élève une barrière à l'encontre de comportements impulsifs.

Pour sa part, en se limitant au plan strictement moral, Christians remarque que, depuis Hippocrate, les codes ont souvent servi de laboratoire pour examiner la question de l'imputabilité professionnelle et favoriser des règles prudemment justifiées, de préférence aux décisions *ad hoc* prises en situation de crise. Selon lui, la recherche en ce domaine suggère de plus en plus clairement que les codes de déontologie élaborés de manière minutieuse et rigoureuse peuvent aider à susciter une conscience de groupe et à créer un tissu moral au sein de structures professionnelles (1991, 10). Si cela est vrai, on peut difficilement trouver meilleur argument en faveur de l'existence de codes déontologiques.

Les arguments les plus forts en faveur des codes sont certes la protection du public contre les pratiques professionnelles néfastes, l'éducation des nouveaux journalistes, leur fonction de phare pour le travail du journaliste ainsi que de repère pour la critique des médias d'information, que celle-ci provienne de journalistes, d'intellectuels ou du grand public.

Arguments défavorables

Des rédacteurs en chef de médias américains ont relevé au moins trois désavantages majeurs des codes, le principal étant qu'ils inhibent le jugement personnel des journalistes, lesquels ne peuvent faire preuve d'autant de souplesse qu'il serait souhaitable (65 %). Un autre désavantage retenu par 32 % des répondants est que les règles de conduite ou normes sont trop floues et générales. Enfin, la présence de codes est perçue comme une source potentielle de problèmes juridiques par 7 % des rédacteurs qui craignent que la justice s'en inspire dans ses jugements (Wulfemeyer 1990, 987). Reprenons un à un ces trois désavantages qui servent d'arguments principaux aux opposants. On fera ensuite état de la position de ceux qui dénoncent les codes comme des outils de domination et d'inhibition de changements structurels des médias.

Le critique selon laquelle les codes de déontologie seraient trop rigides a déjà été soutenue par Merrill, qui croit que, même si les journalistes doivent se doter de certains principes de base ou règles de conduite, ils devraient avoir la capacité de s'en écarter dans des situations et des contextes particuliers (1980, 111), ce qui se rapproche beaucoup de l'argument fondateur à partir duquel j'ai édifié mon concept *dominer la règle dominante*, dont il sera question plus loin.

L'argument de la rigidité des codes me paraît incontournable. Mais plutôt que de s'y référer pour s'opposer aux codes, il me semble qu'on devrait s'en servir comme d'un tremplin. Comme bien d'autres citoyens voulant profiter d'une certaine protection contre les abus de presse, je ne peux me résoudre à suivre ceux qui croient qu'en journalisme, «la seule norme devrait être de fuir toute normalisation : il est interdit d'interdire» (Paquet 1987, 77). Il y a dans une telle posture un simplisme qui nous conduit à éviter la discussion sérieuse de la question déontologique. Implicitement, on y retrouve aussi la sacralisation de la liberté de la presse qui devrait être absolue et, par conséquent, s'imposer au détriment des droits et des libertés des individus. Sur le plan légal, ce serait reconnaître à la liberté de presse, et à ceux qui en tirent leurs revenus, des privilèges ou une immunité qui sont souvent incompatibles avec les garanties constitutionnelles de plusieurs pays. Au Canada par exemple, il existe une tentation de suivre le courant absolutiste qui caractérise les États-Unis en matière de liberté de presse, mais «il n'est pas inutile de rappeler que les médias ne composent pas une institution à part du public, ce qui leur attribuerait plus d'avantages que ceux accordés aux individus en vertu de la Constitution», fait observer la juriste Chantal Sauriol (1993, 51).

Même si l'adoption de règles et de normes reconnues par l'ensemble des journalistes semble une solution raisonnable pour plusieurs, Collins y voit le danger d'adopter des règles rigides au point de miner ce qu'il perçoit comme la vitalité d'une presse libre (1985, 24). Cette crainte explique d'ailleurs le fait que les médias occidentaux se soient opposés en bloc à l'idée d'un nouvel ordre mondial de la communication. Richstad précise que cette opposition se manifestait surtout contre la délivrance de permis de travail pour les journalistes, l'intervention des gouvernements dans le fonctionnement des entreprises de presse et l'imposition de codes de déontologie pour les journalistes (1989, 249). Il faut mettre cette crainte en parallèle avec l'opinion d'Olen, qui affirme que le propre d'un code est de présupposer que le journalisme possède une mission, alors qu'il lui apparaît préférable de laisser aux journalistes et aux entreprises de presse la liberté de déterminer quelles seront leurs missions respectives (1988, 31). Parler de mission est peut être un terme excessif, mais il ne fait aucun doute que les journalistes ont, ou du moins prétendent avoir, une utilité sociale. Le plus souvent elle est associée à la démocratie, le service de l'intérêt public et la diffusion de la vérité des faits et de la diversité des opinions. Le fait qu'un code de déontologie affirme cela de façon plus ou moins officielle est somme toute une attente minimale, ce qui n'interdit nullement aux entreprises de presse de déterminer de manière autonome de quelle façon elles comptent assumer cette tâche.

Enfin, certains perçoivent la rigidité du code comme une forme de jugement absolu digne des impératifs de Dieu. Un journaliste du journal *Capital Times* de Madison, au Wisconsin, a déjà soutenu qu'il avait l'impression que son patron se prenait pour Dieu à force de lui rappeler ses responsabilités déontologiques (Hixson 1980, 138-139). Fortin a pour sa part la profonde conviction que les codes sont inopérants et inutiles s'ils ne font pas appel à la créativité de ceux et celles qui s'y réfèrent. «Ils ne doivent pas être considérés comme une "table de la Loi" mais plutôt comme des instruments au service de la responsabilité individuelle et collective de ceux et celles dont ils régissent la pratique professionnelle» (1989, 67).

À l'opposé de ceux qui trouvent les codes trop rigides, certains leur reprochent d'être trop flous et, partant, difficilement applicables. C'était le défaut de la *Charte du journalisme* de la FPJQ, selon Giroux, qui y voyait sans plus une déclaration de principes: «Aussi, la fonction sociale des journalistes y est-elle énoncée comme celle qui consiste à "servir le droit du public à l'information"» (1991, 128). Cette charte a été remplacée par le *Guide de déontologie* de 1996, mais on pourrait faire le même reproche à la *Charte du journaliste* de France, qui est en vigueur depuis 1918. On y affirme sommairement ce qu'un «journaliste digne de ce nom» doit ou ne doit pas faire, mais les injonctions y sont à la fois trop vastes et trop générales pour permettre une utilisation pratique à l'abri des débats sémantiques.

Parmi les problèmes juridiques que pourraient causer les codes de déontologie, il y a celui d'un possible conflit, aux États-Unis à tout le moins, avec le Premier Amendement qui protège la liberté d'expression (Christians et Covert 1980, 3). Mais il existe un autre ordre de problèmes selon divers critiques: l'avocat d'un plaignant, dans une cause de diffamation par exemple, pourrait avoir recours aux codes des entreprises de presse poursuivies afin de convaincre le juge que les journalistes ont transgressé leurs propres normes professionnelles. Cette possibilité a convaincu les avocats de plusieurs entreprises de presse qu'il valait mieux ne pas avoir de code écrit que de voir celui-ci être utilisé en justice contre les intérêts de l'entreprise, constate Meyer, qui condamne cet abandon de la responsabilité sociale et de l'éthique au profit de considérations juridiques (1987, 17). Il fait aussi observer que les avocats ne sont pas très bien placés, du reste, pour être de bons conseillers en matière d'éthique et de déontologie du journalisme. Il y a lieu d'ajouter que la multiplication des recours judiciaires, ce qu'on peut nommer de judiciarisation des pratiques journalistiques, est un phénomène qui me semble surtout attribuable au fait que les individus accordent de plus en plus d'importance au respect de leurs droits individuels, dont le droit à la réputation et à la dignité.

Plusieurs chercheurs sont d'avis que le fait de faire confiance à quelqu'un est un élément fondamental de l'interaction sociale et le fait d'avoir une bonne réputation est le signal donné aux autres indiquant que nous sommes dignes de confiance et qu'ils peuvent interagir avec nous. La bonne réputation repose sur plusieurs variables, notamment des comptes rendus favorables dans des journaux (Whimeyer 2000, 189) et, sans doute aussi, dans la presse électronique. Whitmeyer (p. 190) ajoute qu'il y a un consensus voulant que la réputation d'un acteur social soit un facteur capital de la confiance que lui accorde un autre acteur, puisque la réputation est une information reliée à l'évaluation que l'on peut se faire quant à la capacité de l'autre (un professionnel par exemple) d'accomplir éventuellement certaines actions (nous soigner, nous conseiller, etc.). Pour corroborer l'hypothèse selon laquelle la bonne réputation est un facteur attrayant en société, Jones et Shrauger ont eu recours à un devis expérimental qui leur a permis de confirmer que les sujets qu'ils ont questionnés ont trouvé plus attrayants les individus qui leur étaient présentés comme ayant une bonne réputation et qui affichaient une bonne estime de soi. Pour les besoins de leur recherche, ils définissaient la réputation comme une évaluation qui est faite de la valeur d'une personne. Ils concluent avoir démontré que la réputation a une incidence directe sur l'attirance interpersonnelle et sur l'opinion que l'on se fait de ceux qui ont une bonne réputation (1970, 285).

Dans une perspective davantage normative qu'empirique, John Rawls affirme que l'estime de soi doit être considérée comme un bien premier qu'un humain désire avant tout autre chose, au même titre que les droits et libertés, le pouvoir de profiter de certaines opportunités, les revenus et le bien-être (1994, 92, 440 et suiv.). Selon cet important philosophe contemporain, un «bien» est déterminé par ce qui apparaît rationnellement le plus avantageux à long terme dans des circonstances favorables. Un individu est heureux s'il peut plus ou moins réaliser ses aspirations et les biens premiers sont les biens fondamentaux auxquels il aspire. L'estime de soi joue un rôle capital pour Rawls, qui affirme que sans elle rien n'a plus de valeur, ou si des choses ont de la valeur pour nous, nous n'avons plus la volonté de de nous y engager. Tout désir et toute activité deviennent vides et vains, et nous sombrons dans l'apathie et le cynisme (p. 440).

Un juge québécois ne disait pas autrement quand il affirmait que l'honneur et la réputation sont:

> *«...parmi les choses les plus importantes pour un être humain. Elles font partie des éléments fondamentaux de la dignité humaine. Les attaques contre l'honneur et la réputation peuvent affecter gravement le moral et la santé d'une personne, annihiler l'image positive qu'elle a d'elle-même et que les autres en ont, détruire à jamais sa confiance en soi et l'affecter*

gravement financièrement, sinon la ruiner. Elles peuvent, en fait, détruire purement et simplement un individu.» (Sénécal 1997, 8)

Compte tenu de l'importance croissante accordée au respect de leurs droits, les individus tolèrent de moins en moins de se soumettre passivement aux aléas d'un droit collectif qui serait le droit du public à l'information, ou encore de plier l'échine au nom du respect aveugle de la liberté de presse. Quand ils sont convaincus d'avoir été traités injustement par des journalistes au service d'entreprises de presse dont la mission première est de rapporter des profits intéressants à leurs actionnaires, les victimes d'abus de presse sont moins disposées qu'autrefois à accepter leur sort. Ce phénomène me paraît irréversible et la crainte de l'instrumentalisation légale des codes de déontologie, si elle peut être compréhensible de la part de ceux qui ont le mandat de défendre les entreprises de presse ou de ceux qui travaillent au sein des médias, doit être relativisée car c'est l'existence même de normes reconnues qui pourrait empêcher les tribunaux de fixer, au cas par cas, de nouveaux devoirs professionnels aux journalistes.

Quant à la question du *statu quo,* elle est soulevée par les tenants de la théorie critique, qui privilégient souvent une approche d'inspiration marxiste dans leur étude des médias. Pour eux, la professionnalisation et les codes de déontologie constituent des mécanismes idéologiques dont la fonction est de créer une fausse impression de consensus dans la société capitaliste, outre qu'ils inhibent le processus des changements structurels (White 1989, 56). Dans cette optique, les codes seraient avant tout des stratégies de protection de l'ordre établi, de puissants garde-fous contre le changement. Au contre-argument selon lequel ceux qui s'opposent le plus radicalement aux codes de déontologie sont justement de grands propriétaires capitalistes (qui ont le plus à gagner dans le maintien du *statu quo,* et qui devraient de ce fait imposer des codes de déontologie pour se protéger des changements), les auteurs critiques répliquent que cela n'est qu'une tolérance admettant les écarts sans conséquences, mais interdisant toute transgression radicale des règles du jeu. À leurs yeux, le système tolère des écarts mais pas le «déviationnisme» lorsque celui-ci peut engendrer des mouvements difficiles à contenir.

Dans une perspective d'inspiration social-démocrate, Christians et Covert sont d'avis que, si les codes de déontologie ont pu procurer une certaine respectabilité à la profession pendant les années 1920, ils deviennent souvent, de nos jours, des paravents servant surtout à protéger des intérêts particuliers et à repousser les menaces de réglementation de l'État (1980, 33-34). Un même reproche a été adressé par Sergeant (1991), à propos des médias britanniques qui ont décidé de se doter de codes de déontologie lorsque leurs intérêts étaient menacés par l'intention du Parlement de réglementer les pratiques journalistiques. Lors d'une entrevue avec un journaliste du *Nouvel Observateur,* le fondateur d'un de ces médias, Andreas Whittam Smith, du journal londonien *The Independent,* expliquait que c'est la crainte du vote d'une loi rendant obligatoire un droit de réponse à tout article critique qui avait incité 11 journaux, dont le sien, à signer une charte déontologique en 10 points, en 1990, ce qui confirme à nouveau la fonction de protection des codes (Gavi 1992, 15).

LES LIMITES DES CODES

On doit constater à la fois la pertinence et les limites des codes en général. Même un code très répandu comme celui de la Society of Professional Journalists demande une bonne dose de jugement discrétionnaire de la part des journalistes, note Olen, qui l'a longuement étudié (1988, 6). Il y a aussi observé deux limites importantes qui concernent 1) les difficultés pouvant surgir quand le journaliste tente d'agir conformément aux règles du code et 2) l'absence de thèmes importants. Ce qui lui fait dire que ce code, comme n'importe quel autre, peut constituer un bon point de départ et soulever les bonnes questions, mais qu'il n'est pas en mesure de fournir toutes les réponses (p. 13).

Une autre limite des codes de déontologie n'a rien à voir avec le travail des journalistes car elle est inhérente aux codes, quels qu'ils soient, parce qu'ils sont en quelque sorte des systèmes fermés qui tolèrent très mal les contestations. Les systèmes fermés en général, qu'ils soient des codes, des idéologies ou des religions au sens sectaire du mot, offrent à leurs adhérents un ensemble cohérent d'explications, permettent de façon sélective les expériences qui les valideront, et suppriment les sentiments qui pourraient les remettre en question. Krippendorf a très justement remarqué que dans un système fermé tout (les observations, les jugements, les réflexions, les pensées, etc.) concourt à la conservation du système, à sa reproduction, si bien que ces systèmes «se défendent constamment contre les perturbations venues de l'extérieur» (1991, 177). Les codes de déontologie n'échappent pas *naturellement* à cette règle en ce sens qu'ils incitent leurs adhérents à développer des automatismes comportementaux qui peuvent nuire à l'intérêt public, détruire des réputations, causer des torts inutiles dans des situations données.

Dans le même esprit critique, on pourrait rappeler les huit critères que Boudon énumère pour distinguer les idéologies des autres systèmes de croyance[15]. Parmi ceux-ci, certains s'appliquent aux codes de déontologie qui sont, de fait, formulés de manière explicite, cherchent à rassembler des professionnels autour d'une croyance positive ou normative particulière, sont gérés par des associations ou des institutions chargées de renforcer et d'appliquer ces croyances normatives et sont souvent fermés à l'innovation. Pour plusieurs critiques, la fermeture, ce repli sur soi, cette autoréférence, est ce qui caractérise le plus fondamentalement les codes de déontologie. Il est vrai que cette limite est inhérente à leur nature, mais elle ne doit pas en être une pour l'agent moral qui a la possibilité, sinon le devoir dans certains cas, de «sauter la clôture» et de découvrir de nouvelles frontières, comme le lui permet le raisonnement moral qui caractérise l'éthique. Je reviendrai sur ce thème plus loin.

Une autre limite des codes est relevée par Couture. Elle réside dans leur impossibilité de s'appliquer à toutes les situations, dans tous les cas (1991, 4). En effet, les codes proposent des règles de conduite, ils peuvent même vouloir les imposer dans certains cas extrêmes, mais ils doivent toujours se limiter à évoquer des situations typiques qui ne peuvent que s'apparenter avec les cas réels. Bien souvent, les exceptions leur échappent, surtout lorsque ceux qui voient à l'application des codes refusent de reconnaître et d'admettre leurs limites.

Par ailleurs, on doit constater, avec Merrill, qu'aucun code de déontologie n'a encore proposé des règles de conduite qui puissent rallier l'ensemble de la profession, et ce, malgré le fait que la pratique du journalisme s'articule autour de quelques piliers normatifs que la plupart des journalistes admettent comme valables (intérêt public, vérité, responsabilité, équité, etc.). Selon Merrill, la principale raison de ce phénomène est que, dans les pays pluralistes, les objectifs et les méthodes des journalistes sont diversifiés. Dans un tel système, un code portant sur les pratiques est toujours relégué au statut d'ornement, (Merrill 1989, 289). Cette affirmation me semble excessive car les codes de déontologie ont une utilité pratique, comme on l'a vu en prenant connaissance des arguments qui leur sont favorables.

15. Les idéologies se signalent par: «le caractère explicite de leur formulation, leur volonté de rassemblement autour d'une croyance positive ou normative particulière, leur volonté de distinction par rapport à d'autres systèmes de croyances passés ou contemporains, leur fermeture à l'innovation, le caractère intolérant de leurs prescriptions, le caractère passionnel de leur promulgation, leur exigence d'adhésion et, finalement, leur association avec des institutions chargées de renforcer et de réaliser leurs croyances en question» (Boudon 1986, 34). Voir également, à ce sujet, Edgar Morin (1975), qui aborde la question du «système immunitaire» des idéologies politiques dans son *Autocritique*.

Finalement, le caractère flou des codes de déontologie n'a pas seulement valeur d'argument pour leurs opposants. Il peut aussi devenir une limite à leur efficacité. Hemánus est d'avis que les tentatives visant à formuler des règles déontologiques ont souvent abouti à des énoncés vagues et de peu d'utilité (1980, 46). On peut en effet se demander quelle est l'utilité d'une collection de prescriptions dont le sens et la portée laissent place à de multiples interprétations.

Il faut par ailleurs avoir des attentes réalistes quant à l'incidence des codes de déontologie sur les comportements réels. Leur bilan n'est pas universellement positif, certains ne contenant aucune sanction pouvant susciter l'imputabilité des journalistes, d'autres tombant dans l'oubli peu après leur adoption et on a même observé que plusieurs journalistes travaillent sans le savoir pour des médias qui possèdent un code de déontologie (Boeyink 1994b, 2). Les études ne sont par ailleurs pas catégoriques quant à l'influence des codes sur les pratiques des journalistes. Certains chercheurs ont pu observer une telle influence (Anderson 1987) alors que d'autres ont été incapables de montrer des différences mesurables entre les journalistes soumis à de tels codes et ceux qui ne l'étaient pas, face à des cas hypothétiques (Pritchard et Morgan 1989). Au terme de son étude comparative de trois quotidiens américains, Boeyink est d'avis qu'il faut analyser la valeur des codes autant par leur contenu que par le climat de la salle de rédaction où ils s'appliquent. Il ajoute que les codes influent sur les pratiques dans la mesure où ils sont pris au sérieux par l'organisation de travail, où les journalistes sont encouragés à s'y référer par leurs supérieurs ou par une culture favorisant les discussions qui portent sur l'éthique et la déontologie professionnelle (Boeyink 1994a, 901-902). Les gestionnaires de médias sont pour leur part inégalement doués pour aborder ou susciter de telles discussions professionnelles, ce à quoi fait référence la distinction entre *intention* éthique et *compétence* éthique (Black et Steele 1991, 4).

La présence de codes fait toutefois la différence en matière de sanctions, car plus de journalistes sont réprimandés ou mis à pied pour des transgressions à l'éthique et à la déontologie professionnelle dans les organisations possédant un code que dans celles n'en possédant pas, ce qui témoigne à nouveau de l'importance d'un environnement favorable à ces questions. Les médias où l'on observe une sensibilité aux questions éthiques ont certaines des caractéristiques suivantes : les gens en autorité montrent leur attachement à des normes élevées, les entreprises ont des normes claires et articulées, les discussions à propos de sujets controversés sont encouragées dans la salle de rédaction, car les bonnes décisions émergent souvent de salles où la culture encourage les débats et les réflexions relativement à des situations controversées (Boeyink 1994b, 3).

Les codes de déontologie ne sont pas les seuls outils qui puissent encourager, induire et définir des pratiques professionnelles responsables chez les journalistes. Ces fonctions peuvent également être assumées par l'ombudsman et les conseils de presse.

CHAPITRE 5

AUX FRONTIÈRES DE LA DÉONTOLOGIE : L'ÉTHIQUE

(DOMINER LA RÈGLE DOMINANTE)

> *« [...] si les solutions, à leur tour, se prêtaient à une codification absolue, il n'y aurait, pour ainsi dire, plus de place pour la réflexion dans le cours de l'action. »*
>
> Jocelyn BEAUSOLEIL

Nous avons vu dans les chapitres précédents qu'il existait de bons arguments en faveur de l'élaboration et de l'application de codes de déontologie. Mais ils ne doivent pas occulter les arguments pertinents qu'invoquent les opposants à l'implantation de ces codes en journalisme. Les premiers font par exemple valoir l'importance des règles déontologiques pour créer un tissu moral et inculquer des conduites professionnelles responsables aux nouveaux venus et maintenir, voire améliorer, la crédibilité de la profession auprès de l'opinion publique. On pourrait ajouter que les codes de déontologie, qui explicitent des règles de conduite compatibles avec les attentes du public, contribuent fortement à protéger la légitimité sociale du journalisme. Les seconds soulignent, entre autres, que ces codes ne peuvent s'adapter à l'ensemble des situations rencontrées dans la réalité, qu'ils inhibent l'imagination et qu'ils peuvent même constituer des atteintes à la liberté de la presse s'ils sont trop limitatifs.

On conçoit ici la problématique, pour ne pas dire la dialectique complexe qui caractérise ce débat. Pour plusieurs, l'absence de consensus clair en la matière justifie en soi le *statu quo*, c'est-à-dire la continuation d'un système où les pratiques journalistiques sont marquées par un laisser-faire généralisé, même s'ils admettent que cela peut engendrer des abus contre lesquels le public n'a aucune protection. Le *statu quo* contourne le problème plus qu'il ne le résout, si l'on admet que les abus engendrés par ce système constituent un problème, ce qui est sans doute le point de vue des victimes de ces abus.

Il me semble pourtant qu'il faille aller au-delà de cette dialectique et tenter d'élaborer un système de pratiques journalistiques qui pourrait s'enrichir des contradictions, travailler plutôt à les intégrer au lieu de les retourner dos à dos ou de n'en retenir qu'une catégorie et rejeter les autres. C'est ce que font généralement les tenants et les adversaires des codes de déontologie, les premiers se limitant à leurs arguments en faveur de l'implantation de règles de déontologie strictes et incontournables, les seconds répliquant sur le même mode, mais avec des points de vue contraires évidemment, et s'alarmant de ce que la déontologie vienne brimer leur conscience et leur liberté.

Les arguments invoqués par les deux parties étant souvent des jugements de valeur impossibles à vérifier d'une part, plus ou moins justes d'autre part, nous devons constater l'antagonisme fondamental sur cette question et nous mettre en quête d'un système complexe. C'est ce que je tenterai de faire en intégrant la déontologie et l'éthique.

On se rappellera que l'éthique est en quelque sorte le processus générateur de la déontologie. C'est effectivement à partir d'un raisonnement éthique, sans doute pas toujours reconnu comme tel, qu'ont émergé certaines valeurs de base qui sont devenues progressivement des normes, lesquelles ont inspiré les règles des codes de déontologie. Ce travail éthique réalisé en amont de la déontologie doit aussi s'effectuer en aval quand la règle déontologique est incapable d'aider le journaliste à surmonter les difficultés de situations particulières; c'est ce que j'appelle savoir *dominer la règle dominante*. La règle dominante est la règle déontologique explicite, celle qu'on intègre au code de déontologie parce qu'elle semble s'appliquer dans la plupart des situations et qu'elle respecte surtout les principes professionnels de base. Elle est aussi celle qui obtient le plus large consensus au sein de la profession ou par sa présence récurrente dans de nombreux textes normatifs.

C'est lorsque surgissent des situations particulières, singulières et uniques, voire extrêmes, que la règle dominante peut faire défaut et devenir aberrante et «contre-productive» si elle pousse l'acteur à privilégier des pratiques professionnelles conformes à la déontologie, mais contraires à certaines valeurs estimées plus importantes que d'autres (sauver la vie de quelqu'un, par exemple, quitte à cacher momentanément une information au public). Il devrait donc y avoir place pour la dérogation à la règle dominante, mais cette dérogation ne doit pas être arbitraire, sinon elle devient transgression et faute professionnelle. Au contraire, la dérogation doit être le fruit d'une réflexion éthique rationnelle qui aura pris au moins quelques critères en considération et permettra de se justifier à un tiers. Comme l'écrivait Stuart Mill, il est préférable que les hommes suivent intelligemment la coutume (les règles déontologiques pour les besoins de mon propos), «quitte à dévier à l'occasion [plutôt] que de s'y conformer aveuglément et mécaniquement» (1990, 151). Cette adaptation est nécessaire parce que le futur n'est jamais la répétition parfaite et intégrale du passé et qu'il est rarement «la pure et simple continuation du présent» (Boudon 1986, 153). Beausoleil a fait ressortir cette caractéristique fondamentale de la pratique normale de toute profession qui «conduit à faire face à des situations marquées par l'incertitude, la complexité, l'unicité, la variabilité, l'imprévisibilité, l'indétermination, etc., situations impossibles à traiter entièrement dans un cadre préétabli» (1992, 228).

Si l'on a pu concevoir la déontologie comme un système fermé, il faut recourir à l'éthique pour rendre ses frontières poreuses, sans que celles-ci deviennent une passoire ou un filet dont les mailles, trop larges, permettraient n'importe quelle pratique professionnelle arbitraire. C'est dans cet esprit que Demers écrira que l'engagement éthique doit être à la fois souple et contraignant, «il ne peut pas n'être que souplesse» (1991, 60). On pourrait dire de la déontologie ce que Bergson a déjà dit de la morale qui lui apparaissait comme fermée; elle enferme en imposant des comportements obligés. L'éthique, souligne Bourgeault, est par contre essentiellement ouverte, elle «ouvre et déploie des horizons, sur lesquels la liberté créatrice et responsable fera se profiler dessins, projets, luttes [...]» (cité par Giroux 1991, 121). Du reste, il me semble que cette hétérogénéité de la règle et de la réflexion constitue la dimension morale la plus stimulante pour le journaliste qui souhaite accomplir de façon autonome une fonction sociale de première importance.

L'éthique ouvre donc les frontières de la déontologie, mais cette ouverture s'articule sur des critères qui sont des charnières, ce qui signifie du même coup que l'éthique peut nous interdire de transgresser la règle dominante si nos critères préétablis ne sont pas respectés. La frontière éthique est donc ouverte et fermée à la fois, alors que la déontologie et la morale seraient des rideaux de fer imposant leurs limites. Giroux, on s'en souviendra, a écrit que «l'éthique professionnelle se situe, en quelque sorte, en amont et en aval de la déontologie» (1991, 121).

Le même auteur soutient que la réflexion éthique portant sur les pratiques professionnelles en journalisme est impérative «afin que la déontologie demeure vivante, malgré sa codification, et pour qu'elle ne devienne pas un simple répertoire d'intentions louables, au demeurant stériles» (p. 129). Pour reprendre les expressions de Boudon (dans *L'idéologie*), la déontologie doit demeurer une «boîte blanche», ce qui veut dire qu'on doit avoir accès aux fondements, aux raisons qui sous-tendent ses règles, quitte à les remettre en question, sinon elle devient une «boîte noire» contenant des normes et des règles qui semblent venues de nulle part et dont les fondements demeurent inconnus, et qui sont d'autant plus difficilement discutables (1986, 122 et suiv.). En somme, la déontologie ne doit devenir ni une doctrine ni une vulgate.

L'arrimage éthique/déontologie a l'avantage d'éviter que les pratiques journalistiques stagnent. L'éthique nous procure du même coup le méta-point de vue du système déontologique. Il faut effectivement tenter d'adopter un point de vue externe au système déontologique pour en évaluer la pertinence sur le plan théorique et, par conséquent, sur le plan pratique. Ce point de vue critique est impossible à atteindre quand on demeure à l'intérieur d'un système dont les règles s'autojustifient (Krippendorf 1991, 179) et renvoient l'une à l'autre.

L'éthique devient ici, avec ses valeurs et leur hiérarchisation comme avec ses critères, un méta-système de références permettant d'observer, de critiquer et de réformer les codes de déontologie dont les règles peuvent mal vieillir si elles se réfèrent à des valeurs et à des visions du monde n'ayant plus cours. Les règles de conduite peuvent ne plus être jugées suffisantes à cause de l'évolution historique et logique qui peut amener «la conscience humaine à "réfléchir" sur ce qui est sacré, ou plutôt sur ce qui ne l'est déjà plus» puisqu'on se permet de la remettre en question (Kremer-Marietti 1987, 113). Cette remise en question éthique n'épargne ni la morale ni la déontologie.

Il faut donc admettre une frontière éthico-déontologique. Une frontière est le lieu où «s'effectue la distinction et la liaison avec l'environnement. Toute frontière [...] est, en même temps que barrière, le lieu de la communication et de l'échange. Elle est le lieu de la dissociation et de l'association, de la séparation et de l'articulation. Elle est le filtre qui à la fois refoule et laisse passer» (Morin 1977, 204).

On pourrait développer et métaphoriser davantage le concept de frontière éthique, ce point de passage nécessaire pour les journalistes qui se trouvent devant des choix difficiles : la frontière est l'interface éthique/déontologie ; les douaniers sont les journalistes eux-mêmes ; les visas, sauf-conduits et passeports prennent quant à eux la forme de critères rationnels. Mais les *douaniers* ne sont pas à l'abri de la critique, de la justification publique de leur comportement. Ils sont libres comme il existe une liberté de mobilité des personnes, des biens et des services, mais cela n'autorise pas la contrebande déontologique, c'est-à-dire le libre recours à des pratiques professionnelles non avouables, ou encore à concevoir la frontière comme de vulgaires barbelés qu'on peut cisailler impunément.

Cette frontière éthique/déontologie, on peut très bien la concevoir au milieu d'un territoire accidenté et incertain que serait la notion d'intérêt public : d'un côté, se retrouveraient les normes déontologiques dominantes, de l'autre, les normes « déviantes », celles qui, *a priori*, représentent les pratiques condamnables. La frontière éthique, elle, constituée de critères et de mortier intellectuel (valeurs), aurait comme fonction de permettre, sous condition, le transit de la zone « correcte » à la zone « déviante », mais toujours dans la patrie de l'intérêt public. Mais il ne faut pas abuser de la métaphore et je m'arrête ici, en espérant avoir bien rendu l'idée de *dominer la règle dominante*.

UN DÉRAPAGE CONTRÔLÉ...

Dominer la règle dominante, c'est reconnaître le droit à la dérogation des règles de conduite professionnelles. Cette dérogation ne doit pas prendre les allures de caprices, de délinquances puériles ou de déviances systématiques, comme en convient Merrill, qui admet que le journaliste doit savoir adhérer solidement à des règles déontologiques et en dévier uniquement après y avoir pensé très sérieusement (1989, 198). Pour déroger aux règles déontologiques, on doit être en mesure de faire valoir de « bonnes raisons » qui convaincraient des gens raisonnables que le comportement adopté était le meilleur dans les circonstances.

L'adhésion/dérogation tient du dérapage contrôlé : cela implique, premièrement, que l'on a conscience de déraper ; deuxièmement, que l'on sait déraper sans perdre le contrôle ; troisièmement, qu'on pourra facilement rétablir la trajectoire en tout temps. On pourrait comparer cette forme de désobéissance déontologique à la désobéissance civile, laquelle est une infraction à la loi qui peut se justifier sur le plan moral, comme le dit Bovée en faisant référence aux actes de désobéissance civile ayant eu lieu pendant la guerre du Viêt-nam, aux États-Unis (1991, 137).

Le dérapage contrôlé peut même entraîner dans son sillon une redéfinition de la culture. En effet, le fondement rationnel justifiant la dérogation d'une règle peut échapper à la précarité de l'instant pour devenir la nouvelle norme, justement parce que l'état des choses a changé et que la règle mise en cause s'est révélée, à la réflexion, obsolète.

Ce dérapage contrôlé est presque obligatoire à un moment ou à un autre si l'on reconnaît qu'aucune norme ne peut être applicable à toutes les situations et que les exceptions sont tout à fait possibles. C'est cependant lorsque nous nous heurtons à ces exceptions que nous avons besoin d'une bonne maîtrise de nos outils de réflexion éthique afin d'éviter les dérapages catastrophiques, pour les autres autant que pour nous.

L'éthique nous vient en aide lorsqu'on sort des sentiers battus et des règles déontologiques dominantes devenues inefficaces, momentanément ou pour toujours. Cet environnement non balisé exige le recours à une marge d'autonomie intellectuelle que procurent les critères éthiques généraux et spécifiques dont je ferai état plus loin. Il suffit pour l'instant de reconnaître la nécessité de ces critères et de garder à l'esprit que le journalisme à son meilleur se manifeste souvent dans des situations limites qui impliquent des décisions éthiques risquées (Goodwin 1986, 355). Cette souplesse (qui n'est ni mollesse ni relativisme) s'oppose à la passion fanatique et irraisonnée de la déontologie devenue doctrine, de la vertu qui a causé bien plus de dommages aux humains et à la société que la somme des vices, comme l'a soutenu Raymond Brickberger (cité par Rivers et Mathews 1988, 193).

Le problème inhérent à l'éthique est que le journaliste est à la fois douanier et voyageur, il fixe les normes et est l'objet de ces normes. Cela laisse prise à un arbitraire et à une rationalisation excessive au terme de laquelle le douanier se métamorphose en contrebandier cherchant à se convaincre, et à convaincre les autres, qu'il est un voyageur sans reproche, fondé à passer la frontière. Il peut tenter de faire croire *post facto* que son dérapage était contrôlé, bien qu'il ait heurté inutilement des gens lors de son embardée. L'assurance contre les tentatives de justification reposant sur des arguments fallacieux demeure le recours à l'argumentation fondée en raison. C'est pourquoi le journaliste responsable doit sérieusement analyser les conséquences probables et prévisibles de ses pratiques, soupeser les risques et avoir conscience des valeurs en jeu (Johannesen 1983, 6). C'est ainsi qu'il se dotera d'un cadre d'action rationnel. Comme l'a bien fait valoir Merrill, la pire chose qui puisse survenir à un journaliste est d'en arriver à un point où il ne croit plus en la raison. Selon Merrill, la raison est «indiscutablement le noyau dur de la philosophie du journalisme authentique» (1975b, 126).

La raison nous permet de formuler des raisons d'agir susceptibles «d'amener un individu à adopter, dans la pratique, un certain comportement», argumente la philosophe québécoise Jocelyne Couture (1991, 6). Elle ajoute que des:

«… croyances rationnelles (des savoirs) concernant l'état du monde, concernant la capacité physique et matérielle pour l'individu concerné d'adopter ce comportement et concernant les conséquences probables que peut avoir son adoption interviennent certainement dans une telle décision. Mais il ne suffit pas qu'une action lui paraisse faisable et que ses conséquences puissent être calculées pour qu'un individu se décide à la poser.» (p. 6-7)

La décision d'agir d'une façon plutôt que d'une autre «fait appel à des savoirs mais aussi à des anticipations rationnelles concernant autrui, et peut-être même surtout, aux préférences réfléchies et bien pesées que les individus entretiennent par rapport à un ensemble d'options possibles» (p. 6-7). Se pose alors la question de l'option à retenir et de celles à rejeter, ce qui soulève d'autres questions du genre «comment établir la supériorité d'une option éthique sur les autres. Quelle est celle qui s'appuie sur les meilleurs arguments? Laquelle se soustrait le mieux aux contre-exemples? Quelle est celle dont les présupposés sont les plus fiables?» (p. 9).

On voit bien que la raison est essentielle pour la réflexion éthique qui nous oblige à faire face aux orientations majeures à privilégier, «aux choix vitaux à promouvoir» (Tremblay 1989, 5) et, finalement, complique souvent les choses au lieu de les simplifier à cause des «exigences d'une liberté et d'une responsabilité difficiles à assumer» (Fortin 1989, 68). Mais c'est justement ce qui est fascinant quand on s'y arrête. Au-delà de la recherche du *scoop*, des exclusivités, du sentiment de participer à l'histoire qui se fait, et justement en raison de ces facteurs, le métier de journaliste est le lieu privilégié de la réflexion éthique solidement amarrée à la réalité quotidienne. Peut s'y développer une riche mais exigeante symbiose de la théorie et de la pratique.

DE LA SOUPLESSE…

Dominer la règle dominante est un dérapage déontologique contrôlé, avons-nous convenu. Cela fait appel à une importante qualité: la souplesse, qu'il ne faut surtout pas confondre avec la mollesse. La souplesse nous permet de faire face aux obstacles, de les contourner, de réviser nos idées préconçues, de transgresser nos règles de conduite dominantes si cela nous semble justifié. Tandis que la mollesse est cette facilité à se laisser porter par les événements, à plier l'échine sous le poids des obstacles que l'on perçoit comme immuables. Quant à la rigidité, qui n'est pas la rigueur, ce serait la disposition contraire de la mollesse et consisterait à se rabattre systématiquement sur les règles déontologiques dominantes pour justifier ses pratiques professionnelles en tenant pour acquis que ces règles ne peuvent que conduire à de bons résultats.

En fait, si les journalistes ont de bonnes raisons de s'en remettre aux règles déontologiques dominantes dans la plupart des cas, ils doivent aussi discerner les situations échappant à ces règles et faire preuve d'une relative souplesse – qui n'est pas une souplesse relativiste où toutes les situations et options se valent, ce qui justifierait l'adoption d'une pratique plutôt que d'une autre à partir d'un seule critère polymorphe : le *penchant naturel* tantôt pour la gloire et l'honneur, tantôt par esprit de vengeance, tantôt par parti pris politique, etc.

Les journalistes doivent tenir compte de la situation et du contexte (Merrill 1980, 111), mais aussi des valeurs en jeu, des conséquences, des règles qu'ils vont ou non transgresser, des arguments et des critères à retenir ou à rejeter. Merrill a proposé une règle à ce sujet : « Ayez quelques principes universels et fondamentaux qui dictent votre conduite, mais soyez capables d'en dévier si vous croyez pouvoir atteindre de meilleurs résultats en ce faisant » (p. 111). Selon lui, le journaliste doit prendre en considération les composantes éthiques particulières des situations se présentant à lui et modifier ses principes quand sa conscience l'exige. La nuance qu'il fait est importante en ce sens qu'il parle de composantes éthiques que les journalistes doivent prendre en considération et non pas des dimensions pécuniaires, carriéristes ou politiques de ces situations.

Par ailleurs, Merrill est d'avis qu'il faut réunir les préoccupations déontologiques (les devoirs) et téléologiques (les conséquences) du journalisme. Il reconnaît ainsi que les conséquences prévisibles peuvent influer sur les règles déontologiques dominantes et justifier une dérogation. Quant à Meyer, il croit même que cette souplesse est une caractéristique des journaux soucieux de l'éthique, où l'on se méfie des comportements déontologiquement acquis, au sens behavioriste du mot, pour favoriser des pratiques réfléchies et adaptées aux situations (1983, 54). Il est d'avis que les journalistes qui adoptent toujours les règles déontologiques dominantes, et se croient du même coup responsables, sont en réalité des êtres insensibles. Meyer affirmera, quelques années plus tard, que rien ne permet mieux à un journaliste d'exercer son jugement moral que de devoir affronter un cas d'exception (1987, 24). Il suggère que les entreprises de presse pourraient mettre à l'épreuve leur code de déontologie en les confrontant à des cas d'exception, réels ou hypothétiques, afin de voir jusqu'où elles favorisent la réflexion éthique.

On a affaire ici à une éthique quelque peu situationnelle qui tient compte des règles déontologiques dominantes et de leurs conséquences de façon à en évaluer la pertinence d'une situation à l'autre. Pour ce faire, il faut concentrer son attention de façon primordiale sur la situation en cause et écarter toute règle déontologique prétendant à l'universalité, recommande Johannesen, qui fait remarquer que les circonstances changent, mais pas les règles qui demeurent des injonctions catégoriques (1983, 67 et 144).

Certains auteurs utilisent l'expression «éthique de l'embarras» *(embarrassment-ethics)* pour parler de l'éthique situationnelle afin de faire émerger le caractère mouvant des pratiques et des décisions, ainsi que le fait que les situations réelles défient les «bonnes vieilles» règles déontologiques qui perdent temporairement leur validité (Van der Meiden 1980, 6). On se heurte du même coup au constat commun à Fink et Juusela: la seule chose constante en éthique est l'opposition des valeurs et des principes puisque les règles universelles n'existent pas et qu'il faut décider au cas par cas (Fink 1988, 5 et Juusela 1991, 13). Toutefois, on doit admettre que les règles déontologiques dominantes peuvent suggérer une conduite professionnelle justifiable dans la plupart des cas et que la délibération au «cas par cas» n'y est pas vraiment problématique.

Il existe peu d'exemples de règles déontologiques dont la rigidité a été élevée à un point tel que les pratiques journalistiques en aient été perturbées de façon importante. On peut cependant mentionner la règle dite de Bradlee, du nom du responsable du *Washington Post,* qui avait décrété que les journalistes de ce quotidien devraient toujours fournir l'identité de leurs sources d'information. Benjamin C. Bradlee visait par cette règle à empêcher que les journalistes permettent à des sources anonymes (anonymes du point de vue du public mais bien connues des journalistes) de manipuler l'opinion publique. Les sources visées étaient surtout des sources politiques. Cette règle enjoignait également aux journalistes du *Post* de ne pas participer aux réunions d'information à caractère non officiel *(briefings)* au cours desquelles les responsables politiques américains communiquent souvent des informations importantes à la condition que leur nom ne soit pas associé à ces informations dans les reportages journalistiques. La règle Bradlee a fait long feu, commentent Klaidman et Beauchamp, parce qu'elle était trop restrictive et aussi parce que les journalistes des autres quotidiens ne l'appliquaient pas, ce qui désavantageait le *Washington Post* sur le plan concurrentiel (1987, 16). Klaidman et Beauchamp jugent que cette règle voulait régler trop de situations et était trop exigeante, bien qu'elle eût été appropriée dans plusieurs situations. Je me pencherai plus loin dans le présent ouvrage sur le problème des sources anonymes pour suggérer des critères spécifiques de cette question.

CRITÈRES GÉNÉRAUX

En général, le journaliste n'a pas trop de mal à adopter une conduite respectueuse des règles déontologiques qui soient en même temps compatibles avec les principales valeurs de sa profession : intérêt public, liberté, vérité, équité, rigueur, etc. Dans de tels cas, le questionnement éthique n'est pas nécessaire, bien qu'il ne soit jamais superflu en principe. Les choses se corsent cependant lorsque se présente une situation suscitant un conflit de valeurs, par exemple quand un journaliste se demande s'il doit dire toute la vérité au risque de menacer la vie de quelqu'un ; quand il se demande s'il doit accorder l'anonymat à une source qui se livre à une attaque en règle contre une personnalité quelconque, celle-ci ne pouvant connaître qui lui en veut ainsi et quels avantages cette personne en retire, etc. ; quand il a l'occasion de tirer un profit personnel d'une information qu'il est seul à détenir, etc. On devine déjà que la réflexion éthique tiendra compte de valeurs professionnelles, humanistes et individuelles. Dans certains cas, le journaliste devra décider s'il adopte une conduite professionnelle qui le privera d'une gratification personnelle au profit de l'intérêt public. S'il opte pour les gratifications personnelles, il pourra difficilement nier ce fait au terme d'un raisonnement qui aura mis au jour aussi bien les valeurs en jeu que l'importance qu'il accorde à chacune d'elles.

La hiérarchisation des valeurs fait appel à des critères généraux et spécifiques. Les critères sont généraux quand ils inspirent l'ensemble des conduites professionnelles. Ils deviennent spécifiques quand ils s'appliquent à une ou à quelques règles déontologiques précises. Même si chaque situation exige le recours à des critères, je suis d'avis que des critères généraux peuvent être retenus pour une foule de problématiques, ce qui n'empêche pas d'y adjoindre des critères spécifiques. Je traiterai successivement de ces deux grandes catégories. La suite du présent chapitre sera avant tout consacrée aux critères généraux. Les critères spécifiques seront énoncés dans les prochains chapitres, lorsque nous aborderons successivement des thématiques précises liées aux piliers du journalisme.

Les critères généraux que je propose se présentent un peu comme un exercice de maïeutique, c'est-à-dire que le journaliste peut y faire appel sous leur forme interrogative et y répondre selon ses connaissances. Devant une situation complexe qui échappe aux injonctions déontologiques, le journaliste peut ainsi se questionner. De façon générale, Goodwin suggère sept questions que les journalistes devraient se poser quand ils font face à un problème éthique (1986, 24-25) :

- *Que fait-on habituellement dans des cas semblables ?*
- *Qui en tirera profit et qui en subira les effets ?*
- *Existe-t-il de meilleures options ?*
- *Pourrai-je me regarder encore dans un miroir ?*
- *Pourrai-je me justifier auprès des autres, du public ?*
- *Quels principes ou valeurs dois-je mettre en pratique ?*
- *Est-ce que cette décision convient au type de journalisme auquel je crois, ou à mes convictions personnelles à propos de la vie et de la façon dont les gens devraient se comporter les uns envers les autres ?*

La méthode Goodwin est un bon exemple des critères généraux dont il faut tenir compte en matière de questionnement éthique. On y trouve d'abord une référence à la règle dominante (*Que fait-on habituellement dans des cas semblables ?*), puis le journaliste se demande si cela sert l'intérêt public ou l'intérêt de particuliers, et aux dépens de qui (*Qui en tirera profit et qui en subira les effets ?*). Il se demande ensuite s'il y a des solutions meilleures, c'est-à-dire qui pourraient donner les mêmes résultats, ou des résultats semblables, mais avec des conséquences moins néfastes (*Existe-t-il de meilleures options ?*). En se demandant s'il pourra encore se regarder dans un miroir, le journaliste cherche à savoir si ce qu'il s'apprête à faire est honteux à ses yeux ; peut-être n'a-t-il pas trouvé de « meilleures options » et qu'il se résigne petit à petit à adopter une pratique professionnelle à la limite de l'acceptable (cacher la vérité, tromper, etc.). Après s'être demandé s'il pouvait justifier pour lui-même son acte, le journaliste se demande ensuite s'il pourra faire de même avec les autres, et parvenir à leur expliquer et à partager ses raisons d'agir, ce qui l'oblige du même coup à préciser ses arguments.

Voici le journaliste arrivé à la phase délicate où il se trouve devant plusieurs principes et valeurs qui s'opposent (*Quels principes ou valeurs dois-je mettre en pratique ?*) : il devra mettre de l'ordre et hiérarchiser tout cela. Finalement, retour à lui-même (*Est-ce que cette décision convient au type de journalisme auquel je crois, ou à mes convictions personnelles à propos de la vie et de la façon dont les gens devraient se comporter les uns envers les autres ?*) ; à cette étape, il se demande si les résultats de sa réflexion éthique sont compatibles avec sa vision du monde, ce qui peut le conduire aussi loin que l'abandon de la profession de journaliste si les exigences de l'intérêt public, par exemple, se révèlent régulièrement en conflit avec ses valeurs personnelles profondes (valeurs religieuses, philosophiques, familiales, etc.).

Parmi les critères généraux que nous venons de voir[16], il s'en trouve un sur lequel plusieurs auteurs insistent. On pourrait le nommer le «test de la publicité». Chez Goodwin, il est formulé dans la question suivante: «*Pourrai-je me justifier auprès des autres, du public?*» Bovée est d'avis qu'il est souvent trop facile de justifier pour soi-même ses actes (1991, 142). Le vrai test, pour lui, est la capacité du journaliste de justifier ses actions auprès d'autres personnes qui pourraient être touchées par ces actes ou seraient des juges impartiaux.

Cela nous amène à la question des effets néfastes du travail des journalistes dont on peut difficilement faire abstraction dans un contexte éthique. Klaidman et Beauchamp, empruntant une perspective utilitariste, croient que si le mal créé par un acte journalistique est contrebalancé par un bienfait supérieur, comme faire état de cas de corruption ou avertir le public de ne pas acheter un produit quelconque qui s'est révélé nocif, alors cet effet néfaste est un effet secondaire acceptable, comme, en médecine, l'amputation d'une jambe est généralement considérée comme un effet secondaire acceptable d'un traitement qui évitera la mort (1987, 93). Ils admettent cependant qu'il faut être prudent avec ce type d'analogie qui associe journalisme et médecine, ces deux univers étant assez différents pour que de nombreuses autres considérations contredisent la justesse de l'analogie utilisée. Les deux auteurs donnent l'exemple de la prise d'otages du vol 847 de la TWA, pendant laquelle les journalistes américains ont gardé sous silence une information importante, à savoir que des passagers étaient membres de l'Agence nationale de sécurité des États-Unis (National Security Agency). S'ils avaient diffusé cette information qui, en soi, avait plusieurs des caractéristiques d'une «bonne nouvelle»[17], les journalistes auraient mis en danger la vie de ces passagers: ils ont pour cette raison décidé de priver le public de la «bonne nouvelle» (p. 135).

16. Black et Steele (1995, 18) proposent une liste de 10 questions ou critères généraux qui aident à produire de bonnes décisions sur le plan de l'éthique.

17. Parmi les critères de sélection utilisés par les journalistes pour juger de la valeur journalistique d'un événement, qui deviendra une «nouvelle», on trouve les suivants: sa simplicité, son aspect dramatique, la mise en scène de personnalités qui s'affrontent, son caractère inattendu et, surtout, qu'il puisse s'harmoniser à une vision des choses largement répandue dans la société, à des évidences en quelque sorte, sinon la nouvelle risque de n'être point comprise ni admise (Ericson *et al.* 1987, 140-148).

Les deux mêmes auteurs reviennent au principe de l'ataraxie et notent que les philosophes ont souvent fait valoir que l'obligation d'éviter de faire du mal à autrui était plus forte que l'obligation de faire du bien. Ils estiment cependant que cette position doit être remise en question et évaluée au bien-fondé des situations. Ils évoquent l'exemple d'une situation où la réputation d'une personne peut être malmenée pour les besoins d'un reportage important. Pour eux, l'importance du mal fait et le degré des risques courus doivent être mis en relation directe avec le bénéfice public du reportage. L'obligation des journalistes est de soupeser les bénéfices et les effets négatifs de l'acte envisagé et ceux des autres actes possibles (p. 136).

Cette réflexion conduit à un autre critère général dont les journalistes devraient tenir compte et qui s'énoncerait comme suit: moins un journaliste est confiant que les bénéfices supposés de ses actes deviendront réalité, plus il devrait se mettre en quête de solutions de rechange aux moyens envisagés, même si les résultats peuvent ne pas être aussi concluants (Bovée 1991, 141). Olen suggère un autre critère général, portant sur les droits fondamentaux des individus, dont doit tenir compte le jugement moral. Il estime que, si l'acte que s'apprête à accomplir un journaliste viole les droits fondamentaux d'un individu, cela suffit pour remettre très sérieusement en question cet acte. Il faut vraiment que le journaliste fasse valoir qu'il a privilégié une valeur encore plus fondamentale que les droits individuels.

Quant aux gouvernements, Olen affirme qu'ils n'ont pas de droits fondamentaux, leurs droits étant secondaires à ceux des individus, ce qui laisse plus de latitude aux journalistes quand ils ont à traiter de questions les mettant directement en cause (1988, 39).

Lambeth suggère également des critères généraux qui recoupent partiellement ceux de Goodwin. D'après Lambeth, cependant, ces critères devraient être considérés dans le cadre de conversations professionnelles portant sur l'éthique, au lieu d'être des outils intellectuels utilisés «sur le terrain» (1986, 160), deux fonctions qui ne me semblent aucunement incompatibles, au contraire, puisque la théorie et la pratique doivent entrer en symbiose et s'alimenter mutuellement. Les critères de Lambeth sont les suivants:

- *Prévoir les conséquences principales et/ou probables des actes professionnels et déterminer leur importance dans la prise de décision.*
- *Déterminer les parties qui seront touchées par les décisions éthiques: les sources, le public, les journalistes visés, leurs collègues et la profession en général.*

- *Réduire au minimum les risques que la décision soit fondée simplement sur des impressions personnelles ou sur des caprices.*
- *Faire connaître quelles valeurs ont été retenues dans la prise de décision en situation de conflit de valeurs ou lorsque les conséquences sont peu prévisibles.*
- *Élaborer un document pour les cas vraiment difficiles et importants afin que les autres puissent s'y référer, s'en inspirer et en tirer profit dans les prochaines discussions.*

On doit être conscient que le recours aux critères n'est pas une garantie contre la mauvaise décision. L'erreur est toujours possible. Leur raison d'être est de permettre une démarche cohérente et rationnelle qui évitera les doubles standards et les décisions arbitraires ne pouvant que mal servir et l'intérêt public et la crédibilité de la profession, malgré le fait que ces doubles standards et décisions arbitraires puissent rapporter des bénéfices économiques importants aux journalistes et aux entreprises qui les appliquent. Dans cette optique, Meyer a fait remarquer que les entreprises de presse ne pourront présenter un dossier éthique positif si leurs employés sont engagés dans un perpétuel concours de popularité, car les décisions éthiques sont souvent les moins populaires (1987, 198-199), surtout quand elles font appel à des pratiques professionnelles qui dérogent aux règles déontologiques dominantes.

À PROPOS DE LA CASUISTIQUE

Le besoin d'apporter une solution à des conflits de valeurs n'est pas apparu avec le journalisme, il est bien antérieur. La résolution de «cas» de conscience a donné naissance à une discipline, la casuistique, qui a des origines très anciennes et fut pratiquée par des philosophes de l'Antiquité, dont Socrate. À l'origine, elle étudiait les comportements à adopter quand plusieurs lois morales semblent en opposition.

La casuistique a toutefois sa pertinence en éthique et en déontologie du journalisme. C'est du reste ce type d'exercice que propose Lambeth, sans employer l'expression. La différence entre la casuistique et le concept de *dominer la règle dominante,* c'est que la première cherche, à travers les cas qui sont soumis, à produire des règles générales de conduite (Boeyink 1992, 109), alors que, pour ma part, je propose des critères qui permettront de transgresser de façon rationnelle des règles générales déjà connues, au terme d'une auto-interrogation qui ressemble davantage à la maïeutique. Par contre, la casuistique et la méthode qui consiste à dominer la règle déontologique dominante se rejoignent en cela que les règles de conduite ne sont pas établies une fois pour toutes, elles demeurent révisables et modifiables.

Cependant, ces deux méthodes de résolution de conflits redeviennent divergentes à un autre niveau. Selon Boeyink, la casuistique commence son travail en partant de cas précis, cherche des précédents, évalue des hypothèses de solution avec des cas analogues, puis fait des liens avec les principes éthiques, en tire des jugements et, finalement, élabore des règles de conduite (1992, 116-117). De mon côté, je propose le recours à des critères, reflétant bien entendu des valeurs morales, afin de voir quelles valeurs seront privilégiées dans un cas particulier. Il en résulte une règle de conduite adaptée à la situation qui peut s'écarter de la règle dominante sans pourtant sacrifier les valeurs morales fondamentales.

Il a souvent été reproché aux casuistes de s'en tenir trop aux cas et pas suffisamment aux principes, ce qui permettait assez facilement de sombrer dans la rationalisation de comportements aberrants, conformes aux intérêts des riches et des puissants (Boeyink 1992, 112). Ce pourrait aussi être le danger de ma méthode si elle n'était pas dotée des critères généraux et spécifiques dont les journalistes doivent tenir compte dans leurs réflexions. Du reste, ces critères peuvent faire l'objet d'une réflexion afin d'en évaluer la validité et les fondements éthiques, leurs répercussions aussi, ce que ne manqueront heureusement pas de faire ceux intéressés à la méta-éthique. Le but du présent ouvrage n'est pas la recherche philosophique des fondements des critères éthiques, faut-il le rappeler, il vise surtout à mieux outiller les journalistes depuis toujours laissés à eux-mêmes en matière de réflexion éthique, si bien qu'ils ont tendance à se rabattre ou bien sur une déontologie rigide, fermée, sèche, ou bien sur un relativisme faisant peu de cas des valeurs professionnelles que sont la vérité, l'intégrité, l'intérêt public, le respect des autres, etc. Ma contribution rejette à la fois les théories philosophiques absolues pour lesquelles les cas réels ne sont que du matériel dévolu à l'application des principes et à leur mise en valeur, et les abus d'une casuistique ne tenant nullement compte des principes *a priori*, pour laquelle chaque cas est à ce point unique qu'aucun principe n'est pertinent pour l'aborder, ce qui permet de justifier tous les écarts.

Mon propos se situe entre ces deux extrêmes, mais non au prix de la raison. Je ne veux pas faire l'économie de la rationalité, j'en fais plutôt le carrefour où passent obligatoirement toutes les décisions fondant les pratiques professionnelles. Je plaide pour ce que Gaudette nomme la «discordance positive» et m'élève contre la «discordance négative». Celle-ci se produit lorsqu'un journaliste agit par égoïsme ou mépris à l'encontre des valeurs professionnelles volontairement admises. Quant à la «discordance positive», elle survient «lorsque c'est au nom de valeurs estimées plus fondamentales que l'on adopte un tel comportement» contraire à certaines valeurs professionnelles (1989, 26). Cela rejoint en quelque sorte les concepts de dérogation et de transgression, la dérogation étant un écart de conduite justifiable sur le plan des valeurs professionnelles tandis que la transgression est un écart motivé par des valeurs ou des intérêts incompatibles avec la morale professionnelle, sinon la morale sociale.

LA BOÎTE DE POTTER

Ici s'impose une brève discussion de la boîte de Potter *(Potter Box)* qui, sans jeu de mot, est véritablement une «boîte blanche», au sens où l'entend Boudon, parce qu'elle permet de prendre conscience des raisons et des valeurs qui sont en jeu dans nos décisions. Selon les éditeurs du *Journal of Mass Media Ethics,* la boîte de Potter, décrite dès 1987 par Christians, Rotzoll et Fackler, a eu une incidence majeure en éthique du journalisme et de la communication (JMME 1992, 68). Il s'agit, en fait, d'une grille d'interprétation du dilemme moral en communication, comme l'a bien définie Gauthier (1990, 143). Elle a été créée en 1972 par le professeur Ralph Potter, de la Harvard Divinity School (Christians *et al.* 1987, 3).

Dans leur présentation de cette grille, Christians, Rotzoll et Fackler font ressortir, en premier lieu, que chacune de nos décisions témoigne de notre adhésion à certaines valeurs qui doivent être mises à jour. Ces valeurs sont le reflet de nos présupposés, de nos *a priori* à propos de la vie en société et de la nature humaine (1987, 2). Cette grille met en jeu quatre dimensions de la résolution des dilemmes moraux, ce qui permet, au moment de l'analyse et de la discussion d'une décision ou d'un cas, de bien discerner à quel moment et dans quel «secteur» les opinions divergent. La voici, telle qu'elle a été présentée dans une édition récente de cet ouvrage collectif.

La boîte de Potter s'ouvre sur la définition de la situation. Comme le dit pertinemment Beausoleil, avant de nous engager dans la résolution de problèmes, nous devons procéder à sa formulation, c'est-à-dire prendre connaissance des données de la situation d'intervention et y reconnaître distinctement le fond du problème. «L'activité professionnelle requiert donc la construction du problème auquel devra s'adresser une éventuelle solution» (1992, 229-230).

Boîte de Potter

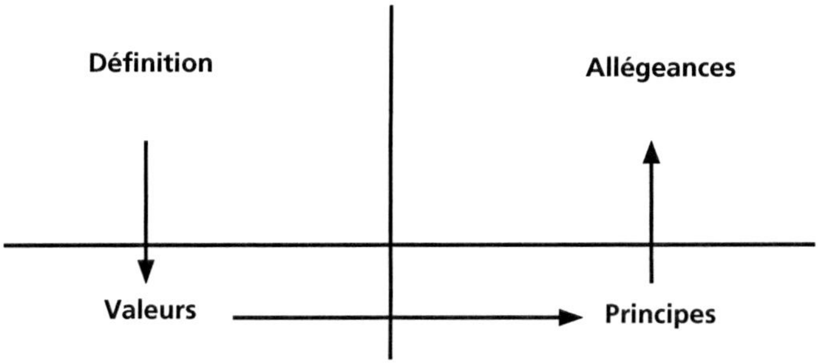

(Christians *et al.* 2001, 3)

Il faut ensuite examiner les valeurs qui sont en jeu dans la situation précise. Cette étape est cruciale, car une mauvaise appréciation des valeurs réellement en jeu peut facilement anéantir le reste du processus de réflexion. Le troisième quadrant regroupe les principes professionnels (dire toute la vérité, respecter la vie privée ou le droit à la réputation, etc.). Enfin, nous devons nous demander à qui vont nos allégeances (à notre employeur, à nos règles déontologiques, à la société, à nous-mêmes, au service de Dieu, etc.). Ainsi, deux journalistes d'allégeances différentes pourront adopter des pratiques opposées dans une même situation. L'avantage de cette grille est cependant évidente: on sait assez exactement où les avis divergent, et sur quelles bases. Partant de là, on peut choisir d'argumenter, afin de démontrer la validité ou l'invalidité de l'allégeance retenue, quand cela est possible, car on ne peut pas démontrer la validité ou l'invalidité d'une allégeance à Dieu, la profession de foi échappant par définition aux critères de vérité et de justesse du discours rationnel.

Se penchant sur les forces et les faiblesses de la boîte, Gauthier fait remarquer, à titre d'utilité première, que cette grille peut servir « à évaluer a posteriori une décision déjà prise et consommée » (1990, 144), ce qui est un avantage très important pour le journaliste rejoignant en cela l'avantage du recours aux critères généraux et spécifiques proposé dans le présent ouvrage.

Un autre avantage est que cette façon de procéder, qui précède l'action, permet non seulement de discerner différentes possibilités relatives à une décision, mais aussi de les apprécier d'un point de vue moral. Gilles Gauthier reconnaît un autre mérite à la grille d'analyse, celui de « bien marquer la distinction, notoire en éthique [...] entre énoncés de fait et énoncés de valeur. Dans la *Potter Box*, les premiers font partie de la définition de la situation alors que les seconds relèvent des valeurs et des principes » (p. 144). Finalement, il trouve positif que cette grille accorde une place importante aux «allégeances et fidélités qu'implique une décision éthique».

Ces trois arguments positifs me semblent s'appliquer également à la méthode proposée ici, où le journaliste a recours à des critères qui reflètent des valeurs et des principes dont il doit tenir compte. Face à ces critères, et à d'autres qu'il peut lui-même définir et justifier, le journaliste doit finalement faire le même exercice que celui proposé par la boîte de Potter. Il faut admettre, cependant, que cette dernière, par sa présentation graphique, est plus facile à mémoriser que de nombreux critères.

Toutefois, une faiblesse notable de la boîte de Potter me semble être sa limite à aider concrètement le journaliste dans l'accomplissement de son travail quotidien. La grille est trop vague en somme et le journaliste risque de nager dans la confusion, ce qui enlèverait toute utilité pratique à la boîte. Elle décrit bien le processus du raisonnement moral mais n'offre aucun contenu, aucun principe moral. Ceux-ci se trouvent ailleurs, notamment dans les codes de déontologie. C'est pourquoi il me semble que le recours à des critères, qui ont déjà été formulés tout comme des règles de pratique, est un avantage considérable.

DEUXIÈME PARTIE

LES PILIERS DU JOURNALISME

CHAPITRE 6

L'INTÉRÊT PUBLIC ET LA VIE PRIVÉE

L'un des premiers devoirs des journalistes est de diffuser une information qui soit d'intérêt public. Plusieurs textes savants et professionnels ainsi que bon nombre de codes de déontologie font une référence explicite à cette norme professionnelle. Ce principe premier est notamment reconnu par l'Associated Press Managing Editors, qui affirme que le droit du public à connaître des faits d'importance est souverain, si bien que les journaux ont la responsabilité spéciale, à titre de représentants de leurs lecteurs, d'être les chiens de garde vigilants de leur intérêt légitime (APME 1994). De même, l'Association canadienne des journaux (autrefois Association canadienne des quotidiens) a adopté une déclaration de principes qui confirme «l'engagement des quotidiens canadiens de travailler dans l'intérêt public» (1995). La version de 1986 du code de déontologie de l'Association canadienne des directeurs de l'information radio-télévision allait dans le même sens en affirmant que le «journalisme électronique a pour but principal d'informer le public d'une façon équilibrée, précise et complète sur des événements importants» (CCNR 1986). La version de 2000 souligne que les «journalistes de la radio et de la télévision fourniront une information précise, complète et juste concernant des événements et des enjeux importants d'actualité» (CCNR 2000). Le *Guide de déontologie des journalistes du Québec* est également explicite à cet effet:

> *«Les journalistes servent l'intérêt public et non des intérêts personnels ou particuliers. Ils ont le devoir de publier ce qui est d'intérêt public. Cette obligation prévaut sur le désir de servir des sources d'information ou de favoriser la situation financière et concurrentielle des entreprises de presse.» (FPJQ 1996, 4)*

Dès 1987, l'article 8 de la *Charte du journalisme* de la FPJQ invitait les journalistes à distinguer ce qui est d'intérêt public de ce qui relève de la curiosité du public (Sormany 1990, 394-396). De telles références à ce qui est tantôt désigné comme intérêt public, tantôt comme le bien commun ou l'intérêt général se retrouvent dans bon nombre de codes de déontologie de tous les continents.

On peut cependant se demander comment définir cette information d'intérêt public. L'ombudsman de la Société Radio-Canada a déjà fait valoir que cette notion «embrasse... toute information qui pourrait être utile au citoyen pour bien comprendre un événement ou une situation susceptible d'avoir, pour lui, une signification sociale, politique ou économique», tout en ajoutant «qu'il ne faut pas confondre intérêt public avec curiosité publique» (SRC 1993-1994, 65). Dès le début du XXe siècle, le juge Rivard, de la Cour d'appel du Québec, consacrait un ouvrage à la liberté de la presse et insistait largement sur la notion de l'intérêt public qui:

> *«... n'est pas nécessairement tout ce à quoi le peuple s'intéresse; par malheur, le peuple nourrit toujours une certaine curiosité malsaine à l'endroit de ce qui est scandaleux; ce n'est pas cela qui détermine ce dont il est légitime de l'entretenir. (...) Le peuple a donc besoin de connaître, et il a droit de connaître, et il est d'intérêt public qu'il connaisse et qu'on lui apprenne les faits pertinents aux débats dont il est l'arbitre, aux procès dont il est en quelque sorte le juge, à l'élection dont il est le ministre. Est donc d'intérêt public, sous notre régime démocratique, tout ce qu'il est utile de connaître pour porter sur l'administration de la chose publique un jugement éclairé et pour faire entre les hommes et les entreprises qui sollicitent les suffrages ou le crédit populaires un choix judicieux.» (1923, 83)*

Pierre Fortin a pour sa part interrogé des journalistes québécois à ce sujet et, selon eux, une information serait d'intérêt public:

> *«...lorsqu'elle concerne "un plus grand nombre de gens que les acteurs de l'événement lui-même", lorsqu'elle est utile à la "formation du jugement d'un citoyen dans l'exercice de ses responsabilités démocratiques" ou encore "si elle est susceptible d'avoir un impact sur le quotidien des citoyens", "un impact concret pour la communauté".*
>
> *Une nouvelle est également d'intérêt public lorsque sa diffusion "aide l'auditeur ou le lecteur à saisir ce qui se passe dans la société" ou lorsque "le lecteur peut y trouver matière à s'améliorer et la société à changer". Une*

nouvelle est d'intérêt public... parce que "l'information [qu'elle donne] peut susciter des débats" ou "faire progresser des débats".

(...)

Une information revêt également un caractère public si elle concerne "un homme public dans l'exercice de son travail public" et lorsqu'elle "a rapport aux fonds publics", qu'elle met en cause du financement collectif (...) le fonctionnement des institutions sociales (école, justice, système de santé) et des institutions privées sollicitant un appui du public.» (1992, 74-75)

LES CRITÈRES DE L'INTÉRÊT PUBLIC

En s'inspirant des raisons évoquées par les journalistes québécois de l'enquête menée par Fortin, ainsi que de ceux provenant d'autres références, on peut énoncer les critères permettant de déterminer ce qui est d'intérêt public :

- *l'information concerne un grand nombre d'individus ;*
- *l'information est plus bénéfique que néfaste pour le plus grand nombre ;*
- *l'information est utile pour éclairer les citoyens dans les choix qu'ils ont à faire quant à leurs comportements politiques, sociaux, économiques, religieux et autres ;*
- *l'information favorise la participation à la vie démocratique ;*
- *l'information concerne le fonctionnement d'institutions publiques ou l'utilisation de fonds publics ;*
- *l'information est de nature émancipatrice ;*
- *l'information ne profite pas seulement à quelques-uns au détriment du plus grand nombre ;*
- *l'information a un lien démontrable avec la sphère publique.*

En analysant les informations à la lumière de ces critères, on peut établir dans un premier temps si elles sont d'intérêt public ou non. Il devient également possible d'évaluer leur degré d'intérêt public, en fonction du nombre de critères respectés ou de l'importance relative de ces critères d'une situation à l'autre. On peut ainsi distinguer les informations importantes des informations triviales et constater que la plupart des reportages diffusés par les médias satisfont à un ou plusieurs des critères de l'intérêt public, même si, dans bien des cas, on y trouve des éléments d'information étrangers à ces mêmes critères. Cela permet de soutenir que des reportages puissent être considérés globalement comme étant d'intérêt public, même si l'on y découvre des éléments d'information qui auraient mérité d'être rejetés au moment de la rédaction parce qu'ils ne répondent pas aux critères de l'intérêt public. Ces critères, finalement, permettent de procéder à une première évaluation de la qualité de l'information journalistique.

Précisons cependant deux choses. Premièrement, le caractère d'intérêt public d'une information ne fait pas obligation de traitement journalistique. En effet, les journalistes et les médias ne sont pas tenus de traiter de tous les sujets d'intérêt public, le choix relevant d'une liberté éditoriale reconnue de longue date. En principe, le pluralisme médiatique devrait permettre la présence d'un large éventail dans le traitement des thèmes d'intérêt public, en fonction des missions que se donnent les médias et des publics qu'ils cherchent à fidéliser. Dans les faits, cependant, la mission économique des entreprises de presse a pris une importance telle depuis la fin du XXe siècle, notamment en raison de l'obligation de satisfaire des actionnaires toujours plus gourmands, voire insatiables, que les médias commerciaux cherchent bien souvent à fidéliser le même type de public - celui qui est reconnu pour sa capacité économique à consommer -, ce qui a pour effet de privilégier le traitement médiatique de certains thèmes porteurs (sports, faits divers, chroniques d'humeur, spectacle, etc.) au détriment d'autres enjeux sociaux moins séduisants (politique, travail et syndicalisme, sciences, etc.). Les journalistes ont donc la liberté du choix des thèmes d'intérêt public qu'ils aborderont, mais il va de soi que de tels choix sont passibles d'être analysés et critiqués, voire dénoncés surtout quand ils témoignent d'une posture partisane trop prononcée ou encore quand l'information se fait propagande et manipulation de l'opinion publique. La liberté de choisir les thèmes abordés peut parfois être un prétexte pour tenter de justifier des cas de censure et de silences stratégiques qui sont incompatibles avec les fonctions sociales et l'utilité démocratique que revendiquent ces mêmes journalistes.

Deuxièmement, le fait qu'un sujet ou un thème soit d'intérêt public ne justifie pas qu'on puisse en traiter sans égard aux autres normes professionnelles du journalisme. En fait, si tel était le cas, les codes et guides déontologiques ne comporteraient qu'un seul article fondé sur l'intérêt public. Or, il en va tout autrement, puisque les règles de l'art reconnues imposent d'autres devoirs professionnels que traduisent les normes déontologiques dérivées des principes éthiques de vérité, de rigueur et d'exactitude, d'équité, d'impartialité et d'intégrité du journaliste et de l'information qu'il diffuse. Ainsi, on aurait tort de ne considérer le journalisme que comme porteur de vérités d'intérêt public sans se soucier des méthodes utilisées pour accéder à l'information, méthodes qui ne sont pas toujours respectueuses des valeurs sociales, des droits et des libertés individuelles que les journalistes prétendent justement défendre. À cet effet, le code de déontologie de la Radio-Television News Directors Association tient compte de différentes dimensions du travail journalistique quand il énonce que la responsabilité des journalistes est de recueillir et de diffuser une information en fonction de son importance et de l'intérêt du public de façon exacte, honnête et impartiale (Black, Steele et Barney 1995, 10).

En réalité, l'éthique de l'information journalistique tient compte à la fois de la notion d'intérêt public du sujet ou du thème du reportage *et* du traitement qui en est fait, car un traitement journalistique qui transgresse quelques-uns ou l'ensemble des principes de vérité, de rigueur, d'exactitude, d'équité, d'impartialité et d'intégrité aura pour conséquence de mal informer le public, voire de le tromper, et le public n'a aucun intérêt rationnel à être mal informé, sans compter les effets néfastes injustifiés que cela peut avoir pour les individus, les groupes ou les organisations publiques et privées mis en cause par les journalistes.

L'IMPORTANCE DE LA VIE PRIVÉE

Le droit à la vie privée est une valeur très importante dans les sociétés occidentales modernes, pour ne pas dire fondamentale puisqu'on la retrouve dans bon nombre de textes constitutionnels. Dans l'exercice de son travail, cependant, le journaliste peut être amené à empiéter sur la vie privée des gens. Plusieurs des choix éthiques auxquels il doit faire face sont en rapport avec la vie privée des individus : jusqu'à quel point peut-il s'immiscer dans la vie privée de quelqu'un sous prétexte de recueillir de l'information ? Cette interrogation éthique a été considérée parmi les plus importantes par des journalistes américains (Anderson 1987, 344).

Il n'y a pas que les journalistes américains qui soient sensibles à cette question, la population le serait également, selon l'ex-président du Conseil de presse des États-Unis, qui a déjà déclaré que les gens se plaignaient souvent, entre autres choses, de l'intrusion des journalistes dans leur vie privée (Isaacs 1982, 55). Du reste, bon nombre des plaintes déposées devant les tribunaux civils ou les différents mécanismes d'autoréglementation (conseil de presse, ombudsman) dénoncent la transgression de cette norme du respect de la vie privée, laquelle prendrait de plus en plus d'importance dans nos sociétés, même aux États-Unis où le Congrès devait se pencher sur au moins 40 projets de loi différents à ce sujet en 2003 (Halstuck 2003, 60). Frost insiste à plusieurs reprises pour dire que la mort tragique de la princesse Diana a été un catalyseur des critiques contre les médias et des tentatives de faire adopter des lois plus sévères, notamment en ce qui concerne l'invasion de la vie privée (Frost 2000, xii).

Il faut noter que cet intérêt n'est pas nouveau. En Grande-Bretagne, la National Union of Journalists (NUJ), fondée en 1907 pour améliorer surtout les conditions de travail des journalistes tout en se penchant sur des questions relatives à la conduite professionnelle de ses membres, a reconnu en 1931 les problèmes relatifs à l'invasion de la vie privée par des journalistes, mais elle reconnaissait aussi que cela était souvent le résultat des pressions subies en raison de la concurrence économique (O'Malley et Soley 2000, 42). En France, une loi du 11 mai 1869 visait à «protéger la vie privée des citoyens contre les indiscrétions des journalistes», mais elle a été remplacée par la loi du 29 juillet 1881 qui a fait en sorte que la vie privée «n'était plus protégée contre les publications indiscrètes que par les principes généraux du droit civil...» (Rivard 1923, 23).

Un sondage d'opinion publique effectué dès 1986 pour le compte de *Times Mirror Corporation* révélait que 73% des répondants étaient d'avis que les journalistes et les entreprises de presse avaient trop tendance à s'immiscer dans la vie privée des gens (Fink 1988, 14). Un autre sondage réalisé en France en 1989 constate aussi cette préoccupation au sein de la population (Missika 1989, 45). Une enquête menée auprès du public américain révèle que la proportion de répondants qui croient que la presse est allée trop loin en diffusant les détails de la vie privée du président Clinton, dans le cadre de l'affaire Clinton-Lewinsly, est presque deux fois plus élevée dans le public que chez les directeurs d'information (69% vs 36%), et cela est encore plus vrai chez les jeunes répondants (RTNDF 1998, 25).

À côté des doléances de la population, on prend connaissance régulièrement de celles de journalistes et observateurs de la scène médiatique. Au Québec, à titre d'exemple, l'ex-directrice du quotidien *Le Devoir*, Lise Bissonnette, a déploré que les médias canadiens et québécois aient de plus en plus tendance à enquêter sur la vie privée des gens. Selon elle, la «retenue» que certains voient dans les médias du Canada et du Québec n'est qu'un leurre (Trudel 1992). Ce type d'énoncé est répété un peu partout sur la planète, comme en témoigne Okigbo, qui a constaté que l'intrusion dans la vie privée était aussi perçue comme une pratique condamnable chez les journalistes d'Afrique (1989, 135), et comme en témoignent aussi, notamment, les récents codes de déontologie du Bénin et du Sénégal (Duplat 2002).

Aux États-Unis, le droit à la vie privée n'est pas explicitement reconnu dans la Constitution mais, depuis le début du siècle, les décisions des juges convergent vers l'acceptation d'un concept juridique soutenant que les citoyens ont droit à la quiétude (Goodwin 1986, 236). Cependant, Meyer est d'avis que le droit à la vie privée est directement en conflit avec le Premier Amendement qui, selon lui, commande aux médias de trouver les faits et de les publier, en dépit des répercussions négatives pour certains individus, afin d'éclairer la collectivité. Il estime que cette opposition est devenue plus évidente ces dernières années avec les nombreux jugements et l'appui populaire en faveur du droit à la vie privée reconnu par la jurisprudence (1987, 77). Il reste à trancher sur la nature des faits reliés à la vie privée pouvant éclairer la collectivité, une tâche qui implique de se poser certaines questions, comme on le verra plus loin.

Depuis plusieurs années, les Français souhaitent également que la liberté d'information respecte la vie privée et ils sont majoritairement d'accord pour laisser la loi décider en cette matière au lieu de laisser cette question entre les mains des journalistes (Wolton 1990, 18). Une enquête réalisée en 1999 pour le compte du Conseil supérieur de l'audiovisuel, et portant spécifiquement sur le respect de la vie privée des «hommes publics», indique que les Français croient majoritairement (59 %) que celle-ci est moins bien respectée qu'auparavant. Pour 51 % des répondants, les principaux responsables sont certains médias «qui veulent avant tout augmenter leurs ventes et leur audience» (CSA 1999). Toutefois, le public est divisé quant aux décisions que cela nécessite, car 48 % des répondants étaient d'avis qu'il valait mieux «garantir la liberté d'expression même s'il y a parfois des dérapages» alors que 47 % étaient d'avis qu'il «faut contrôler plus strictement le respect de la vie privée même si cela restreint la liberté d'expression». Il faut interpréter ces résultats en tenant compte qu'il est ici question de personnages publics (politiques, grands patrons, vedettes du cinéma ou de la chanson, etc.). De même, il y a lieu de croire que le soutien favorable à plus de contrôle des médias augmenterait si l'on y parlait de victimes de drames ou de citoyens anonymes plutôt que de personnalités publiques.

En fait, plusieurs auteurs sont d'avis que le droit à l'information doit être limité par d'autres droits, dont celui à la vie privée (Olen 1989, 45 ; Barroso Asenjo 1989, 72 et Sauvageau 1992, 11). Woodrow dénonce par ailleurs les embuscades des journalistes des médias électroniques qui s'imposent au domicile des gens, ou à leur lieu de travail, braquant leur caméra ou leur magnétophone pour forcer les personnes à réagir ou à parler. On verra plus loin en quoi de telles pratiques sont le plus souvent incompatibles avec la norme de l'équité journalistique.

Malgré la pluie de critiques qui s'abat sur eux, il convient de rappeler que les journalistes ne sont pas tous ces «vautours» assoiffés de nouvelles ou ces professionnels de l'invasion de la vie privée que l'on se plaît trop à dépeindre. Olen reconnaît qu'ils sont généralement respectueux de la vie privée, et lorsqu'ils se permettent de parler de la vie privée des élus, par exemple, ils s'en tiennent généralement à des sujets qui ont déjà fait l'objet de reportages. Il prend en exemple le cas de l'ex-président américain Ronald Reagan, qui faisait souvent état de sa ferveur religieuse et incitait les citoyens à y aller de dons de charité aux différentes Églises. Selon Olen, il ne faut pas s'étonner, alors, que les médias aient fait état des absences répétées de Reagan à la messe et des rares dons de charité qu'il déduisait dans ses déclarations d'impôt (1988, 63). Olen fait observer que les médias vont parler de la vie privée des politiciens si ces derniers les encouragent à le faire. Mais il voit une grande différence entre ce type de reportage et l'intrusion dans la vie privée des victimes de crimes, d'accidents, ou de celle de leurs familles éplorées. S'il reconnaît d'emblée que leur témoignage peut être intéressant et que leurs émotions font partie de l'événement, il ne voit pas ce qui justifie, sur le plan de l'intérêt public, l'exploitation de leurs états d'âme par les médias qui en font leurs manchettes. Il considère que les personnes deviennent alors des moyens et non des fins, et est d'avis que les journalistes devraient demander à ces personnes la permission de les filmer ou de les enregistrer et ne pas insister en cas de refus (p. 71).

Il importe aussi de faire la distinction entre les personnages publics, qui sont habitués aux journalistes et à leurs méthodes de travail, et les autres membres de la société qui se retrouvent subitement plongés dans l'actualité, surtout lors d'événements tragiques, sans aucune expérience des relations avec les journalistes. Certains codes de déontologie se préoccupent de cette distinction et enjoignent aux journalistes de se montrer prudents avec les personnes de la seconde catégorie alors que la personnalité publique a une *expectative* de vie privée moins élevée que le citoyen ordinaire (Christians *et al.* 2001, 114)

Le consensus est très large relativement à la retenue qui devrait caractériser le travail des journalistes dans les enquêtes sur la vie privée des personnes. Il existe cependant au moins une voix discordante, celle de l'ex-doyen du Philip Merrill College of Journalism de l'Université du Maryland, Reese Cleghorn. Celui-ci fait valoir l'importance pour une société d'avoir des journalistes en mesure de fournir un portrait de la condition humaine, ce qui comprend la misère ou le chagrin causé par la perte d'un être cher. Il soutient que l'intrusion dans la vie privée peut parfois s'avérer profitable pour la société; par exemple, le témoignage de parents éplorés par le décès de leur fils à la guerre ajouterait à notre compréhension de la guerre (Goodwin 1986, 260).

L'opposition entre le privé et le public est cependant beaucoup plus large que la question de l'intrusion des journalistes dans la vie privée. Comme le soutient l'anthropologue Bernard Arcand, toutes les sociétés humaines doivent trouver un équilibre dans les rapports entre l'individu et sa communauté. Il y a partout et toujours un équilibre à trouver entre «les obligations publiques et les droits privés» (1991, 211). Les journalistes ne sont pas insensibles à cette question. Sur le plan de la réflexion éthique, le respect de la vie privée est un des thèmes à l'honneur dans les écoles de journalisme des États-Unis (Christians 1985, 18) et il alimente régulièrement les débats publics qui ciblent médias et journalistes. Un groupe de travail de l'Association de la presse genevoise s'est penché sur cette question, notamment, et est arrivé à la conclusion que, pour avoir son *scoop* quotidien, «le journaliste hésite de moins en moins à monter en épingle des faits qui ne sont pas forcément d'intérêt général. Pour [...] mieux susciter l'intérêt du lecteur, il renonce de plus en plus au respect de la sphère privée [...]» (Torracinta 1989, 97). Les constats peuvent varier d'un observateur à l'autre, mais la préoccupation demeure constante sur cette question.

VIE PRIVÉE ET INTÉRÊT PUBLIC

La vie privée est-elle obligatoirement en opposition avec l'intérêt public? Pour répondre à cette question, il faut d'abord en définir les termes ou, à tout le moins, tenter d'en délimiter les balises comme cela a été fait plus haut en ce qui concerne l'intérêt public. Comme l'affirme Gandy, il n'existe pas une définition de la vie privée qui puisse contenir tous les aspects de cette importante réalité sociale (1989, 59).

De façon générale, on pourrait proposer, avec Peter et Cmiel (1991, 200), que ce qui est public se caractérise par une ouverture, une visibilité, un accès général et collectif, tandis que la notion de privé exprime la fermeture, l'opacité, l'individualité. Ainsi, les informations et les faits relevant du domaine public seraient associés à l'État et aux institutions et organismes dont une des fonctions est la régulation des rapports sociaux, tandis que ceux relevant du domaine privé seraient associés à la personnalité, à l'individu. Un peu dans la même veine, le juge Thomson avance que l'intérêt public regroupe les informations qui devraient concerner le citoyen raisonnable d'une société, ce qui exclut les informations relatives aux faits et gestes privés ayant des conséquences sociales négligeables (cité par Strentz 1978, 62). Juusela étend cette «protection» aux documents, parce que le fait qu'un document est accessible à des tiers ne signifie pas qu'il puisse être publié automatiquement par les entreprises de presse (1991, 60).

Il faut malgré tout reconnaître que distinguer la sphère publique de la sphère privée est une opération parfois très difficile, surtout quand on constate les relations étroites qui unissent les institutions publiques (comités, ministères) et le secteur privé, par l'intermédiaire de programmes de subvention, de comités de consultation, etc. Mais Bouretz est cependant d'une précieuse aide dans cette tâche quand il fait valoir que la séparation des sphères privée et publique préserve à la fois l'autonomie des projets individuels et la possibilité de leur mise en communication (1990, 52), ce qui laisse en somme à l'individu la liberté de décider quelle information privée il accepte de partager avec les autres. De son côté, Arcand rappelle que la distinction entre les secteurs privé et public a été redéfinie au XIXe siècle, la «place publique étant de plus en plus une zone de tension où la compétition était absolument féroce et où le succès venait prouver la loi universelle de la survie des plus forts et des mieux adaptés. Tandis que l'univers domestique représentait plus que jamais le lieu paisible du confort et de la sécurité morale que procure l'amour familial» (1991, 193).

Pour certains, la vie privée aurait une géométrie variable d'un individu à l'autre. Dans son livre *Privacy and Freedom,* le professeur Alan F. Westin définit la vie privée comme l'ensemble des informations personnelles qu'un individu ne communiquerait qu'à sa discrétion (1967, 7). Westin reconnaît le même droit aux groupes et aux institutions, ce qui me semble pour le moins contestable, surtout quand ces groupes et institutions fonctionnent en tout ou en partie à l'aide de fonds publics et, bien souvent, invoquent l'intérêt public pour justifier leur existence, comme le font, par exemple, les organismes de charité.

On ne peut pas non plus se satisfaire d'une définition de la vie privée qui en ferait un espace secret. Ce serait plutôt le «droit que quelqu'un possède de délimiter son espace intime», selon un jugement que cite Lake (1991, 107). Si ce droit existe bel et bien, poursuit Lake, cela signifie que les individus doivent être en mesure de contrôler les informations qu'ils considèrent comme personnelles. C'est un peu ainsi que réfléchit Lou Hodges quand il propose de voir chaque individu au centre d'une série de cercles concentriques. Dans le plus petit cercle se trouvent des informations que nous n'avons révélées à personne ; dans le deuxième cercle, les informations que nous sommes disposés à partager qu'avec une seule personne puis, dans l'autre cercle, les informations que l'on accepte de communiquer à certaines personnes ; viennent, enfin, les informations qu'on accepte de partager avec tous. L'enjeu de la vie privée n'est pas tellement le nombre de personnes qui ont accès à ces différents cercles, mais bien le contrôle que nous avons sur ceux qui y ont accès, surtout en ce qui concerne les cercles contenant les informations les plus intimes (Media Studies Center 1998, 13). De son côté, la philosophe Arendt «oppose l'espace privé à l'espace public. Le premier est de l'ordre du vécu, de l'intime, de l'affectif, de l'amour ou de l'amitié entre deux individus; l'autre relève de ce qui est commun à une pluralité d'individus qui débattent, décident et agissent ensemble» (Piotte 1997, 585).

À la lumière de ces considérations, on peut sans trop de problème suggérer que tout comportement qui ne relève pas d'une fonction sociale quelconque (travail, bénévolat, activités sociales, etc.), qui n'a pas de conséquence indésirable pour autrui et qui ne viole pas les lois peut être considéré comme étant du domaine de la vie privée. La vie de famille, les relations de couple, certaines activités de loisirs sont ainsi du domaine privé. Cette façon de concevoir la vie privée rejoint en partie celle du juriste français Lindon, qui «étend la notion de vie privée à la vie familiale, la vie amoureuse, l'image, les ressources, les loisirs et peut-être même la vie professionnelle et la santé» (Vallières 1985, 94).

On verra cependant plus loin que la reconnaissance des éléments de la vie privée, et d'un droit à la vie privée dans certaines sociétés, ne constitue pas un blindage absolu contre les intrusions du journaliste qui servent clairement l'intérêt public. Cette porosité de la vie privée est du reste abordée dans plusieurs codes de déontologie.

La règle déontologique dominante: respecter la vie privée

Le thème de la vie privée est repris dans bon nombre de codes de déontologie. Selon Barroso Asenjo, le respect du droit à la vie privée se retrouve dans 52% des codes nationaux et internationaux (1989, 78). Certains pays ont cependant corrigé la situation depuis cette enquête. Par exemple, le Japon, où les codes de déontologie de journaux ont longtemps passé outre à cette question. Il faut dire que la langue japonaise ne contient aucun mot pour évoquer la notion de «vie privée», notent Ito et Hattori (1989, 178), qui soutenaient alors que les Japonais se plaignaient de plus en plus de la présence croissante des caméras et des appareils photo dans leur vie de tous les jours, conséquence surtout de la farouche compétition que se livrent les entreprises de presse. Il ne faut donc pas s'étonner que l'association japonaise des éditeurs de journaux ait adopté en juin 2002 un texte déontologique reconnaissant officiellement le respect de la vie privée parmi les devoirs des journalistes.

Selon le code de leur association professionnelle, les journalistes australiens doivent respecter la vie privée (Cooper *et al.*, 1989, 292). De façon similaire, le code de conduite de l'Association des journalistes de la République de Pologne condamne depuis 1983 la publication de photographies des personnes privées sans leur consentement, tout comme la violation de la vie privée des personnes publiques par la publication d'informations n'ayant aucune relation avec leurs responsabilités sociales (Jakubowicz 1989, 102-103), ce que confirment la nouvelle version de ce code (1991) et la charte de l'Association des journalistes polonais adoptée en 1995. De son côté, le guide de conduite des journalistes finlandais «interdit la publication d'informations relatives à la vie privée qui seraient néfastes à la personne concernée sans le consentement de cette dernière, à moins que cela serve de manière évidente l'intérêt public», ce que reprennent, entre autres, les codes belge et suédois (Juusela 1991, 60,62).

À la suite de ces énoncés, on peut affirmer que, dans les situations limites, c'est-à-dire lorsque l'intérêt public n'est pas manifeste, c'est le droit à la vie privée qui l'emporte, ce qui s'avère un critère spécifique dont devrait tenir compte le journaliste dans son processus de prise de décision.

Aux États-Unis, Goodwin signale que les codes de déontologie des médias américains tiennent peu compte de la vie privée (1986, 262), ce que Steele et Black ont en quelque sorte confirmé dans leur analyse de 33 codes de déontologie américains puisque seulement un code sur quatre abordait clairement ce sujet. Ils observent cependant que les codes qui tiennent compte de ce devoir lui accordent une grande importance (Steele et Black 1999) et il y a lieu d'ajouter que ce devoir est mentionné dans les codes adoptés par les médias ou les associations les plus reconnues ou réputées (Associated Press Managing Editors [1995], Society of Professional Journalists [1996], Radio-Television News Directors Association [2000]) tandis que certains codes se limitent à prescrire aux journalistes le devoir de respecter les droits des gens, sans mentionner précisément le droit à la vie privée, notamment celui de l'American Society of Newspaper Editors révisé en 2002.

* * *

Il existe en journalisme une distinction devenue classique entre les concepts d'intérêt public et d'intérêt *du* public; le premier faisant référence au bien-être de la société et de ses membres, le second à la curiosité des gens. Certains journalistes font appel à l'intérêt du public pour justifier leur intrusion dans la vie privée, que ce soit celle des personnalités publiques et politiques ou celle de gens «ordinaires» affligés par des drames. Comme c'est le cas pour bien des arguments énoncés par les journalistes, celui-là est fragile et semble reposer sur des préjugés et des impressions personnelles, parfois «validés» de façon arbitraire auprès de gens sélectionnés eux aussi de façon arbitraire (par exemple le *vox populi* exprimé par «l'homme de la rue»). Cependant, quand on aborde la question de façon plus méthodique et rigoureuse, on se rend compte de la fragilité de l'argument de l'intérêt *du* public. Je prendrai deux exemples, le premier concernant la vie privée des gens ordinaires, le second celle des personnalités politiques.

Les Britanniques, s'ils semblent avoir un appétit insatiable pour la vie privée des membres de la famille royale, sont plus pudiques quand il s'agit de la vie privée de familles ordinaires victimes de drames. Un sondage «réalisé auprès des téléspectateurs britanniques révèle que la grande majorité pense qu'il ne faut pas montrer des cadavres à l'écran, que dans les cas de catastrophe ou d'un attentat on doit "ménager les familles en évitant de les interviewer" et qu'il ne faut même pas filmer une cérémonie mortuaire» (Woodrow 1990, 154). En somme, les journalistes ne trouvent ici aucun fondement à leur argument de l'intérêt *du* public pour harceler les victimes de drames afin d'obtenir une entrevue ou des images, encore moins pour diffuser les images des victimes fuyant justement le regard de la caméra, comme si elles n'avaient pas le droit de refuser une entrevue et qu'il fallait dénoncer ce comportement (une pratique journalistique qui va à l'opposé de la norme de l'équité comme on le verra plus loin). Si l'on doit admettre qu'il existe *un* public intéressé pour ce genre de révélations, il ne faut surtout pas le confondre avec *le* public qui aurait objectivement intérêt à prendre connaissance de ces informations afin de favoriser son bien-être collectif.

Si l'exemple est probant dans le cas de personnes ordinaires, inconnues du public, en va-t-il de même pour les personnalités publiques en général? Cela est difficile à dire, notamment parce que certaines personnalités publiques, dont les vedettes et les artistes, n'hésitent pas à se servir de leur vie privée pour mousser leur carrière. Ce faisant, elles usent de leur liberté de disposer d'informations personnelles les concernant, conformément avec la définition de la vie privée. C'est de cette même liberté qu'elles usent quand, pour se protéger de conséquences jugées néfastes, elles décident de ne pas laisser les médias envahir leur vie privée. Les journalistes justifient souvent leur décision de diffuser les informations du second type par le fait que la personnalité publique en cause n'aurait pas hésité à le faire dans le premier cas. Ils estiment, en quelque sorte, que celui qui a la liberté d'ouvrir une porte n'aurait pas ensuite la liberté de la refermer, même si dans les deux cas la personnalité publique peut avoir de bonnes raisons de procéder ainsi. Au lieu de considérer comme des privilèges les moments où ils peuvent accéder facilement à la vie privée de quelqu'un, les journalistes y voient en quelque sorte un droit acquis, un précédent, voire une cause de jurisprudence à laquelle ils font appel quand cet accès leur est refusé.

Le journaliste peut-il, sans questionnement aucun, prétendre tirer profit des deux types de situations évoquées ci-dessus, ce qui revient à nier le droit d'un individu de déterminer dans quelles circonstances il livrera ou gardera pour lui des informations personnelles ? Le journaliste peut-il ne pas tenir compte de la dignité humaine parce que la personne visée, qui en est la dépositaire ultime, ne s'en est pas trop préoccupée en d'autres temps ? On saisit la profondeur du questionnement inhérent à la question de la vie privée. Si les réponses ne sont pas toujours évidentes, ces questions, elles, sont incontournables. Il semble pourtant que les individus ont l'entière liberté de garder pour eux des informations personnelles qui n'ont aucune conséquence sur autrui, et que cette liberté doit pouvoir s'exercer en toute quiétude, sans pressions extérieures. Cette liberté, comme toutes les autres, est cependant limitée par la nature des informations en cause et par les conséquences possibles de leur diffusion pour d'autres personnes, surtout si ces dernières ne consentent pas à accepter ou à subir ces conséquences.

J'ai parlé de personnalités publiques au sens large. Il s'agit d'une vaste catégorie de gens sur laquelle il existe peu de données fiables pouvant nous indiquer ce que pense le public en ce qui concerne leur droit à la vie privée. Mais il existe une sous-catégorie de personnalités publiques qui a fait l'objet de quelques enquêtes empiriques, celle regroupant les personnalités politiques. Ces personnalités et leurs familles n'échappent pas au regard des journalistes, une surveillance médiatique qui s'étend souvent jusque dans leur vie privée. Dans le cas des élus, toutefois, les journalistes articulent les deux arguments de l'intérêt public et de l'intérêt *du* public pour justifier leur comportement. Mais qu'en pense justement le public, au nom duquel les journalistes prétendent agir ?

Avant tout, il faut rappeler que le public est généralement d'accord avec le journalisme d'enquête, mais n'accepte pas que les journalistes emploient toutes les méthodes imaginables pour atteindre ses objectifs. Du reste, les gens accordent moins d'importance au journalisme d'enquête que les journalistes eux-mêmes, selon une analyse des résultats de neuf enquêtes effectuées auprès de lecteurs de journaux (Burgoon *et al.* 1983). À partir d'une liste de huit fonctions possibles des journaux, le public a classé l'importance du journalisme d'enquête au sixième rang, alors que, selon des enquêtes similaires réalisées auprès de journalistes, ceux-ci l'inscrivent au deuxième rang. À nouveau, le journaliste peut difficilement recourir à l'argument de l'intérêt *du* public pour justifier une enquête impliquant son intrusion dans la vie privée. Il devra plutôt argumenter sur le terrain de l'intérêt public, en recourant notamment aux critères énoncés plus haut et à ceux présentés plus loin. En effet, et contrairement à l'intérêt *du* public, qui peut être défini par différentes méthodes, dont les sondages d'opinion, la question de l'intérêt public ne peut pas se ramener à un concours de popularité auprès des gens. Les mesures gouvernementales peuvent ne pas être populaires, mais cependant viser l'intérêt public. Il en va de même de certaines pratiques journalistiques plus délicates, comme les différentes formes de tromperies que nous verrons au chapitre de l'équité.

Pour en revenir aux personnalités politiques, il est permis d'avancer que le public n'est pas aussi friand de leur vie privée que pourraient le croire certains journalistes. Cette assertion est corroborée par au moins deux études. La première est fondée sur un sondage Gallup réalisé à l'échelle des États-Unis, en août 1989, auprès de 1 507 adultes, pour le compte du *Times-Mirror*. Elle révèle que les lecteurs de journaux et les téléspectateurs sont carrément mécontents de la couverture des scandales relevant de la vie privée des leaders politiques (Robinson et Ornstein 1990, 34). La seconde étude est nettement plus intéressante, car on demandait aux gens de décider si oui ou non ils publieraient les informations qui leur étaient suggérées. C'est à partir des choix effectués par 415 adultes de l'Alabama, sélectionnés au hasard, que Stovall et Cotter ont constaté que le public n'était pas indifférent aux questions concernant la vie privée des élus. Les chercheurs ont d'abord remarqué que les répondants étaient capables de distinguer les informations relevant de la vie privée et celles concernant la vie publique. Par ailleurs, le public interrogé était nettement disposé à publier les informations publiques, mais il l'était moins en ce qui concerne celles relatives à la vie privée (1992, 102). Cette enquête a aussi révélé que, pour le public, les informations publiques et celles d'ordre privé ne sont pas nécessairement opposées, mais plutôt de nature différente. Sans me livrer ici aux détails propres aux analyses factorielles, je mentionnerai tout de même que certains facteurs influent sur la décision de publier ou non, et que le facteur le plus significatif est l'âge des répondants. L'enquête suggère en effet que les répondants âgés sont plus enclins que les autres à publier des informations privées. Quant aux informations de nature publique, ce seraient principalement les hommes et les électeurs inscrits qui opteraient pour leur publication. Enfin, ceux qui s'intéressent peu aux informations et beaucoup aux émissions de divertissement seraient moins tentés de publier les informations publiques (p. 105). Le tableau qui suit donne un aperçu des résultats de l'enquête.

Ce que le public publierait ou ne publierait pas

Variable	publierait	ne publierait pas
Un élu a reçu des dons de la part de gens désirant influencer le gouvernement	88 %	10 %
Un élu a de sérieux problèmes de consommation d'alcool et de drogues	85 %	13 %
Les sources de financement de la campagne électorale d'un élu	78 %	16 %
Un élu a trouvé un emploi dans la fonction publique pour un membre de sa famille	77 %	19 %
Un élu a de sérieux problèmes de santé	68 %	28 %
Un élu est homosexuel	54 %	40 %
Le montant et la source des avoirs qu'un élu possède personnellement	52 %	43 %
Un élu entretient des relations extraconjugales	47 %	48 %
Les avoirs financiers du conjoint de l'élu	24 %	73 %
Un membre de la famille de l'élu est aux prises avec un sérieux problème de consommation d'alcool ou de drogues	24 %	69 %

(Stovall et Cotter 1992, 101)

Le tableau révèle une augmentation de la «pudeur publique» au fur et à mesure que l'information prise en considération s'éloigne des fonctions officielles et se rapproche des préoccupations personnelles. Ainsi peut-on se demander sur quels critères reposent ces décisions. Étant donné la nature de l'enquête de Stovall et Cotter, on peut croire qu'ils relèvent du sens commun, d'impressions générales et de règles morales, comme en témoignent, dans ce dernier cas, les réponses portant sur l'homosexualité et les relations extraconjugales de la personnalité politique. De même, deux autres enquêtes réalisées en 1998 par le Center for Survey Research and Analysis pour le compte du *Radio Television News Director's Foundation* ont révélé que 69 % des répondants étaient d'avis que les médias étaient allés trop loin dans leur couverture de la vie privée du président Bill Clinton au sujet de ses relations avec la stagiaire Monica Lewinsky alors que 56 % des responsables de l'information interrogés ont soutenu être allés juste assez loin dans cette couverture, indiquant à nouveau le hiatus séparant le public et les journaliste sur cette question. Une enquête réalisée en 2003 pour le compte du même organisme indique encore une fois que le public est plus sévère que les journalistes à propos de la couverture de la vie privée des personnalités publiques, même si 42,6 % des répondants se disaient alors que les médias allaient aussi loin qu'ils le croyaient utile (opinion partagée par plus de 78 % des journalistes interrogés), il y avait tout de même 38 % des Américains qui répondaient que les médias allaient trop loin (contre seulement 7,7 % des journalistes). Encore une fois, ce sont les jeunes répondants qui étaient les plus critiques à ce sujet (RTNDF 2003, 27).

Sans prétendre aucunement à l'exhaustivité, ces résultats d'enquête montrent clairement que l'appel au peuple ne peut pas constituer une justification morale pour les journalistes qui souhaitent passer outre à la règle du respect de la vie privée, même lorsqu'il s'agit de personnalités publiques. Du reste, la volonté de la majorité ou du grand nombre ne saurait justifier en soi le fait de nier les droits fondamentaux des individus. Il arrive toutefois que certains éléments de la vie privée méritent d'être portés à l'attention du grand nombre, lorsque celui-ci possède un intérêt légitime à en être informé. Le recours à des critères spécifiques pour délibérer sur chacun de ces cas est essentiel.

CRITÈRES SPÉCIFIQUES

Le respect du droit à la vie privée est intimement lié à une autre valeur explicite et fondamentale de nos sociétés occidentales, soit le respect de la personne. Le premier est un élément constitutif du second, et l'importance du second donne toute sa valeur au premier, si bien qu'il faut vraiment faire valoir de bonnes raisons pour agir à l'encontre de ces valeurs qui sont parfois inscrites dans les chartes des droits et ont force de loi. Ces bonnes raisons que le journaliste croit détenir, il doit les soumettre à quelques tests afin d'en évaluer la validité selon ses capacités et ses connaissances. Cela me semble une méthode fiable pour éviter l'arbitraire.

- *Le caractère public de l'information est-il clairement établi et isolé de la vie privée ?*
- *Les faits en cause se sont-ils déroulés dans un endroit public ?*

Une réponse positive à cette dernière question laisse présumer que la personne visée a, d'une certaine façon, volontairement et implicitement renoncé au caractère privé (ou intime) de ses gestes ou de ses déclarations, bien que cela ne puisse pas pour autant justifier d'en faire une exploitation médiatique excessive.

- *Les faits considérés servent-ils davantage, ou surtout, l'intérêt public ou l'intérêt du public?*

Il s'agit ici d'un test de pertinence inévitable. Il permet de réfléchir sérieusement cette question qui devient parfois confuse dans le feu de l'action lorsqu'on croit tenir une bonne histoire «croustillante».

- *Quel bienfait le public pourra-t-il probablement retirer de ces révélations?*

- *Les informations concernent-elles des gestes illégaux commis dans un lieu privé et ont-elles des conséquences néfastes et non désirées pour des individus?*

En fait, cette question peut s'appliquer, par exemple, à des comportements sexuels sanctionnés par la loi mais mettant en cause des adultes consentants.

- *Les informations concernent-elles des gestes commis dans un lieu privé mais contrevenant directement au mandat officiel et public de l'individu?*

Pas question de faire de ce critère une condition suffisante à la divulgation des informations, mais il peut être pertinent de signaler le fait que ceux qui, par exemple, font les lois ou les font appliquer sont aussi ceux qui les transgressent.

- *Les sources savent-elles vraiment à qui elles ont affaire?*

Certains codes de déontologie exigent du journaliste qu'il se nomme clairement et qu'il soit courtois auprès des gens peu habitués aux médias, surtout lors d'événements tragiques et de drames qui sont souvent reliés à la vie privée (décès accidentel d'un enfant, par exemple).

- *L'information émane-t-elle de la personne visée ou de sources ayant plus ou moins accès aux informations de base?*

Cette question peut être pertinente quand il s'agit du bilan de santé de quelqu'un et que les sources qui s'expriment n'ont pas un accès direct au dossier médical, comme c'est souvent le cas lorsqu'un chef d'État est malade et que tout le monde y va de son diagnostic et de ses pronostics sans autres informations que les données épidémiologiques et statistiques reliées aux pathologies en cause.

Au terme de cette réflexion, le journaliste peut encore avoir des doutes quant à l'intérêt public des informations en sa possession. Le respect de la personne étant une valeur fondamentale de notre société, il est raisonnable de dire qu'en cas de doute le respect de la vie privée devrait l'emporter. Toutefois, si le journaliste en arrive à la conclusion qu'il est justifié de s'intéresser à la vie privée de quelqu'un et de diffuser des informations qui en relèvent, il ne doit pas pour autant agir sans délicatesse. Comme le mentionnait Robert Giles, alors au *Detroit News*, il y a la façon de le faire. Il recommandait, entre autres choses, au journaliste de faire savoir aux gens qu'il était désolé de devoir agir de la sorte. De plus, le journaliste serait bien venu de ne pas poser de questions insipides, de ne pas forcer les portes ni harceler les gens. Il vaut mieux tenter d'établir une relation de confiance et s'assurer que les sources comprennent bien de quoi il retourne (cité par Goodwin 1986, 261).

* * *

PUBLIER OU NE PAS PUBLIER

Malgré l'existence d'une certaine posture voulant qu'il faille publier tout ce qui est publiable (le célèbre *«Print all that fits!»* du *New York Times*), des auteurs soutiennent que l'éthique est mieux servie quand le droit à l'information et les droits individuels sont pris en compte, au lieu de nier systématiquement les seconds au profit du premier (Hulteng 1976, 65). Cela nous ramène à la question de la responsabilité sociale qui s'oppose au discours, pour ne pas dire à la vulgate, selon laquelle le rôle du journaliste est de tout publier, et tant pis pour les victimes laissées sur son passage!

Pourtant, quelques exemples liés à des circonstances extrêmes démontrent que la règle du «tout est publiable» est une position intenable sur le plan éthique, surtout quand des vies humaines sont en jeu: «N'alertez pas la police ou quiconque d'autre [...] la vie de votre fils en dépend!» tel était le message que pouvaient lire les parents de deux jeunes garçons enlevés dans la ville d'El Paso, au Texas, en mai 1985. Mis au courant de cette missive, les médias locaux ont accepté de se taire et de ne pas souffler mot de cette histoire pendant 56 heures, soit le délai qui fut nécessaire pour que les deux enfants retournent chez eux sains et saufs. D'autre part, le cas déjà signalé des policiers américains au nombre des otages de terroristes qui avaient détourné un avion de la TWA est un exemple maintes fois cité dans la littérature. Les médias avaient alors accepté de ne pas révéler leur présence à bord, car cela aurait sans doute signifié leur arrêt de mort. De même, lors de la crise des otages, en Iran, quelques journalistes savaient que des membres de l'ambassade américaine s'étaient réfugiés à l'ambassade du Canada, mais ils ont attendu que tous soient en sécurité avant d'en faire état dans les journaux. Il arrive que les médias doivent cacher momentanément la présence de forces policières sur les lieux d'un drame, et même l'existence d'un tel drame (un enlèvement ou une menace quelconque)

On ne peut plus nier que, du point de vue éthique, tout publier tout de suite (si c'était possible malgré les contraintes d'espace et de temps) est une décision intenable, comme le soutient d'ailleurs Altschull (1980, 106-107).

Malheureusement pour les journalistes, et pour ceux dont il est question dans leurs comptes rendus, qu'on désigne parfois sous l'appellation de *victimes* des pratiques journalistiques, la situation ne se présente pas toujours aussi clairement. Il n'est pas toujours d'une grande évidence intellectuelle et morale que la publication d'informations causera ou non un grave préjudice. Prenons l'exemple d'un organisme de charité qui fonctionne très bien, qui vient en aide à des milliers de gens et qui se prépare à amorcer sa campagne annuelle de collecte de fonds au moment où un journaliste apprend que ses anciens administrateurs avaient dérobé quelques dizaines de milliers de dollars avant d'être congédiés. Tout cela s'est fait de façon discrète, la situation est maintenant corrigée, et publier l'information à ce moment peut compromettre la campagne de financement, et de ce fait causer un préjudice aux milliers de personnes nécessiteuses qui verront diminuer l'aide à leur endroit. Par ailleurs, les personnes qui ont fait des dons à cet organisme par le passé étaient assurées que leurs dons iraient aux gens dans le besoin, bien que ce ne fût pas toujours le cas. En ce sens, les donateurs ont été trompés et sont en droit de le savoir afin de rectifier leur tir si nécessaire et juger en toute connaissance de cause s'ils contribueront de nouveau à cette œuvre. Le journaliste doit-il publier ou ne pas publier? Doit-il le faire avant la campagne, pendant la campagne ou après la campagne? Qui aidera-t-il et à qui nuira-t-il? Voilà un problème parfait pour la boîte de Potter présentée plus haut.

Un autre facteur intervenant dans la prise de décision est ce que Meyer nomme le «coût psychologique» de la diffusion d'un reportage (1987, 28). Ce coût psychologique serait plus élevé pour les journalistes des petites communautés que pour leurs collègues des grandes villes. Les premiers étant physiquement et souvent culturellement plus près des gens dont ils parlent, ils seraient plus enclins à la rétention d'informations touchant la vie privée, certes, mais aussi le domaine public.

Il est légitime de ne pas tout publier, mais les raisons sous-tendant cette décision ne sont pas nécessairement toutes aussi valides les unes que les autres quand on les examine du point de vue du rôle social du journaliste. Ne pas publier un reportage parce qu'il ne peut qu'aggraver sérieusement la situation d'une personne ou d'un groupe sans pour autant servir l'intérêt public peut être une décision responsable et défendable, mais ne pas le faire parce que ceux qui seraient touchés risquent de perdre certains privilèges ou avantages si la société en savait davantage à leur sujet est une décision plus contestable, de la part d'un professionnel dont on attend un comportement compatible avec l'intérêt public.

Il y a par ailleurs des informations de nature privée dont la divulgation ne concerne pas l'intérêt public, ou le concerne très indirectement, et sans que cela soit démontré clairement. C'est le cas des avis de décès dans certains quotidiens américains, quand il s'agit de victimes du sida. Le *Washington Post* a déjà pris clairement position à ce sujet: il cherchait à connaître la cause du décès des personnes et, si le sida était en cause, il publiait l'information, mais pas avant d'en avoir informé les proches et leur avoir offert de retirer l'avis de décès (Smythe 1989, 367). Cette attitude, alléguait alors le *Post*, visait à démystifier cette maladie et à montrer qu'on en meurt effectivement, dans la perspective qu'il en résultera des effets préventifs positifs. L'argument est cohérent et *a priori* compatible avec le sens commun et la rhétorique de la prévention sociale, selon laquelle c'est en parlant des problèmes qu'on peut les résoudre. Mais il serait encore plus fort si la relation entre la publication de cette information confidentielle et l'incidence sociale positive était démontrée de façon certaine, ce qui exige des enquêtes empiriques coûteuses. Pour sa part, le *New York Times* avait décidé de faire état du sida comme la cause de la maladie mortelle seulement si un porte-parole de l'hôpital l'avait déclaré, si la famille le confirmait ou si la personne avait demandé avant de mourir que la cause de son décès soit connue. Ici, la finalité peut être la même, mais le média n'a pas cherché à obtenir cette information de nature privée, il a simplement accepté de diffuser ce que des sources lui ont confié, comme le font tous les journalistes.

La question de publier ou ne pas publier se pose également dans le cas d'information concernant l'orientation sexuelle des personnes, et cela, aussi bien dans les comptes rendus journalistiques que dans les avis de décès. Outre le respect de la vie privée, l'anathème qui menace les «déviants» est un argument de poids en faveur du silence des médias sur ce sujet. C'est ainsi que les journalistes n'hésiteront pas à parler de la conjointe d'un député hétérosexuel mais hésiteront beaucoup à parler du conjoint d'un député homosexuel. Du reste, ce dernier est moins visible dans les rencontres officielles et publiques que ne l'est la conjointe. Mais ce silence contribue-t-il à maintenir l'intolérance sociale, alors que publier indifféremment les cas hétérosexuels et homosexuels pourrait «normaliser» ce phénomène? Serait-il préférable pour l'intérêt public de publier ces informations en espérant que cette pratique mette fin à des préjugés qui sont source de malheur pour des millions d'individus ?

CRITÈRES SPÉCIFIQUES

Il y aurait avantage à ce que les médias généralisent le questionnement à l'ensemble de leurs pratiques qui risquent vraisemblablement d'avoir des conséquences néfastes dans la vie des gens. Cette préoccupation prend tout son sens à partir du moment où une entreprise de presse énonce implicitement ou explicitement que son rôle social est avant tout de contribuer positivement au bien-être collectif. Dans ce contexte, tout publier est, on le sait, une position injustifiable. Il y a des informations dont la publication peut être dévastatrice pour des individus sans pour autant servir l'intérêt public, et il est permis de croire qu'il peut être nuisible d'exposer inutilement les «citoyens» à des risques, à des malheurs importants. Il serait donc pertinent de considérer certains critères spécifiques lorsque des situations délicates se présentent, au lieu de s'en remettre à des jugements arbitraires.

- *S'agit-il essentiellement de retarder la publication d'information afin de ne pas mettre en danger la vie de personnes ?*

Si c'est le cas, la décision est facile à prendre entre l'intérêt public et la protection de vies humaines, surtout qu'un délai de quelques heures, jours ou semaines ne devrait pas modifier le cours de l'histoire de la société, tandis qu'une vie sacrifiée est perdue à jamais.

- *Le fait compromettant à révéler est-il chose du passé et a-t-il des liens avec le présent ?*

Cette question peut se poser dans le cas d'individus ayant un dossier criminel et qui se voient confier des mandats exigeant l'administration de fonds publics. Un individu qui a payé sa dette à la société, comme on dit, ne doit pas souffrir de sa faute toute sa vie durant, à moins que des indices sérieux laissent croire qu'il serait enclin à répéter ses méfaits. Si aucun indice de ce genre n'est présent, il n'y a pas de raisons valables de rappeler ses antécédents et de lui faire payer sa dette à nouveau en s'attaquant à sa réputation.

- *Publier risque-t-il de porter un préjudice grave à des tiers innocents et ce préjudice est-il clairement contrebalancé par des gains et un bien-être amélioré chez d'autres ?*

Dans le cas exemplaire de l'organisme de charité présenté plus haut, cette question est pertinente car elle oblige le journaliste à se demander si les démunis de la société ne vont pas payer gravement pour la faute des autres (les anciens administrateurs) sans pour autant dédommager les donateurs (lesquels précisément ?) qui ont vu leur argent détourné de l'objectif humanitaire.

- *Est-ce l'intérêt public qui dicte de publier ou de ne pas publier ou bien la crainte de briser des liens avec des sources d'information ou d'être sanctionné par l'employeur ?*

On aborde ici la question de l'autocensure qui peut inciter des journalistes à ne pas publier des informations par crainte de sanctions de la part de leurs sources d'information ou de leur employeur. À première vue, le journaliste a peu de bonnes raisons de se taire pour ces considérations, car celles-ci vont à l'encontre de sa liberté d'expression et de son autonomie professionnelle. Mais ces deux notions sont soumises à l'appréciation personnelle des journalistes et on peut malheureusement s'attendre à des décisions où le journaliste privilégie quelques intérêts personnels au détriment de ce qu'il estime habituellement être l'intérêt public.

Et il y a également toutes les autres raisons de ne pas publier une information qui ne posent pas de problèmes éthiques tellement la présomption est forte contre sa publication, surtout quand elle risque de causer un préjudice à ceux qui sont en cause : rumeur, accusation non fondée, demi-vérité, etc. Ces types d'information font appel à des valeurs professionnelles comme la rigueur et l'exactitude autant qu'à des valeurs morales comme l'honnêteté ou le respect des autres.

* * *

MATIÈRE À DÉLIBÉRATION

Cas 1 : Mme Arès est candidate au titre de mairesse d'une grande ville et de récents sondages s'entendent pour dire qu'elle est largement en avance dans les intentions de vote et va sans doute déloger le maire sortant, lui aussi candidat. Alors qu'il ne reste qu'une semaine avant le jour du vote, une source d'information proche du maire vous informe que Mme Arès, aujourd'hui âgée de 53 ans, a des antécédents criminels, notamment qu'elle a plaidé coupable à trois accusations liées à la prostitution quand elle avait 19 ans et qu'elle a passé quelques nuits derrière les barreaux. Vous êtes en mesure de confirmer la véracité de ces informations après avoir enquêté deux jours et vous êtes prêt à publier la nouvelle qui sera connue à quatre jours de l'élection. Vous savez que cela aura sans doute des conséquences négatives dramatiques pour la candidate qui n'aura peut-être pas le temps de s'expliquer. Votre conception du devoir vous dicte de publier cette information mais, d'un autre côté, les faits datent de plusieurs années et la candidate n'a plus jamais eu d'autres démêlés avec la justice. Que faire? Est-ce que vous publiez tout de même la nouvelle, attendez-vous après l'élection ou bien décidez-vous de garder le silence le plus complet? Quels critères pouvez-vous utiliser pour délibérer? De quelle façon tentez-vous de concilier le droit du public à l'information et le droit à la vie privée si ces deux principes sont en opposition?

Cas 2: Un jeune enfant qui s'amusait sur le bord de la rivière longeant la propriété familiale fait une chute dans l'eau et se noie. Vous arrivez sur les lieux au moment où les secouristes retirent le corps et tentent malgré tout des manœuvres de réanimation cardiorespiratoire. Dans une voiture de police, vous apercevez une femme en pleurs, le visage contre la vitre et sa physionomie affichant une très grande détresse. Il ne fait pas de doute qu'il s'agit de la mère, ce qui vous sera confirmé plus tard par les policiers. Vous décidez de photographier cette scène dramatique mais, au moment d'utiliser les photos pour illustrer l'article relatant l'événement, un débat s'engage avec certains de vos collègues qui trouvent inacceptable d'utiliser une telle image, car cela viole en quelque sorte le droit à la vie privée de la mère éplorée. D'autres seraient d'accord pour la publier, mais en petit format, dans une page intérieure du journal, alors qu'un troisième groupe soutient que la photographie est exceptionnelle, qu'elle illustre parfaitement un drame humain de grande intensité et que la majorité des lecteurs vont aimer la regarder, ce qui justifie sa mise en évidence à la une. Pour débattre de la question, vous devez confronter les principes de l'intérêt public et de la vie privée. À quelle conclusion en venez-vous?

Cas 3: Un commandant de bord d'un avion gros porteur transportant 304 passagers et membres d'équipage réussit à faire atterrir son appareil en panne d'essence sur une île au milieu de l'océan Atlantique, après un long vol plané. Il est aussitôt acclamé en héros par les médias. Les gouvernements et l'administration municipale de sa ville natale annoncent qu'ils vont lui décerner divers honneurs. Quelques jours plus tard, des pilotes d'avion d'une compagnie concurrente vous informent que le commandant de bord en question a déjà fait plusieurs mois de prison aux États-Unis pour avoir importé de la drogue à bord d'un avion de brousse. Cette information vous est confirmée par divers documents et par l'employeur du commandant de bord qui en était informé. Le commandant de bord a obtenu son pardon depuis longtemps et n'a jamais récidivé depuis. Que faites-vous : taisez-vous cette information ? La publiez-vous en première page ? Le passé criminel du commandant de bord est-il d'intérêt public ? A-t-il un lien quelconque avec son exploit ?

CHAPITRE 7

LE DEVOIR DE VÉRITÉ

Depuis toujours, journalisme et vérité sont indissociables. La recherche et la diffusion d'informations véridiques d'intérêt public constituent l'une des règles déontologiques récurrentes en journalisme. Des auteurs y voient l'une des responsabilités sociales de la presse (Cooper *et al.* 1989, 33), d'autres un devoir inaliénable (Ryan 1986, 27), un impératif moral inhérent à toutes les formes de communication (Etchegoyen 1991, 171-172) ou une question de respect (Pippert 1989, 14). Le journaliste a été décrit comme un messager de «vérités utiles» (Lambeth 1986, viii) et, dans plusieurs sociétés occidentales, la responsabilité de faire connaître la vérité serait le fondement de la liberté de presse (Pippert 1989, 14). Diffuser la vérité peut même devenir l'exercice d'un pouvoir où le journaliste est conçu comme l'incarnation du droit du public à une information vraie (Nordenstreng 1989, 280). On voit que ce ne sont pas les formulations qui manquent. Le journaliste serait donc un professionnel passionné par la vérité, c'est du moins ce qu'il faut croire quand on constate la récurrence de cette valeur dans les codes de déontologie de plusieurs pays et cultures. Mais qu'est-ce que la vérité? Est-elle toujours une nouvelle, et une nouvelle est-elle toujours vraie? Où et comment chercher la vérité et, une fois qu'on croit l'avoir découverte, qu'en faire? La publier à tout prix ou tenir compte des conséquences de sa publication et accepter de la taire? Et la taire à quelles conditions? Voilà sommairement l'itinéraire du présent chapitre.

LA RÈGLE DOMINANTE : DIRE LA VÉRITÉ

Boudon, qui s'intéresse particulièrement aux idéologies, étend cette soif de vérité à l'ensemble de l'humanité quand il écrit qu'une valeur parmi tant d'autres «demeure stable et sûre, si stable et si sure qu'elle paraît être indépendante de tout conditionnement historique et social et pouvoir, en ce sens, être qualifiée de transcendante. Cette valeur s'exprime par le fait que la plupart des hommes préfèrent inconditionnellement la vérité à son contraire» (1986, 291).

Le philosophe et journaliste français Jean-François Revel exprime cette idée de différentes façons, mais toutes convergent quand il écrit que le devoir du journalisme est le service de la vérité ou tout au moins «le ferme propos de la servir» (1997, 419). Il ajoute plus loin que la «seule justification professionnelle des journalistes... comme des historiens, des enseignants, des philosophes, des intellectuels en général consiste à remplir cette mission: connaître et faire connaître la vérité» (p. 599). Revel affirme également que la démocratie ne peut pas vivre sans:

> *«...une certaine dose de vérité. Elle ne peut pas survivre si cette vérité en circulation tombe au-dessous d'un seuil minimal. Ce régime, fondé sur la libre détermination des grands choix par la majorité, se condamne lui-même à mort si les citoyens qui effectuent ces choix se prononcent presque tous dans l'ignorance des réalités, l'aveuglement d'une passion ou l'illusion d'une impression passagère». (p. 12)*

Dans un tout autre contexte, John Rawls traite de l'importance fondamentale de la justice et des droits fondamentaux des individus dans les sociétés démocratiques, et poursuit en affirmant que vérité et justice ne peuvent faire l'objet de compromis, la seule justification d'une injustice étant d'en éviter une plus dommageable (1994, 3-4). Spécialiste européen en matière de déontologie journalistique, Daniel Cornu est pour sa part d'avis que la vérité est la «valeur centrale de l'information. (...) Pour qu'elle soit bonne, la presse doit en outre faire place à l'exigence de vérité: des informations exactes, vérifiées, présentées de façon équitable, des opinions exposées avec honnêteté et sans préjugés, des récits journalistiques véridiques et soucieux d'authenticité» (1997, 41). On perçoit chez Cornu une vision systémique de la vérité qui met en interaction plusieurs normes professionnelles. Kovach et Rosenstiel suggèrent quant à eux neuf principes fondamentaux du journalisme et affirment que la vérité est la première obligation professionnelle des journalistes (2001, 12-13).

Faire connaître la vérité au public a l'avantage d'améliorer le bagage de connaissances de ce dernier, ce qui est une bonne chose en soi (Bovée 1991, 139). En ce sens, le journaliste peut être décrit, notamment, comme un messager de «vérités utiles» (Lambeth 1986, viii). Selon Pippert, la responsabilité de faire connaître la vérité serait le fondement de la liberté de la presse dans plusieurs sociétés (1989, 14). C'est en tout cas ce qu'a reconnu la commission Hutchins, dès 1948, qui a placé le devoir de donner un compte rendu vrai et compréhensible des événements du jour, dans un contexte qui en fait émerger le sens, parmi les cinq normes à partir desquelles on peut évaluer la responsabilité de la presse (Lambeth 1986, 7). Olen est même d'avis que cela fait partie du contrat social implicite entre les journalistes et le public (1988, 20), si bien qu'il est convenu que le *lead* d'une nouvelle journalistique annonce un compte rendu factuel et véridique d'un événement du jour (Tuchman 1978, 5).

Mais le devoir de vérité va au-delà du compte rendu strictement factuel si cher aux journalistes nord-américains. Juusela a fait valoir que même les journalistes européens, que l'on dit plus portés sur les commentaires et les interprétations dans leurs reportages, conviennent que leur responsabilité première est de présenter un compte rendu véridique (1991, 13). Le devoir de vérité prime donc d'autres valeurs comme la paix, le désarmement, l'évitement de la guerre, le développement international, l'amitié et même la liberté, puisque la vérité est condition d'existence *sine qua non* de ces autres valeurs, précise Juusela.

Quand on considère la place accordée à la vérité chez l'ensemble des auteurs s'intéressant au journalisme, on n'est pas étonné de constater que presque tous les codes de déontologie reconnaissent le fait que la vérité doit être au cœur du travail journalistique. Par exemple, après avoir analysé le contenu de codes de déontologie des 24 pays membres de la Commission de sécurité et de coopération en Europe (CSCE), Juusela a observé que les trois catégories de règles déontologiques qui reviennent le plus souvent sont, dans l'ordre, la vérité, l'impartialité et le droit à la correction des erreurs (1991, 27). Quant au devoir de vérité, il implique aussi bien des attitudes critiques à l'égard des sources d'information que la rigueur dans le titrage des articles, en passant par la correction des erreurs, ce qui, à nouveau, témoigne de l'importance d'avoir une vision systémique de la vérité en journalisme, qui tienne compte des autres piliers du journalisme.

En effet, tout le journalisme ne repose pas dans cette norme. La vérité, on le sait, doit être d'intérêt public, c'est-à-dire que le public doit avoir un intérêt légitime à la connaître, à en être informé. Cette obligation peut conduire le journaliste à taire des informations vraies qui ont trait à la vie privée de citoyens anonymes ou de personnalités publiques, mais qui ne satisferaient que la curiosité du public, nullement son besoin légitime d'en prendre connaissance. De plus, la cueillette de l'information, comme sa diffusion et son suivi, ne peut faire l'économie d'autres devoirs professionnels liés aux normes de la rigueur, de l'exactitude, de l'équité, de l'impartialité et de l'intégrité. Il faut ainsi tenir compte des éléments contextuels essentiels à la compréhension de l'information présentée, tout comme des moyens utilisés pour l'obtenir ou des avantages indus qu'elle procure à certains au détriment des autres. Il s'agit en somme de se demander si l'on a affaire à la vérité qui éblouit ou à celle qui éclaire, celle qui aveugle ou celle qui ouvre plutôt les yeux.

Cette façon de considérer la vérité conduit à privilégier la schématisation systémique suivante qui fait état des piliers normatifs du journalisme. Pour les besoins de la schématisation, seuls quelques thèmes associés aux normes fondamentales sont illustrés, mais les prochains chapitres permettront une visite beaucoup plus détaillée des pratiques et thèmes pertinents à chaque pilier normatif. On observera que les normes et les thématiques qui leur sont généralement associées sont entourées de traits afin de tenir compte qu'il arrive qu'une thématique puisse être associée plus étroitement à une autre norme que celle qui lui est le plus régulièrement reconnue. Par exemple, la norme professionnelle de la rigueur et de l'exactitude - généralement associée aux questions du raisonnement valide, de l'argumentation rationnelle, de la vérification des informations et de la rectification des erreurs – peut devenir une question d'équité si la rectification d'une erreur ne se fait pas rapidement et exhaustivement à la suite de la diffusion d'une information erronée (*devoir de suite*). En effet, le refus de corriger rapidement une erreur fait perdurer la conséquence négative que l'information fausse a engendrée, notamment en ce qui concerne la réputation de ceux mis en cause par l'information.

Schématisation systémique des piliers normatifs du journalisme

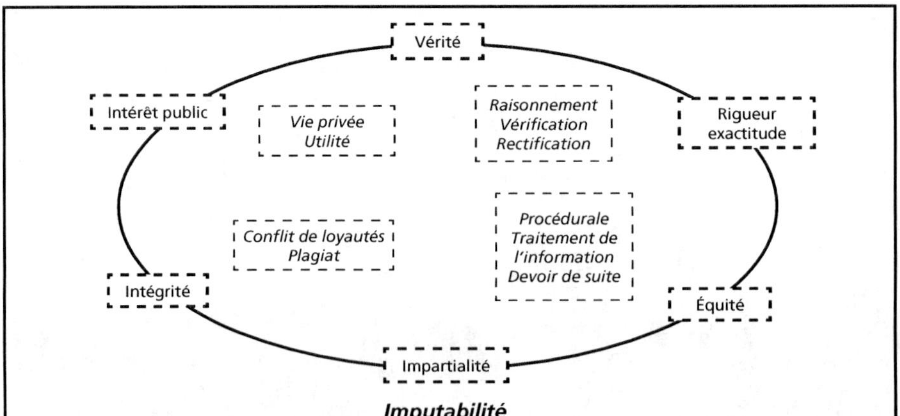

Cette schématisation systémique s'oppose au discours de certains qui voudraient que la vérité de l'information soit le seul critère d'évaluation, d'analyse et de critique du travail journalistique. La quête de la vérité pourrait ainsi justifier toutes les méthodes employées pour avoir accès à l'information. La vision présentée ici implique au contraire que toute vérité n'est pas bonne à diffuser, tout comme elle implique que la démarche journalistique n'est pas soumise à l'arbitraire en ce qui concerne les moyens employés. Le journaliste ne peut échapper à l'obligation de reddition de compte, c'est en ce sens qu'il est imputable de ses pratiques et de leurs conséquences. Cette vision est du reste conforme aux normes journalistiques reconnues et maintes fois affirmées dans les textes déontologiques et dans les jugements des tribunaux civils qui cherchent un équilibre entre la liberté d'expression et la protection des droits des citoyens.

Ainsi, dans une recherche portant sur 59 codes de déontologie nationaux et internationaux, Harry Leppanen a observé que le thème revenant le plus souvent est celui de la diffusion honnête et véridique de l'information, que l'on trouve dans 53 codes. Un exercice semblable effectué par Nordenstreng a recensé le thème de la vérité dans 49 des 50 codes de déontologie analysés, et Jones, sans quantifier précisément ses résultats, a constaté que la vérité est l'un des cinq thèmes communément retenus et valorisés dans les codes de déontologie (Cooper 1989a, 32-33). Cooper précise que le thème de la vérité se retrouve déjà dans 98 % des codes de déontologie, mais il ne tient cependant pas compte des limites qui lui sont imposées d'un pays à l'autre, pour divers motifs religieux, sociaux et idéologiques.

En Espagne, tous les codes de déontologie mentionnent que les journalistes doivent servir la vérité (Asenjo 1989, 75). La même prescription était adressée aux journalistes de l'ex-Union soviétique (Tepljuk 1989, 118) et le Congrès des journalistes russe qui a adopté un nouveau code en 1994 insiste sur la diffusion d'informations vérifiées, comme le font bon nombre de codes de déontologie adoptés par les journalistes des pays qui étaient autrefois sous la domination communiste. Okigbo mentionne que les journalistes nigériens doivent également dire la vérité et dénoncer les mensonges, comme le leur dicte le sens africain de la justice et de l'honnêteté (1989, 128). On retrouve le même discours en Chine, mais on y précise qu'il faut en même temps protéger le Parti communiste et les secrets d'État (Keguang 1989, 128), ce qui n'est pas en soi un indice de grande réceptivité de la vérité. On voit ici ce que signifie imposer des limites à la vérité. On pourra avec raison faire valoir que les pressions économiques et politiques, en Occident, sont également en mesure de faire taire les vérités néfastes pour les détenteurs de pouvoirs. Cependant, ces silences imposés constituent une transgression qui soulèvent de vives critiques chez les journalistes occidentaux, ce qui montre qu'ils sont loin d'avoir la même légitimité que les silences imposés par certains États. Il y a lieu de rappeler ici qu'Epstein a déjà observé que les journalistes se trouvaient parfois aux prises avec leur loyauté envers leur pays quand venait le temps de publier la vérité, si bien qu'ils pouvaient offrir une «version de la vérité [...] qui rassure la nation et protège les intérêts nationaux» (McDonald 1975, 72). La différence, ici, c'est que la vérité demeure une valeur importante pour le journaliste, mais elle cède partiellement devant le patriotisme, une allégeance qui pourrait figurer dans la dernière case de la boîte de Potter.

Derrière le souci de recherche et de diffusion de la vérité, il existe un postulat selon lequel les médias sont indépendants et ont le mandat de faire connaître le vrai au lieu de simplement refléter la vision du monde que les puissants groupes sociaux aimeraient bien faire prévaloir (Herman et Chomsky 1988, xi). Mais cela n'est pas toujours facile, car les journalistes sont tiraillés entre ce mandat et le besoin impérieux des médias de faire des profits (Dennis 1989, 377), besoin qui contribue, au dire de plusieurs, à détourner la fonction première des journalistes en démocratie, à les faire passer de «chiens de garde» à amuseurs publics.

Un journaliste américain de renom, Robert MacNeil, a déjà déclaré que les journalistes des médias écrits et électroniques étaient en constante compétition pour retenir l'intérêt du public en liant de plus en plus information et divertissement, tout en accordant de moins en moins d'importance à la vérité. Selon lui, il y a beaucoup de pressions sur les journalistes pour qu'ils adoptent dans leur travail les styles dramatiques et théâtraux, tout cela aux dépens de la vérité et de ses exigences de rigueur. Il estime que les styles dramatiques et théâtraux sont très intéressants, mais que leur place n'est pas dans l'information, surtout quand le public veut connaître la vérité honnêtement rapportée (Rivers et Mathews 1988, 85).

Dans un autre ordre d'idées, on peut se poser la question, assurément philosophique, de savoir si les médias diffusent vraiment la vérité, mais il semble convenu que c'est ce qu'ils *doivent* faire. Les journalistes employés par les médias doivent diffuser la vérité, selon le «premier» Merrill, non parce qu'ils ont la conviction que cela va avoir des conséquences positives pour la société, mais simplement parce qu'ils doivent obéir à leur devoir (1975, 129). On a vu que Merrill a changé depuis ce temps, et qu'il admet que les conséquences prévisibles des actes soient prises en compte dans la pratique journalistique.

Plus qu'un devoir, la vérité peut devenir une obsession chez certains journalistes qui croiraient absolument la détenir. On pense ici à un genre journalistique d'opposition systématique, fondé sur des convictions religieuses ou politiques radicales. Un journalisme de combat qui rend parfois aveugle aux nuances et sourd aux arguments opposés pouvant s'avérer valides. Un journalisme où la vérité *du* journaliste devient sa cause, et le pousse à la proclamer, la louanger et la prétendre garante de lendemains meilleurs. Conway croit que Nietzsche aurait mis en garde les journalistes contre la tentation de devenir les prêtres des temps modernes qui sacraliseraient leur «vérité libératrice» et s'en feraient les seuls interprètes au lieu de rendre leurs publics plus autonomes, c'est-à-dire capables d'interpréter eux-mêmes la vérité (1991, 224).

QU'EST-CE QUE LA VÉRITÉ?

À force d'en parler, il devient impossible de poursuivre sans tenter de dire ce qu'est la vérité, de la définir par ce qu'elle est et, surtout, par ce qu'elle n'est pas. Car la vérité a certaines propriétés caractéristiques, dont celle d'être physiquement insaisissable, ce qui incite tout de suite à la prudence dans cette quête. Mais il ne faut pas se laisser arrêter par un si grand obstacle; au contraire, il cache des choses importantes.

Depuis des siècles, plusieurs définitions de la vérité ont été proposées par autant de grands philosophes. Hobbes, par exemple, disait que la vérité consistait en un bon ordonnancement des mots dans nos énoncés et, par conséquent, les faussetés étaient dues à un mauvais ordonnancement de ces mots (Hampshire 1984, 48), ce qui en soi ne nous est pas d'une grande utilité et revient à mettre sur le même pied signifié et signifiant. De son côté, Milton a prétendu que la vérité nous arrivait directement de Dieu, qui avait prévu que l'homme serait capable de la découvrir (Streckfuss 1990, 976), ce qui, avec justesse, est considéré comme une conception triviale par Nordenstreng (1989, 280).

Par ailleurs, des auteurs font valoir que la vérité est autre chose que la conception journalistique de l'objectivité qui consiste à rapporter simplement les deux côtés de la médaille. D'après Pippert, l'accent mis sur la notion d'objectivité journalistique peut même desservir la vérité qui est parfois plus d'un côté de la médaille que de l'autre (1898, 5). Selon lui, la vérité est généralement objective et factuelle, mais elle n'est pas que cela. Elle doit aussi refléter la réalité, être éclairante et simple et, surtout, elle est émancipatrice en ce sens qu'elle élimine les craintes et les suspicions que nous pouvons entretenir face à l'inconnu (p. 10-12).

Il est vrai que le concept de *vérité* peut être une norme abstraite, une source de débats philosophiques pouvant être tantôt stimulants, tantôt stériles. Mais la vérité qui s'applique au journalisme est plus modeste, plus restreinte et, surtout, empirique. En fait, on devrait parler de *fragments de vérité* qui seraient des propositions ou des affirmations vraies concernant des éléments isolés et limités de la réalité, sans toutefois se livrer à une décontextualisation qui aurait pour effet d'induire le public en erreur, comme nous le verrons au chapitre consacré à la rigueur et l'exactitude. Il n'est donc pas question d'exiger que le journaliste possède une connaissance totale et véridique d'une réalité globale, ce qui serait incompatible avec les contraintes du métier (temps et espace) et, surtout, incompatible avec la finitude humaine. Cependant, il est exigé du journaliste qu'il communique correctement, sans parti pris inavoué, de façon compréhensible, rigoureuse, équitable et honnête les fragments de vérité auxquels il aura eu accès au terme d'entrevues, de recherches documentées, de rencontres fortuites et de vérifications rigoureuses. Le prestigieux quotidien de Londres, *The Times*, exprimait sensiblement la même idée dès 1852:

> *«The duty of the journalists is the same as that of the historian – to seek out the truth, above all things, and to present to his readers not such things as statecraft would wish them to know but the truth as near as he can attain it.» (Cockerell* et al. *1984, 233)*

En somme, comme l'affirmait Popper à la suite de Tarski, la vérité «met en cause les énoncés, les faits et un certain rapport de correspondance entre les premiers et les seconds» (1979, 186-187). Ce que le journaliste entend, voit ou sent est nécessairement la référence de ce qu'il va diffuser. Dans ce sens, il est lui aussi soumis à la tradition empirique que l'on associe généralement à la science et à certains courants de la philosophie (Adams 1993, 28) bien qu'il ne maîtrise généralement (et malheureusement) pas les outils conceptuels et méthodologiques nécessaires à toute prétention scientifique ou philosophique.

Au *New York Times*, la notion de vérité a un contenu précis: elle est l'explication idéale des faits qui sont des phénomènes réels. Ce que le président américain dit est un fait, expliquer ce qu'il a voulu dire devient la vérité. C'est la différence entre avoir connaissance d'un fait et le comprendre, fait valoir Olen, qui insiste sur trois distinctions à faire entre les événements et leur signification, les événements et leur explication, et, finalement, entre ce qui est observé et ce qui ne l'est pas (1988, 43).

On n'exige du journaliste pas tant d'avoir une connaissance totale et véridique du *réel* que de communiquer correctement, sans parti pris, de façon compréhensible et honnête les fragments de vérité auxquels il aura eu accès au terme d'entrevues, de recherches documentées, de rencontres fortuites et de vérifications rigoureuses. En effet, les auteurs qui se penchent sur les devoirs du journaliste insistent davantage sur la diffusion de la vérité que sur l'accès à la vérité, bien que la première soit conditionnée en partie par le second. Je dis en partie, parce que le journaliste peut avoir accès à la vérité, ou à des fragments de vérité, mais décider de ne pas la diffuser, ou de la diffuser partiellement, à cause d'autres facteurs et valeurs d'importance.

Diffuser la vérité, ou des fragments de vérité, implique aussi bien le compte rendu rigoureux des faits et des événements que leur interprétation juste et raisonnable, comme on le verra au prochain chapitre.

Il ne fait pas de doute, cependant, que rechercher la vérité est une tâche difficile pour le journaliste, surtout qu'il a de plus en plus souvent affaire à des spécialistes qui «travaillent» l'information avant de la leur communiquer. Le rôle prépondérant de ces communicateurs est indéniable et, dans certains cas, leurs documents de presse, communiqués et autres initiatives sont à l'origine de plus de la moitié de la matière rédactionnelle que nous offrent les journaux. Pour sa part, le président-directeur général de la RTL, Jacques Rigaud, soutient que le «traitement de la vérité» est au cœur du pouvoir politique et estime normal:

> *«... sinon juste que le pouvoir gère la vérité d'une manière cynique. On lance une fausse information. On dissimule une partie de la vérité. On lance ce qu'on appelle des ballons d'essai et l'un des rôles des médias est, et l'a été de tout temps, de décrypter ce langage codé, de compléter ces vérités imparfaites, de redresser ces informations biaisées ou trafiquées que le pouvoir répand.» (De Virieu 1990, 291)*

Pour illustrer ce cynisme, il suffit de rappeler que le sous-secrétaire permanent du ministère britannique des Affaires étrangères, Lord Tyrrell, a déjà déclaré aux journalistes qu'ils faisaient une erreur en pensant que le gouvernement britannique leur mentait, mais qu'ils en faisaient une bien plus grande en pensant qu'il leur disait la vérité! (Sigal 1974, 131)

On conçoit bien les obstacles se dressant sur le chemin de la vérité que fréquente le journaliste. Mais doit-on seulement voir les journalistes comme des victimes des ruses des autres? Ce serait trop simple, ils sont parfois des victimes consentantes, sinon des complices de ces ruses qui, finalement, ne laissent qu'une catégorie de victimes sur le terrain: le public. Par exemple, dans leur désir d'accéder à quelques fragments de vérité, dont l'importance reste encore à déterminer et à la condition de ne pas tous les révéler, on a reproché aux journalistes de s'être rendus complices des mensonges du pouvoir politique, américain surtout, en acceptant la formule des *pools* lors de la guerre du Golfe de janvier et février 1991 (Ramonet 1991b, 11). Les journalistes savaient pertinemment que la «vraie» guerre était ailleurs et que leur travail était d'en rendre compte à leurs auditoires, mais ils ont préféré accepter la formule des *pools* qui les rendait plus facilement manipulables. Des critiques du même ordre ont été répétées à l'hiver 2003 à l'endroit des journalistes qui ont accepté les règles d'embrigadement de l'armée américaine qui envahissait illégalement l'Irak.

Un autre exemple de la quasi-complicité des journalistes est fourni par Berthiaume: en ne prenant pas la peine d'analyser les chiffres qu'on lui fournit, ou le texte du communiqué qu'on lui remet, «le journal non seulement sert naïvement (?) les intérêts de certains groupes sociaux, mais surtout il confère aux discours de ces groupes la qualité de nouvelle et marque leurs propos du sceau de la vérité» (1981, 28). La recherche de la vérité ne peut pas se limiter à la diffusion des informations fournies sur un plateau d'argent, il faut tester leur validité empirique et logique, adopter une attitude où toute information est une hypothèse attendant sa vérification pour se donner une valeur de vérité, pour paraphraser Brief (1990, 42).

Malgré toute sa bonne volonté, une démarche rigoureuse, une méthode quasi impeccable, le journaliste, comme tout être humain, atteint ses limites et doit admettre que des pièces lui manquent, mais seulement après avoir fait l'effort de chercher ces pièces. Dans certaines situations, on constatera, comme Morin, que l'on ne peut pas échapper au principe d'incertitude généralisée (1990b, 60). Il faut aussi reconnaître que le journaliste n'a pas en main les pouvoirs formels de la loi, par exemple, pour découvrir la vérité, si bien que cela a pu convaincre Christians et Covert que la quête de la vérité et le métier de journaliste ne sont pas synonymes (1980, 31).

Faisant preuve d'un certain scepticisme quant à la capacité des journalistes à accéder à la vérité, Epstein a observé que le problème des journalistes est qu'ils sont rarement en position d'établir eux-mêmes la vérité, puisqu'ils doivent le plus souvent s'en remettre à des sources d'information qui ont des intérêts précis à parler ou à se taire (1975, 60). Il rappelle à cet effet l'opinion de Lippmann, pour qui vérité et nouvelles journalistiques ne coïncident qu'à de rares occasions, comme pour le compte final d'une partie de baseball ou les résultats des élections. La réalité serait en général trop complexe pour se retrouver intacte, dans toute sa vérité, dans les médias. Epstein reconnaît que l'écart entre la vérité et la nouvelle est principalement dû aux contingences du métier de journaliste : limites de temps, d'espace et de ressources. Reprenant la même distinction entre vérité et nouvelle, Pippert est d'avis que le bon journaliste doit avoir un meilleur sens de la première que de la seconde (1989, 3).

La position de ceux qui n'espèrent pas avoir plein accès à la vérité par l'intermédiaire des journalistes paraît sage et, surtout, réaliste. Ce n'est pas à partir uniquement de comptes rendus provenant de journalistes pressés de produire leurs quelques paragraphes que le citoyen peut espérer obtenir une vision cohérente du monde. S'il ne se fonde que sur ces seules sources, sa vision sera certes erronée. Ses préjugés, ses *a priori*, ses craintes et ses erreurs d'interprétation combleront les vides. Par ailleurs, s'il délaisse complètement cette forme de connaissance instantanée, généralement assez respectueuse des fragments de vérité recueillis, le citoyen se prive d'une source quotidienne de renseignements, d'interrogations, d'étonnements sans lesquels sa connaissance du monde se trouve rapidement pétrifiée, dépassée, obsolète. Il doit idéalement adopter une méthode complexe de connaissance du réel, qui intègre l'Histoire et les histoires, le permanent et l'éphémère, tout en sachant très bien que la nouvelle quotidienne ne survivra peut-être pas 24 heures, 1 semaine ou 1 mois, et qu'elle résulte souvent d'une mode, qu'elle est une vaguelette sur l'océan de l'histoire humaine. Et par surcroît il doit être conscient que, parfois, l'histoire du jour modifiera le cours de l'histoire.

Jefferson a déjà écrit, à tort certes, que l'homme qui ne lit jamais les journaux est mieux informé que celui qui les lit, parce que sachant peu de choses ou rien du tout, il serait plus près de la vérité que celui dont la tête est pleine de faussetés et d'erreurs (Shaw 1984, 22). Il faut dire à la décharge de Jefferson qu'il s'exprimait à une époque où l'on croyait en une présence divine qui habitait chaque individu dès sa naissance et où toute vérité relevait d'une volonté divine, si bien que le cerveau vierge était en quelque sorte plus près de la Vérité que celui qui s'était laissé contaminer par les affres de la vie. Or, on sait aujourd'hui qu'un cerveau normal se développe d'autant mieux qu'il est stimulé par la réalité, dès la naissance et surtout pendant les premières années de l'enfance. On sait que, même sans l'apport des journalistes, le cerveau génère des idées préconçues, des prénotions qui sont souvent très loin d'avoir une quelconque compatibilité avec la réalité complexe, surtout avec celle qui échappe à l'expérience directe. Le chemin de la connaissance ne s'arrête pas aux comptes rendus journalistiques, ce serait un cul-de-sac. Mais il ne peut pas contourner cet *input* cognitif, il doit l'intégrer à la liste des lieux d'apprentissage et de découvertes qui comprend les diverses disciplines artistiques et scientifiques.

Voilà autant de moyens d'accès à des fragments de vérité qui seront d'autant plus vastes qu'on aura consacré plus de temps à leur quête.

Le dernier problème qui se présente est que la vérité n'est (malheureusement?) pas toujours le critère absolu sur lequel s'établissent les croyances des citoyens. Le professeur de psychologie Albert T. Proffenberger, de l'Université Columbia, est même d'avis que les croyances sont principalement déterminées par les sentiments, les émotions et les désirs, si bien que l'on en viendrait à «croire ce en quoi on a besoin de croire» (Streckfuss 1990, 977). Dans ce contexte, le travail des journalistes, aussi brillant soit-il, risque de n'avoir qu'une utilité: fournir ici et là des fragments de vérité que les gens sélectionneront en vue de solidifier leurs croyances et de contester celles des autres. Cette vision paraît trop simpliste, bien qu'elle rende compte d'un phénomène réel. Elle ne respecte pas la complexité des phénomènes d'adhésion aux idéologies et aux croyances diverses, ne tient pas compte des désenchantements, des désengagements, des conversions, des modifications de points de vue, ou de paradigmes quand il s'agit de croyances issues de méthodes scientifiques. La vérité n'est certes pas toujours le critère absolu à partir duquel les individus fondent leurs croyances diverses, mais ce constat ne suffit pas à évacuer l'importance pour le journaliste de la recherche et de la diffusion de fragments de vérité; car il y a toujours des individus qui en ont un besoin pratique quotidien, et bien souvent un besoin idéologique, psychologique et moral afin de satisfaire, voire parfaire, leur vision du monde.

Toute la vérité?

Tenons maintenant pour acquis que le journaliste peut, dans certains cas, découvrir la vérité, ou des fragments de celle-ci. Reste encore à se poser la question cruciale: doit-il toujours la rendre publique? La vérité est-elle toujours bonne à dire? Si l'on s'en tient à la règle déontologique dominante, cela va de soi puisque la vérité est une valeur importante que le journaliste doit servir. Mais cette valeur peut entrer en conflit avec d'autres, comme la sécurité de l'État et le respect de la vie humaine, quand ce n'est pas simplement le respect de la vie privée. Ainsi doit-on, encore une fois, tenir compte du devoir de vérité autant que des conséquences de sa diffusion, et reconnaître que s'engager à dire la vérité dans tous les cas, dans toutes les situations, est une promesse impossible à respecter sur le plan éthique. On passe ainsi de l'énoncé «toute la vérité» à l'énoncé «toute la vérité?».

C'est exactement la question que s'est posée l'ambassadeur français François de Rose, à propos du scandale du Watergate. Il croit que la vérité estimée «bonne à dire» par le *Washington Post* s'est révélée désastreuse pour le peuple américain parce qu'elle a causé le «déplorable affaissement de l'exécutif américain au profit du Congrès» (De Virieu 1990, 289). La question est pertinente, mais la réponse qu'y donne de Rose, dans le cas du Watergate, est contestable car il présume que la vérité a desservi l'intérêt du peuple américain. Ce qui est certes le cas à court terme, et pas pour l'ensemble du peuple américain d'ailleurs. Mais à long terme, on peut croire (naïvement?) que le président des États-Unis sera plus prudent avant de mentir (et fera mentir les autres à sa place, comme dans le cas de l'Irangate?). À tout le moins, le peuple américain avait le droit de savoir qu'on lui mentait sur un sujet qui ne mettait pas en jeu la sécurité de l'État, mais plutôt le maintien au pouvoir du Parti républicain de Richard Nixon. Par contre, dans un autre cas, on doit accorder plus de poids à l'opposition de l'ambassadeur de Rose. Il s'agit ici de la technique de fabrication de la bombe à hydrogène qu'un journal voulait publier malgré l'opposition du gouvernement américain qui a porté la cause en justice: «La raison du journal (qui devait d'ailleurs l'emporter) était que le public a le droit de tout savoir et que le devoir du journaliste est de tout apprendre pour révéler. Mais l'argument n'est-il pas spécieux? Est-ce servir le public américain que de divulguer des informations si grosses de danger?» (De Virieu 1990, 289). D'autres auteurs ont fait valoir que la technique en question avait déjà fait l'objet de publications dans des revues scientifiques de prestige. Mais ce cas est assez sérieux pour qu'on se demande si l'intérêt public se conjugue toujours avec l'accès illimité aux informations les plus potentiellement néfastes pour le public. Le public est-il bien servi dans ses intérêts si des informations vraies sont diffusées et menacent de l'anéantir? On peut en douter, mais ce genre de questionnement ne peut que se multiplier avec l'avènement d'Internet et la multiplication de communicateurs prétendant au statut de journaliste.

Klaidman et Beauchamp sont d'avis que si les journalistes, comme les universitaires et les scientifiques, sont dévoués à la découverte de la vérité, ils ne sont pas obligés de la diffuser à n'importe quel prix (1987, 39). Selon eux, les journalistes omettent régulièrement de diffuser certaines informations soit pour ne pas blesser quelqu'un, soit pour assurer de bonnes relations avec leurs sources d'information. Okigbo fait valoir, de son côté, que le respect de la vérité, au Nigeria, doit s'harmoniser avec les autres valeurs très importantes que sont la recherche du profit et l'appartenance ethnique, laquelle rend très difficile la révélation de faits pouvant nuire aux intérêts du groupe ethnique auquel appartient le journaliste (1989, 132-133).

La vérité peut donc être à la fois une bonne chose *et* une mauvaise chose. Ainsi, Bovée rappelle que la vérité est une bonne chose, car elle nous permet de mieux développer notre potentiel humain et que sans elle les relations sociales seraient impossibles (1991, 138). Il soutient qu'en l'absence de considérations spéciales il est préférable d'admettre que la vérité est préférable au mensonge.

On l'a vu au chapitre précédent, il ne suffit pas que l'information soit vraie pour qu'elle puisse satisfaire aux normes journalistiques reconnues, elle doit aussi être d'intérêt public, être utile pour les citoyens dans leurs choix politiques, sociaux, économiques, religieux et culturels, pour ne nommer que les thèmes les plus communs. Il y a donc des vérités inutiles qu'il est préférable de ne pas publier, ou que l'on publiera au risque de diffamer car la vérité d'une affirmation ne saurait tout excuser. Le juriste Philippe Merlin, dit Merlin de Douai, affirmait déjà, au début du XIXe siècle, que «si, sous le prétexte qu'on ne dit que la vérité, on était libre de divulguer ce qu'on sait sur le compte d'autrui, ce prétexte donnerait lieu à des discordes et à des haines perpétuelles» (Rivard 1923, 87).

Non seulement toute vérité n'est-elle pas nécessairement bonne et utile à communiquer, mais il peut survenir des cas exceptionnels où le journaliste sera moralement fondé à mentir, en dernier recours, afin de servir une valeur supérieure. Sensible à cette perspective, Sissela Bok a consacré un ouvrage majeur à la question et il convient de s'y attarder. Elle reconnaît qu'il peut exister de bonnes raisons de mentir dans certaines circonstances et propose des critères qui balisent cette pratique, comme nous le verrons plus loin. Elle donne l'exemple du mensonge qu'on peut dire à une personne mourante pour l'apaiser, en lui affirmant que ses enfants se sont réconciliés, que des problèmes importants sont réglés, etc. Selon Bok, la question du mensonge réside également dans l'intention d'induire en erreur et non seulement dans la vérité des affirmations que l'on fait (1999, 6). On peut induire les autres en erreur par la parole, par les gestes, par l'apparence (uniforme), par le silence (mentir par omission), etc. Bok distingue tromperie et mensonge, la première étant tout message intentionnel qui vise à induire en erreur tandis que le mensonge est une affirmation fausse et intentionnelle. À son avis, le mensonge est une forme de tromperie. Quand les gens diffusent des informations fausses en les croyant vraies, ils peuvent être fatigués, mal informés, mal compris, mal articulés, intoxiqués ou dupés par les autres, mais aussi longtemps qu'ils n'ont pas l'intention de mentir ou d'induire les autres en erreur, ils n'agissent pas de manière trompeuse. Leurs affirmations peuvent être fausses, mais ils ne le savent pas. Voilà, de son point de vue, pourquoi, l'intention de tromper est fondamentale pour déterminer si le comportement est condamnable.

Par ailleurs, Bok n'accorde pas le même poids moral à toutes les formes de mensonges. Ainsi reconnaît-elle une forme de mensonge, les mensonges blancs (*white lies*) qui seraient la forme la plus courante et la moins grave. Selon elle, ces mensonges bien intentionnés ne causent de préjudices à personne et sont de peu d'importance sur le plan moral (p. 57-58). On y retrouve des formules de politesses (*content de vous voir!*), des conventions sociales (*veuillez agréer l'expression de mes sentiments les meilleurs*), des excuses factices (*je ne peux pas me rendre à votre réception* alors qu'en réalité je ne veux pas) ou encore des compliments feints (se montrer flatteur dans une lettre de recommandation alors qu'en réalité on est moins chaud à l'égard de la personne recommandée).

On serait tenté de croire que Bok n'accorde qu'une valeur instrumentale à la vérité, mais il n'en est rien. Au contraire, chez elle, l'importance que l'on accorde à la vérité va toujours demeurer fondamentale pour ceux qui se posent des questions concernant le genre de personnes qu'elles veulent être, comment on veut traiter non seulement les autres, mais soi-même. Au contraire des utilitaristes, dont la perspective est très répandue chez les journalistes qui justifient ainsi les moyens utilisés en fonction des résultats obtenus, Bok fait valoir que la plus sérieuses erreur de calcul qu'une personne fait quand elle évalue la possibilité de mentir est de se limiter à une analyse coûts/bénéfices d'un cas particulier ou isolé, en décidant de mentir parce que les gains semblent plus élevés que les pertes. En agissant de la sorte, on risque de s'aveugler soi-même quant à l'effet qu'un tel mensonge peut avoir sur notre intégrité, notre estime de soi et les menaces qu'il fait peser sur les autres. En somme, le calcul ne tiendrait pas compte de tous les coûts réels liés au fait de mentir. Pour Bok, il vaut certes toujours mieux ne pas mentir. Toutefois, dire la vérité, en tout temps, comporte aussi des coûts importants qu'il ne faut pas négliger. Par exemple, il peut y avoir des croyances importantes (quoique fausses) sans lesquelles les gens auraient du mal à faire face aux difficultés de la vie, si bien que certaines vérités leur seraient très pénibles à supporter. Pensons à la question de l'infidélité dans un couple, même un couple formé de personnalités publiques. Au nom de quel intérêt public un journaliste pourrait-il dévoiler une telle information véridique?

Bok considère par ailleurs que les différentes formes de tromperies sont autant de façons de priver les autres de leur liberté de choisir en les plaçant dans une situation désavantageuse. Puisque nos choix reposent toujours sur notre estimation d'une situation, il en résulte l'importance d'être bien informé afin de pouvoir agir en connaissance de cause. Ainsi, si l'information donne du pouvoir, le mensonge influence la répartition du pouvoir dans une société, il augmente celui du menteur et affaiblit celui de ses victimes (p. 19). On comprend mieux l'importance du devoir de vérité des journalistes à l'égard du public qu'ils ont le devoir de servir.

La tromperie aurait un pouvoir de coercition puisqu'elle permet à l'un d'exercer un pouvoir indu ou injustifié sur l'autre, qui se retrouve en position de faiblesse ou de dépendance par le simple fait de croire le menteur. Pour la philosophe, cela attaque de front l'autonomie des humains et tout mensonge doit donc être justifié, alors que la vérité n'a besoin d'aucune justification morale. Elle ajoute que les menteurs ont tendance à sous-évaluer les conséquences à long terme de leurs actes, conséquences aussi bien pour eux que pour la confiance mutuelle que nous devons avoir pour vivre en société, dans le but de favoriser une certaine coopération sociale bénéfique à tous. Ces conséquences seraient cumulatives et durables. De plus, elle estime qu'il est difficile de s'en tenir au mensonge unique et considère que, le plus souvent, un mensonge en prépare un autre (p. 24-25).

Cette conception pousse Bok a considérer la vérité comme un bien social fondamental ne pouvant être contourné qu'exceptionnellement. L'exemple classique est celui de l'homme qui doit mentir à celui qui est à la recherche de sa prochaine victime afin de soulager sa rage ou se venger. Faut-il mentir en prétendant ne pas savoir où se trouve l'éventuelle victime, et ainsi lui sauver la vie, ou bien dire la vérité et permettre à l'enragé d'assouvir sa vengeance ? Bien qu'il soit extrême, cet exemple suffit à lui seul à démontrer la nécessité morale de mentir dans les circonstances exceptionnelles. En fait, il n'y a que dans des systèmes de croyance très rigides (religions, sectes, idéologies, etc.) que de telles exceptions sont refusées sous prétexte qu'elles ont des conséquences pires que la mort (la trahison de la cause, la pureté qui conduit à la vie éternelle, le péché, etc.) (p. 44).

Des conséquences du mensonge

Reconnaître qu'il puisse y avoir de bonnes raisons de tromper et de mentir est à la fois une solution et un problème moral au sens fort du terme ; solution car elle libère de tout absolutisme que voudrait imposer une déontologie orthodoxe, mais problème car elle fait face aux responsabilités que comporte la liberté de juger et de choisir. En effet, emportés par leurs passions, leurs convictions et leurs intérêts, les journalistes pourraient être tentés de favoriser une interprétation pour le moins généreuse, sinon arbitraire, de cette liberté d'agir. Or, le défi posé à la réflexion éthique surgit à cet instant même où l'on voudrait se croire libéré de toute contrainte. Il impose de se poser la question des circonstances spéciales et exceptionnelles qui justifieraient l'usage raisonné et responsable des différentes formes de tromperies et procédés clandestins les plus courantes en journalisme (fausse identité, caméras ou microphones cachés, simulations ou manipulations digitales des images, etc.) et sur lesquels on reviendra plus loin.

L'une des premières considérations s'imposant à quiconque veut mentir est de tenter de mesurer ou de peser les conséquences de ce geste, une façon de faire souvent associée aux utilitaristes. Il ne fait aucun doute que ce calcul demeure toujours risqué, en plus d'être souvent téméraire, car il recèle implicitement la prétention de connaître les conséquences de nos mensonges, lesquelles peuvent être classées en trois catégories. Il y a d'abord les conséquences prévisibles parce que directes et rapidement observables, viennent ensuite les conséquences vraisemblables plus ou moins directes et observables et, finalement, les conséquences imprévisibles, qui peuvent être directes ou indirectes, rapidement observables ou non, mais qui se produisent par un jeu de circonstances qu'il aurait été à peu près impossible ou déraisonnable de supputer ou deviner à l'avance. Une conséquence prévisible du mensonge est certes la perte de crédibilité ou de fiabilité qui attend l'auteur de la tromperie lorsque sa victime en prend conscience. Une conséquence vraisemblable pourrait être la tristesse ou la perte d'estime de soi chez la personne trompée qui découvre ainsi combien il peut être facile d'abuser d'elle et de déjouer sa vigilance, ou encore qui pensait être en mesure de mieux protéger sa vie privée ou celle de personnes qui lui sont chères. Quant aux conséquences imprévisibles elles peuvent être multiples et dramatiques, en fonction de l'importance des informations dévoilées grâce à ce subterfuge. Dans les cas extrêmes, dépression profonde, agression violente ou suicide peuvent en résulter.

Sans sombrer dans un *conséquentialisme* extrême, il importe de noter, finalement, que les mensonges ne sont pas neutres. Ils ont toujours des effets négatifs, ne serait-ce que par le tort qu'ils nous causent aux yeux des autres ou le fait qu'ils privent les autres de leur autonomie, de leur liberté (Bok 1999, 50).

LES CONDITIONS NÉCESSAIRES À LA VÉRITÉ

Vérité et intérêt public sont l'essence du journalisme, les conditions nécessaires de sa légitimité sociale et d'une immunité juridique très importante, sans jamais être absolue, dans les sociétés démocratiques. Nous avons vu qu'il existe des critères qui aident à apprécier l'intérêt public d'une information. Ces critères ne sont pas exhaustifs et peuvent certes être enrichis, mais ils respectent la représentation mentale que les journalistes se font des informations d'intérêt public. Ils sont en quelque sorte les conditions que devrait respecter l'information journalistique, par opposition à l'information que nous acheminent les autres professionnels de la communication publique que sont les publicitaires, les relationnistes, les porte-parole, etc.

La vérité de l'information journalistique repose également sur un ensemble de conditions dont certaines sont évidentes, tandis que d'autres peuvent paraître étonnantes à première vue mais prennent toute leur importance quand on constate que leur absence attaque radicalement le caractère véridique de l'information journalistique. Au chapitre des conditions évidentes et, dirions-nous, tout à fait conformes à l'intuition, on retrouve la rigueur et l'exactitude qui sont des normes professionnelles récurrentes dans les textes déontologiques. Ces normes sont reliées à différents enjeux et protègent contre certains pièges ou débordements liés notamment au raisonnement, la méthodologie et l'argumentation, tout en prescrivant des devoirs tels le respect des citations et la rectification des erreurs. Elles feront l'objet d'un prochain chapitre.

Les conditions de la vérité intuitivement moins évidentes sont reliées aux principes de l'impartialité, de l'équité et de l'intégrité journalistiques. Il arrive certes que ces principes soient interreliés, ou qu'ils soient connectés à l'intérêt public comme on le verra pour certains thèmes associés à l'intégrité journalistique, mais les besoins de l'analyse, de l'explication et de la démonstration nous obligent à en faire une présentation séquentielle qui en facilite la compréhension et améliore grandement l'utilité pratique pour les journalistes.

Il importe ici de clarifier une contradiction apparente en ce qui concerne la vérité en journalisme. Le devoir du journaliste est de diffuser une information à la fois vraie et d'intérêt public. Pour y parvenir, il se doit d'être rigoureux et exact, impartial à défaut d'être objectif comme on le verra plus loin, intègre de façon à servir de manière désintéressée l'intérêt public par opposition au service intéressé d'intérêts particuliers. Il se doit aussi d'être équitable envers ses sources d'information tout comme il doit l'être au moment de procéder à la sélection des informations qui seront retenues et à la façon dont elles seront présentées au public. L'équité journalistique permet de lutter contre les informations qui ont des apparences de vérité mais qui trompent néanmoins le public en lui présentant une perspective tronquée ou mutilée des événements relatés ou des gens dont il est question. Cependant, l'équité envers les sources d'information n'est pas un carcan moral ou déontologique et le journaliste peut justifier la dérogation au principe de la vérité dans ses relations avec ses sources d'information, toujours dans des circonstances exceptionnelles. Il existe des situations où le journaliste est justifié, et doit également se justifier, d'avoir recours à diverses formes de tromperies, à des procédés clandestins qui lui permettent d'avoir accès à divers acteurs, de cueillir des informations essentielles et importantes. Si le journaliste peut exceptionnellement ruser et tromper afin de servir le droit du public à une information importante et vraie, il va de soi que ce même objectif l'interdit de mentir au public auquel il livre la fruit de son travail, peu importe qu'il s'agisse d'informations factuelles ou d'opinions, de critiques et de commentaires sur l'actualité. L'apparente contradiction liée à la vérité est donc résolue par le fait que l'information livrée au public doit être véridique de façon à ne pas induire en erreur le public, mais le journaliste peut exceptionnellement mentir, ruser et tromper pour y arriver, mais il doit toujours être en mesure de se justifier comme on le verra plus en détail. Il a le devoir de ne révéler que ce qui est vrai sans être moralement obligé de toujours révéler ce qui est vrai, le plus rapidement possible, surtout quand une telle divulgation fait courir des risques majeurs pour les individus et les collectivités sans apporter avec elle un bienfait quelconque.

Ce sont ces conditions de la vérité et de l'intérêt public de l'information journalistique, ainsi que les thèmes et enjeux qu'elles soulèvent qui meublent les prochains chapitres. Cette façon de présenter la question semble inédite, bien que les composantes soient pour la plupart connues et reconnues de longue date. En procédant de la sorte, je propose les étapes d'une démarche journalistique conforme aux normes déontologiques et aux principes éthiques en journalisme. Cette démarche est du même coup une méthode objective qui n'est pas sans similitude avec la méthode scientifique en sciences sociales, à la différence que la recherche scientifique accorde beaucoup plus d'importance à la validation de ses outils méthodologiques, à leur fidélité et à l'exposé des fondements théoriques qui conduisent à la formulation d'hypothèses de travail. Chez le journaliste, les événements naturels ou socialement construits de l'actualité déterminent largement les sujets dont il sera question dans les médias et la formulation d'hypothèses est largement intuitive ou impressionniste. Bien que cela soit dans la nature du journalisme, rien ne s'oppose à utiliser une méthode objective. Au contraire, une telle démarche est la meilleure garantie qui soit pour la qualité de l'information à laquelle a droit le public, et à laquelle il s'attend, car elle élève de nombreux remparts contre les excès médiatiques, les dérapages de l'information spectacle et le sacrifice des droits des citoyens.

CRITÈRES SPÉCIFIQUES DE LA DIFFUSION DE LA VÉRITÉ

Il a déjà été reconnu que la volonté aveugle de sacrifier les gens à la vérité a toujours été le danger d'une éthique qui se soustrait à la vie (Galligan cité par Beauchamp 1988, 130). On admet volontiers qu'il n'est pas toujours facile de décider s'il faut dire ou taire la vérité, tout comme on reconnaît qu'il n'existe pas de règle universelle à ce propos, ce qui nous oblige à évaluer les situations séparément, pour ce qu'elles sont réellement (Juusela 1991, 13).

L'un des critères relevés chez les auteurs qui ont réfléchi sur ce sujet est la sécurité nationale. Klaidman et Beauchamp sont d'avis que les journalistes sont fondés à ne pas diffuser des informations obtenues si celles-ci sont des secrets d'État (1987, 39). Le journaliste devrait alors se demander si son devoir de divulguer la vérité ne met pas en cause la sécurité de l'État. Le problème est ici de savoir si ce que le gouvernement nomme «sécurité de l'État» mérite bien cette appellation ou bien s'il s'agit plutôt d'un prétexte sans fondement. Le journaliste peut ne pas être d'accord avec le gouvernement et il devrait même tenter de savoir exactement quelles sont les conséquences négatives invoquées avant de décider si oui ou non il publiera certaines informations. Il doit pouvoir aussi distinguer entre la sécurité de l'État et celle du parti politique au pouvoir, chose que ne font pas toujours ceux qui sont aux commandes du gouvernement.

Différant passablement de la question de la sécurité nationale, mais relié au bien-être de l'État, est le critère de l'intérêt public. Il est des vérités qui, sans révéler des secrets militaires, peuvent toucher à l'intérêt de l'État et, partant, à celui de ses citoyens. Par exemple, faut-il révéler le contenu d'un budget quelques heures avant son dévoilement officiel, au risque de favoriser la spéculation ou d'obliger le gouvernement à modifier ses politiques fiscales en catastrophe sans prendre le temps d'en évaluer les conséquences chez les contribuables? C'est ce qu'a fait le journaliste canadien Doug Small, il y a plusieurs années, au cours d'une intervention directe à la télévision. Comme plusieurs, je suis d'avis qu'il aurait pu se limiter à révéler qu'il avait obtenu une copie du budget et prouver ainsi qu'il y avait des fuites alors que la tradition est de dévoiler publiquement le budget à tous au même moment. Cela aurait forcé le gouvernement, au pire, à devancer la présentation de son budget afin de diminuer les risques de gains illégitimes par ceux qui auraient profité de ces fuites. Mais en dévoilant le contenu du budget, Small a forcé le gouvernement canadien à modifier en vitesse certaines politiques, ce qui a occasionné des frais supplémentaires pour l'État et les contribuables. De plus, un tel empressement accroît les risques de voir annoncer et implanter des mesures budgétaires néfastes pour le public.

Un autre critère est la protection de la vie des personnes (Klaidman et Beauchamp 1987, 39). Lambeth affirme à ce sujet qu'un journaliste doit toujours divulguer la vérité, sauf quand cela menace la vie de quelqu'un (1986, 23). Ce critère est à la fois spécifique et général, car on peut l'appliquer à plusieurs règles déontologiques. Il est ainsi tout à fait possible que le silence, voire le mensonge, soit une décision justifiable puisqu'elle vise à promouvoir des valeurs supérieures, comme la protection de la vie (Bovée 1991, 138).

Un quatrième critère est l'évaluation du *besoin de connaître*. C'est ce critère que l'ex-ambassadeur français François de Rose a mis de l'avant pour évaluer s'il était valable de publier dans un journal la technique de fabrication de la bombe à hydrogène. Il y voyait la «considération essentielle» qu'il fallait retenir dans ce cas. On peut en effet se demander si le public avait besoin de connaître cette technique, et si ce besoin était plus important que les risques associés à sa divulgation. Un tel débat peut être tranché en faveur de la diffusion de cette information sur les plans juridique et déontologique, mais on peut douter qu'il en aurait été ainsi au terme d'une réflexion éthique.

Les quatre critères spécifiques de la diffusion de la vérité suggérés plus haut ne sont pas exhaustifs. Mais ils sont difficilement contournables sur le plan éthique, car ils cherchent à évaluer les conséquences sociales et humaines des pratiques journalistiques tout en permettant de développer de solides arguments pour justifier les décisions qui seront prises. Bien souvent, ces critères plaideront en faveur de la diffusion de la vérité, même lorsque cela déplaît aux puissants de ce monde. Il faut espérer que ces mêmes critères sauront aussi bien convaincre les journalistes de ne pas sacrifier les autres dans leur quête de *scoops* et de gloire. Ces critères prennent toute leur pertinence dans les situations corsées. Quand diffuser la vérité comporte des risques, on peut se poser les quelques questions suivantes:

- *Met-elle en danger la sécurité de l'État et de ses habitants?*
- *Sert-elle ou dessert-elle l'intérêt public?*
- *Met-elle en danger des vies humaines?*
- *Répond-elle à un important besoin de connaître?*

* * *

MATIÈRE À DÉLIBÉRATION

Cas 1 : *Une violente tempête sévit sur l'agglomération urbaine depuis quatre jours, privant d'électricité la presque totalité de ses habitants. Néanmoins, à la chaîne d'information en continu et dans l'ensemble des autres médias, la couverture journalistique de la situation de crise se poursuit et la majorité des citoyens ont accès à l'information grâce à des radios à piles, à des génératrices et aux contacts téléphoniques avec des membres de la famille et des amis vivant dans des régions épargnées par la tempête. Vous êtes le journaliste à l'antenne et un de vos collègues de la régie vous fait part d'une information vérifiée indiquant que les réserves d'eau de la ville sont au plus bas puisque les génératrices alimentant en énergie les pompes ne suffisent plus à la tache. Vous avez donc une information vraie et d'intérêt public que vous pouvez communiquer à votre public, mais votre collègue vous fait savoir que les responsables de la sécurité civile sont d'avis que la diffusion de cette information va inciter les gens à se faire des provisions d'eau et qu'il n'y en aura plus pour les jours à venir et, surtout, pour combattre d'éventuels incendies majeurs. Que faites-vous ? Diffusez-vous l'information à la fois vraie et d'intérêt public ou bien la taisez-vous ? Si vous la taisez, allez-vous en informer le public plus tard ou bien restera-t-il ignorant de votre décision ? Quelles valeurs et quels critères sont en cause ?*

Cas 2 : *À titre de journaliste radiophonique affecté à la couverture de faits divers, vous êtes appelé à vous rendre dans une municipalité de banlieue où des policiers et des pompiers sont en train d'établir un périmètre de sécurité autour d'un immeuble dans lequel une mère dépressive a séquestré sa fillette de 18 mois et menace de mettre le feu à son bain contenant de l'essence afin de se donner la mort. Vous savez que la mère a proféré cette menace à une amie, lors d'une conversation téléphonique, et que cette dernière a alerté les services de sécurité. Dès votre arrivée à proximité du périmètre de sécurité, le porte-parole du corps policier vous informe, tout comme vos collègues des autres médias, que la mère dépressive ne sait pas que policiers et pompiers ont été alertés et qu'ils souhaitent procéder avec discrétion afin de ne pas prendre le risque de provoquer un geste impulsif dramatique. Cette consigne vous interdit de rendre compte de la situation sur les ondes par crainte que la mère ne soit à l'écoute. Si vous suivez la consigne, votre public sera privé d'une information à la fois vraie et d'intérêt public puisque l'événement mobilise les forces de l'ordre. Que faites-vous ? Si vous acceptez de ne rien diffuser mais qu'un journaliste concurrent, volontairement ou par mégarde, diffuse l'information en question,* *estimez-vous être libéré de la contrainte du silence ou bien gardez-vous néanmoins le silence ? Jusqu'à quel moment ?*

Cas 3 : *Vous êtes le spécialiste des affaires économiques d'un important quotidien et une source vient de vous apprendre qu'une compagnie d'assurances est aux prises avec d'importantes difficultés financières qui l'empêchent de respecter toutes ses obligations envers ses fournisseurs, ses créanciers et une partie de son personnel, bien qu'elle parvienne à verser à ses clients les paiements réclamés à juste titre, car la direction a décidé d'accorder la priorité à sa clientèle. Dans le cadre de votre démarche de vérification des informations, vous communiquez avec le président-directeur général qui vous confirme le tout et qui vous demande de ne pas divulguer cette information car il prévoit pouvoir corriger la situation d'ici quelques semaines. Il vous avise que le fait de diffuser cette nouvelle aura pour conséquence prévisible de faire fuir plusieurs clients et de porter le coup de grâce à la compagnie qui devra congédier ses employés et ne pourra pas payer tous ses créanciers. Que faites-vous ? Publiez-vous l'information malgré tout ? Pourquoi ? Existe-t-il d'autres solutions que la publication immédiate ?*

CHAPITRE 8

LA RIGUEUR ET L'EXACTITUDE

Les notions de rigueur et d'exactitude sont étroitement associées à la vérité, dont elles sont en quelque sorte les conditions nécessaires. Dire le vrai exige rigueur et exactitude. Généralement, l'exactitude fait référence à des erreurs que l'on pourrait qualifier d'*objectives*, tandis que la notion de rigueur réfère à des erreurs d'interprétation ou de raisonnement plutôt considérées comme des erreurs *subjectives*. Comparativement aux notions d'équité et d'intégrité qui laissent encore plus de place à l'interprétation, ce qui alimente souvent un malheureux relativisme, la rigueur est vraisemblablement la plus objective des erreurs subjectives ou, dit autrement, le moins subjectif des principes subjectifs en éthique et en déontologie du journalisme.

Rigueur et exactitude sont également des caractéristiques associées à la démarche intellectuelle du journaliste, nécessaires à la qualité des opérations logiques, des raisonnements et des interprétations qui fondent leurs jugements et dictent leurs comportements professionnels. À titre d'exemple, la rigueur consiste à ne pas faire dire à des chiffres ce qu'ils ne disent pas, ce qui arrive souvent, notamment quand des journalistes interprètent des sondages d'opinion et croient que ces outils de mesure d'une certaine conception de l'*opinion publique* peuvent prédire des événements, des résultats, des comportements, des attitudes, alors que tel est rarement le cas. La rigueur, c'est aussi de ne pas établir de relations de causes à effet entre deux phénomènes sans avoir méticuleusement vérifié si une telle relation existe réellement et si elle est davantage explicative que d'autres causes en présence. Elle se manifeste aussi dans la qualité de l'argumentation et de l'exemplarité des témoignages offerts au public comme on le verra plus loin, tout comme elle enjoint au professionnel soucieux de bien servir le public à ne pas mélanger les genres journalistiques afin de ne pas semer la confusion.

Quant à l'exactitude, elle concerne plutôt la véracité de détails et de faits : un nom, une adresse, l'orthographe d'un nom de rue ou de ville, l'indication précise du secteur où est survenu l'accident, le rappel historique d'un événement qui explique le fait divers ou la nouvelle loi qui entre en vigueur, etc. Le devoir d'exactitude est aussi important que celui de rigueur, mais il demande davantage de recherche, d'enquête et de vérification que de raisonnement. Toutefois, ce dernier ne peut s'exercer convenablement en l'absence de faits indiscutables.

De tous les reproches adressés aux journalistes, ceux ayant trait aux manques de rigueur et d'exactitude sont les plus fréquents, sans doute parce que les plus perceptibles pour le public. Quand il prend connaissance de comptes rendus et de commentaires, surtout ceux traitant d'un thème qu'il connaît bien, le citoyen en arrive souvent à se dire que le journaliste a oublié une foule de petits détails, parfois l'essentiel dans les pires cas, et qu'il ne dit rien de l'histoire non officielle, celle qui explique bien des comportements et déclarations officielles. C'est que le journaliste doit s'en remettre ultimement à des sources d'information et que celles-ci omettent souvent de dévoiler de tels détails. Frost, pour qui la qualité de l'information repose notamment sur la vérité et l'exactitude, souligne que la plupart des gens achètent des journaux parce qu'ils y cherchent de l'information fiable et exacte, si bien que tout média qui prétend fournir une information de qualité devrait faire en sorte de s'assurer de la fiabilité de ses sources d'information (2000, 33). Parfois, c'est le journaliste qui décide de ne pas faire mention de certains détails parce que les contraintes de temps et d'espace le forcent à se limiter à quelques éléments qu'il croit les plus pertinents à la compréhension du public. L'important est que les détails retenus soient véridiques et le plus éclairants possible. L'absence de détails est le plus souvent sans conséquence et ne remet pas en cause la légitimité de la presse, bien qu'elle puisse éroder la crédibilité des informations en éloignant le compte rendu de la vérité. Dans d'autres cas, des erreurs mineures se glissent, malgré la bonne foi et les précautions du journaliste : mauvais prénom, âge incorrect, date confondue, orthographe déficiente, etc. On peut parler d'un manque de rigueur bénin, même s'il est préférable de l'éviter ou de tenter honnêtement de corriger ultérieurement ces erreurs de parcours. Ces dernières sont parfois inévitables car il s'insère une foule de facteurs entre l'origine d'une information et sa diffusion : la formulation originale peut être confuse, ceux qui la communiquent peuvent causer de la distorsion, il peut se révéler des imperfections dans les canaux de communication utilisés, le journaliste peut mal la comprendre et la mésinterpréter; ceux qui assurent la mise en onde ou la mise en pages peuvent la modifier pour des raisons techniques, etc. On doit donc reconnaître que des erreurs peuvent survenir de bonne foi, malgré la vigilance et la vérification, mais ce ne sont pas celles-ci qui se trouvent au cœur de mon propos. Il y a des égarements qui portent davantage à conséquence que l'erreur anecdotique et plusieurs moyens de les éviter existent pour qui prend au sérieux le journalisme et la qualité de l'information à laquelle ont droit les citoyens de la démocratie.

Comme l'a écrit le sociologue Raymond Boudon, paraphrasant lui-même Tocqueville, «nous ne pouvons tester par nous-mêmes qu'un petit nombre des questions sur lesquelles la vie sociale nous impose d'avoir une opinion» (1995, 493), de là l'importance d'une information de qualité de la part des journalistes, car elle supplée à l'impossibilité pour tous d'avoir une connaissance directe des choses qui ont ou risquent d'avoir une incidence sur le cours de leur vie, sur leurs décisions et opinions de toute nature. On ne saurait minimiser l'importance capitale d'une telle considération sans attaquer les fondements mêmes du journalisme.

DES NORMES RÉCURRENTES

Les devoirs de rigueur et d'exactitude sont des normes professionnelles qui s'incarnent dans des règles déontologiques qu'on retrouve dans toutes les sociétés démocratiques. Par exemple, les versions 1975 et 1994 du code de déontologie de l'Associated Press Managing Editors (APME), aux États-Unis, font référence à la responsabilité des journaux (et des journalistes par extension) qu'on associe notamment à l'équité, à la rigueur et à l'honnêteté. La partie du code consacrée à la rigueur journalistique poursuit en affirmant que les médias doivent se prémunir contre les inexactitudes, les négligences, les biais ou les distorsions liés aux exagérations, aux omissions ou aux manipulations technologiques (Fink 1988, 297-298). Le comité de déontologie de la même organisation américaine ajoutait, sous la rubrique du «contexte», que les informations doivent être présentées dans un contexte historique et factuel approprié afin d'assurer la transmission d'un portrait de la situation qui soit équitable et exact (APME 1994).

Le code de déontologie de la principale association de journalistes états-uniens, la Society of Professional Journalists, prescrit à ces derniers le devoir de vérifier l'exactitude des informations provenant de toutes leurs sources et de se montrer vigilants afin d'écarter toute erreur due à l'inadvertance. Bien entendu, on y interdit également toute distorsion délibérée de l'information (SPJ 1996). Pour sa part, l'Association canadienne des directeurs de l'information radio-télévision a produit un code où il est explicitement affirmé que les bulletins de nouvelles et les émissions d'affaires publiques s'attacheront «à présenter les événements dans leur contexte en rapportant l'information d'appui pertinente.» On y ajoute également que le «journalisme électronique a pour but principal d'informer le public d'une façon équilibrée, précise et complète sur des événements importants» (ACDIRT). De son côté, l'Association canadienne des journaux soutient qu'en «présentant une information exacte, équitable, complète, intéressante et courante, les quotidiens s'assurent la fidélité de leurs lecteurs» (ACJ 1995).

En Europe, le même souci d'exactitude se retrouve implicitement dans la *Déclaration des devoirs et des droits des journalistes* quand on y fait mention de l'obligation de «rectifier toute information publiée qui se révèle inexacte» (SNJ)[18]. En Grande-Bretagne, le *Code of Conduct* de la National Union of Journalists se montre tout aussi exigeant à ce chapitre en faisant obligation aux journalistes de propager une information aussi équitable qu'exacte que possible et d'éviter d'exprimer des commentaires et conjectures comme s'il s'agissait de faits établis (BNUJ 1994).

De même, le Conseil de presse du Québec affirme à son tour que les «médias et les journalistes doivent livrer au public une information complète et conforme aux faits et aux événements» (CPQ 1987, 09), ce qui ne peut être interprété que dans le sens d'une information exempte d'omissions majeures et pertinentes à la compréhension des faits et événements rapportés par les journalistes. Dans son analyse des décisions de cet organisme d'autorégulation journalistique, Deschênes observe que l'exactitude de l'information «est une exigence primordiale du CPQ, selon lequel la presse doit apporter les correctifs nécessaires dans les meilleurs délais possibles et remédier rapidement aux torts que des erreurs et inexactitudes peuvent causer» (1966, 66).

Le *Guide de déontologie des journalistes du Québec*, qui est peut-être le plus anglo-saxon des textes déontologiques francophones, reprend l'essentiel de ces règles dans son chapitre consacré aux questions de vérité et de rigueur[19]. On y dit que les journalistes «ont l'obligation de s'assurer de la véracité

18. Une version de 1994 fait état du devoir de rectifier toute information publiée qui se révèle «matériellement inexacte».

19. Ce guide, dont je suis l'initiateur et un des corédacteurs, a été adopté en 1996 au terme de plusieurs mois de consultation. Il s'inspire grandement de la première édition du présent ouvrage.

des faits qu'ils rapportent au terme d'un rigoureux travail de collecte et de vérification des informations» (FPJQ 1996, 8). Au même chapitre, le *Guide* ajoute que les journalistes «doivent situer dans leur contexte les faits et opinions dont ils font état de manière à ce qu'ils soient compréhensibles, sans en exagérer ou diminuer la portée» (p. 8).

Les *Normes et pratiques journalistiques* de la SRC insistent également sur l'importance de l'exactitude de l'information, une des qualités dont dépend la crédibilité qui est «un attribut essentiel à une entreprise d'information» (SRC 2001, 49). On ajoute par ailleurs que la SRC exige pour ses émissions une recherche de grande qualité, ce qui «requiert le souci du détail et un contrôle soigné du contenu» (p. 59). Il y est aussi fait mention que toute recherche implique «de façon explicite ou implicite, d'exposer une hypothèse et de la vérifier. L'hypothèse de base d'une émission doit passer l'épreuve de la recherche parce que, si elle n'était pas vérifiée ou remise en question, le projet aurait une orientation éditoriale dans sa structure même» (p. 59). Au chapitre de l'équilibre, on affirme que «la rigueur professionnelle doit lui permettre (au journaliste) de surmonter ses préjugés et partis pris» (p. 53).

THÈMES MAJEURS LIÉS À LA RIGUEUR JOURNALISTIQUE

Sondages et pseudo-sondages

Pour les besoins de la discussion, je propose de définir le sondage d'opinion comme une enquête statistique qui vise à fournir une mesure quantitative ou qualitative de la répartition de certaines opinions, perceptions ou attitudes parmi les répondants d'une population donnée, à propos de sujets qui les concernent plus ou moins directement, et pour lesquels ils ont plus ou moins de connaissances préalables. Les sondages qui respectent scrupuleusement les règles et méthodes scientifiquement reconnues peuvent prétendre représenter adéquatement, mais toujours imparfaitement, ce que le public pense et perçoit ou comment il réagit face à certains enjeux à la condition que les questions posées soient sans équivoque. Les sondages n'ont aucune prétention de prédiction et leurs résultats doivent toujours être interprétés en tenant compte de leurs marges d'erreur et de leur fidélité. Il faut aussi être conscient de l'existence de biais pouvant en fausser les résultats : l'ordre et le libellé des questions (certains mot connotés pouvant conduire à des réponses différentes que des mots plus neutres), les différentes méthodes de répartition des indécis, la méthode de cueillette (téléphone, lettre, rencontre individuelle, etc.), la marge d'erreur et l'indice de confiance (en se souvenant que la marge d'erreur augmente quand on compare des sous-échantillons), la période pendant laquelle les entrevues ont été réalisées et la présence de réponses mensongères qui ne s'équilibrent pas toujours. Tout cela nous permet de distinguer les sondages des pseudo-sondages, ces derniers ne respectant nullement les règles méthodologiques reconnues comme on le verra plus loin.

Les journalistes et les médias qui les embauchent sont de grands amateurs de sondages d'opinion qui sont une importante source d'informations exclusives quand ils en sont les commanditaires (Warhurst 1991, 123). Ces sondages seront souvent repris et commentés par d'autres médias, ce qui confère aux journalistes qui publient les résultats originaux une certaine notoriété, voire une reconnaissance de professionnalisme. Cela suscite parfois l'envie chez les autres journalistes dont les patrons n'ont pas jugé pertinent d'investir dans ce genre d'enquête. Par ailleurs, les sondages d'opinion permettent aux journalistes de mieux se conformer à l'opinion publique ainsi livrée et empaquetée statistiquement pour assurer leur légitimité dans le jeu politique, face à des acteurs qui, eux, jouissent d'une légitimité élective (Esquenazi 1999, 162). Forts de cette légitimité sondagière, ils peuvent plus facilement poser des questions dont la pertinence repose essentiellement sur les résultats obtenus, ce qui leur permet d'objectiver en quelque sorte leur participation au débat public. Outre le fait que les journalistes ont généralement la conviction que le peuple peut ainsi s'exprimer, l'usage médiatique des sondages est considéré comme un élément fondamental de la liberté de la presse, si bien que les médias ont combattu de nombreuses lois qui interdisaient la publication de nouveaux sondages à quelques jours d'une d'élection. L'usage médiatique des sondages a aussi l'avantage stratégique de fournir de la copie sans nécessiter un grand travail de recherche, d'enquête et même d'analyse. En effet, les sondages sont faciles à utiliser et à traiter puisqu'ils sont souvent livrés aux médias accompagnés d'un résumé analytique ou d'un sommaire produit par la maison de sondage. Il ne reste au journaliste qu'à présenter cela de façon intéressante, en mettant ces résultats dans le contexte des luttes partisanes ou des controverses qui sont à l'ordre du jour, ou à comparer les nouveaux résultats avec des sondages passés.

Cette façon de chercher à évaluer et mesurer ce que le public pense sur différents sujets jouit d'un succès considérable depuis la seconde moitié du XXe siècle. Le recours aux sondages d'opinion réalisés en conformité avec une méthode scientifiquement reconnue a principalement été popularisé par l'usage politique et partisan qui pouvait en être fait dans le cadre de campagnes électorales, certes, mais aussi de la part de nombreux groupes de pression qui cherchent à établir la légitimité sociale, la pertinence et l'importance des enjeux et des problèmes retenant leur attention tout comme des solutions qu'ils proposent. Selon Leo Bogart, les Américains avaient autrefois l'habitude de lire le journal pour se former une opinion, mais maintenant les journaux leur diraient quelle est leur opinion grâce à l'utilisation de sondages (1995, 9). L'usage médiatique des sondages est un phénomène observé de longue date, au point où il arrive même qu'une éditorialiste plaide en faveur d'une «désintoxication» qui se manifesterait par une diminution de leur importance dans la couverture journalistique des campagnes électorales et un accroissement de leur dimension qualitative grâce à des questions plus raffinées et une interprétation plus rigoureuse (Gagnon 2001).

Sachant qu'il existe des conditions de validité des sondages, les journalistes doivent en tirer les conséquences qui s'imposent sur le plan de la rigueur. Cela les incite, dans un premier temps, à considérer les sondages comme des outils stratégiques utilisés par ceux qui veulent influencer l'opinion publique. Afin de protéger le public contre un usage abusif de ces sondages de la part des acteurs sociaux ou contre des interprétations abusives des journalistes eux-mêmes, certaines règles existent depuis longtemps. On les retrouve notamment dans les *Normes et pratiques journalistiques* en vigueur à la Société Radio-Canada qui recommande à ses journalistes de diffuser, en même temps que les résultats, les informations pertinentes sur la méthode utilisée et, au besoin, de signaler les failles méthodologiques à l'auditoire. Ainsi, ces journalistes doivent:

- *Accorder la priorité aux données factuelles tirées du sondage au lieu de leur interprétation et se garder d'accorder une quelconque valeur de prédiction aux résultats de sondages.*
- *Fournir le contexte du sondage: qui l'a réalisé, les allégeances politiques du sondeur s'il y a lieu, etc.*
- *Révéler le nom du commanditaire.*
- *Révéler la population sondée et la période pendant laquelle les entrevues ont été réalisées.*
- *Donner la taille de l'échantillon.*
- *Fournir le taux de réponse et la marge d'erreur.*
- *Il faut aussi se garder d'accorder une quelconque valeur de prédiction aux résultats de sondage* (SRC 2001, 63).

Ces précautions sont également reprises dans un document du *Media Studies Center* qui fait la liste des 20 questions essentielles que devraient se poser les journalistes qui traitent les résultats de sondages. Outre les recommandations énoncées précédemment, on retrouve notamment les questions suivantes :

- *Pourquoi le sondage a-t-il été réalisé ?*
- *Comment ont été choisis les répondants ?*
- *Quelles sont les caractéristiques de l'échantillon sondé ou quel groupe représente-t-il : la société, un corps professionnel, etc. ?*
- *Les réponses sont-elles basées sur l'ensemble de l'échantillon ou bien sur des sous-groupes ?*
- *De quelle façon les sondés ont-il été rejoints : téléphone, courrier, etc. ?*
- *Quel est le libellé exact des questions et dans quel ordre ont-elles été posées ?*
- *Que disent les autres sondages réalisés sur la même question ?*
- *Les résultats méritent-ils d'être diffusés au public ?* (Gawiser et Witt 2000)

Il serait peut-être déraisonnable de rendre ce dernier questionnement obligatoire et de l'élever au rang de devoir professionnel absolu. Toutefois, il faut savoir que ces précautions rejoignent largement celles déjà mises de l'avant par les politologues nord-américains et que diverses recherches indiquent que les informations méthodologiques jugées importantes par les spécialistes ne sont pas toujours divulguées par les journalistes (Beaud 1991, Bastien 2001). Si certains journalistes plaident les contraintes de temps et d'espace, notamment pour ne pas reproduire le libellé exact des questions, le politologue Vincent Lemieux fait valoir pour sa part que ce « n'est pas une raison valable pour qu'ils se soustraient aux règles de déontologie en la matière », tout comme ils devraient faire part de la proportion des « discrets », ceux qui refusent de répondre à certaines questions, car ce chiffre peut-être révélateur (1988, 62-63). Spécialiste de la propagande, le philosophe Randal Marlin y voit une question d'intégrité journalistique et fait valoir que la diffusion du libellé exact des questions permet aux lecteurs de vérifier comment ils y auraient répondu (2002, 123). Une enquête réalisé en 2002 auprès de spécialistes des sondages de 66 pays a révélé que seulement 4 % de ceux-ci estimaient que les journalistes manipulaient très bien les résultats des sondages, alors que 31 % estimaient qu'ils en étaient incapables (ESOMAR 2003, 9).

Néanmoins, la rigueur exige des journalistes qu'ils fassent état des informations méthodologiques de base afin de permettre au public intéressé de porter un jugement éclairé sur les résultats du sondage qui lui sont communiqués. La même rigueur exige qu'ils possèdent une connaissance méthodologique suffisante à l'appréciation des sondages ainsi qu'à leur interprétation afin d'éviter les généralisations hâtives ou de leur attribuer une quelconque valeur prédictive qu'ils ne possèdent généralement que dans certaines circonstances électorales particulières. Il s'agit de connaissances minimales qui leur permettront de distinguer les sondages respectant les règles méthodologiques reconnues des pseudo-sondages.

Contrairement aux sondages scientifiques, les pseudo-sondages ne respectent aucune des principales règles méthodologiques reconnues. Cela a pour conséquence qu'ils ne peuvent prétendre représenter fidèlement la distribution des opinions, attitudes ou perceptions au sein de la population visée. Outre les questions d'ordre méthodologique, ces pseudo-sondages peuvent créer de la confusion au sein du public parce qu'ils sont souvent qualifiés de *sondage* et que leurs résultats sont présentés de façon similaire, notamment par la répartition des répondants qui prend la forme de pourcentages. Au nombre de ces pseudo-sondages, on retrouve les «questions du jour» auxquelles on peut répondre par téléphone ou sur le site Internet du média, les *vox populi* ou micro-trottoirs ou encore les tribunes téléphoniques des stations de radio ou de télévision.

Les pseudo-sondages (*straw polls*) ou sondages non scientifiques font fi des règles méthodologiques et rigoureuses reconnues (Norton-Smith 1994). Leur première source d'erreur est l'autosélection des répondants qui font connaître leur accord ou désaccord en signalant le numéro de téléphone approprié ou par courriel. Aux États-Unis, le National Council on Public Poll affirme qu'il s'agit d'une pratique condamnable justement parce qu'elle ne permet pas de fournir un aperçu représentatif de la population générale (Giobbe 1994, 27). Une enquête réalisée en 1997 auprès de 147 spécialistes des sondages, provenant de 78 pays, révèle que la publication de sondages non scientifiques est considérée comme problématique chez 75 % des répondants (ESOMAR 1997). D'autres experts invitent les médias et les citoyens à se méfier de ce genre de pseudo-sondages en raison de leurs échantillons biaisés et non représentatifs (Wood 1998, 3). Par ailleurs, les téléspectateurs d'un bulletin de nouvelles ne sont pas représentatifs de l'ensemble de la société (Taylor 1994, 48), et ils diffèrent même d'une station de télévision à l'autre, ce qui confirme le biais fondamental de cet échantillon.

De plus, des enquêtes scientifiques indiquent la présence d'écarts importants entre les résultats des sondages scientifiques et ceux des pseudo-sondages médiatiques lorsqu'on pose les mêmes questions. Ainsi, Bates et Harmon (1993) ont comparé les résultats des «questions du jour» avec ceux de sondages d'opinion scientifiques et observé des différences significatives. On y apprend que les individus ayant de solides convictions, comme les activistes en faveur du changement, sont plus enclins à se manifester dans les pseudo-sondages téléphoniques des émissions de télévision, tandis que ceux qui ont des opinions modérées sont moins intéressés à se faire entendre dans ce genre d'exercice, surtout lorsque les réponses possibles sont uniquement OUI ou NON.

De plus, un même répondant peut exprimer son opinion à plusieurs reprises, tout comme les responsables de groupes d'intérêts et de groupes de pression peuvent inciter leurs membres et militants à voter de façon répétitive et massive (Giobbe 1994, 27), accordant ainsi à leurs opinions et idées une présence statistiquement supérieure à leur proportion réelle au sein de la société. Afin de démontrer la facilité avec laquelle on peut manipuler ces pseudo-sondages, David Stark, de la Canadian Association of Marketing Research Organizations, relate avoir voté OUI à 100 reprises à une question posée par un média et les résultats publiés ont fait état de 445 appels pour le OUI représentant 65 % du «vote» exprimé (1997, 21).

Une autre source d'erreur est la formulation des questions, qui est elle-même considérée comme l'une des sources importantes d'erreur ou de distorsion dans les sondages scientifiques où il est de mise de prendre le plus grand soin possible dans le libellé des questions afin de les rendre le moins équivoques que possible.

Par ailleurs, l'existence même des pseudo-sondages et la diffusion de leurs résultats non valides pourraient nuire à la crédibilité des sondages réalisés en conformité avec les normes scientifiques, font valoir tour à tour Stark et Norton-Smith. La Research Industry Coalition affirme de son côté que plusieurs citoyens croient que les pseudo-sondages sont scientifiques, fiables et crédibles, représentatifs de la distribution réelle des opinions au sein du public. Cet organisme américain est également d'avis que la diffusion et la promotion de tels sondages non scientifiques peuvent nuire à la crédibilité des sondages scientifiques.

À l'instar d'autres chercheurs, Norton-Smith ajoute que les sondages ont des effets directs et indirects sur l'opinion publique, ce qui peut avoir des conséquences importantes quand on les utilise pour tenter d'influencer des décisions relatives à diverses politiques publiques. Cette possibilité accroît d'autant la responsabilité des médias aussi bien à l'égard des sondages scientifiques, qui devraient être traités avec minutie, que des pseudo-sondages, qui devraient être abandonnés par simple prudence.

Les pseudo-sondages ne contribuent nullement à un débat public de meilleure qualité puisque les résultats qu'ils livrent à la discussion n'ont aucune validité méthodologique et empirique. On peut même dire qu'ils peuvent diffuser de fausses croyances au sein de la population ou légitimer des opinions aberrantes qui nuisent finalement au savoir collectif et individuel. Rossman (1997, 52) rapporte les résultats d'un tel pseudo-sondage, réalisé pour le 20e anniversaire de la mort d'Elvis Presley, quand des auditeurs de 1 000 stations de radio ont été invités à exprimer leur opinion à ce sujet, et qu'on a observé que 56 % d'entre eux croyaient que le King était toujours vivant! Est-il possible de croire que tel est l'état réel de l'opinion publique à ce sujet?

C'est en raison de leurs nombreux biais méthodologiques que certains médias refusent de tenir de tels pseudo-sondages, ou encore d'en diffuser les résultats lorsqu'ils sont réalisés par des tiers. Par exemple, la directrice des sondages du *Los Angeles Times*, Susan Pinkus, estime qu'il ne faut pas publier les résultats de tels pseudo-sondages pour les motifs énoncés plus haut (ASNE 1998), une politique également en vigueur dans plusieurs médias américains (Giobbe 1994, 27). Affirmant que les «sondages qui ne sont pas faits selon une méthode reconnue ne fournissent pas des résultats valides ni d'information fiable», les *Normes et pratiques journalistiques* de la Société Radio-Canada ajoutent que les votes téléphoniques ne produisent pas d'information fiable et sont généralement trompeurs, si bien que «Radio-Canada ne prend pas de votes téléphoniques ni ne diffuse les résultats de tels "votes"» (SRC 2001, 64). Une politique similaire est en vigueur à la BBC.

À la lumière des considérations exposées plus haut, on peut avancer que c'est surtout dans le but d'intéresser et de divertir leur public respectif que les médias ont recours à de tels pseudo-sondages, car la fonction d'information de ces derniers est à peu près nulle et ils peuvent même créer de la confusion. Bien qu'elle soit populaire, la formule de la *question du jour* n'a rien à voir avec l'intérêt public ou encore avec le souci de bien informer les téléspectateurs, mais elle a beaucoup à voir avec l'intérêt médiatique de divertir les gens afin d'accroître les cotes d'écoute et, ce faisant, les revenus et profits de la station de télévision.

S'il n'existe pas de règle déontologique interdisant explicitement la diffusion des résultats de pseudo-sondages, les règles de rigueur et d'exactitude, tout comme le principe de vérité, plaident fortement contre une telle pratique. L'entreprise de presse qui désire malgré tout poursuivre ce genre de pratique devrait prendre toutes les précautions permettant d'atténuer les conséquences néfastes de cette décision, tout en acceptant d'être imputable lorsque cette pratique nuit sans justification à la réputation de certains citoyens. Le public a quant à lui tout intérêt à être pleinement en mesure d'évaluer la crédibilité de telles pratiques, comme le suggère le Conseil de presse d'Australie (2001). Les règles et précautions permettant au public d'évaluer en connaissance de cause la qualité douteuse des résultats des pseudo-sondages reposent largement sur les mises en garde que les entreprises de presse devraient faire indiquant que :

- *la proportion des accords et désaccords manifestés aux questions posées ne reflète nullement l'état réel de l'opinion publique et il est impossible de savoir quel est l'écart avec la réalité ;*
- *il n'y a aucun moyen d'empêcher un individu ou des groupes de pression de se donner le mot pour téléphoner massivement afin de faire bien paraître l'opinion qu'ils défendent ;*
- *on n'a pas évalué au préalable si la formulation de la question pouvait prêter à confusion auprès d'un échantillon de répondants ;*
- *les résultats obtenus ne reflètent que le point de vue de ceux qui ont téléphoné (il serait même plus juste de donner le nombre d'appels en faveur de chaque option plutôt que de présenter des pourcentages qui accordent une apparence de scientificité à l'affaire).*

Une seconde critique qu'on peut adresser à la formule de la «*question du jour*» est qu'il s'agit souvent ni plus ni moins d'un appel au peuple pour condamner ou appuyer des décisions ou comportements ayant fait l'objet d'une couverture journalistique à l'intérieur du bulletin de nouvelles ou dans les pages du journal. Or, il arrive que ces couvertures ne respectent pas les règles de l'art, que l'information qui en résulte soit peu fiable et que la question du pseudo-sondage expose plutôt les «victimes» du journalisme à l'opprobre social qui a parfois des allures de lynchage médiatique. Compte tenu de l'absence de validité des résultats des *questions du jour*, le média qui persiste tout de même à y recourir afin de divertir son public devrait faire preuve de la plus grande prudence et éviter de proposer au public des questions pouvant nuire à la réputation de ceux qui font directement ou indirectement les frais de cette décision - ceux dont on a parlé lors des reportages. La présence de tels pseudo-sondages n'a rien à voir avec l'information véridique, rigoureuse et exacte à laquelle le public a un droit légitime, mais tout à voir avec l'intérêt médiatique et économique de l'entreprise. Dans ce contexte, il est très difficile de pouvoir justifier que la viabilité économique d'une entreprise et de ses employés puisse s'exercer aux dépens des droits et libertés des citoyens.

Le manque de fiabilité des pseudo-sondages ne doit toutefois pas engendrer une confiance aveugle en faveur des résultats obtenus des sondages qui respectent les règles de la méthode scientifique. Au contraire, il existe de nombreux points de vue critiques quant aux limites qualitatives et quantitatives des sondages d'opinion. Sans aller dans les détails d'un débat qui relève surtout de la science politique, il suffit de dire que ces critiques reposent principalement sur deux grandes catégories de points de vue. La première soutient que les sondages faussent le débat public alors que la seconde attaque directement la validité et la qualité des réponses obtenues par des questionnements qui seraient aux limites du simulacre et de l'artifice. Il y a lieu, donc, de se montrer prudent face à l'usage des sondages scientifiques dont l'interprétation rigoureuse, de la part des journalistes, demeure vraisemblablement la meilleure garantie de leur utilité sociale.

Arguments de qualité et témoignages exemplaires

Le mandat quotidien des journalistes repose avant tout sur un travail de collecte d'informations qui seront par la suite sélectionnées, traitées, mises en forme et diffusées. Toutes ces étapes impliquent les devoirs de rigueur et d'exactitude, entre autres valeurs importantes. Au moment de la collecte de l'information, le journaliste est en interaction avec des sources d'information de natures diverses : individus peu familiarisés avec les médias ou spécialistes de la communication publique, documents officiels ou brouillons de travail, sources anonymes ou porte-parole tirant profit de leur exposition médiatique, etc.

Les sources d'information se veulent le plus souvent persuasives et ont recours à divers types de témoignages, d'exemples et d'arguments afin de persuader le public par l'intermédiaire des journalistes, bien que l'émergence des nouveaux médias atténue l'importance vitale que ces derniers ont dans les stratégies de communication. Si l'éthique de la communication publique et les différents encadrements déontologiques des communicateurs publics plaident à la fois pour la vérité, la rigueur et l'exactitude de l'information qu'ils diffusent, bon nombre de stratégies de communication reposent néanmoins sur des témoignages, des exemples et des arguments fragiles et potentiellement trompeurs pour le public. Le droit de ce dernier à une information de qualité dicte ainsi un devoir de rigueur journalistique qui prend la forme d'une vigilance à l'égard des procédés persuasifs qui relèvent tantôt de l'ignorance, tantôt de l'incompétence, tantôt de la ruse de la part des sources d'information. Ce même devoir de rigueur prescrit aux journalistes de résister à la tentation de s'adonner eux aussi à ces formes de persuasion qui cherchent avant tout à extorquer le consentement des autres plutôt qu'à les convaincre par l'usage de la raison. On verra un peu plus loin quelques-uns des principaux pièges de l'argumentation dite fallacieuse, mais il convient d'abord de traiter de la qualité des exemples et témoignages que les journalistes choisissent de présenter au public afin d'illustrer des événements, des problèmes sociaux ou des situations particulières.

Ces témoignages et exemples n'échappent pas au devoir de rigueur en cela qu'ils doivent être représentatifs et typiques des problèmes et situations qu'ils sont censés refléter. En effet, le recours à des exemples atypiques ou des témoignages douteux afin d'informer le public de problèmes courants peut laisser croire que l'exception devient la règle générale ou qu'une situation est plus dramatique et répandue que ce n'est réellement le cas. Les journalistes ont recours à des témoignages qu'ils assimilent à des exemples devant illustrer ou soutenir la validité de la réalité qu'ils souhaitent mettre en relief. Les exemples ou témoignages sont des arguments de fait, avance le spécialiste Michael Sproule. Ces arguments de fait ont généralement une fonction de généralisation. L'exemple (ou le témoignage utilisé par les journalistes) est un cas individuel et concret qui encourage une généralisation abstraite. La condition fondamentale de sa validité est de savoir s'il correspond réellement à la réalité, si cela a été vérifié ou peut l'être, et s'il peut prétendre à cette généralisation. Il doit aussi être confronté à des contre-exemples pour tester sa solidité (Sproule 1980). Par exemple, pour mettre en évidence le fait qu'un ordre professionnel quelconque ne s'occupe pas convenablement de la protection du public, notamment en traitant avec laxisme et désinvolture les plaintes qui lui sont acheminées relativement à certains de ses membres, le journaliste doit se baser sur quelques cas typiques et représentatifs, en somme des cas exemplaires, et non pas y aller de généralisations hâtives fondées sur un ou deux cas atypiques dont le force de persuasion n'a d'égal que le risque de mésinformation. La représentativité des exemples mis de l'avant pour appuyer une conclusion est incontournable dans le cadre d'un discours argumentatif valide, c'est-à-dire qui cherche à convaincre ou à informer sur la base d'arguments de faits valides.

Argumenter vrai

La rigueur journalistique passe également par la qualité de l'argumentation mise en place pour convaincre le public de la véracité des faits qui lui sont communiqués ou encore de la justesse des opinions, commentaires, chroniques et éditoriaux qu'on lui propose. Ces arguments sont des affirmations, des propositions ou des interprétations qui reposent sur des informations obtenues de sources diverses (individus, documents, expérience, etc.).

À ce chapitre, il est reconnu que tous les types d'arguments ne sont pas acceptables lorsqu'on s'inscrit dans une dynamique orientée vers la recherche de la vérité, comme c'est le cas du journalisme. Rappelons la distinction que fait Habermas à propos de deux types de discours. Il y d'abord ceux orientés vers l'intercompréhension (agir communicationnel) et ceux orientés vers le succès (agir stratégique). Si l'agir stratégique peut être fondé sur la manipulation symbolique, l'illusion ou la déformation grâce au langage, l'agir communicationnel cherche davantage à obtenir l'adhésion éclairée sur la base d'une argumentation rationnelle exempte de procédés visant à extorquer cette adhésion comme il l'exprime lui-même :

> *« Les processus d'intercompréhension visent une entente qui dépend de l'adhésion, rationnellement motivée, au contenu d'une expression. Cette entente ne peut pas être imposée à l'autre partie, pas plus qu'elle ne peut être extorquée au partenaire par une quelconque manipulation ; ce qui résulte manifestement d'une pression extérieure ne peut pas être pris en ligne de compte en tant qu'entente. Celle-ci repose constamment sur des convictions communes » (Habermas 1992, 770).*

La fonction stratégique de l'argumentation - qui vise avant tout à persuader les autres afin de les rallier à nos conclusions, à nos idées ou à nos positions - incite certains à recourir à des arguments dits fallacieux, c'est-à-dire qu'ils utilisent des arguments qui nous incitent à adhérer à certaines conclusions pour de mauvaises raisons, même si ces arguments semblent valides *a priori*. Plantin affirme ainsi que le paralogisme (*fallacy*) est « une argumentation (une inférence) non valide, dont la forme rappelle celle d'une argumentation valide » (1996, 30). La fonction d'intercompréhension est quant à elle liée à la recherche (toujours modeste) de la vérité, c'est-à-dire convaincre les autres de la valeur de notre point de vue en s'appuyant seulement sur des arguments valides et rationnels. C'est cette seconde fonction qui distingue l'information journalistique de la propagande et de la désinformation.

Plusieurs types d'arguments fallacieux peuvent indûment persuader le public[20]. Dans bien des cas, l'usage de tels arguments est la marque des spécialistes de la communication stratégique et des relations publiques qui ont ce qu'il convient d'appeler une relation instrumentale avec la vérité. Les journalistes, eux, doivent opérer sur deux fronts. Premièrement, ils doivent être en mesure de décoder ces tentatives de persuasion de la part de sources qui visent à persuader le public par l'intermédiaire des médias. On comprend l'importance de la vigilance journalistique à cet égard pour quiconque veut servir l'intérêt public en lui communiquant des informations de qualité. Deuxièmement, ils doivent renoncer à recourir à de tels arguments quand ils interprètent, commentent et critiquent les événements et les acteurs sociaux qui retiennent leur attention. La vigilance des journalistes doit donc s'appliquer à leur propre argumentation aussi bien qu'à celle d'autrui. Sans prétendre à l'exhaustivité, voici une liste des principaux arguments fallacieux qui risquent de se retrouver dans les médias quand la rigueur n'est pas au rendez-vous.

L'attaque *ad hominem*

Ce type d'argument fallacieux se retrouve quand on s'en prend à une personne et non à ses propositions afin de persuader qu'elle a tort. Cela peut prendre plusieurs formes. On peut attaquer la nationalité, les prétendues motivations, les croyances religieuses ou le caractère de la personne visée. On peut aussi s'en prendre à une personne par association, à cause des personnes avec qui elle est en relation. L'attaque *ad hominem* peut être abusive (c'est-à-dire attaquer directement la personne par l'injure ou l'ironie), circonstancielle (s'attaquer aux relations entre la personne et des circonstances personnelles, par exemple en doutant de ses motivations réelles) ou relever de la mise en contradiction (lorsqu'une personne ne pratique pas ce qu'elle prêche, ce qui est toutefois parfois justifiable sur le plan journalistique). Dans tous les cas, on cherche à faire dévier le débat non plus sur les propositions ou les positions défendues par une personne, mais bien sur ses caractéristiques personnelles. En somme, cela revient à dire qu'une proposition serait recevable en fonction de la tête du client ou de sa probité présumée, or des individus peu recommandables ou hideux peuvent parfois tenir des propos sensés qui méritent un examen approprié.

20. De nombreux ouvrages sont consacrés à l'argumentation mais un intéressant survol est offert sur Internet par Stephen Downes, qui offre son *Guide to the Logical Fallacies* (http://www.intrepidsoftware.com/fallacy/welcome.php), lequel inspire la typologie sommaire suggérée ici.

L'accent

L'accent consiste à insister sur un mot ou une expression afin de suggérer une signification différente ou contraire du contenu qu'on communique (EEmeren *et al.*, 1987, 87). Ce qui, bien entendu, avantage le locuteur au détriment de celui dont il parle. L'accent est utilisé notamment pour faire de l'ironie. Par exemple, on pourrait dire que *le premier ministre a été* ***sobre*** *dans ses commentaires*, en insistant sur le mot ***sobre*** et en insinuant qu'il était ivre ou a l'habitude de l'être, le tout dans le but de discréditer ses commentaires, au lieu de les attaquer et de les critiquer sur leur contenu réel.

Faux dilemmes

Ce type d'argument consiste à présenter un nombre limité d'options (habituellement deux) alors qu'il peut y en avoir plusieurs en réalité. Le faux dilemme est une utilisation illégitime de l'opérateur logique «ou» et laisse croire que la vérité est obligatoirement dans une des deux propositions en occultant les autres réponses possibles. On y retrouve des expressions telles: *Vous êtes avec moi ou vous êtes contre moi! Il faut être malhonnête ou bien stupide... Ceux qui ne veulent pas la guerre au terrorisme sont leurs complices*, etc. On peut pourtant diverger d'opinion avec quelqu'un et démontrer que cette différence n'est pas nécessairement incompatible avec des valeurs importantes. On peut aussi commettre des erreurs de bonne foi, par manque de temps ou d'information, sans être stupide ni malhonnête.

Équivoque

Ce type d'argument consiste à utiliser le même mot en lui attribuant deux significations différentes. Par exemple, un animateur radiophonique pourrait volontairement jouer sur l'équivoque du terme ***cobaye*** qui désigne, «un petit rongeur sud-américain, très employé en laboratoire pour les essais pharmaceutiques», mais qui signifie aussi «personne sur qui l'on fait une expérience susceptible de lui nuire» (Larousse 1986, 1995). Il pourrait ainsi chercher à attaquer l'intégrité et la réputation d'un scientifique et persuader ses auditeurs qu'un patient participant à une recherche clinique n'était rien de plus qu'un «rat de laboratoire» pour ce chercheur, puisque ce terme est généralement associé à des recherches en laboratoire, alors que le terme approprié et reconnu en recherche médicale est celui de ***sujet*** ou ***participant***, ce qui tient compte du consentement éclairé du patient ayant accepté de faire partie du protocole de recherche.

L'argument d'ignorance

Il s'agit d'arguments qui postulent que, si une chose n'a pas été démontrée vraie, elle est donc fausse. À l'inverse, ce type d'argument postule que, si une chose n'a pas été démontrée fausse, elle est donc vraie. Or, nous savons ou devrions savoir que le manque de preuve n'est pas une preuve. Un exemple de l'argument d'ignorance consiste à soutenir que si les scientifiques ne peuvent pas prouver que l'effet de serre aura bel et bien lieu, alors ce ne sera sans doute pas le cas. L'argument d'ignorance a connu un âge d'or quand il était utilisé par les compagnies de tabac pour s'opposer aux lois et règlements contre le tabagisme, aussi longtemps que la relation causale entre tabac et cancer n'a pas été démontrée hors de tout doute. Il est souvent évoqué de nos jours par ceux qui s'opposent aux mesures et règlements visant à protéger l'environnement contre la pollution.

La pente savonneuse

Afin de persuader qu'une proposition est inacceptable, une source d'information affirme qu'une suite d'événements également inacceptables en découleront inévitablement. L'argument de la pente savonneuse est une utilisation illégitime de l'opérateur logique « si, alors ». Un exemple classique est celui des opposants à toute législation contre le tabac qui ne peut mener, selon eux, qu'à d'autres lois réprimant des droits individuels. On a vu des gens affirmer que les lois anti-tabac ouvraient automatiquement la porte à des lois contre la consommation de café. Des opposants aux lois sur le contrôle des armes à feu y voient également un présage d'autres lois restreignant leurs droits individuels pouvant même conduire à un régime totalitaire. Donc, il ne faudrait pas légiférer en matière de tabac ni de port d'armes. En 2003, face aux débats relativement au mariage des homosexuels, on a vu des opposants faire valoir ce type d'argument en avançant que le fait d'accepter le mariage entre personnes du même sexe allait conduire à accepter le mariage entre un père et sa fille, une femme et son chien, etc. Cependant, il est loin d'être assuré que les événements néfastes anticipés découlent nécessairement de la proposition défendue. Le fardeau de la preuve repose sur les épaules de ceux qui tiennent de tels propos et les journalistes doivent exiger une démonstration convaincante là où les sources d'information aimeraient bien se contenter d'évoquer simplement de telles chaînes de conséquences. On peut aussi montrer que la proposition peut conduire à d'autres possibilités que celles anticipées.

L'appel à la peur

La source nous prévient que des conséquences déplaisantes nous attendent si nous ne sommes pas d'accord avec elle (*Vous êtes mieux de croire que j'ai raison sinon gare à votre emploi!*), mais il est évident que cette menace n'est aucunement reliée à la véracité ou à la fausseté de la proposition ou de l'argument mis de l'avant. Plutôt que de recourir à la raison pour obtenir le consentement d'autrui, on fait appel à la peur et aux émotions.

L'appel à la pitié

Il arrive qu'un individu demande notre accord, ou à tout le moins nous demande de ne pas être en désaccord avec lui, en faisant valoir la pénible situation dans laquelle il se trouve ou se trouvera si nous n'adhérons pas à son propos. L'exemple classique est celui de l'individu qui demande au journaliste de ne pas parler d'un sujet d'intérêt public sous prétexte que cela peut lui causer des ennuis sérieux avec son patron ou sa famille (dans le cadre de procédures judiciaires, par exemple). C'est une autre forme de recours aux émotions alors qu'en réalité la rationalité doit être de mise et que l'état piteux de l'interlocuteur n'a rien à voir avec la validité de son énoncé. Certes, le journaliste peut faire preuve d'un certain degré de compréhension, mais il arrive que l'information porte malheureusement un préjudice à l'endroit de certaines personnes en raison de l'intérêt que le public a d'en prendre connaissance.

L'appel aux conséquences

Une personne fait valoir les conséquences agréables ou désagréables d'une proposition afin de démontrer que celle-ci est vraie ou fausse, mais sans la discuter sur le fond. Cet argument ressemble à celui de la pente glissante, mais insiste sur l'aspect émotif (perte de liberté, de dignité, mise en question de nos croyances et valeurs, etc.). Le cas classique est celui qui refuse de croire à l'évolution des espèces et vous dit que si cela était vrai, alors nous ne serions guère mieux que les singes et les chimpanzés. Pour s'extirper de ce genre d'argument, il suffit d'établir la proposition relative aux conséquences anticipées et de montrer qu'il peut en être autrement, que ce ne sont pas les vraies conséquences de la proposition, ou qu'il n'en est rien nécessairement.

Le langage préjudiciable

Des expressions chargées ou émotives sont associées à des valeurs ou des notions morales qui sont généralement perçues comme bonnes (*Les gens qui ont du bon sens pensent que l'école doit rester confessionnelle*), alors que le fait d'être en désaccord ne prouve aucunement que l'on manque de bon sens.

L'appel au nombre

Une proposition est admise pour vraie parce qu'un grand nombre de personnes y croient ou sont d'accord avec elle (*Le peuple ne peut pas se tromper*). On parle d'appel aux émotions parce que la population est souvent perçue comme un tout en soi, une entité humaine qui ne peut se tromper et à laquelle on aime généralement être associé au lieu d'être marginalisé.

L'appel à l'autorité

S'il est quelquefois approprié de citer une autorité ou une sommité pour supporter un point de vue ou une conclusion, bien souvent ce n'est pas le cas (*L'astrophysicien X est d'accord avec moi pour dire que l'autisme est dû à un manque d'affection de la mère*). Un appel à l'autorité est inapproprié si la personne n'a pas la compétence pour avoir une opinion d'expert sur la question, quand les spécialistes de la question ne s'entendent pas entre eux, ou lorsque le spécialiste faisait une blague, qu'il était ivre ou qu'il n'était pas sérieux au moment de tenir certains propos. Le ouï-dire se retrouve parfois dans cette catégorie, car il repose sur des sources de seconde main. Dans certains cas, l'appel est fait à des autorités anonymes.

L'homme de paille

Une personne attaque une position après l'avoir caricaturée ou affaiblie, si bien qu'elle n'est plus identique à la position défendue (*Les médias cherchent simplement à faire de l'argent. On peut donc les traiter comme d'autres entreprises privées et les réglementer complètement*).

Comme le démontre assez clairement cette typologie sommaire, le journalisme ne peut pas faire l'économie de la rigueur sur le plan des arguments qui sont diffusés au public si l'on souhaite bien informer ce dernier. Certes, il ne revient pas aux journalistes de censurer de tels arguments, mais ils doivent être en mesure d'en comprendre les failles et de s'en méfier. Le journaliste d'information doit être en mesure d'en saisir la fragilité afin de leur accorder l'importance qu'ils méritent, tandis que le journaliste d'opinion peut à la fois dénoncer de tels procédés de la part des acteurs publics et éviter lui-même d'y avoir recours.

La confusion des genres

L'information peut être livrée au public sous divers modes nommés genres journalistiques (nouvelle et compte rendu, reportage, analyse, éditorial, commentaire, chronique, critique, etc.). Il est reconnu de longue date que la rigueur journalistique passe notamment par le respect des frontières séparant les genres journalistiques afin que le lecteur sache qu'il a tantôt affaire à un compte rendu factuel des événements, tantôt à un commentaire, une critique ou un éditorial. On a même déjà comparé journalisme et épicerie en affirmant que les genres journalistiques devraient être aussi clairement désignés que les emballages de produits alimentaires afin de bien informer le consommateur (O'Brien 1995, 109-110). À l'instar de nombreux organismes et textes normatifs en journalisme, le Conseil de presse du Québec affirme que le respect des genres journalistiques s'impose «afin que le public ne soit pas induit en erreur sur l'information qu'il croit recevoir» (CPQ 1987, 12). Le *Guide de déontologie des journalistes du Québec* ajoute que les journalistes :

> *«... doivent départager soigneusement ce qui relève de leur opinion personnelle, de l'analyse et de l'information factuelle afin de ne pas engendrer de confusion dans le public. (...) Dans des genres journalistiques comme les éditoriaux, les chroniques et les billets ou dans le journalisme engagé, où l'expression des opinions prend une large part, les journalistes doivent tout autant respecter les faits.» (FPJQ 1996, 8-9)*

Cette obligation de la distinction des genres journalistiques est souvent considérée parmi les principales, sinon comme la principale norme qui distingue le journalisme anglo-saxon du journalisme européen, lequel serait plus tolérant face à ce mélange des genres. On a déjà suggéré que la vague du nouveau journalisme des années 1970 a consisté en quelque sorte à «européaniser» le journalisme nord-américain sous prétexte que la norme de l'objectivité journalistique, qui consiste notamment à distinguer faits et commentaires, n'a jamais été une valeur journalistique importante en Europe (Donsbach et Klett 1993).

Pourtant, un survol de certains textes normatifs indique que cette préoccupation est loin d'être absente en Europe. Par exemple, la charte du quotidien *Libération*, revue en 1991, mentionne que même si l'humeur et la subjectivité font partie de la tradition journalistique en France, il reste :

> *«... qu'au minimum nous devons nous interdire l'opinion de "contrebande" : de la sélection intéressée d'informations au détriment d'autres, à l'usage insidieux d'adjectifs ou d'adverbes dans le corps d'articles ou la rédaction de synthèses à partir de dépêches. Le moins qu'on puisse demander à une*

opinion, c'est de s'exprimer en pleine clarté et sous la responsabilité de son auteur.» (*Libération 1997*)

En Belgique, un code commun à plusieurs associations de journalistes et entreprises de presse insiste également sur une distinction évidente des faits et des opinions en prescrivant que la «séparation entre la relation des faits et les commentaires doit être bien visible»[21]. On affirme la même chose dans le Code de conduite national des journalistes du Danemark, adopté en 1992, où il est prescrit de bien indiquer ce qui est une information factuelle et ce qui est commentaire[22]. Des énoncés du même genre se retrouvent, sous différentes formes, dans des codes de déontologie de journalistes à Chypre, en Pologne, en Grande-Bretagne, en Lettonie, en Norvège, en Slovénie, en Suède ainsi que chez les membres de la Federation of International Editors of Journal[23]. De son côté, Jean-Marie Charon a perçu, chez les journalistes français, un «renforcement de l'influence anglo-saxonne (qui) conduit d'ailleurs à introduire une règle de séparation dans la construction des articles, opposant la présentation des faits au commentaire» (1993, 59).

Il est par ailleurs permis de croire que l'incidence de la télévision, qui favorise l'émotion et la subjectivité plutôt que l'explication neutre des événements, ajoutée à la pression économique qui caractérise la gestion moderne des entreprises de presse nord-américaines a commencé à effriter le respect de cette norme professionnelle, mais il ne semble pas que celle-ci soit encore radicalement remise en cause, du moins ouvertement. Du reste, cette norme, comme tant d'autres, n'a sans doute jamais été respectée de manière absolue et l'analyse éthique qu'on peut faire de chaque cas observé portera davantage sur les circonstances et les conséquences de cet écart afin de déterminer s'il s'agit de dérogation ou de transgression.

À la lumière de ces références normatives, il est permis d'affirmer que la distinction des genres journalistiques n'est pas une caractéristique propre à l'approche anglo-saxonne et que le consensus repose sur le besoin d'aviser clairement le public du type d'information auquel il a affaire dans le but de ne pas l'induire en erreur. Peut-être la confusion qui semble exister à l'endroit de la

---

21. Voir à ce sujet les principes de journalisme adopté par l'ABEJ, la FNHI et l'AGJPB, 1982 (http://www.agjpb.be/index2.htm).

22. Voir le *Denmark National Code of Conduct* (www.ijnet.org/Code_of_Ethics2/Denmark__National_Code_of_Conduct.html).

23. Selon une recension de l'organisme britannique PressWise Trust (http://www.presswise.org.uk/Comment.htm).

tradition anglo-saxonne repose-t-elle sur l'importance accordée à cette norme dans la rhétorique journalistique en Amérique. Selon Charron et de Bonville, la «distinction entre le contenu exprimant des opinions et celui rapportant des informations» est au nombre des caractéristiques structurelles stables qui ont marqué le journalisme nord-américain pendant tout le XXe siècle (1997, 24). Ailleurs, de Bonville y voit même l'un des traits de la presse contemporaine (1995, 30).

Il est pertinent d'ajouter que la distinction des genres journalistiques est une norme professionnelle qui prend tout son sens en fonction des attentes du public, lesquelles attentes varient d'une culture à l'autre, d'une communauté à l'autre. Ainsi, si le public européen ou un certain lectorat particulier ne s'attend pas à un cloisonnement des genres journalistiques liés aux faits ou aux opinions, peut-on raisonnablement soutenir qu'il y a dans un tel décloisonnement un cas de *confusion* des genres? La confusion naîtrait plutôt de l'ignorance ou d'attentes déçues. Dans un contexte où un public donné sait qu'il a affaire à un amalgame de faits et de commentaires au sein du même article ou reportage, il serait plus juste de parler de *mélange* ou d'*hybridation* des genres. Le critère normatif à retenir sera donc étroitement relié aux attentes du public ainsi qu'à la transparence des médias et des journalistes qui ont l'obligation d'indiquer quelle posture ils adoptent entre le cloisonnement et le mélange des genres. Cette façon de voir la question concède aux journalistes la liberté d'interpréter, de commenter et de critiquer l'actualité, mais cette liberté est liée au devoir de divulgation explicite ou de transparence qui protège le public contre une forme de persuasion clandestine contraire au principe de la rigueur journalistique.

Si les professionnels du journalisme et de la communication publique sont en général capables de distinguer facilement les genres journalistiques, il n'en va pas nécessairement de même du public qui n'a pas la même connaissance pratique ou théorique de ce champ. Une enquête menée auprès de 34 ombudsmans américains a mis en évidence que nombre des lecteurs ne font tout simplement pas la différence entre la nouvelle, le commentaire, l'analyse ou l'éditorial (Bridges et Bridges 1995). Quiconque a observé les réactions des gens aux messages journalistiques a pu constater régulièrement ce phénomène de confusion de la part de citoyens qui reprochent aux journalistes de propager leurs opinions là où ils ne font que rapporter légitimement celles des autres, ou encore on reproche aux journalistes de ne pas être «objectifs»[24] ou impartiaux

24. Nous aborderons plus loin cette notion troublante qu'est l'objectivité journalistique.

alors qu'ils s'appliquent, justement, à faire valoir leur opinion dans le cadre de commentaires, de critiques ou d'éditoriaux. Un important travail d'éducation aux médias demeure à faire dans les sociétés démocratiques afin de préparer les citoyens à porter des jugements à la fois plus documentés, plus justes et plus équitables sur le travail journalistique. Cela leur permettrait d'être des consommateurs mieux avisés et d'entretenir à l'égard des médias et des journalistes des attentes raisonnables. De même, un devoir fondamental de transparence et d'imputabilité échoit aux professionnels de l'information pour favoriser la compréhension du public quant au rôle démocratique des médias d'information, mais aussi pour se montrer à la hauteur des responsabilités sociales qu'ils assument en échange des libertés et privilèges sociaux qui leur sont reconnus.

THÈMES MAJEURS LIÉS À L'EXACTITUDE

Bien qu'il existe une connexion entre les notions de rigueur et d'exactitude, il est approprié de les traiter séparément afin de mieux en faire ressortir les différences. On l'a vu, la rigueur est étroitement associée avec le raisonnement logique qui favorise la qualité interprétative et l'appréciation de l'importance de certains faits dans l'explication et la compréhension des événements et phénomènes retenant l'attention des journalistes. La rigueur est liée à l'usage de la raison dans l'évaluation des causes tout aussi bien que dans les procédés argumentatifs utilisés. L'exactitude, quant à elle, est une notion plus modeste en cela qu'elle ne prétend qu'à la stricte conformité entre les faits de la réalité observée et les propositions ou affirmations relatives à cette réalité. Si la rigueur a une dimension subjective sans être impressionniste ou arbitraire, l'exactitude – par l'importance qu'elle accorde à la factualité – est sans doute la norme journalistique la plus près de l'objectivité, la moins contestable en quelque sorte, car le référent (un fait historique, une date de naissance, un nom, un lieu, etc.) fait l'objet d'un consensus qui ne peut être soumis aux aléas ou aux caprices de la subjectivité. L'exactitude comme norme journalistique est le plus souvent associée à l'adéquation entre la réalité et le compte rendu, mais on la retrouve aussi en ce qui concerne les titres qui coiffent les articles de journaux, ou encore dans la présentation qui précède la diffusion d'un reportage dans les médias électroniques.

Les titres

Il arrive fréquemment que soit dénoncé le manque de rigueur des titres qui coiffent les articles et reportages journalistiques. Par définition, le titre se veut accrocheur, il cherche à capter l'attention du public lecteur, auditeur ou téléspectateur. À la fois concis, direct et percutant, le titre s'avère un défi à l'imagination et à la créativité des journalistes dans la mesure où ils ne peuvent enfreindre leur devoir de rigueur et d'exactitude. Outre que les titres doivent refléter fidèlement le contenu de la nouvelle ou du reportage qu'ils présentent pour ne pas piéger le public, leur rigueur et leur exactitude facilitent la lecture et la compréhension de l'information. Sur le plan cognitif, nous possédons des schèmes de connaissances acquises au fil des années, véritables noyaux qui sont activés par la lecture des titres et nous prédisposent à intégrer la nouvelle information à des connaissances préalables. Lorsque le titre reflète le contenu informatif de l'article ou du reportage, cela facilite l'intégration de l'information grâce aux prédispositions cognitives activées. Mais lorsque le titre est trompeur, il mobilise des connaissances préalables incompatibles avec l'information que l'on va traiter, si bien que cela nécessite une correction de l'attention et augmente les risques d'erreurs de compréhension et d'interprétation, comme en témoignent bon nombre de recherches empiriques en psychologie (Leòn 1997, 86). Par exemple, une recherche a été réalisée pour déterminer si la formulation du titre d'un article de journal aidait ou facilitait la compréhension de l'article en question. Les chercheurs ont pris des articles auxquels ils ont associé divers titres, certains titres étaient très conformes au texte de l'article, d'autres l'étaient moins et portaient à confusion. Ils ont soumis ces articles à des groupes de lecteurs pour évaluer ensuite leur compréhension de la nouvelle. Les chercheurs se sont rendu compte que les titres qui reflétaient bien le contenu de l'article facilitaient sa compréhension, alors que les autres obligeaient les lecteurs à être plus attentifs pour comprendre l'article parce que le titre trompeur les avait prédisposés à comprendre et à interpréter d'une certaine façon l'histoire racontée. Cette recherche suggère fortement que la rigueur et l'exactitude journalistiques doivent s'appliquer aussi bien dans la démarche que dans l'écriture et la présentation de l'article ou du reportage si l'on prétend servir le public. Cette obligation n'est pas seulement une valeur théorique ou abstraite, elle a une utilité pratique qu'on a parfois tendance à sous-estimer dans les salles de rédaction, quand on est aux prises avec les contingences quotidiennes, l'heure de tombée n'étant pas la moindre.

En plus de cette raison purement cognitive, l'exactitude des faits rapportés par les journalistes est en quelque sorte associée au respect du public dont les journalistes et les médias sollicitent l'attention. L'exactitude est donc à la fois un tribut à payer sur le plan de l'information mais aussi sur le plan du respect dû aux autres. Par son exactitude, le titre ne sollicite pas indûment l'attention du public. Le respect de ce devoir est en soi un puissant antidote aux dérives sensationnalistes qui sont régulièrement reprochées aux médias. Le titre exact n'exagère ni ne déforme la portée des informations qu'il devance. Dans sa section consacrée aux principes de vérité et de rigueur, le *Guide de déontologie des journalistes du Québec* ne fait que confirmer ce principe de base de la profession quand il affirme que les «titres et présentations des articles et reportages ne doivent pas exagérer ni induire en erreur» (FPJQ 19996, 8). Cette prescription est reprise dans bon nombre de textes déontologiques évoqués plus haut.

Les citations

Les journalistes émaillent leurs articles et reportages de citations. Le respect de l'intégrité des citations rapportées au public se pose généralement davantage dans les comptes rendus de la presse écrite, car la presse électronique nous offre le plus souvent l'extrait sonore qui constitue la diffusion de la citation exacte retenue. Pour les journalistes de la presse écrite, l'usage des citations implique une réécriture de ce qui a été dit. Le fait de mettre entre guillemets une séquence de mots est en quelque sorte un avertissement, sinon un engagement indiquant que ces mots ont réellement été prononcés par la personne citée. Il ne saurait donc être question d'inventer ou de bricoler des citations sous prétexte que de telles paroles auraient pu être dites.

En général, l'exactitude en matière de citation ne pose un problème moral que lorsque le journaliste veut modifier l'intégralité des propos, notamment afin de les débarrasser des hésitations, répétitions ou erreurs de syntaxe du locuteur. On peut alors se demander jusqu'où est-il permis de modifier l'intégralité d'une citation.

La règle déontologique reconnue est que la citation entre guillemets doit être exactement ce qui a été dit, mais on peut aussi résumer, rapporter, synthétiser ou paraphraser des déclarations. Tout cela doit se faire sans dénaturer le sens des propos rapportés. Pour des raisons de commodité, on peut corriger un mot mal prononcé, peut-être une syntaxe déficiente, mais changer les mots est déjà un pas de trop dans certaines circonstances. Un truc du métier est de faire une phrase à l'intérieur de laquelle on citera textuellement quelques-uns ou plusieurs mots de la source, quitte à résumer le reste afin d'éviter les fautes du language parlé et à ajouter certaines précisions à l'intérieur même de la citation. La glose, l'omission et l'incise permettent d'adapter la citation en fonction du style journalistique retenu.

Au Québec, le *Guide de déontologie* dit que les «journalistes doivent respecter fidèlement le sens des propos qu'ils rapportent. Les citations, les rapprochements, les ajouts sonores, etc. ou leur séquence ne doivent pas dénaturer le sens de ces propos» (1996, 9). Cette formulation laisse ouverte la question de modifier ou non ce qui est entre guillemets, mais les principes de rigueur et d'exactitude s'y opposent.

Du côté des États-Unis, le code de l'APME affirme que les citations doivent être précises et refléter équitablement le contexte des conversations. Bien que des journaux aient des normes plus sévères, ce texte note qu'il y a peu de mal au fait d'altérer la citation pour des raisons grammaticales afin de la rendre moins confuse ou pour que le locuteur ne soit pas ridiculisé (notamment par un lapsus). Modifier la citation pour en retirer les échanges non pertinents à l'article est aussi accepté.

L'exactitude des citations passe aussi par la séquence dans laquelle elles sont présentées. Le code de l'APME insiste sur le fait que la modification de la séquence ne doit aucunement altérer le sens original des propos afin de ne pas créer de confusion, de mésentente ou une mauvaise impression. Ce genre de prescriptions se retrouve explicitement ou implicitement dans bon nombre de textes normatifs.

Les rectifications

On le sait, le journalisme s'exerce souvent dans la précipitation, en raison de contraintes de temps et d'espace ainsi que d'une relative ignorance du journaliste à l'égard du sujet sur lequel il se penche. Ces limites inhérentes au travail d'informateur plaident bien entendu en faveur du fait d'accorder une très grande attention aux notions de rigueur et d'exactitude afin d'éviter autant que faire se peut les erreurs, grandes et petites, banales ou dramatiques. Il arrive toutefois, malgré toute la prudence dont puisse faire preuve le journaliste et son organisation de travail, que se glissent des erreurs dans le reportage, le compte rendu ou l'opinion diffusé au public. La bonne foi des journalistes ne saurait être un prétexte pour refuser de corriger de telles erreurs qui nuisent à la qualité de l'information à laquelle a droit le public. Un devoir de correction ou de rectification s'impose donc en tout temps, mais il devient encore plus impérieux et absolu dans les cas où le travail journalistique a été négligent, quand il n'a pas été à la hauteur des règles de l'art.

À cet effet, bon nombre de textes normatifs confirment sans détour l'importance de corriger rapidement et complètement le traitement injuste infligé à quiconque par les médias. Ainsi, dans son analyse des décisions du Conseil de presse du Québec, Deschênes observe que l'exactitude de l'information «est une exigence primordiale du CPQ, selon lequel la presse doit apporter les correctifs nécessaires dans les meilleurs délais possibles et remédier rapidement aux torts que des erreurs et inexactitudes peuvent causer» (1996, 66). En Europe, le même souci d'exactitude se retrouve implicitement dans la *Déclaration des devoirs et des droits des journalistes* quand on y fait mention de l'obligation de «rectifier toute information publiée qui se révèle inexacte»[25]. Le *Guide de déontologie des journalistes* du Québec prescrit à ces derniers le devoir de «corriger leurs erreurs avec diligence et de façon appropriée au tort causé» (FPJQ 1996, 8). Dans la même veine, la Société Radio-Canada admet qu'elle doit reconnaître:

> *«... une erreur qu'elle a commise dès qu'elle la constate. En agissant autrement, en s'obstinant à défendre un contenu d'émission de mauvais goût, contraire à la déontologie ou entachée d'erreurs, Radio-Canada minerait fatalement sa crédibilité.» (SRC 2001, 121)*[26]

La correction des erreurs, ce qui implique leur admission, relèverait donc à la fois des principes de l'exactitude et de l'équité journalistique. Il semble même qu'on puisse ajouter que les rectificatifs devaient satisfaire à deux exigences fondamentales. La première concerne la rapidité avec laquelle on accepte de corriger les erreurs afin d'atténuer les torts réels causés à ceux qui en sont victimes. La seconde porte sur l'exhaustivité des correctifs qui devraient reprendre point par point les faussetés diffusées et les corriger explicitement.

Malheureusement, ce n'est pas ainsi que les choses se déroulent le plus souvent, les journalistes tout comme ceux qui les emploient ayant traditionnellement beaucoup de réticence à faire de telles admissions. Une analyse exhaustive des décisions de l'ombudsman de la Société Radio-Canada a permis de constater que la SRC et ses journalistes reconnaissent très rarement leurs erreurs[27]. Dans son rapport annuel 1996-1997, l'ombudsman invitait même les directions générales de l'information à s'interroger «très sérieusement sur la possibilité d'une correction en ondes» quand il donne raison à un plaignant. Il estime que cela est lié à l'obligation de réparation quand une erreur est commise, en conformité avec les *NPJ* mais qu'elle «n'est à peu près jamais

---

25. Voir le code du Syndicat national des journalistes (http://www.globenet.org/snj/deontologie/munich.html). Une version de 1994 fait état du devoir de rectifier toute information publiée qui se révèle «matériellement inexacte».

26. Notons que la version 1993 de ces *NPJ* stipulait que les «erreurs de fait doivent être corrigées rapidement, de façon claire, pour respecter les principes d'exactitude et d'équité» (SRC 1993, p. 10 et 91).

27. Ces données proviennent d'une recherche intitulée *Analyse exploratoire de l'étendue, l'évolution et l'accomplissement du mandat de l'ombudsman des services français de la Société Radio-Canada (1992 à 2002)*, Ottawa, juillet 2002, 258 p. Les résultats ont été publiés dans différentes revues scientifiques (*Cahiers du journalisme, Canadian Journal of Communication, Communication*).

respectée». Il demande que les directions laissent tomber «l'approche éminemment juridique» qui consiste à corriger une erreur, sous forme de rétractation, pour éviter une poursuite judiciaire. «La simple éthique exige aussi qu'il y ait réparation lorsqu'il y a eu faute. Il n'y a pas de déshonneur à reconnaître le plus simplement du monde que telle information n'a pas respecté rigoureusement» un principe ou une norme journalistique (SRC 1996-1997, 8).

Il ne serait pas vraiment utile de pousser plus loin la présente argumentation en ce qui regarde l'importance de corriger promptement et équitablement les erreurs commises. Il suffit simplement d'avoir démontré le lien étroit qui réunit rigueur, exactitude et droit du public à une information de qualité.

MATIÈRE À DÉLIBÉRATION :

Cas 1 : *Vous êtes un journaliste radiophonique dont la tâche consiste à faire une revue matinale des éditoriaux des journaux de votre région. Un bon matin, vous lisez une chronique d'un journaliste spécialisé en économie, selon lequel un consultant en gestion d'entreprise a donné de mauvais conseils à un client qui a ensuite fait faillite. De plus, ce consultant serait impossible à joindre, selon le journal, car il n'est plus en affaires. Vous reprenez cette information sans la vérifier, mais il s'avère que le consultant en question est toujours en affaires et que les informations diffusées par le journal sont fausses. Que faites-vous? Attendez-vous que le journal se rétracte? Faites-vous enquête?*

Cas 2: *Vous êtes stagiaire dans un quotidien d'une grande ville où une importante opération policière a mis au jour l'existence d'un réseau de prostitution juvénile ayant des personnalités publiques comme clients. Plusieurs semaines plus tard, pour un dossier tout à fait étranger à cette affaire criminelle, vous faites une entrevue avec un homme qui porte le même nom qu'une de ces personnalités accusées. Convaincu qu'il s'agit de la même personne, vous écrivez un long article pour signaler l'incongruité de laisser un tel individu être le porte-parole d'un important projet privé. Mais le jour de la publication, votre source vous informe qu'il y a eu confusion, que vous vous êtes trompé. Que faites-vous: vous publiez dès le lendemain une petite «précision» en page 2 du journal? Vous laissez la source corriger votre erreur en lui accordant un espace important dans une prochaine édition? Vous décidez plutôt de publier dès le lendemain un article de longueur moyenne pour corriger rapidement et complètement les erreurs de la veille?*

CHAPITRE 9

L'ÉQUITÉ EN TROIS TEMPS

« [...] les actes nuisibles aux autres requièrent un traitement totalement différent. Empiéter sur leurs droits, leur infliger une perte ou un préjudice que ne justifient pas ses propres droits, user de fausseté ou de duplicité à leur égard, profiter à leurs dépens d'avantages déloyaux ou simplement peu généreux, voire même s'abstenir par égoïsme de les préserver de quelque tort, c'est encourir à juste titre la réprobation morale et, dans les cas graves, les sanctions ou punitions morales. »

John STUART MILL (1990, 181-182)

« Le primat des faits sur les valeurs n'est qu'une des faces du postmoralisme médiatique. Dans sa réalité concrète, l'information est également une marchandise qui se vend en cherchant un public élargi; dans ces conditions, c'est un mixte de neutralité et de sensationnalisme, d'objectivité et de spectaculaire que présentent les media engagés dans une concurrence commerciale permanente. »

(LIPOVETSKY 1992, 56)

L'équité est au nombre des valeurs centrales du journalisme, du noyau dur de l'éthique et de la déontologie de l'information, avec le service de l'intérêt public, la vérité, la rigueur, l'exactitude, l'impartialité et l'intégrité. Au fil des années, et notamment en raison de l'importance croissante accordée aux droits individuels dans les sociétés démocratiques, elle est devenue une préoccupation majeure compte tenu des conséquences dévastatrices liées à certaines pratiques journalistiques. Ainsi, la prestigieuse *Nieman Foundation* annonçait, en 2001, la création d'un nouveau prix en journalisme, le prix de l'équité qui a été remis pour la première fois au printemps 2002 (Giles 2002, 3).

L'équité met en jeu trois dimensions importantes du journalisme qui se produisent également en trois temps. Il y a en premier lieu une *équité procédurale* qui concerne les méthodes de collecte d'information, lesquelles doivent être transparentes et justes, sauf dans des cas extrêmes que le journaliste a toujours le devoir de justifier, comme on le verra. Vient ensuite l'*équité dans le traitement des informations* diffusées, laquelle s'impose dans la sélection des informations pertinentes afin de ne pas causer un préjudice injustifié aux gens mis en cause, d'une part, et permettre au public de se faire une opinion adéquate des faits, des événements et des gens dont il a été question, d'autre part. Troisièmement, l'équité journalistique se manifeste par le *devoir de suite*, c'est-à-dire par le suivi accordé aux sujets et événements ayant fait l'objet d'une couverture médiatique significative, surtout lorsque cette couverture a pu susciter des doutes quant à l'intégrité, l'honnêteté ou la réputation d'individus, de groupes ou d'associations diverses. C'est pourquoi il est permis de dire que l'équité se vit en trois temps : collecte de l'information dans un premier temps, traitement de l'information en vue de sa diffusion dans un deuxième temps, et suivi de l'information pour informer le public des développements survenus dans un troisième temps.

L'équité, en journalisme comme ailleurs, est souvent une question d'équilibre, de proportionnalité, de respect de la dignité humaine, de justice naturelle. Dans le préambule des *Normes et pratiques journalistiques* de la Société Radio-Canada, on affirme que les « médias électroniques en particulier ont l'obligation de présenter une information équitable, exacte, complète et équilibrée » (SRC 2001, 20). Plus loin, on définit l'équité comme une information qui « rapporte les faits pertinents, reflète impartialement les points de vue significatifs et traite avec justice et dignité les personnes, les institutions, les problèmes et les événements » (p. 48-49). Dans un de ses rapports annuels, l'ombudsman de la SRC affirme que l'objectif du principe d'équité est d'assurer que « tout ce qui fait l'objet d'une information, qui est, en quelque sorte, en amont de la diffusion, sources d'information, individus, institutions, événements, soit traité avec dignité et justice » (SRC 1996, 4). Ce qui est compatible avec deux des trois volets de l'équité déjà mentionnés, puisque le suivi de l'information se fait en aval d'une première diffusion. Dans une autre décision, il avance une définition plus large encore, bien qu'elle soit assez impressionniste, selon laquelle l'équité :

> *« … évoque plutôt des valeurs de justice, de moralité, d'impartialité et ne peut ultimement reposer que sur la conscience et l'intégrité professionnelle des journalistes. L'équité dépend de très nombreux facteurs non quantifiables, non pondérables sinon par un sixième sens que développe le jour-*

> *naliste... Le temps d'antenne alloué, l'orientation du message, l'auditoire atteint, l'environnement visuel ou sonore, un sourire, un silence, un sous-entendu, un angle de caméra, le captage d'une image comme des chaises vides par exemple, etc., etc., et tant d'autres facteurs constituent autant d'éléments qu'il faut bien mesurer»* pour se conformer aux NPJ.» *(SRC 1996, 55)*

Par ailleurs, l'énoncé des «valeurs fondamentales du journalisme» du *Guide de déontologie* de la FPJQ estime que les journalistes basent leur travail sur des valeurs, telle «l'équité qui les amène à considérer tous les citoyens comme égaux devant la presse comme ils le sont devant la loi» (FPJQ 1996, 7).

De son côté, Allen H. Neuharth, fondateur du quotidien *USA Today* et du *Freedom Forum*, un organisme américain voué à la défense de la liberté de la presse, est d'avis que les médias pourront rétablir leur crédibilité, cesser d'avoir mauvaise réputation et protéger leur liberté si les journalistes acceptent de mettre la rigueur et l'équité au sommet de leurs priorités professionnelles (Arvidson 2000). Cela rejoint largement le point de vue exprimé dès le début de l'ouvrage en ce qui concerne l'importance du respect des normes professionnelles, eu égard à la légitimité et à la liberté du journalisme.

Notion complexe s'il en est une, l'équité est bien plus que simplement donner «l'autre côté de la médaille» ou tenter de communiquer avec les individus avant la diffusion de l'article ou du reportage qui les met en cause et peut les faire mal paraître. Cette norme professionnelle implique que les acteurs d'une nouvelle soient traités de manière similaire afin qu'aucun ne soit désavantagé à cause du comportement du journaliste. Le Conseil de presse du Québec reconnaît avec raison que l'information diffusée par les médias fait l'objet de choix, mais:

> *«... ces choix doivent être faits dans un esprit d'équité et de justice. Ils ne se mesurent pas seulement de façon quantitative, sur la base d'une seule édition ou d'une seule émission, non plus qu'au nombre de lignes ou au temps d'antenne, mais aussi de façon qualitative, tout étant fonction de l'importance de l'information et de son degré d'intérêt public.» (CPQ 1987, 9)*

L'équité est un pilier normatif du journalisme à au moins trois égards: sur le plan procédural, il assure le respect des droits des individus auxquels il reconnaît autonomie et dignité; sur le plan du traitement de l'information, il œuvre à favoriser une sélection et une présentation appropriée des informations obtenues afin de se conformer au devoir de vérité; sur le plan du suivi accordé aux informations diffusées, il rend justice aux individus et aux groupes qui ont été dans la mire des médias, sur lesquels ont pesé certains soupçons, et qui ont connu un dénouement soit favorable, soit défavorable. Ainsi, l'équité serait en quelque sorte l'antidote normatif au sensationnalisme médiatique qui se matérialise bien souvent pas des méthodes de collecte et de traitement de l'information qui trompent les individus, les privent parfois de leur autonomie, de leur liberté, de leur droit au silence et à la réputation, de leur droit à se défendre en réfutant des accusations provenant de sources d'information identifiables plutôt qu'anonymes. Plusieurs thèmes sont régulièrement associés à ces trois volets de l'équité.

DE LA TROMPERIE EN GÉNÉRAL

La tromperie a mauvaise presse chez les auteurs qui s'intéressent au journalisme. Tromper volontairement le public et son employeur est qualifié de comportement irresponsable (Cooper 1989a, 33). Olen y voit un acte grave parce que la société a implicitement convenu que l'on était en droit d'attendre que les autres disent la vérité (1988, 3). Cette «vertu» ne concerne pas seulement les journalistes, selon Smythe, qui en étend l'obligation morale à toutes les professions (1989, 362).

Dans cet esprit, taire sa fonction de journaliste à des gens avec qui on converse, mentir afin d'obtenir des informations ou encore rendre compte de situations fictives sont autant d'exemples de situations de communication trompeuse. Or, l'éthique de la communication repose notamment sur les trois piliers que sont l'authenticité, la liberté et la responsabilité (Van der Meiden 1980, 13). Cet auteur ajoute qu'un communicateur authentique doit être fiable en paroles aussi bien qu'en actes, et ses actes ne doivent pas contredire ses paroles. Ce communicateur doit aussi respecter la liberté des autres, et on verra, au moment d'aborder la question des mensonges, que certains auteurs voient en ceux-ci une négation de la liberté des «victimes» de ces mensonges. Enfin, le public s'attendrait à ce que les journalistes résistent, d'une part, à la manipulation des sources et, d'autre part, à la tentation de manipuler eux-mêmes leurs publics (Klaidman et Beauchamp 1987, 181-182).

Opposés à ceux qui soulèvent les implications morales des différentes formes de tromperie, il y a ceux qui prétendent que l'être humain préfère être trompé plutôt que de connaître la vérité, car la vérité serait un lourd fardeau à porter. C'est un peu ce que le philosophe Descartes voulait signifier quand il affirmait: «*Qui accroît sa science accroît sa douleur.*» Cooper croit que cette vision est partagée, entre autres, par les magiciens, les politologues, les publicitaires et les maquilleurs (1989a, 29). Sa liste n'est sans doute pas exhaustive. On pourrait y ajouter certains journalistes, financiers, chefs syndicaux, etc. En effet, il n'est pas rare d'entendre des arguments de ce type pour justifier des attitudes qui, autrement, seraient injustifiables.

Mais qu'est-ce exactement que la tromperie? Corson, Wokutch et Cox ont suggéré une «définition technique et formelle» que nous rapporte Gauthier (1990, 131). Selon eux, *X* trompe *Y* si et seulement si: *X* incite *Y* à adhérer à certaines croyances fausses *(b)* et *X* veut ou espère que ses actions amènent effectivement *Y* à croire *b*. Dans ce second cas, c'est l'intention de tromper qui est en cause, si bien que l'on peut dire que, même si la ruse ne réussit pas, il y a tout de même eu tromperie (Elliott et Culver 1992, 71).

À côté de cette définition, celle que suggèrent Christians et Covert est passablement réductrice puisque, à leur avis, la tromperie est simplement le contraire de la vérité (1980, 30). C'est faire peu de cas de la distinction entre tromperie active et tromperie passive. La seconde peut être illustrée par le journaliste qui ne se présente pas comme tel mais n'emprunte pas non plus une autre identité, tout en sachant très bien que les gens qu'il côtoie ne savent pas qui il est réellement et peuvent lui confier des informations qu'ils ne confieraient pas à un journaliste. Cela est-il contraire à la vérité? Pas vraiment, mais on peut parler de tromperie par omission. La tromperie active est plus évidente quand le journaliste se fait carrément passer pour un autre afin d'accéder à des sources et en tirer des informations. On voit qu'il y a dans la tromperie l'intention de cacher la vérité, quand ce n'est pas de faire croire au faux.

LA RÈGLE DOMINANTE : NE JAMAIS TROMPER

En journalisme, il existe un large consensus relativement à la règle déontologique devant dominer les pratiques en matière de collecte de l'information: celle-ci doit être colligée de façon ouverte et par des moyens honnêtes (Juusela 1991, White 1989, Lambeth 1986, Barroso Assenjo 1989). On estime que les gens qui accordent des entrevues ont le droit de savoir deux choses importantes: premièrement, qu'ils sont effectivement en situation d'entrevue; deuxièmement, comment et dans quel contexte leurs déclarations seront utilisées (Cooper *et al.* 1989, 294). Cette règle est assez proche de celle qui gouverne les différentes professions de la santé, surtout en ce qui concerne la recherche clinique. L'un des principes de la bioéthique, comme le rappelle Bourgeault, est que la personne ou le groupe faisant l'objet d'une intervention doit pouvoir y consentir «c'est-à-dire décider d'y participer et de maintenir sa participation, et aussi [...] gardant toujours l'initiative et le contrôle des actions qui touchent directement à sa vie, y collaborer comme sujet» (1989, 57). Si l'on accepte le moindrement le principe kantien selon lequel l'être humain ne doit pas être un moyen d'action mais plutôt une finalité à servir, il doit en principe fournir un consentement éclairé, c'est-à-dire fondé sur les vrais motifs, et cela est aussi vrai pour le médecin clinicien que pour le journaliste. Il importe toutefois d'ajouter que le respect intégral de l'impératif catégorique de Kant n'est pas la posture éthique proposée dans le présent ouvrage qui plaide plutôt en faveur de la dérogation raisonnée et justifiée des normes professionnelles par opposition à leur transgression arbitraire ou à leur respect aveugle.

Le code de déontologie du syndicat national des journalistes britanniques stipule que les journalistes ne doivent pas mentir ou recourir à une fausse identité afin d'obtenir des informations, sauf si l'intérêt public est en jeu de façon évidente[28]. Le code du Conseil de presse d'Australie (2001) va dans le même sens[29] tandis que le code de la Finlande contient des règles stipulant que l'information ne doit être acquise que par des moyens honnêtes et qu'il ne faut recourir à des méthodes autres que si les informations sont importantes et ne peuvent pas être obtenues autrement[30].

Aux États-Unis, le code de la principale association de journalistes, la Société des journalistes professionnels, prescrit d'éviter «de travailler sous l'anonymat ou de recourir à d'autres méthodes clandestines pour recueillir des informations, sauf quand les méthodes traditionnelles ne permettent pas de transmettre des données essentielles au public. L'utilisation de méthodes clandestines doit être expliquée dans le reportage[31].»

Les tromperies des journalistes peuvent potentiellement faire deux catégories de «victimes»: le public en tant que récepteur auquel sont destinés les fruits du travail, ainsi que les sources d'information. Il semble que le fait de tromper le public a toujours été reconnu comme une transgression importante de la déontologie professionnelle, alors que tromper les sources a été moins

---

28. Voir le *Code of Conduct* du British National Union of Journalists, adopté en 1994 (http://www.uta.fi/ethicnet/uk.html). Le *Code of Practice* de la Press Complaints Commission, adopté en 1997, va dans le même sens (http://www.uta.fi/ethicnet/uk2.html).

29. Voir à ce sujet les prescriptions en matière de respect de la vie privée http://www.presscouncil.org.au/pcsite/priv_stand.html).

30. Voir les *Guidelines for Good Journalistic Practice* en vigueur depuis 1992 (http://www.uta.fi/ethicnet/finland.html).

31. Voir la version française du code qui a été révisé en 1996 (http://spj.org/ethics_codef.asp).

souvent dénoncé publiquement (Rivers et Mathiews 1988, 85). Cela peut s'expliquer par le fait que le mandat premier des journalistes est de servir l'intérêt public, si bien qu'il peut difficilement à la fois tromper et servir efficacement le public. On l'a vu, le public n'a aucun intérêt rationnel à être trompé ou induit en erreur. Pour ce qui est des sources d'information, il est permis de croire qu'il faille parfois les tromper afin de servir l'intérêt public, lorsque les intérêts des sources divergent de façon radicale de ceux du public, comme c'est le cas, par exemple, des milieux du crime organisé ou de la corruption au sein des gouvernements. Mais ils s'en trouvent pour soutenir que la malhonnêteté de ceux que l'on veut dénoncer ne justifie pas le recours à des méthodes malhonnêtes et trompeuses. C'est notamment l'avis de McDonald qui croit que le meilleur antidote à la déviance politique des élus est l'intégrité journalistique. Selon lui, puisque la sincérité n'est pas une vertu politique, elle devrait être une vertu journalistique (1975, 69).

D'après Lambeth, l'un des principaux motifs qui poussent les journalistes à recourir aux diverses formes de tromperie demeure la concurrence entre les médias qui cherchent à accroître leur part de marché respective aux dépens des autres (1986, 10). Dans ce contexte, la fin justifie facilement les moyens puisque les journalistes ont peu à se soucier des sentiments et des droits des personnes avec qui ils doivent transiger. Il est permis de croire que la pression économique qui pèse sur les pratiques journalistiques des médias privés et publics n'a fait qu'augmenter ces dernières années. Mais il y a plus que la concurrence économique des entreprises de presse. En fait, on pourrait dire que le comportement des journalistes reflète celui des autres professionnels. Partout, on rencontre des acteurs sociaux plus ou moins sensibles aux autres dans leur quête d'avantages personnels, comme nous le prouvent quotidiennement les comptes rendus journalistiques provenant des palais de justice ou des comités de déontologie de différentes professions. La différence, en ce qui concerne les journalistes, c'est qu'ils affirment travailler dans «l'industrie de la vérité», ce qui complique beaucoup leur tâche quand vient le temps de justifier les formes de tromperie auxquelles ils ont eu recours.

Critères généraux

Nous savons que la règle déontologique dominante prescrit de ne pas tromper les gens, qu'il s'agisse du public ou des sources d'information. Mais comme toute règle doit souffrir quelques exceptions, il s'impose de suggérer ici quelques critères généraux qui permettront ou bien de justifier une dérogation à la règle dominante ou bien de la respecter.

Il convient d'affirmer en premier lieu que toute pratique trompeuse à l'égard du public traîne avec elle une obligation inhérente de justification, car la fin ne justifie pas toujours les moyens. Par ailleurs, cette justification est trop facile lorsque le journaliste n'a de comptes à rendre qu'à lui-même, si bien que le premier des critères généraux suggérés est la justification du journaliste auprès de ceux qui seront les premiers touchés par son comportement ou qui pourront en débattre de façon objective. Cette exigence, soulevée par divers auteurs (Bovée 1991, 142; Christians et Covert 1980, 51) oblige donc le journaliste qui veut employer des méthodes trompeuses à s'expliquer publiquement. Le journaliste devrait donc se demander s'il pourra **justifier publiquement son comportement professionnel**.

Se justifier ne signifie pas rechercher le consentement public, et encore moins celui des gens qui auront été directement trompés. Contrairement à la recherche médicale et scientifique, où les sujets trompés doivent donner leur consentement après coup afin que les chercheurs puissent utiliser les données recueillies, les sujets trompés par le journaliste n'ont pas ce privilège, puisque cela reviendrait à leur accorder un droit de *veto*, soit le droit absolu d'interdire la publication d'informations importantes pour l'intérêt public parce qu'elles nuisent à leurs intérêts particuliers. Certes, la meilleure justification que puisse faire valoir un journaliste demeure le consentement éclairé des personnes qu'il a dû tromper pour arriver à ses fins. Mais cela ne saurait être une condition absolue pour justifier le recours à des méthodes comme celles discutées ici. Se justifier signifie expliquer, faire valoir les raisons qui sous-tendent sa décision de recourir aux différentes formes de tromperie, tenter de faire comprendre ses motifs, étayer sa décision, et tant mieux si cet exercice suscite le consentement public. L'objectif visé est que le journaliste ne doit pas avoir honte des méthodes de travail qu'il emploie; s'il sait qu'il en aura honte, il serait préférable d'y renoncer. Lambeth propose même que les méthodes employées et les justifications du journaliste fassent partie intégrale des reportages (1986, 31). De même, John Whale, alors éditorialiste du *Sunday Times* de Londres, avançait que les journalistes ne devraient employer que les moyens qu'ils sont en mesure de publier dans leurs reportages (Merrill 1975, 69).

Pour certaines formes spécifiques de tromperie, tel le recours à la fausse identité dont il sera question plus loin, le journaliste voulant recourir à des moyens trompeurs devra aussi considérer le critère suivant: **quels changements positifs faut-il attendre et sont-ils supérieurs aux inconvénients causés?** (Goodwin 1986, 61). Le journaliste qui se pose une telle question devra y répondre positivement s'il veut déroger à la règle déontologique dominante.

Un code de déontologie des journalistes turcs a déjà proposé le **critère temporel** quand vient le temps d'évaluer l'urgence de publier une information confidentielle. Il semble que l'on pourrait encore utiliser ce critère dans la justification des méthodes trompeuses en avançant le principe selon lequel **est urgente la diffusion de toute information dont le délai aurait des effets néfastes pour le public en général ou le priverait de retombées positives prévisibles. Dans un tel cas, l'urgence de la diffusion pourrait justifier le recours à des moyens trompeurs**. S'il n'y a pas urgence, le journaliste devrait chercher à obtenir les informations désirées en se mettant en quête de sources diverses : intervenants, documents, etc.

L'éthicienne Deni Elliott a pour sa part conçu un bref questionnaire auquel les journalistes peuvent se soumettre quand ils envisagent de recourir à certaines pratiques douteuses. Ces questions peuvent s'appliquer à l'ensemble des méthodes trompeuses, bien qu'elles aient été suggérées pour les situations de reportages à l'insu des sources, cas où les journalistes cachent leur identité. Voici quelques-unes de ces questions qui seront répétées au moment de proposer des critères spécifiques concernant le recours aux fausses identités :

- *Pourquoi le public a-t-il besoin de ces informations ?*
- *Est-ce que les gens du public accepteraient cette méthode si, au bout du compte, les résultats escomptés n'étaient pas atteints ?*
- *Ai-je épuisé tous les autres moyens d'obtenir cette information ?*
- *Est-ce que la situation que je veux exposer mérite le recours à des moyens trompeurs ? Cela va-t-il modifier favorablement les choses ? Ce changement est-il assez considérable pour compenser la perte de confiance éventuelle du public envers ma profession ?*

Nous venons de faire un tour d'horizon des arguments et des principes relatifs à la règle de déontologie dominante en matière de tromperies journalistiques. Y ont été abordés un certain nombre de critères éthiques généraux. Je vais maintenant me pencher plus précisément, et de façon successive, sur les différentes méthodes trompeuses que sont le recours à une fausse identité, au mensonge, aux simulations et à l'espionnage. Ces méthodes sont le plus souvent en rupture avec l'équité procédurale. Plus loin, on retrouvera d'autres pratiques en rupture avec l'équité dans le traitement de l'information, notamment le recours aux sources anonymes et l'omission de faits importants. La question de l'équité dans le suivi accordé aux événements ayant fait l'objet d'une couverture journalistique sera abordée en fin de chapitre.

L'ÉQUITÉ PROCÉDURALE

Comme on l'a vu, l'équité procédurale fait surtout référence aux méthodes de collecte d'information qui doivent être transparentes, mais bon nombre de pratiques journalistiques s'éloignent de cette norme reconnue. Il convient de s'interroger à leur sujet et de faire valoir, le cas échéant, les critères pertinents qui serviront à la prise de décision fondée en raison de ce qui est peut-être considéré comme des procédés déloyaux, clandestins et trompeurs. Avec la vérité comme pivot central de sa profession, le journaliste est pourtant mal venu de recourir aux diverses formes de tromperie afin d'en arriver à ses fins. Mais il n'est pas rare de voir des journalistes recourir aux tromperies au nom de la vérité.

Le recours à de tels procédés doit toujours être justifiable, eu égard aux valeurs de la profession, et il importe de préciser tout de suite que l'équité s'impose comme un devoir presque absolu quand le journaliste a affaire à des individus peu familiarisés avec les médias. Ces derniers se trouvent *a priori* dans une position désavantageuse et méritent qu'on leur explique clairement les conséquences de leur participation au travail de collecte d'information, ce qui n'est pas le cas avec les individus qui ont souvent l'occasion de côtoyer les journalistes dans le cours normal de leur travail (relations publiques, attachés de presse, porte-parole, personnalités publiques, etc.). Il y a lieu d'ajouter que le fait d'avoir affaire à des gens habitués aux médias ne permet pas nécessairement au journaliste de ne pas tenir compte de ses obligations en matière d'équité.

L'entrevue d'embuscade

La technique de l'embuscade consiste généralement à surprendre quelqu'un, à l'improviste, pour lui mettre un microphone ou une caméra devant le visage afin de profiter de l'effet de surprise pour obtenir des images fortes qui permettent de montrer le prétendu «déviant» de façon défavorable. Ce procédé, auquel ont recours plusieurs journalistes de la télévision, fait l'objet de dénonciations répétées, même de la part de journalistes qui y ont recouru à plusieurs reprises mais refusent d'en être les *victimes*, comme en témoigne les cas de Sam Donaldson, journaliste américain de ABC, qui a lui-même longtemps utilité cette méthode mais s'est élevé contre elle le jour où il en a lui-même été victime (Wolper 1995).

Les commentateurs et les critiques des médias ont observé que cette technique est utilisée souvent pour donner un caractère dramatique et sensationnel à l'information, en vue d'avoir de meilleures cotes d'écoute et de devancer la concurrence (Broadcasting & Cable 1996, 4-9; Goldberg 2000, 53; Alter 1986, 35-36). L'objectif premier n'est pas de mieux informer, mais de séduire l'auditoire. Selon Ellen Goodman, du *Boston Globe*, la technique de l'embuscade est une façon de forcer quelqu'un à témoigner contre lui-même, tandis que l'ex-président de CBS et ex-professeur de journalisme à l'Université de Columbia, Fred Friendly, considère que ce genre d'entrevue est le «plus salaud des artifices du journalisme télévisé»[32]. Le journaliste Phil Donahue, qui n'hésite pourtant pas à faire des émissions à caractère sensationnel, refuse de recourir à l'entrevue d'embuscade dont le seul objectif est d' embarrasser ou de faire enrager la «victime désignée» (Kurtz 1996, 12). L'entrevue d'embuscade est aussi qualifiée de *gotcha journalism*, ce qui illustre bien son utilité première.

L'équité, le respect de la dignité, de la présomption d'innocence et du droit à la réputation sont des valeurs journalistiques importantes sous-jacentes à la condamnation de l'entrevue d'embuscade. À ce chapitre, il est pertinent de s'inspirer à nouveau d'un avis du Conseil de presse du Québec, lequel qualifie ce procédé de «discutable» et condamne le fait que des journalistes aient pris:

> *«... l'habitude de débarquer à l'improviste dans des bureaux de professionnels et d'entreprises, en braquant un micro ou une caméra au visage du personnage visé, et en lui posant des questions tendancieuses.*
>
> *«Aux yeux du Conseil, pareil procédé est synonyme de journalisme d'embuscade, où l'objectif apparaît davantage de piéger l'interviewé que d'informer le public. L'emploi de semblable procédé fait non seulement fi du principe de présomption d'innocence, mais vient banaliser une pratique journalistique qui devrait rester exceptionnelle». (CPQ 1999)*

Certes, il peut exister des situations où cette pratique exceptionnelle serait justifiée en vertu de certains critères précis repris par le CPQ dans le même avis de septembre 1999, et qu'il convient de formuler sur le mode interrogatif pour en faciliter l'usage au moment de la délibération:

- *L'information recherchée est-elle d'un haut degré d'intérêt public?*
- *Existe-t-il un autre moyen d'obtenir cette information?*
- *Ai-je fait face à plusieurs refus répétés de la part de l'individu visé qui cherche ainsi à se dérober ou à gagner du temps?*

32. Voir à ce sujet le *Center for Media Studies* de l'Instituto Gutemberg du Brésil (http://www.igutenberg.org/tocaia.html).

- *La demande d'entrevue risque-t-elle d'inciter l'individu à disparaître sans laisser de traces?*

Les critères du dernier recours et de l'importance de l'information recherchée sont ceux qui ont été le plus souvent évoqués lors d'un colloque organisé par le First Amendment Center et l'Investigative Reporters and Editors, en juin 2000. À cette occasion, il a été convenu qu'il serait erroné de considérer de tels critères comme autant d'entraves à la liberté d'information alors qu'ils permettent surtout d'assumer pleinement les responsabilités découlant de la liberté d'informer (Izard 2000).

C'est dans cet esprit, du reste, que TVA – le principal réseau de télévision privé du Québec – a eu droit à une condamnation morale du CPQ. L'organisme d'autorégulation a donné raison à la Chambre des notaires du Québec, qui dénonçait «l'arrivée intempestive» d'un journaliste dans le bureau d'une notaire qui «est évidemment mal à l'aise et projette l'image de celle qui a quelque chose à cacher. Aux yeux du public, elle est forcément coupable. Ce procédé est injuste sinon odieux pour celle qui le subit»[33].

Par ailleurs, le stress produit chez un citoyen par l'irruption impromptue d'un journaliste et d'un cinéaste dans son lieu de vie ou de travail peut avoir des conséquences graves lorsque les victimes de cette embuscade médiatique ont une santé fragile. Ce risque plaide également en faveur d'une plus grande retenue des journalistes qui ne doivent recourir à ce moyen qu'après avoir épuisé les autres options, et seulement si cette visite dévastatrice pour l'image et la réputation d'un individu est d'un intérêt public réellement supérieur aux nuisances et risques qu'elle comporte.

Piéger les gens

Une tactique rarement utilisée par les journalistes consiste à piéger les gens afin d'obtenir de leur part des témoignages percutants qui mettront au jour des cas de corruption. Il s'agit d'un autre procédé qui tire profit du fait de tromper des individus et qui se trouve du même coup en rupture avec la norme de l'équité procédurale. Malgré tout, Neil Levy offre un intéressant plaidoyer favorable à la technique du piège ou de la ruse (*entrapment*), qui vise essentiellement à prendre en défaut quelqu'un, notamment en lui faisant miroiter un gain intéressant. C'est ce qu'ont fait en 1994 des journalistes britanniques du *Sunday Times* ayant pris une fausse identité à l'endroit de députés en leur ver-

33. Voir la décision du Conseil de presse du Québec, 4 mars 1999 (http://www.conseildepresse.qc.ca/decisions/D1998-06-054%20(2).htm).

sant une importante somme d'argent (1000 *l*) pour les encourager à poser une question précise, à soulever un enjeu particulier dans le cadre de la période des questions de la Chambre des communes. C'est aussi ce qu'ont fait les journalistes du *Chicago Sun Times,* avec le bar *Le Mirage* dont il sera question plus loin. En piégeant ainsi des individus investis de fonctions sociales importantes, les journalistes voulaient dénoncer la corruption. Alors que le recours au piège ou à la ruse suscite de virulentes critiques, Levy croit au contraire qu'il y en a trop peu (2002, 121). Selon lui, ce procédé de *journalisme proactif* est légitime pour trois raisons. Premièrement, c'est souvent la seule façon de prouver l'existence de la corruption, qui est un crime moins visible que d'autres. Il considère que le recours au piège est une façon de rétablir une certaine équité dans la dénonciation des crimes en mettant l'accent sur la criminalité des cols blancs qui est moins souvent dénoncée que la criminalité impliquant la violence physique. Deuxièmement, même si un journaliste est informé de l'existence d'abus de pouvoir, il peut craindre de publier de telles informations en raison de menaces de poursuites en diffamation que cela entraîne. Piéger quelqu'un est souvent la seule façon de faire la preuve de cette corruption. Troisièmement, il se peut que le journaliste soit dans l'impossibilité de dénoncer aux forces policières certains abus de pouvoir ou cas de corruption quand il suppute que les dirigeants des corps policiers protègent les abuseurs ou encore lorsque ce sont les policiers eux-mêmes qui sont mis en cause (2002, 127).

Levy propose cependant certains critères pouvant justifier de piéger un ou des individus. Tout d'abord, **un tel procédé ne devrait viser que les individus qui détiennent un pouvoir social important et seraient donc en mesure de se défendre vigoureusement contre les allégations qui résulteront de l'enquête journalistique**. Il évoque notamment le cas de fonctionnaires, d'élus, de policiers ou encore de gens d'affaires corrompus ou malhonnêtes. Levy estime moins acceptable de piéger des individus détenant peu de pouvoir et de ressources dont les actes répréhensibles auraient une faible portée sociale. Autrement dit, Levy estime que l'information en cause doit être d'un intérêt public évident. Il va même jusqu'à soutenir que le recours aux pièges devrait être mieux toléré de la part des journalistes que de la part des policiers, car ceux qui font les frais de dénonciations médiatiques risquent l'humiliation et la perte d'emploi, mais ils ne risquent pas de se retrouver en prison. Puisque les conséquences sont moins sérieuses, fait-il valoir, il est plus facile de justifier cette pratique pour les journalistes. À ce sujet, il semble que Levy sous-estime l'effet catastrophique que peuvent avoir les révélations et dénonciations journalistiques sur la vie de ceux qui sont directement visés et sur l'entourage immédiat de ces derniers. La réputation est un élément fondamental de l'estime de soi et on a vu plus haut combien ce facteur est primordial chez Rawls, si bien qu'on peut difficilement sous-estimer la gravité des conséquences liées aux révélations journalistiques.

Levy mentionne aussi un autre facteur à prendre en considération chez les journalistes qui souhaitent piéger des individus. Il s'agit de **l'impact que leur tactique aura sur le droit à la vie privée non seulement des personnes directement visées par leur piège, mais aussi des innocents qui gravitent autour**. Il propose donc de taire les informations délicates et non pertinentes aux faits dénoncés que le piège employé aurait permis de découvrir: infidélité conjugale, problèmes de santé mentale ou physique, etc. (p. 128-129).

Un peu à l'instar de l'approche par critère privilégiée dans le présent ouvrage, Levy propose également un test qui repose sur la question suivante: **est-ce que l'individu visé aurait probablement commis un crime du genre de celui qui lui sera offert par la ruse ou le piège?** Il faut en somme un important soupçon à cet effet, car il ne faut pas que le journaliste soit par la suite accusé d'avoir lui-même incité autrui à commettre un acte répréhensible que l'individu n'était pas préalablement disposé à commettre (p. 124). De même, le gain que fait miroiter le journaliste ne doit pas être trop élevé de façon à ne pas créer une convoitise qui n'aurait jamais existé autrement.

Comme bien d'autres auteurs se penchant sur de telles conduites, Levy ajoute que ce genre de *journalisme proactif* doit être la seule ou la meilleure façon de mettre au jour des cas de corruption ou des actes immoraux qui ont des conséquences néfastes importantes sur la vie des autres.

Que faut-il retenir de la présente discussion, sinon que:1) la règle déontologique dominante demande aux journalistes d'adopter des méthodes de collecte d'information honnêtes et ouvertes, ce qui interdit *a priori* le recours à une fausse identité; 2) il existe des situations où le recours par le journaliste à une fausse identité peut être justifiable; 3) il faut évaluer ces situations en y appliquant des critères spécifiques.

Faux, usage de faux et infiltration

Voilà une expression à connotation plutôt judiciaire pour un ouvrage qui veut se situer aux frontières de la déontologie et de l'éthique, et surtout en périphérie du système juridique. Mais cette expression annonce bien la problématique du recours à une fausse identité par les journalistes désireux de mettre la main sur des informations qu'ils souhaitent rendre publiques.

Ce type de pratique journalistique remonte aux années 1890, quand Nellie Bly (Elizabeth Cochrane de son vrai nom) a feint la folie afin d'être internée dans un asile et de constater comment les patients y étaient traités. Elle en a tiré une série de trois articles, publiés dans le *New York World* sous le titre « 10 jours dans une maison de fous » (Goodwin 1986, 161). Cette façon de cueillir l'information est encore utilisée de nos jours, comme en témoigne notamment le cas d'un duo de journaliste et photographe du *Journal de Montréal* qui a ainsi pu infiltrer pendant neuf mois l'organisation raëllienne après que celle-ci eut obtenu une notoriété mondiale en s'associant à Brigitte Boisselier (Clonaid), qui prétendait avoir cloné le premier bébé humain, le 27 décembre 2002. La série de textes qui en a résulté a permis de mieux connaître cette secte religieuse et tout laisse croire qu'il aurait été impossible d'avoir accès à cette information d'un intérêt public indéniable sans recourir à ce subterfuge, qui a du reste été clairement dévoilé dans le cadre des reportages publiés en octobre 2003.

Goodwin soutient que le recours à une fausse identité est employé plus fréquemment dans les grandes villes, où la concurrence est forte entre les médias et où les comptes rendus d'événements souvent spectaculaires sont excitants à lire ou à regarder. Ayant interrogé des journalistes relativement à cette pratique, il a constaté que les opinions étaient partagées au sujet de cette méthode. Il a cependant remarqué que ceux qui s'y disaient favorables s'opposaient à son utilisation dans presque toutes les situations, tandis que ceux qui s'y opposaient admettaient son recours dans de rares circonstances (1986, 141). Dans l'opinion publique américaine également cette pratique est mise en cause. Dès 1981, un sondage Gallup révélait que les Américains étaient en faveur du journalisme d'enquête visant à découvrir les cas de corruption et de fraudes dans les milieux d'affaires ou gouvernementaux. Toutefois, 65 % des répondants se disaient contre le fait que les journalistes ne s'identifient pas pour mener leur enquête (Goodwin 1986, 190-191) et rien ne laisse croire que ce point de vue a radicalement changé depuis. Une autre enquête réalisée aux États-Unis révèle à son tour que les gens sont intéressés à des reportages véridiques, mais moins de 30 % acceptent que les journalistes utilisent des caméras cachées comme méthode de travail, alors que 70 % des rédacteurs en chef interrogés sont plutôt en faveur de l'utilisation de caméras et microphones cachés (RTNDF 1998) qui, comme on le verra, sont aussi au nombre des méthodes en rupture avec l'équité procédurale.

Le fait de recourir à une fausse identité a fait l'objet de critiques dès le début des années 1980 quand des journalistes du *Chicago Sun-Times* avaient failli remporter un prix Pulitzer pour leurs articles portant sur la corruption des inspecteurs municipaux. Pour les besoins de l'enquête, le journal avait ouvert un bar, ironiquement nommé *Le Mirage*, dont les employés étaient ses journalistes et ses photographes. Ceux-ci avaient réussi à prouver que des inspecteurs municipaux se laissaient soudoyer, ce qui avait donné des articles explosifs. Mais des membres du jury décernant les prix Pulitzer ont jugé que les méthodes prises pour mener l'enquête étaient trompeuses et n'étaient pas justifiées par les résultats obtenus (Dedman 1991, 51).

Il y a des journalistes qui croient que, la plupart du temps, le recours à la fausse identité est inutile. C'est le cas de Howard Schneider, du News*day*, où l'on avait envisagé de mener une vaste enquête journalistique afin de prouver la discrimination des courtiers en immeubles à l'égard des Noirs. Pour ce faire, le magazine avait opté pour une méthodologie très rigoureuse suivie par des chercheurs en sciences sociales ; entre autres, on aurait fait visiter des maisons par des journalistes Blancs et des journalistes Noirs. Mais les gestionnaires ont décidé finalement de ne pas recourir à ce moyen parce que, comme l'a exprimé l'éditeur du magazine, Anthony Marro, il n'y avait pas, à ses yeux, de bonnes raisons de croire que les courtiers avaient des comportements discriminatoires justifiant une enquête (Dedman 1991, 51). Nous verrons un peu plus loin que la suspicion peut être considérée comme un critère spécifique du recours à la fausse identité. Signalons ici que ce que le *Newsday* a refusé de faire, le *Hartford Courant* l'a accompli, en mai 1989, en publiant à la une un article portant sur les pratiques jugées discriminatoires de courtiers de la région de Hartford. Deux semaines plus tard, cependant, l'ombudsman de ce journal, Henry McNulty, écrivait dans un commentaire que le journal n'aurait pas dû agir ainsi, même si c'était la seule façon d'obtenir les informations publiées, parce qu'en se faisant passer pour d'autres, les journalistes avaient dû mentir, ce qui était selon lui inacceptable, rapporte à nouveau Dedman.

Le recours à une fausse identité est du reste une des tentations, parfois une nécessité, du journalisme d'enquête, suggère Peters (1980, 28) en s'appuyant sur le journaliste Timothy Ingram, lequel estime que ces méthodes de collecte d'information peuvent avoir des effets négatifs pour les individus en cause, et même générer des informations fausses qui seront diffusées dans le public avec toutes les prétentions de la vérité. Selon Ingram, un journaliste décide de cacher sa véritable identité uniquement afin d'obtenir des informations que sa source ne révélerait pas volontairement à des journalistes. Mais le journaliste peut aussi entendre des choses que la source ne dirait pas à des journalistes tout simplement parce qu'elles sont fausses : « La source cherche peut-être à impressionner un étranger, l'information peut être fausse ou communiquée en des termes qui seront mal interprétés. La source peut être moins précise parce qu'elle ne sait pas que ce qu'elle dit risque d'être publié» (p. 28). Ces considérations ne doivent pas être écartées du revers de la main, car elles mettent en évidence l'existence d'une conviction implicite, et fort discutable au demeurant, qui consiste à croire qu'une personne déterminée à cacher la vérité à un journaliste la dévoilera tout entière à un individu qu'elle connaît peu.

Un autre risque lié au recours à une fausse identité concerne la sécurité du journaliste en cause. Même s'il prétend être parfaitement informé des conséquences possibles de son subterfuge, il arrive que celles-ci soient aussi imprévisibles que spectaculaires. C'est ce qui est arrivé au journaliste américain John Howard Griffiths, en 1960. Ce journaliste de race blanche voulait découvrir comment vivaient les Noirs en vue d'écrire un livre à ce sujet. Pour passer inaperçu, il a ingéré un produit chimique qui avait la propriété de modifier la couleur de sa peau, la rendant noire. Ce qu'il ne savait pas, c'est que ce produit était cancérigène et la légende raconte qu'il en mourut! (Sormany 1990, 365)

Par ailleurs, Ben Bagdikian est d'avis que certains reportages réalisés grâce à une fausse identité ne sont pas contraires à l'éthique. L'ex-doyen de l'École de journalisme de l'Université de la Californie, à Berkeley, donne en exemple un reportage qu'il a effectué à la prison de Huntingdon en 1971, sous une fausse identité, alors qu'il était au *Washington Post.* Il croit que la tâche d'évaluer le bon fonctionnement des institutions publiques est une des fonctions légitimes du journalisme «à la condition que l'évaluation soit importante et qu'elle soit faite honnêtement» (Goodwin 1986, 35). C'est un peu ce qu'a fait le journaliste du *New York Times* Chris Hedges, durant la guerre du Golfe de l'hiver 1991 ; il avait déserté les *pools,* que plusieurs disaient manipulés par l'armée américaine, pour revêtir un uniforme de soldat et se mêler aux troupes, ce qui lui interdisait de révéler qu'il était journaliste, même s'il a pu agir ainsi grâce à la connivence de certains officiers (Hedges 1991, 27-28). Dans la même veine, Fabienne Levy est d'avis que les informations sur les «comportements illégaux, immoraux ou irréguliers, que les protagonistes ont tout intérêt à dissimuler, sont souvent impossibles à obtenir sans une certaine dissimulation» (1990, 28).

Dans ce qui était il n'y a pas si longtemps l'Union soviétique, le journaliste qui empruntait une autre identité pour réaliser un reportage voyait son article publié sous la rubrique «Le journaliste change d'emploi», relate Tepljuk (1989, 117-118). Celui-ci souligne que le but de l'exercice ne devait pas être de soutirer des informations sous une fausse identité, mais plutôt de rapporter les faits de l'intérieur, dans leur environnement naturel, bien que cette façon de faire soit toujours liée à des difficultés éthiques, reconnaît-il.

Critères spécifiques

Endosser une fausse identité ne doit pas être une décision prise à la légère chez le journaliste soucieux de servir la vérité et l'intérêt public. Dans cette optique, la délibération doit reposer sur quelques critères qui prennent la forme de questions dont les réponses négatives ou positives ainsi que leur importance relative aideront le journaliste dans sa prise de décision.

- *Ma présence, même à l'insu de tous, va-t-elle perturber négativement la situation que je veux observer de plus près ?*

Ce critère consiste à se demander si la présence du journaliste sous une fausse identité constituera une influence artificielle risquant de perturber le déroulement normal du phénomène qu'il veut observer. Pour Tepljuk (1989, 117-118), la présence du journaliste ne doit pas perturber le milieu observé. Or, l'arrivée d'un étranger dans un milieu le perturbe toujours. À partir du moment où les gens savent qu'ils sont soumis à une observation, ils peuvent certes modifier leurs comportements, mais cela est aussi leur liberté la plus fondamentale. Toutefois, il n'est pas certain que ces mêmes gens auront des comportements ordinaires même s'ils ne savent pas qu'un journaliste est parmi eux. Au contraire, la présence de cet étranger, qui s'est présenté à eux sous un faux motif, peut les inciter à se comporter autrement qu'ils le font en temps ordinaire. Le journaliste risque donc de rapporter des comportements exceptionnels qu'il croit ordinaires et, ainsi, propager des informations erronées.

- *Les informations qui m'intéressent sont-elles importantes ? Pour qui ?*

Malgré les réserves suggérées par le premier critère, on peut penser qu'il faille parfois accepter de perturber le milieu d'observation afin d'acquérir des informations importantes. On doit aussitôt se demander pour qui ces informations sont importantes. Le journaliste étant souvent décrit comme celui qui sert l'intérêt public en dévoilant la vérité, il va de soi que les informations doivent être importantes au regard de cet intérêt public qui se distingue nettement, cependant, des intérêts propres à quelques individus ou à l'entreprise de presse qui emploie le journaliste.

- *Est-ce que je brime les droits fondamentaux des individus en cause ?*

On peut difficilement éviter cette question puisque les droits fondamentaux constituent une valeur importante dans notre société, si bien que le journaliste ne doit pas les occulter sans bonnes raisons, à moins de vouloir nier l'importance des droits des autres par rapport aux siens. Dans une perspective utilitariste, il est possible d'admettre que les droits fondamentaux d'individus soient brimés si cela sert de façon très évidente l'intérêt du plus grand nombre, par exemple lorsqu'un journaliste parvient à prévenir des crimes ou la corruption.

- *Est-ce que je transgresse les lois ?*

Certes, il peut exister de bonnes raisons de transgresser les lois, mais, ici encore, on ne peut pas éviter de se poser la question, d'y réfléchir sérieusement. Certains journalistes pourront justifier assez bien leur décision de recourir à un procédé illégal, d'autres auront conscience que cela leur est impossible. Goodwin (1986, 159-160) rapporte le cas de Pam Zekman, de la station de télévision WBBM-TV, à Chicago, qui refuse en principe de faire quoi que ce soit qui transgresse la loi, sauf pour prouver que la loi peut facilement être violée, comme dans le cas du commerce illégal des armes à feu, précise-t-il. Le présent critère ne vise pas à interdire catégoriquement tout geste illégal, mais seulement à sensibiliser les journalistes aux raisons de ces transgressions afin qu'ils évaluent si elles en valent la peine, selon les valeurs qu'ils privilégient.

- *Vais-je porter préjudice à quelqu'un qui ne le mérite pas ?*

En se faisant passer pour un autre afin d'obtenir des informations, le journaliste risque de porter préjudice à une ou à des personnes qui détiennent une position hiérarchique les rendant vulnérables aux sanctions de leur employeur si ce dernier apprend que l'information obtenue par le journaliste a été donnée par un de ses subalternes. Une autre possibilité est que le journaliste accepte de jouer un rôle qui n'est pas le sien et qu'il soit obligé d'accomplir des gestes pour lesquels il n'est pas compétent. Ce serait le cas, par exemple, du journaliste voulant se faire passer pour un infirmier, un avocat, un médecin, un électricien, etc., alors qu'il n'a pas les compétences requises.

- *Vais-je devoir faire ce que mon reportage veut dénoncer ?*

Le journaliste qui veut exposer au grand jour une situation qu'il dénonce peut être tenté de «jouer le jeu» et d'adopter les comportements qu'il dénonce. Par exemple, le journaliste voulant savoir comment certains voleurs réussissent à s'introduire dans des maisons ou des commerces pourrait en venir à s'associer incognito avec eux et les accompagner dans l'exécution de leurs méfaits. L'importance sociale des reportages qu'il compte en tirer vaut-elle qu'il devienne complice aux yeux de la loi et soit de ceux qui volent d'honnêtes citoyens ? Si le journaliste répond par l'affirmative, alors il devrait accepter de dédommager les gens qui auront été victimes de ses méthodes (Goodwin 1986, 160).

- *Existe-t-il un sérieux soupçon?*

Ce critère, évoqué rapidement plus haut, tient compte du soupçon pesant sur des individus. L'éditeur du *Newsday,* Anthony Marro, y voit une condition incontournable. Pour lui, il n'est pas question d'avoir recours à de telles méthodes en l'absence d'un lourd soupçon à l'endroit de quelqu'un. Dans le cas précis de courtiers en immeubles déjà relaté, Marro a constaté que ce critère n'avait pas été rempli et a refusé de permettre le recours à une fausse identité.

Pour sa part, l'éthicienne Deni Elliott, de l'Université d'État de l'Utah, a mis au point une méthode en plusieurs questions dont certaines complètent celles formulées plus haut. De plus, quelques-unes peuvent s'appliquer à l'ensemble des méthodes de collecte d'information qui font appel à la tromperie. Comme le mentionne Goodwin (p. 161), Elliott ne suggère pas ces questions afin que tous les journalistes qui se les posent en arrivent aux mêmes conclusions et prennent les mêmes décisions, mais simplement pour les inciter à réfléchir de façon sérieuse et claire sur les méthodes trompeuses qu'ils désirent employer. Les questions d'Elliott sont les suivantes:

- *Pourquoi le public a-t-il besoin de ces informations?*
- *Est-ce que les gens du public accepteraient cette méthode si, au bout du compte, les résultats escomptés n'étaient pas atteints?*
- *Ai-je épuisé tous les autres moyens d'obtenir cette information?*

À ce sujet, le journaliste Howard Schneider, du *Newsday,* est d'avis qu'il n'est pas question de recourir à une fausse identité aussi longtemps que tous les moyens ordinaires d'obtenir l'information n'auront pas été épuisés (Dedman 1991, 50).

- *Quels sont mes arguments lorsque je discute le bien-fondé d'une telle méthode quand elle est utilisée par des policiers?*

De son côté, Goodwin fait valoir que tout le monde est vulnérable devant un journaliste qui ne se présente pas sous sa véritable identité puisque celui-ci peut révéler plusieurs informations à son public, tandis que les enquêtes policières peuvent causer moins de dommages. Par ailleurs, par souci de cohérence, le journaliste qui conteste certaines méthodes d'enquête policière ne devrait pas y avoir recours lui-même, à moins d'être prêt à changer d'idée. Le présent critère vise à aider le journaliste à se décentrer et à l'inciter à voir ses pratiques d'un point de vue moins subjectif.

- *Est-ce que je comprends bien tous les risques associés à cette méthode de travail et est-ce que mon employeur m'a laissé la chance de refuser cette affectation ?*
- *Est-ce que la situation que je veux exposer mérite le recours à des moyens trompeurs ? Cela va-t-il modifier positivement les choses ? Ce changement est-il assez considérable pour compenser la perte de confiance éventuelle du public envers ma profession ?*

On constate à nouveau qu'il n'est pas facile de déroger à la règle déontologique dominante si on veut le faire sans brimer inutilement les droits et libertés des autres ou saper leur réputation sans bonnes raisons. C'est à partir de ses réponses à ces questions que le journaliste doit faire son choix. Ces questions, comme celles qui jalonnent le présent ouvrage, sont des outils intellectuels qui visent à aider le journaliste à assumer le *fardeau de l'autonomie*.

L'espionnage

Le terme «espionnage» peut paraître exagéré de prime abord, mais il reflète bien l'ensemble des pratiques que sont le vol de documents, l'écoute aux portes, l'utilisation de micros et de caméras cachés, les filatures, les infiltrations, etc.

Dans un premier temps, on peut se demander si c'est bien le rôle du journaliste que de s'immiscer ainsi dans des situations relevant autant de la vie privée que de la vie publique des acteurs sociaux qui attirent son attention. On peut également s'interroger à savoir si la vie privée de ces acteurs ne sera pas envahie par des journalistes qui, bien qu'ils veuillent s'en tenir exclusivement aux aspects publics de leur vie, peuvent toujours changer d'attitude si des informations «croustillantes» leur sont révélées en cours de route. À moins d'accorder une immunité absolue aux journalistes, on ne peut pas échapper à ce questionnement éthique qui vise justement à évaluer rationnellement ces possibilités.

Certains auteurs sont fortement opposés aux pratiques que l'on pourrait associer aux méthodes d'espionnage, comme l'écoute électronique. La même réserve est affichée relativement à la lecture du courrier qui n'est pas destiné au journaliste. Tepljuk va même jusqu'à suggérer qu'en certaines circonstances, qu'il ne précise malheureusement pas, un journaliste devrait demander la permission non seulement du destinataire, mais aussi de l'expéditeur pour lire une correspondance (1989, 118).

On l'a vu plus haut, le public américain n'est pas très friand de tels procédés, ce qui n'empêche pas certains réseaux de télévision d'y avoir recours avec plus ou moins de précautions ou de justification. On peut cependant soutenir que les journalistes, eux, sont nettement plus tolérants que le public à ce sujet, comme l'indique une enquête réalisée auprès de journalistes canadiens qui révèle que 82% de ceux-ci croient justifiable de se servir de micro ou de caméras cachées quant un dossier est important (Pritchard et Sauvageau 1999, 75). Reste à trouver sur la base de quels critères les journalistes en viennent à décréter qu'un dossier est important à ce point.

Malgré une forte opposition du public, le réseau NBC estime qu'il n'y a rien de mal à utiliser des caméras cachées dans les places publiques comme les parcs ou les rues (Goodwin 1986, 205). Il existe un débat, et bien entendu quelques jugements contradictoires, relativement à la diffusion de photographies et d'images de gens captées à leur insu dans des endroits publics. Des personnes ont fait valoir qu'en diffusant leur photo sans leur permission, les médias brimaient leur droit à la vie privée dont une des composantes serait le droit à l'intimité ou à l'anonymat, tout comme le droit à l'image. Les médias allèguent de leur côté qu'il n'y a rien de privé dans le fait de se faire filmer dans des endroits publics. La solution à ce débat serait plus facile à trouver si l'on départageait tout d'abord ses aspects juridiques et éthiques. Selon une perspective ou l'autre, il serait pertinent d'évaluer chaque cas en fonction de l'utilisation qui a été faite de la photographie. On peut présumer que, si cette utilisation risque raisonnablement de porter atteinte à la réputation de la personne photographiée, si celle-ci n'a aucun rapport avec l'article que la photographie vise à illustrer, ou encore si sa publication est sans intérêt public ou qu'elle ne sert en rien le droit du public à l'information, on possède plusieurs bonnes raisons de ne pas la publier.

De leur côté, les journalistes américains sont plus permissifs que le grand public quand il est question de techniques d'enquête ayant des airs d'espionnage. Wulfemeyer rapporte en effet qu'environ la moitié des 286 directeurs des nouvelles des stations de télévision et de radio qui ont répondu à son sondage sont d'avis que l'écoute secrète est une pratique professionnelle acceptable (1990, 984). Ce n'est cependant pas l'avis de la Commission de réflexion sur la déontologie que le gouvernement britannique a mis sur pied et dont le rapport a été déposé en juin 1990. Cette commission a recommandé que soient considérées comme délictueuses trois pratiques portant gravement atteinte à la vie privée : s'introduire dans le domicile privé d'une personne sans son consentement, placer un système d'observation chez une personne sans son consentement et photographier une personne ou enregistrer sa voix dans un lieu privé sans son consentement (Sergeant 1991, 122-123).

Critères spécifiques

Les seuls critères spécifiques suggérés en matière d'espionnage à des fins journalistiques (par opposition à l'espionnage à des fins industrielles, militaires, etc.) nous viennent justement de la même commission britannique, qui admet que ces pratiques illicites pourront être justifiées :

- *Par la volonté de prévenir ou de révéler la perpétration d'un délit ou d'une conduite profondément antisociale ;*
- *Si leurs auteurs peuvent prouver qu'elles sont inspirées par le désir de protéger la santé et la sécurité du public.*

Le mensonge

Le mensonge est une pratique presque taboue chez les journalistes. Pour Mamou, par exemple, «le mensonge est toujours inacceptable : il est simplement contraire à l'éthique de l'information (1991, 138). Cette prescription est typique des énoncés déontologiques qui se donnent des airs de prise de position éthique. En effet, des mots comme *jamais* et *toujours* ont rarement leur place en éthique alors que la déontologie et la morale s'y réfèrent régulièrement pour dicter les conduites à suivre ou à éviter. D'une certaine façon, on peut dire que Mamou exprime de manière trop radicale et absolue la règle déontologique dominante qui enjoint aux journalistes de ne pas mentir. Cette règle n'est pas sans fondement si l'on considère qu'en mentant à autrui on entrave du même coup son autonomie puisqu'on cherche à le manipuler afin d'obtenir de lui des informations qu'il n'aurait peut-être pas livrées autrement (Olen 1988, 59). D'autres auteurs en arrivent à la même conclusion, dont Klaidman et Beauchamp, qui affirment que mentir à quelqu'un dans le but de le faire agir autrement qu'il l'aurait fait en pleine connaissance de cause consiste à le priver de sa liberté d'action (1987, 182), ce qui est aussi une préoccupation de Bok.

Ces arguments se rapprochent de la définition du mensonge suggérée par le philosophe contemporain Charles Fried, pour qui mentir consiste à affirmer comme vrai ce que nous savons ne pas être vrai, et c'est «toujours mal parce que ça témoigne d'un manque de respect à l'égard des personnes et de leur capacité de poser des jugements rationnels et des choix libres et intentionnels» (Johannesen 1983, 103).

Priver les autres de leur liberté, de leur autonomie, de leur droit à un consentement éclairé ne peut être une décision prise à la légère pour personne, encore moins pour le journaliste qui a un devoir professionnel de diffuser une information qui soit vraie et d'intérêt public. Puisqu'il considère la vérité comme un bien social fondamental, tant pour la collectivité que pour les individus, il ne peut lui-même, sans risquer de se discréditer, en minimiser l'importance dans sa conduite professionnelle et refuser ce privilège aux autres acteurs sociaux dont il dénonce justement les écarts et déviances à ce chapitre comme à bien d'autres égards. La recherche et la diffusion de l'information vraie, on l'a vu, sont une règle déontologique incontournable en journalisme.

Elliott et Culver se sont également penchés sur la question de la tromperie (*deception*) chez les journalistes. Ils constatent qu'il est souvent plus facile pour un journaliste d'avoir accès à des informations en adoptant des pratiques trompeuses, tout comme il serait plus facile à un médecin d'obtenir le consentement d'un patient en ne lui indiquant pas les risques inhérents à la thérapie proposée (1992, 71). Ils soutiennent de plus que le comportement non verbal visant à tromper quelqu'un équivaut à mentir (1992, 73). On observe ici une différence de degré, et non de nature, entre les formes passive et active du mensonge.

Johannesen a pour sa part une conception assez large du mensonge, qu'il étend aux formes de tromperie déjà présentées (fausse identité, simulation, espionnage), en plus d'y inclure le fait d'induire le public en erreur et de semer la confusion (1983, 104).

Sans nier le problème moral lié au fait de mentir, Klaidman et Beauchamp en relativisent les effets négatifs en affirmant que les mensonges, les conflits d'intérêts, la malveillance, la malhonnêteté et le manque de respect envers les personnes sont, quantitativement parlant, des problèmes mineurs comparativement à l'incompétence des journalistes (1987, 24). À ce sujet, les auteurs insistent sur le fait que les journalistes sont trop souvent incapables d'éviter que leurs comptes rendus soient contaminés par leurs croyances personnelles ; ils estiment aussi que les journalistes ont trop tendance à diffuser intégralement ce que leurs sources leur ont communiqué verbalement ou par communiqué, sans mettre ces propos en perspective.

Cependant, tous les journalistes ne partagent pas la conception négative du mensonge qui caractérise la règle déontologique dominante. Le journaliste américain Robert Scheer, auteur du livre *How the U.S. Got Involved in Vietnam*, affirme que toutes les méthodes sont bonnes pour obtenir de l'information, ce qui inclut aussi bien le mensonge que la corruption (Rubin 1978, 22). Scheer n'hésite pas à inventer un nouveau genre journalistique auquel il s'identifie, soit le «journalisme de guérilla» qu'il oppose au «journalisme d'accès à l'information». Pour obtenir de l'information, le second se sert des lois en vigueur tandis que le premier préfère les transgresser. Rubin ne partage pas cette façon de voir les choses. Sa crainte est que si les journalistes adoptent des pratiques outrageuses au nom de la divulgation et de la dénonciation d'autres pratiques outrageuses, où s'arrêtera cette dynamique qui heurte souvent les garanties démocratiques de notre société (1978, 22-23). Selon lui, s'opposer à des gens en ayant recours aux mêmes méthodes, et en prétextant que la fin justifie les moyens, est étranger à l'esprit de la démocratie. Il faut aussi reconnaître que bien souvent les journalistes dénoncent non pas les résultats obtenus par ceux qui détiennent les différents pouvoirs politiques et financiers, mais les méthodes employées, comme la corruption, la spéculation, les promesses électorales non respectées, etc. En adoptant des méthodes semblables, on peut se demander si les journalistes pourront maintenir leur crédibilité, déjà sérieusement détériorée du reste, sans compter leur légitimité sociale.

Mentionnons, finalement, un pathétique cas de mensonge. Il s'agit de celui mettant en scène Joe McGinniss, un journaliste américain, et Jeff MacDonald, que la justice avait reconnu coupable du meurtre de sa femme enceinte et de ses deux petites filles. McGinniss, qui était alors éditorialiste au *Los Angeles Herald Examiner*, a écrit un best-seller intitulé *Fatal Vision* grâce aux confidences que le prisonnier MacDonald lui avait faites en échange de droits d'auteur. Cependant, le journaliste est peu à peu devenu convaincu de la culpabilité de son sujet, alors qu'il s'était porté à sa défense au début de leur collaboration. Il n'a cependant pas modifié son attitude à l'égard de MacDonald, qui s'en rendra compte, finalement, en lisant le livre où il est dépeint comme un assassin psychopathe. Il semble que McGinniss a ainsi continué de laisser croire à MacDonald qu'il le croyait innocent afin que ce dernier continue à lui communiquer les informations dont il avait besoin pour écrire son livre, pour lequel il avait déjà reçu une avance de son éditeur (Levy 1990, 24). Bien qu'il soit extrême et rare, ce cas est révélateur des mensonges auxquels des journalistes peuvent recourir pour arriver à des fins qui penchent plus du côté de leur intérêt personnel que de celui de l'intérêt public, les faits pertinents ayant déjà été rapportés dans le cadre du procès qui a été, comme le veut maintenant l'expression consacrée, très « médiatique ».

Critères spécifiques

Cela nous amène au questionnement suivant : puisque la règle déontologique dominante en journalisme est de dire la vérité, donc de ne pas mentir, et puisque cette règle ne peut prétendre à l'applicabilité absolue, à quelles conditions peut-on recourir au mensonge, quels critères spécifiques peuvent aider à la prise de décision? Voici quelques critères gravitant autour du même principe qui consiste à rechercher le meilleur *bien* et à éviter le mal inutilement infligé à autrui.

- *Le mensonge que je projette de commettre causera-t-il du tort? À qui? Au profit de quoi ou de qui?*

Ce questionnement peut être assez pertinent en temps de guerre ou de crises sociales violentes. Le mensonge par omission y est plus fréquent, qui consiste à garder le silence sur des informations importantes en feignant l'ignorance. Le mensonge actif est plus problématique, qui consiste à diffuser des informations (faire de la désinformation en fait) que l'on sait fausses soit pour tromper l'ennemi et permettre à «ses» soldats de vaincre (ce qui implique une complicité relative aux actes qui causeront blessures et décès dans le camp adverse, y compris les civils), soit pour ne pas saper le moral des troupes et du public. La même question s'impose pour les journalistes qui savent, par exemple, que le dirigeant de leur pays est gravement malade et que la diffusion de cette information pourrait modifier des pourparlers majeurs, comme ce fut le cas en 1947 quand Jinnha, le fondateur et premier gouverneur du Pakistan, est décédé peu de temps après avoir obtenu que cet État devienne indépendant. Si son état de santé avait été connu publiquement, ceux avec qui il négociait auraient pu faire retarder les pourparlers et attendre l'arrivée d'un interlocuteur plus flexible à l'égard de leur point de vue. En somme, le journaliste doit se demander au nom de quoi il accepterait de mentir et, bien entendu, sa réponse devrait privilégier l'intérêt du plus grand nombre et non tenir compte uniquement de son propre intérêt.

- *Mentir est-il le seul moyen d'obtenir l'information désirée ou est-ce seulement le moyen le moins difficile?*

Si le mensonge est le seul moyen, on doit se demander au nom de quelles valeurs on y recourra. S'il y a d'autres moyens et qu'on les écarte, il faut être en mesure d'expliquer les raisons de ce choix. S'agit-il de considérations économiques, morales, religieuses, politiques, etc.?

Outre ces critères, revenons à Bok qui avance quatre principes pour justifier les mensonges: **éviter de causer du tort ou de blesser quelqu'un, produire des avantages sociaux, favoriser l'équité et favoriser la vérité** (Bok 1999, 76). Si le premier principe est plus facile à justifier (mentir pour sauver la vie d'un autre ou la nôtre), il en va tout autrement en ce qui concerne le mensonge qui vise à produire des avantages sociaux. Il arrive souvent que le journaliste qui profère un mensonge cherche à détourner l'attention en faisant valoir les avantages que celui-ci procure (intérêt public, information, prévention contre de potentiels fraudeurs, etc.) alors que bien souvent le mensonge a profité surtout à sa carrière, aux cotes d'écoute de son média, à sa notoriété ou à son salaire. Ainsi, les mensonges présentés comme altruistes sont souvent un faux prétexte pour justifier un comportement qui sert avant tout les intérêts du trompeur (Bok 1999, 80-81).

La justification d'un mensonge qui favorise l'équité veut nous convaincre qu'on peut corriger ou atténuer une injustice en recourant à la tromperie. Par exemple, on pourrait mentir à un commerçant pour lui soutirer des informations qui lui seront nuisibles s'il a lui-même floué des clients qui se sont plaints au journal. On pourrait aussi utiliser une fausse identité sous prétexte qu'on n'aura pas accès à de l'information en s'en tenant à la vérité. Nous avons vu plus haut que de tels procédés sont exceptionnels et qu'ils doivent être utilisés en dernier recours afin de servir l'intérêt public. Bok souligne à cet effet que ce genre de tentative de justification implique des conceptions très personnelles en ce qui concerne ce que les autres méritent ou non, ou encore ce qui est mal et ce qui est bien, ce qui rend ces justifications très fragiles et biaisées (1999, 83). En somme, elles sont souvent impressionnistes et arbitraires.

Finalement, il y a le principe de justification reposant sur la vérité. Aussi surprenant que cela puisse paraître, il y a des gens qui mentent pour servir la vérité! En réalité, ils mentiraient afin que les autres ne mettent pas en doute leur honnêteté au sujet d'autres questions (Bok 1999,84). Chez les journalistes, la crédibilité est essentielle et il peut arriver de mentir sur un point précis, un détail souvent, justement pour que le doute ne s'étende pas à d'autres informations vraies qu'ils ont diffusées. Ils cherchent à éviter qu'un mensonge, s'il est révélé, ne mine la crédibilité d'informations vraies qui se trouvent également dans leur reportage.

ÉQUITÉ DANS LE TRAITEMENT DE L'INFORMATION

Cette forme d'équité s'impose dans la sélection des informations pertinentes à la compréhension de l'événement relaté afin de ne pas causer un préjudice injustifié aux individus ou aux groupes mis en cause, d'une part, et de permettre au public de se faire une opinion adéquate des faits, des événements et des gens dont il a été question, d'autre part. On y retrouve des thèmes récurrents, tels le recours aux simulations, manipulations et mises en scène en tout genre, l'existence d'omissions importantes qui dénaturent l'information et risquent de l'apparenter à de la désinformation, le sensationnalisme ainsi que la complexe question de la présence de sources d'information anonymes qui, bien souvent, profitent de cette tactique pour dénoncer des personnes qui ne savent pas à qui elles ont affaire. L'importance de ce dernier thème mérite qu'on s'y arrête longuement.

Les sources anonymes

Le journalisme, en tant que pratique professionnelle, ne peut pas faire l'économie des expériences, des connaissances, de l'expertise et des témoignages des citoyens de la société. Le travail des journalistes consiste à communiquer une description du réel qui soit la plus complète et fidèle possible. Puisque eux-mêmes ne possèdent pas toutes les connaissances nécessaires à l'appréhension et surtout à la compréhension de la réalité sociale, économique, politique, scientifique et culturelle, les journalistes ont recours à des sources d'information, ou sont sollicités par elles, afin d'y puiser la connaissance partielle, et presque toujours partiale, qu'ils ne possèdent pas.

Dans leur effort visant à fournir à leurs publics des comptes rendus précis et rigoureux des événements et opinions qui meublent et déterminent la réalité quotidienne, les journalistes sont obligés de «s'instruire» auprès de sources qu'ils estiment compétentes, fiables et pertinentes; des sources qui sont au cœur de l'action sociale. Un peu par boutade, on entend souvent dire qu'un journaliste est aussi bon que ses sources sont fiables et bien placées.

Cette démarche obligée met en relation deux catégories d'acteurs sociaux; les journalistes et leurs sources d'information. Ces personnages interagissent, s'influencent mutuellement, négocient, se heurtent ou «flirtent», si bien qu'il est inutile de disserter sur le métier de journaliste sans aborder à un moment ou à un autre la question des relations entre les journalistes et leurs sources. Les questions éthiques que ces relations soulèvent sont souvent difficiles à résoudre et justifient qu'on y consacre enquêtes scientifiques et réflexions critiques[34].

Les relations entre les journalistes et leurs sources sont à plusieurs égards contradictoires. Elles prennent vie et se maintiennent à l'intérieur et au terme d'échanges complexes qui mettent en jeu plusieurs facteurs: l'honnêteté des sources (Mamou 1991, 195), la confiance que les journalistes peuvent mériter de leurs sources (Williamson 1979, 70-71) ou l'amitié qui peut se développer entre ces deux familles d'acteurs (Hamon 1991, 135). Certains parlent même de symbiose, terme emprunté aux sciences biologiques pour désigner une association permanente de deux êtres vivants, indispensable au moins à l'un d'eux et utile ou indifférente à l'autre. Il semble toutefois que les relations entre journalistes et sources sont plus réciproques que le laisse croire la définition de la symbiose. C'est au regard de l'ensemble des relations entre les journalistes et leurs sources, et non sur le plan individuel, qu'on peut parler de symbiose puisque celle-ci fait référence à une association permanente. Or, si les journalistes auront toujours besoin de sources, un journaliste peut très bien abandonner une source pour une autre. Quant aux sources, elles auront toujours besoin des journalistes, du moins tant que la société conservera son actuel système médiatique qui les oblige à passer par l'intermédiaire des journalistes pour avoir accès à une diffusion massive de leurs opinions et de leurs actes. L'irruption d'Internet et de l'information continue, bien souvent en direct, dans le jeu de la communication publique a certes modifié la donne, surtout depuis le milieu des années 1990, mais il est imprudent d'affirmer que les journalistes ont aujourd'hui perdu leur rôle d'intermédiaire entre les sources et le grand public.

Mais une symbiose n'est pas un phénomène statique, immobile, figé dans le temps et dans l'espace. Au contraire, à l'image des systèmes biologiques qui ne peuvent que mourir de l'immobilisme et qui luttent implacablement - mais vainement - contre ce destin, la symbiose doit générer un équilibre dynamique alimenté par les échanges entre ses constituants, par leurs négociations, leurs complicités, leur diversité, voire leurs conflits. En effet, au-delà d'une certaine tension entre ses constituants (mais laquelle?), quand le désordre et la désorganisation gagnent inéluctablement du terrain sur l'ordre, l'organisation et l'harmonie des relations, la symbiose prend fin et les relations d'entraide et de complémentarité deviennent des relations d'opposition et d'antagonisme.

Ainsi, en même temps que se nouent des relations humaines pour le moins harmonieuses entre les journalistes et leurs sources, il s'en développe d'autres qui tendent plutôt vers l'affrontement. Parfois, cette oscillation entre collaboration et affrontement se situe dans le temps, à des moments différents, chez les mêmes acteurs qui cherchent ainsi à marquer des points sans toutefois mettre en péril la relation qui les unit. Toute symbiose comporte en elle-même un affrontement virtuel. La collaboration et l'affrontement doivent donc être

34. La présente section consacrée aux sources anonymes s'inspire largement de travaux théoriques et empiriques que j'ai réalisés depuis 1990. La première édition du présent ouvrage y consacrait un chapitre qui a été remanié et mis à jour pour la nouvelle édition. Je chercherai ici à me limiter à la dimension normative de cette pratique. Le lecteur intéressé aux dimensions stratégique et politique du recours aux sources anonymes est invité à lire *Les Fantômes du parlement: Étude de l'utilité des sources anonymes chez les courriéristes parlementaires*, (Sainte-Foy, Presses de l'Université Laval, 2000).

examinés simultanément, conjointement, et non être dissociés. Entre la symbiose parfaite et l'affrontement, les journalistes et leurs sources doivent trouver un lieu d'interactions qui leur permettra d'accomplir leur mandat, de façon optimale, tout en subissant le minimum de contraintes. C'est au sein de cette relation complexe, de cette problématique générale, relation abordée ici superficiellement parce que secondaire à mon propos, bien qu'elle lui soit vitale, que se situe notre problématique particulière, soit le recours des journalistes à des sources anonymes.

Mais qui sont ces sources anonymes? Que sont-elles? Que ne sont-elles pas? Quelle est leur raison d'être? Quelles sont leurs motivations? Sous quelles conditions leur présence est-elle justifiée dans les médias d'information? Avant d'aborder ces questions, il est essentiel en premier lieu de définir cette notion de source anonyme, d'en faire émerger les éléments clés et, surtout, d'éliminer toute confusion possible.

Une définition opérationnelle

Les définitions de la source anonyme sont assez constantes et générales. Pour Boeyink, il s'agit d'une source qui n'est pas nommément dévoilée dans un compte rendu journalistique. Une source est considérée comme anonyme malgré la divulgation partielle de certaines indications qui la caractérisent, par exemple «un haut fonctionnaire» ou «un proche du premier ministre», chose que préconise d'ailleurs Boeyink (1990, 244). Selon Culbertson, qui a mené plusieurs recherches à ce sujet, une source anonyme peut aussi bien être un organisme gouvernemental ou communautaire, un ou des individus et même une organisation médiatique comme une agence de presse ou un quotidien (1978, 459). Le moins que l'on puisse dire, c'est que cette façon de décrire la source anonyme ne constitue pas une définition satisfaisante, puisqu'elle se limite à l'énumération de ce qu'elle pourrait être et qu'elle englobe à peu près tous les systèmes vivants, qu'ils soient biologiques (individus) ou culturels (nations, organisations, etc.). C'est pourquoi il y a lieu de se tourner du côté de Wulfemeyer, qui a lui aussi effectué plusieurs recherches sur les sources anonymes présentes dans les comptes rendus journalistiques. Dans une étude réalisée en collaboration avec McFadden, il définit la citation anonyme comme étant une citation directe ou paraphrasée attribuée à un individu ou à des individus non nommés. Il a lui aussi observé que les sources anonymes étaient souvent désignées en fonction de leur appartenance à une organisation ou à un organisme, ou encore par des expressions comme «expert», «haut gradé», «observateur neutre» ou «subordonné» (1986, 471). Cette définition semble conforme à ce que sont les sources anonymes dans la réalité quotidienne et aux méthodes utilisées pour les désigner partiellement. Elle est cohérente avec celle que Wulfemeyer avait déjà proposée selon laquelle la source anonyme est une source d'information non désignée par son nom dont un journaliste rapporte les opinions, les spéculations ou les allégations de faits dans un compte rendu. Cette définition permet le recours aux indications partielles comme «une source bien informée», «un porte-parole du maire», «une source digne de foi», ainsi qu'aux tournures indirectes comme «on rapporte» ou «il est allégué» (1983, 45). Ces indications ne doivent cependant pas permettre au public de découvrir le nom de la source, contrairement à des expressions comme «le maire de X», le «voisin de Y» ou «l'ancien premier ministre», qui sont autant de façon de faire allusion indirectement à l'identité d'une source d'information. En ajoutant à cette définition la possibilité que la source anonyme soit dévoilée partiellement par son appartenance à des organismes divers (gouvernements, partis, groupes communautaires, etc.), on en arrive à une définition satisfaisante que je formulerai ainsi :

> *Une source anonyme est une personne à qui un journaliste attribue des opinions, des prises de position et des informations diverses sans en révéler le nom au public auquel il s'adresse. Cette personne peut toutefois être partiellement décrite en faisant référence à ses compétences, ses expériences, ses titres, son appartenance à des organismes ou à des organisations variés, mais ces indications ne doivent cependant pas permettre de découvrir le nom de la source.*

Eu égard à cette définition, voyons maintenant ce que les sources anonymes ne sont *pas*. Par exemple, des auteurs s'accordent pour distinguer la source anonyme du simple «contact». D'après Williams (1978, 64), un «contact» est quelqu'un avec qui le journaliste a des relations plus ou moins occasionnelles, qui lui donne des éléments d'information à propos d'événements auxquels il n'est pas mêlé, et qui demande en plus d'être tenu à l'écart du compte rendu qui pourrait résulter de la communication de ces éléments d'information. Le «contact» se distingue donc de la source anonyme qui accepte de communiquer des informations au journaliste, et même de l'aider par d'autres moyens, à la suite d'une entente explicite selon laquelle elle ne sera pas associée nommément à ces informations. Foreman (1984, 21) estime que, contrairement au recours aux sources anonymes, l'existence de «contacts» et leur rôle dans le processus journalistique ne causent pas de problème éthique.

Il y a aussi la source inconnue, celle qui achemine de l'information au journaliste mais que ce dernier est totalement incapable d'identifier. Par exemple, les «enveloppes brunes» que reçoivent parfois les journalistes leur parviennent de sources inconnues. Le journaliste expérimenté peut avoir une idée de l'identité de cette source ou de son affiliation partisane, fondée notamment sur la nature même du document transmis, mais il ne peut en être assuré. Dans une telle situation, il doit se montrer très prudent et vérifier rigoureusement chacune des informations qu'il diffusera, tout comme l'authenticité du document entre ses mains afin de s'assurer de sa véracité et ne pas devenir un vecteur de désinformation, car il ne connaît rien de la crédibilité ou de l'expertise de sa source.

Il faut également distinguer la source anonyme de la source dite confidentielle. Essentiellement, leur différence réside dans le fait qu'une source anonyme devient confidentielle quand un journaliste, pour protéger sa source, refuse de la divulguer devant une instance judiciaire. La source anonyme et la source confidentielle peuvent donc désigner la même personne. Si l'identité de la première demeure inconnue du public à la suite d'un accord tacite intervenu entre elle et le journaliste, la seconde est protégée par le refus du journaliste de la dévoiler devant la justice. Ainsi, la question du recours aux sources anonymes n'est pas la même que celle de la protection de la confidentialité de ces mêmes sources devant la justice. Il existe certes un lien entre ces deux notions, mais leurs implications ne sont pas les mêmes. Shaw partage ce point de vue (1984, 60), tout comme Boeyink qui précise que, même si certains auteurs ont recours à l'expression «sources confidentielles» pour parler des sources anonymes, il préfère garder cette expression pour désigner la protection de la confidentialité des sources devant la justice (1990, 244).

Sur le plan chronologique, l'irruption de la source anonyme est antérieure à celle de la source confidentielle, car ce n'est qu'une fois que le journaliste a publié des informations obtenues d'une source anonyme que la justice peut chercher à connaître l'identité de celle-ci. L'anonymat de la source se matérialise en amont, son caractère confidentiel prend forme en aval. Protéger la confidentialité d'une source devant la justice, c'est assumer en aval la décision éthique prise en amont, c'est affirmer et défendre son choix devant une instance publique: la justice. Décider d'accorder l'anonymat à une source est un choix résultant d'une réflexion éthique (dans le pire des cas, d'un automatisme déontologique), protéger cette source devant la justice est «d'abord un précepte déontologique» (Dufour 1990, 31).

Nous savons mieux maintenant ce que sont les sources anonymes, mais *qui* sont-elles? Quelques auteurs ont tenté de répondre à cette question. La plupart des recherches se sont surtout attardées sur les points de vue des journalistes et du public, rarement sur ceux des sources elles-mêmes. Cela peut être attribuable à la difficulté méthodologique que poserait une recherche consistant à aller à la découverte des motivations d'individus par définition non connus. Mais la quête visant à mieux connaître les individus qui acceptent de devenir des sources anonymes n'est pas vaine. Les recherches ont déjà pu relever quelques-unes de leurs particularités. Ainsi, selon Culbertson (1978, 460), les travaux sur ce sujet suggèrent que les sources anonymes sont souvent des employés au bas de la hiérarchie qui acceptent de parler en vue d'un gain quelconque ou pour servir les intérêts de leur employeur, ou encore, une fois mis en confiance, dans le but de soulager quelque peu leur conscience.

Cette façon de voir les sources anonymes est partagée par certains, dont le journaliste américain Richard Smyser, qui décrit les sources anonymes comme de «braves types» en possession d'informations importantes pour le public, à propos de choses pas trop honnêtes, mais qui verraient leur carrière ou leur emploi menacé si leur nom était associé à la publication de ces informations (Foreman 1984, 23).

Motivations des sources anonymes

Mais pourquoi, alors, communiquer ces informations? Quelles sont les motivations qui poussent une personne à courir ce risque, l'assurance de l'anonymat ne reposant souvent que sur la parole d'un journaliste dont la fiabilité peut parfois faire défaut? Ces questions demeurent bien souvent en marge de la recherche scientifique portant sur les relations entre les journalistes et leurs sources. Généralement, le point de vue des sources anonymes est traité à l'écart, comme une digression dans des ouvrages consacrés plutôt à l'analyse des relations «normales» entre ces deux groupes d'acteurs qui obéissent à des règles de négociation, de collaboration, de compétition, cherchant à subir le moins de contraintes possible et à tirer le plus d'avantages de leur coexistence nécessaire.

À ce sujet, Gassaway déplore que les chercheurs accordent peu d'attention aux motivations des sources anonymes. Il a interrogé 15 personnes ayant agi comme sources anonymes pour des journalistes, certaines pendant plusieurs années et à de multiples reprises, dans le but d'informer le public de faits jugés importants. La majorité de ces personnes ont affirmé que, si le journaliste subissait des pressions pour révéler l'identité de ses sources, leur arrangement devait être reconsidéré. Parmi ces sources, se trouvaient des avocats, des membres de l'administration gouvernementale, des administrateurs de l'entreprise privée, des officiers pompiers et des élus. Tous avaient été des sources anonymes plus d'une fois et 8 d'entre elles l'avaient été plus de 25 fois (1988, 71). L'auteur précise que 5 de ses répondants ont déclaré être devenus des sources anonymes simplement parce qu'un journaliste leur en avait fait la demande. Ainsi, leur motivation première n'avait rien à voir avec des valeurs morales. À la lumière de ces données, on pourrait avancer que certaines sources anonymes ont des motivations *gratuites*.

Mais on ne peut pas se limiter à cette première constatation, d'autant plus que Gassaway fait valoir qu'une autre motivation pour devenir une source anonyme serait de venir en aide au journaliste, surtout quand ce dernier démontre à l'avance qu'il est assez bien informé. La source ne fait alors que confirmer les informations soumises par le journaliste, au lieu de trahir un devoir de réserve. Il y aurait donc là une motivation *altruiste* puisque la source accepte de venir en aide au journaliste.

Parallèlement à cette motivation altruiste, se profile paradoxalement une motivation *égoïste*. Les sources anonymes interrogées par Gassaway ont affirmé avoir tiré une satisfaction et même parfois un avantage à communiquer des informations aux journalistes. L'auteur présume que le fait de voir ces informations publiées serait également gratifiant pour les sources (p. 76). Constatant que les sources sont intéressées à voir leurs informations diffusées, Gassaway croit que les journalistes pourraient se montrer plus sévères et faire preuve de plus de persuasion à leur égard afin qu'elles consentent à la divulgation complète de leur identité. Du reste, seulement 2 des 15 sources interrogées étaient d'avis que les journalistes devaient faire tout ce qu'ils pouvaient pour taire leur identité, alors que 11 ont déclaré qu'elles seraient prêtes à reconsidérer leur exigence d'anonymat si un journaliste était pressé par la justice de révéler leur identité (p. 74). Il existe donc une marge de manœuvre pour le journaliste.

À la suite des motivations gratuites, altruistes et égoïstes, on peut ajouter les motivations *politiques* et *partisanes* des élus et des membres de leur personnel politique qui ont fait de la fuite un art dans l'exercice duquel ils sont passés maîtres. Les motivations politiques et partisanes ne sont pas récentes. Aux États-Unis par exemple, on en trouve des traces qui remontent aux premiers jours de la république (Halloran 1983). Charron, de son côté, rappelle que les fuites «sont des armes de combat dans les guerres intestines» et qu'elles servent parfois «à court-circuiter la hiérarchie au sein du gouvernement, à contourner les blocages politiques et les lourdeurs administratives» (1990, 151-152).

La typologie des motivations des sources anonymes que suggère Hess distingue six catégories: l'*ego leak* pour mousser ses propres réalisations, le *goodwill leak* pour se faire du crédit en espérant un retour d'ascenseur du journaliste, le *policy leak* pour faire avancer un dossier en provoquant un déblocage, l'*animus leak* pour nuire à l'adversaire, le *trial ballon leak* pour tester les réactions du public, le *whistle blowing* pour corriger une situation inacceptable ou scandaleuse (Hess 1984). Au chapitre de l'éthique et de la déontologie du journalisme, les sources anonymes qui cherchent à nuire aux adversaires sont plus condamnables que celles qui cherchent à dénoncer et à corriger une situation inacceptable et qui peuvent ainsi profiter de la protection que leur confère l'anonymat.

Cette «danse des fantômes», pour reprendre l'expression anglo-saxonne, que les motivations politiques et partisanes animent, n'a pu être empêchée par aucun des récents présidents américains, même si plusieurs astuces ont été utilisées pour lutter contre les fuites. Le gouvernement américain est même allé jusqu'à causer des problèmes divers aux journalistes trop réceptifs aux confidences des sources anonymes. Les journalistes ciblés étaient victimes de harcèlement, ils n'avaient plus le droit d'assister à certaines réunions de mise en contexte *(briefings)* et certains ont même fait l'objet d'enquêtes de la part du FBI (Sigal 1974, 145). Non contente de s'en prendre aux journalistes, l'administration américaine a de plus formellement ordonné à ses fonctionnaires de garder pour eux leur dissidence, avec le résultat que cette consigne s'est retrouvée dans les médias... à la suite de fuites! Plus récemment, l'administration américaine de George W. Bush a vainement tenté de juguler les fuites qui rendaient compte de la démoralisation des troupes américaines en Irak.

En France, le général de Gaulle a lui aussi tenté vainement de mettre fin à certaines fuites non désirées, alors qu'il en alimentait d'autres lorsque cela faisait son affaire. Furieux que le journal *Le Monde* révèle la tenue prochaine d'expériences atomiques dans le Sahara, grâce à une fuite, le général de Gaulle avait condamné «l'irresponsabilité» du prestigieux quotidien, tandis que l'auteur de l'article se voyait retirer son accréditation. Le général trouvait «incroyable qu'on admette des accrédités qui sont habilités à pêcher des informations dans les services en des domaines aussi sensibles. C'est monstrueux!» (Peyrefitte 1994a, 532).

La règle dominante : mentionner et nommer les sources

Le recours aux sources anonymes dans les comptes rendus journalistiques préoccupe le public et, s'il fut un temps où peu de codes de déontologie en faisaient mention (Braman 1988, 75), il semble que la situation a changé car cette question est maintenant abordée dans au moins la moitié des codes de déontologie américains (Steele et Black 1999, Son 2001).

Pour leur part, les lecteurs veulent connaître l'identité des sources, fait valoir David Shaw, un journaliste du *Los Angeles Times,* qui a consacré un long reportage à ce phénomène (1984, 52). Avec les questions des conflits d'intérêts et des reportages trompeurs, celle des sources anonymes est abordée dans la plupart des congrès de la profession et figure au menu de bon nombre de programmes d'enseignement du journalisme (Stein 1985, 84). Par exemple, l'ex-chef du Parti libéral du Québec et ex-ministre libéral Claude Ryan n'a pas caché le mépris qu'il vouait à l'endroit des politiciens qui transgressent la règle du secret ministériel en coulant des informations aux courriéristes parlementaires, lors d'un atelier du congrès annuel de la Fédération professionnelle des journalistes du Québec, en 1998.

Cette préoccupation apparente est cependant moins visible lorsqu'on part à la quête de la documentation scientifique qui en traite. En effet, la recherche portant précisément sur les sources anonymes n'est pas abondante et, quand ils s'y intéressent, les chercheurs portent surtout leur attention sur les journalistes, rarement sur les sources elles-mêmes (Gassaway 1988, 69).

La problématique du recours aux sources anonymes aurait pourtant pu gagner en popularité auprès des chercheurs grâce à l'impact de deux événements très médiatisés qui ont marqué le journalisme américain au début des années 1970 et mis en lumière de façon explicite les avantages et les risques associés aux sources anonymes. Le premier événement fut le scandale du Watergate, qui a conduit à la démission du président Richard Nixon. Ce sont deux journalistes du *Washington Post* qui ont révélé cette affaire au public américain grâce aux informations que leur avait communiquées une source demeurée anonyme. Cet événement sans précédent a contribué à auréoler un genre journalistique particulier, soit le journalisme d'enquête, et une pratique journalistique précise : le recours aux sources anonymes.

Le responsable à Washington du bureau du quotidien *Sacramento Bee,* Ed Salzman, a constaté que, depuis le Watergate, les journalistes sont attirés par ce qu'il qualifie de « prétendu journalisme d'enquête » et a entendu à plusieurs reprises des journalistes proposer l'anonymat à leurs sources afin qu'elles soient plus loquaces (Cunningham 1983, 36). C'est dire que le recours aux sources anonymes semble être devenu une seconde nature chez certains journalistes, une «exception» qui en est de moins en moins une, une exception qui *érode* peu à peu la règle dominante exigeant que les journalistes mentionnent leurs sources, et dont il sera question plus loin.

Le second événement journalistique est nettement moins glorieux que l'histoire du Watergate. Il s'agit de l'affaire Janet Cooke, une journaliste, également du *Washington Post,* qui a remporté un prix Pulitzer pour son émouvant reportage racontant l'enfer d'un gamin âgé de huit ans forcé par sa mère et l'amant de cette dernière à consommer de l'héroïne. Son article percutant était basé exclusivement sur des sources anonymes. Ce drame attira l'attention des autorités policières et des services sociaux qui tentèrent de retrouver le gamin afin de lui venir en aide. C'est à ce moment que Cooke, pressée de questions embarrassantes, a dû avouer qu'elle avait fabriqué de toutes pièces son article. Le prix Pulitzer lui a été retiré en avril 1981. Cette affaire suscita plusieurs réactions négatives et devint le prétexte d'une avalanche d'articles sur l'éthique des journalistes (Anderson 1987, 342). De façon plus générale, Hale soutient que le scandale du Watergate et l'affaire Janet Cooke ont mis en lumière l'épineuse question du recours aux sources anonymes (1984, 55).

Plus récemment, la couverture médiatique de l'affaire Clinton-Lewinsky a ramené la question des sources anonymes au devant de la scène, puisque cette pratique journalistique a été vivement critiquée. Le «scandale» impliquant le président américain Bill Clinton et la stagiaire de la Maison-Blanche, Monica Lewinsky, a été révélé au public en janvier 1998. Le mois suivant, une recherche menée sur la production médiatique pendant la première semaine de l'affaire Clinton-Lewinsky a révélé qu'une importante proportion des affirmations rapportées par les journalistes provenait de sources anonymes. Dans les grands quotidiens analysés par l'équipe du Princeton Survey Research Associates (*New York Times, Washington Post, Los Angeles Times, Washington Times*) 38 % des énoncés étaient anonymes, alors que 36 % étaient associés à des sources identifiées. Dans les magazines analysés (*Time, Newsweek*), la proportion des énoncés anonymes s'élevait à 14 % contre 23 % pour ceux provenant de sources identifiées, le reste provenant de références à d'autres médias ainsi que de l'analyse et des spéculations journalistiques. Quant aux principaux réseaux de télévision (CNN, ABC, CBS, NBC), la proportion d'énoncés anonymes variait de 7 % à 26 % selon l'heure (matin ou soir) et le jour (semaine, week-end) de présentation d'émissions d'information et d'affaires publiques. Ce sont surtout les émissions d'information matinale et de soirée qui ont eu recours à des sources anonymes (Committee of Concerned Journalists 1998). Si l'on peut affirmer que les normes professionnelles ont été les premières victimes de l'affaire Clinton-Lewinsky (Ricchiardi 1998, 2), avec son lot de rumeurs, d'insinuations et de faussetés, le vice-président du bureau de CNN à Washington, Frank Sesno, estime néanmoins que le bon côté de l'affaire aura été de resserrer les critères de sélections des informations provenant des autres médias, afin de ne pas diffuser à répétition les mêmes faussetés ou demi-vérités (Robertson 1998, 2).

Soulever la question des sources anonymes revient à dire implicitement que cette pratique est non conforme à la règle dominante, une pratique «déviante» en quelque sorte. Mais quelle est cette règle dominante? Quels en sont les fondements?

On peut dire que la règle dominante prescrit aux journalistes de mentionner et de nommer leurs sources d'information. Les fondements de cette règle sont doubles et complémentaires. Le premier fondement, qui fait appel à la notion de crédibilité, repose sur la capacité du public de juger de la pertinence et de la compétence des sources d'information qui s'expriment dans les comptes rendus journalistiques, ce qui implique que le public soit informé de l'identité et des particularités des sources d'information des journalistes. Par exemple, le *New York Times* révèle souvent l'affiliation partisane d'une source anonyme, afin de maintenir la crédibilité de son information (Robertson 1998, 3). Le second fondement repose quant à lui sur une certaine définition de l'objectivité journalistique qui exclut le journaliste-sujet de ses propres comptes rendus pour y mettre en scène des acteurs. Le journaliste est ici perçu comme «un rapporteur officiel» forcé de nommer les auteurs des déclarations qu'il rapporte, les acteurs d'événements dont il rend compte. Ces deux fondements (crédibilité des sources et objectivité journalistique) sont censés permettre aux citoyens d'en arriver à une connaissance des événements et des opinions des acteurs sociaux à partir de laquelle ils pourront se former une opinion éclairée et porter des jugements rationnels. En ce sens, ces fondements ont un caractère d'utilité sociale. Je vais me concentrer surtout sur le premier fondement dans le présent chapitre, la question de l'objectivité journalistique sera abordée au chapitre suivant.

De plus, il faut rappeler que l'identification des sources qui jouissent de l'anonymat pour porter des jugements critiques à l'endroit d'un individu ou d'un organisme relève de l'*équité procédurale*, chacun ayant intérêt à savoir qui l'accuse afin de mieux se défendre.

La crédibilité des sources d'information

Mentionner les sources est la règle professionnelle dominante non seulement pour les journalistes d'Amérique du Nord, mais également pour ceux de presque tous les pays du monde. Une bonne indication à cet effet est que les codes de déontologie recensés à l'échelle internationale par Cooper et Juusela font invariablement référence au devoir moral des journalistes de protéger la confidentialité des sources à qui ils ont promis l'anonymat, reconnaissant implicitement que la règle dominante est de nommer les sources dans les comptes rendus et de ne les taire que dans des situations exceptionnelles. Encore une fois, le *Guide de déontologie des journalistes du Québec* énonce que les journalistes «doivent identifier leurs sources d'information afin de permettre au public d'évaluer le mieux possible la compétence, la crédibilité et les intérêts défendus par les personnes dont ils diffusent les propos» (1996, 16). Cette règle professionnelle consiste donc à désigner nommément la source d'information, mais aussi à la situer dans son contexte social en révélant ses appartenances politiques et sociales ainsi que ses convictions morales, en somme en lui apposant une ou plusieurs étiquettes qui serviront au public de points de repère. De l'avis de Lasorsa et Reese, il s'agit d'une pratique fondamentale à laquelle doivent se soumettre les journalistes. Cette pratique permet au public de prendre connaissance et d'évaluer la compétence et les motivations des sources (1990, 60-61). Les lecteurs, les auditeurs et les téléspectateurs sont alors en mesure de porter un jugement critique sur la crédibilité de ces sources.

Il faut cependant faire attention à ce type d'énoncés que les enquêtes empiriques contredisent parfois. En effet, si la divulgation des sources d'information permet au public de mieux évaluer leur crédibilité, cela ne signifie pas automatiquement qu'une source anonyme n'est pas crédible aux yeux du public. Les recherches d'Adams (1962 et 1964), de Riffe (1980), de Hale (1984) témoignent d'une réalité complexe où la crédibilité des sources anonymes est évaluée selon le contexte de la nouvelle, son caractère vraisemblable ou encore selon la crédibilité de l'institution (gouvernement, police, Église, etc.) à laquelle la source anonyme est associée. Dans certains cas, les sources anonymes associées à une institution donnée seront jugées plus crédibles par le public que les sources d'information connues de la même institution. Cela pourrait s'expliquer de la façon suivante: le public estime que la source dit la vérité, que cette vérité est importante mais dérangeante pour l'institution à laquelle est associée la source, et que pour protéger celle-ci d'éventuelles représailles, le journaliste lui a assuré l'anonymat. Cette hypothèse reste toujours à être confirmée ou réfutée par d'éventuelles recherches empiriques.

Cependant, il est certain que, lorsque l'identité des sources d'information n'est pas dévoilée, le public ne peut pas juger de leur compétence, de leurs motivations ni de leurs intérêts.

Par ailleurs, dévoiler les sources permet à l'observateur extérieur de recenser celles qui ont accès aux journalistes et de comprendre comment elles présentent et font valoir leurs causes (Lasorsa et Reese 1990, 61). De leur côté, Klaidman et Beauchamp estiment que cette pratique permet de connaître ce qui différencie les médias, à partir de leur sélection des sources dont les points de vue seront diffusés (1987, 163). Ces auteurs soutiennent que, du point de vue du journaliste, c'est l'intérêt public qui doit avoir préséance, et non l'intérêt de la source demandant l'anonymat, laissant ainsi entendre implicitement que la règle dominante vise justement à servir l'intérêt public. Allant plus loin dans l'argumentation soutenant cette règle, Hulteng estime que, dans certains cas, l'identité de la source d'information constitue un élément vital de la nouvelle et que le journaliste doit la révéler car, autrement, son reportage serait incomplet et porteur d'une confusion potentielle pour le public (1976, 92).

La reconnaissance de l'importance de nommer la source ne se limite pas au milieu journalistique, le public y perçoit également son intérêt. Lors d'un sondage Gallup réalisé en 1981, la majorité des Américains se disait en faveur du journalisme d'enquête, mais cet appui massif s'effritait quand on les questionnait à propos des quatre principales méthodes utilisées par les journalistes d'enquête, dont le recours aux sources anonymes (Goodwin 1987, 190-191). Par ailleurs, 79 % des répondants étaient en faveur de ce genre journalistique lorsqu'il vise à découvrir les cas de corruption et de fraudes dans le milieu des affaires, au sein des gouvernements ou d'autres organisations. Toutefois, ils étaient nettement moins favorables aux méthodes d'enquête que sont l'utilisation de caméras et de microphones cachés, le recours à une fausse identité par le journaliste, les sources anonymes et la rétribution des informateurs. Cependant, la méthode la mieux acceptée était l'anonymat des sources[35], bien que les résultats témoignent d'une polarisation de l'opinion publique sur cette question. Un autre sondage réalisé à Chicago a lui aussi fait état d'un soutien populaire mitigé au recours aux sources anonymes, puisque seulement 55 % des répondants y étaient favorables (Rivers et Mathews 1988, 93).

35. Plus précisément, les Américains se prononçaient ainsi : taire l'identité des sources (42 % pour, 53 % contre), recourir à des caméras et des micros cachés (38 % pour, 58 % contre), payer les informateurs (36 % pour, 56 % contre) et ne pas se présenter comme journaliste (32 % pour, 65 % contre).

Dans un autre sondage Gallup, 83 % des répondants étaient d'avis qu'il est probablement nécessaire que les journalistes accordent de temps à autre l'anonymat à leurs sources d'information (Wulfemeyer 1983, 44). Il est important de souligner deux choses ici. Premièrement, ce sondage a été réalisé près d'un mois après que le prix Pulitzer eut été retiré à la journaliste Janet Cooke, en avril 1981. L'impact de l'affaire Cooke est difficilement décelable, car il peut tout aussi bien avoir contribué à une opposition aux sources anonymes qu'à une réflexion sur leur utilité. Deuxièmement, les répondants ne se prononçaient pas pour ou contre le recours aux sources anonymes, mais plutôt sur l'utilité de cette pratique pour les journalistes, ce qui est différent quand on veut aborder la question sur le plan normatif.

Finalement, une enquête réalisée au printemps de 1998, auprès du public américain, révèle que le doute persiste quant à l'acceptabilité de cette pratique. On y apprend que 59 % des répondants sont d'accord pour que les journalistes assurent l'anonymat de leurs sources seulement lorsque cela les protège d'un danger et 30 % sont d'accord pour qu'ils puissent le faire quand ils le veulent, tandis que 8 % croient que cela devrait toujours être interdit. Au chapitre de la crédibilité, 51 % des Américains ne croient qu'environ la moitié des informations anonymes quand une station de télévision locale diffuse des reportages basés sur des sources fantômes, 27 % croient moins du quart et seulement 15 % croient presque tout ce qu'ils entendent dans de telles circonstances (RTNDF 1998, 20-21).

La règle dominante qui vise à permettre au public de juger de la crédibilité des sources d'information est toutefois loin de s'imposer d'elle-même chez certains journalistes pour qui le recours aux sources anonymes est une pratique profondément intégrée à leur travail. Si bien qu'ils n'hésitent pas à requérir pour eux-mêmes l'anonymat lorsqu'un autre journaliste les questionne dans le but de produire un compte rendu sur les sources anonymes et le journalisme. Pour réaliser sa série de reportages, Shaw a rencontré des journalistes affectés à la couverture des activités gouvernementales, à Washington. Il affirme qu'ils accordent de façon routinière l'anonymat à leurs sources (1984, 63). Pourtant, ces journalistes ont généralement un public intéressé aux comptes rendus politiques, un public qui n'est pas indifférent à la présence de sources anonymes dans ces comptes rendus, comme l'ont observé Culbertson et Somerick (1977, 67).

Des sources anonymes fréquentes

Nous savons que le public est partagé sur la question des sources anonymes. Par ailleurs, il semble que les journalistes aient parfois tendance à prendre l'exception pour la règle dominante, selon Shaw. Le recours aux sources anonymes est-il vraiment en voie de devenir un réflexe professionnel ? Il semble que non si l'on s'en remet à Culbertson, qui s'est tourné vers les journalistes afin de déterminer les facteurs pouvant influencer leur évaluation du recours aux sources anonymes. Il voulait vérifier l'hypothèse selon laquelle les sources anonymes sont plus souvent utilisées et acceptées par les journalistes des grands journaux. Cela serait dû au fait que ces journalistes mènent généralement un plus grand nombre d'enquêtes sur des sujets controversés, lesquelles favoriseraient l'utilisation de fuites et de sources anonymes. Culbertson a constaté que les journalistes employés par des grands journaux étaient plus ambivalents à propos des sources anonymes que ne l'étaient ceux des petits journaux, ces derniers étant généralement plus réticents à les utiliser. Mais le chercheur n'a pas trouvé de corrélation statistiquement significative pouvant soutenir l'hypothèse voulant que les journalistes des grands journaux approuvent plus le recours aux sources anonymes que leurs collègues des petits journaux (1980, 406). Si l'hypothèse de base n'a pas été confirmée par la recherche, cette dernière a néanmoins le mérite de signaler que le recours aux sources anonymes n'est pas aussi automatique que le laisse croire Shaw puisque cette méthode soulève ambivalences et réticences.

Les études empiriques effectuées sur la fréquence des sources anonymes dans les médias se limitent presque exclusivement aux médias américains. À ma connaissance, la recherche menée sur la présence de sources anonymes dans les comptes rendus des courriéristes parlementaires de l'Assemblée nationale du Québec demeure la seule du genre dans la littérature francophone (Bernier 2000).

En résumé, on peut dire que dans les quotidiens, tels le *New York Times* ou le *Washington Post*, on retrouve des sources anonymes dans presque le tiers des articles (Culbertson 1978, 457). Dans des magazines, tels *Newsweek* et *Time*, la proportion variait entre 70 % et 75 % (p. 457) dans une étude et entre 77 % et 85 % dans une autre (Wulfemeyer 1985, 83). Si la pratique dominante est de nommer les sources, certains journalistes abusent du recours aux sources anonymes, observe Wulfemeyer en faisant état que 4 comptes rendus contenaient 15 citations attribuées à des sources anonymes, 3 comptes rendus en avaient 17, un reportage en contenait 20, et un article d'environ 4 pages contenait 42 citations anonymes! L'analyse des comptes rendus de 10 courriéristes parlementaires de l'Assemblée nationale du Québec révèle la présence de sources anonymes dans 28,3 % des articles, l'un d'entre eux atteignant même une proportion de 57 % (Bernier 2000, 59). Ces données témoignent de la présence abondante, inquiétante diraient certains, des sources anonymes dans les comptes rendus journalistiques des médias écrits.

À la télévision, les sources anonymes sont également abondantes comme on l'a vu plus haut dans le cadre de l'affaire Clinton-Lewinsky. De leur côté, Lasorsa et Reese ont comparé les comptes rendus des médias écrits et télévisés sur le krach boursier d'octobre 1987, pour conclure que les journalistes de la télévision ont eu plus souvent recours aux sources anonymes que leurs collègues de la presse écrite (1990, 69). Alors que les médias écrits[36], dans le traitement du krach ont eu peu recours aux sources anonymes, il n'en a pas été de même du *CBS Evening News* où les sources anonymes représentaient près de 40 % des sources mentionnées dans les comptes rendus. L'omniprésence des sources anonymes dans les reportages télévisés est confirmée par une autre recherche selon laquelle près de 55 % des comptes rendus analysés contenaient au moins une source anonyme (Wulfemeyer et McFadden 1986, 471). Les réseaux CBS et NBC étaient en tête, presque sur un pied d'égalité, avec respectivement 59 % et 57 % de leurs comptes rendus qui contenaient au moins une source anonyme, alors que cette proportion chutait à 47 % pour ABC. Au total, les chercheurs ont relevé 484 sources anonymes à l'intérieur des 227 comptes rendus retenus. Ils ont aussi remarqué que des sources anonymes étaient présentes dans plus de la moitié des nouvelles nationales et internationales. Cette présence était constante, sans égard au sujet du reportage. Ils concluent que la fréquence des sources anonymes est environ 20 % plus élevée à la télévision que dans les quotidiens, mais 20 % plus basse que dans les magazines d'information hebdomadaires (p. 473). Cette observation contredit une conclusion antérieure du même Wulfemeyer, qui estimait que les journalistes des quotidiens avaient plus souvent recours aux sources anonymes que leurs collègues de la télévision (1983, 49). Il expliquait que ce phénomène était attribuable au fait que les quotidiens publient plus de nouvelles que n'en diffusent les bulletins télévisés et que ces nouvelles sont obtenues au terme d'une recherche plus complète. Ce faisant, les journalistes des quotidiens seraient en contact avec un plus grand nombre de sources d'information et accorderaient à celles-ci plus

36. Il s'agit du *New York Times*, *Wall Street Journal* et *Newsweek*.

souvent l'anonymat que ne le font leurs collègues de la télévision. Il appert que l'erreur a été d'établir une équation simple selon laquelle le nombre total de sources d'information avec lesquelles il est entré en contact influe sur le nombre de sources anonymes dans les comptes rendus du journaliste. On pourrait pourtant prétendre le contraire et soutenir que, règle générale, plus le nombre de sources d'information interrogées par un journaliste est élevé, moins on trouvera de sources anonymes dans son reportage. En effet, il est raisonnable de croire que le nombre de sources d'information interrogées diminue d'autant la dépendance du journaliste à des sources d'informations préférant demeurer anonymes. Il a ainsi plus de probabilités de trouver au moins une source d'information qui acceptera d'être citée et nommée.

Il semble qu'une seule étude porte sur la fréquence des sources anonymes dans les comptes rendus journalistiques radiodiffusés, mais elle est très surprenante car on y a observé que plus de 42 % des reportages analysés reposaient uniquement sur des sources anonymes, les écarts pouvant aller de 28 % à 53 %s (Burris 1988, 692). Malheureusement, cette recherche étant la seule du genre, il est difficile d'en tirer un enseignement que l'on pourrait généraliser au milieu radiophonique. Elle suggère néanmoins que le recours aux sources anonymes n'y est pas exceptionnel.

Il semble que le recours aux sources anonymes ait connu un premier âge d'or pendant les années qui ont suivi le scandale du Watergate. Après l'affaire Janet Cooke, les journalistes auraient été plus hésitants à recourir aux sources fantômes, comme le suggérait l'étude de St. Dizier, qui avait observé que les journalistes avaient moins recours aux sources anonymes en 1984, quelques années après l'affaire Janet Cooke, qu'en 1974, alors que le Watergate battait son plein. En 1974, près du tiers des journalistes interrogés disaient recourir aux sources anonymes environ une fois par semaine, alors que cette proportion chute à 12 % en 1984 (1984, 46). D'autre part, la proportion de journalistes qui disaient n'y recourir que rarement était de 30 % en 1974 et a grimpé à 37 % en 1984. L'auteur note par ailleurs que tous les journalistes (100 % en 1974 et 97 % en 1984) ont recours à un moment ou à un autre à une source anonyme. La couverture journalistique de l'affaire Clinton-Lewinsky, l'abondance d'affirmations anonymes qui ont marqué les deux guerres que les États-Unis ont livrées à l'Irak et un contexte d'hyper-concurrence des médias commerciaux semblent favoriser l'apparition d'un second âge d'or qui repose peut-être moins sur le principe de transparence démocratique et davantage sur celui de la rentabilité économique maximale des médias.

L'omniprésence des sources anonymes dans les médias en inquiète plusieurs qui y voient une menace, sinon une atteinte à la crédibilité des journalistes. Par exemple, 81 % des 203 membres de l'ASNE qui ont répondu à un questionnaire avaient le sentiment que les sources anonymes sont généralement moins crédibles que celles qui sont nommées (Culbertson 1980, 402). Ce jugement défavorable n'a toutefois pas empêché 28 % des répondants de demander qu'ils ne soient pas nommés dans le rapport d'enquête! Autre indice de la méfiance à l'égard des sources anonymes, 75 % des journalistes interrogés par Anderson déclarent que les médias abusent de ces sources (1982, 364), et Foreman rapporte que plusieurs journalistes croient que le recours fréquent aux sources anonymes est cause de suspicion et de doute à l'égard de leur profession (1984, 20). Sensibles à ces inquiétudes, certains magazines américains exigent que leurs journalistes dévoilent à leur supérieur l'identité des sources auxquelles ils accordent l'anonymat, afin de permettre une vérification avec celles-ci pour s'assurer de leur existence véritable, et les responsables de *Vanity Fair* se vantent de refuser la publication d'énoncés provenant de sources dont ils sont incapables de déterminer l'identité (Sheppard 1998, 12).

Dans le cadre d'une importante étude consacrée à la recherche des causes du déclin de la crédibilité du public à l'endroit des médias d'information, l'American Society of Newspaper Editors a commandité la réalisation d'un sondage approfondi révélant que 77 % des Américains mettaient en doute la crédibilité des reportages contenant des sources anonymes (ASNE 1998). Bien que cette enquête se soit déroulée dans le sillage de l'affaire Clinton-Lewinsky, elle n'en révèle pas moins le malaise que cette pratique suscite quand le public en prend conscience. Dans ce sondage, 45 % des répondants étaient d'avis que les médias ne devaient pas diffuser des informations attribuées uniquement à des sources anonymes, alors que 28 % étaient d'avis contraire et 23 % se disaient non intéressés par cette question.

On peut finalement retenir que la règle dominante qui consiste à nommer les sources est le plus souvent appliquée, bien que les exceptions donnent parfois l'impression de vouloir gagner du terrain à ses dépens. Cette règle est du reste généralement respectée par les journalistes des grands quotidiens américains, comme le *Washington Post ou* le *New York Times,* qui font des efforts pour réduire au minimum le recours aux sources anonymes. Mais cela n'a pas empêché le *Washington Post* d'y aller d'un article de 3000 mots sur l'Amérique centrale sans nommer une seule source, et le *New York Times* de publier une analyse de 600 mots sur le survol du Liban par des avions américains sans désigner les sources autrement que comme des «analystes américains et étrangers» ou des sources «critiques de la politique de l'administration Reagan» (Foreman 1984, 20). En somme, la règle dominante demeure valorisée dans la rhétorique professionnelle, mais elle est très souvent transgressée dans la pratique quotidienne.

Les arguments en jeu

Pourquoi des journalistes ont-ils recours aux sources anonymes et pourquoi d'autres hésitent-ils, ou refusent-ils carrément de le faire? Les arguments qui s'affrontent dans ce débat méritent d'être brièvement recensés. En caricaturant, on peut ranger dans les «pour» la grande famille de ceux qui voient dans cette pratique l'occasion de permettre la dissidence et la dénonciation (de cas de corruption, par exemple), tandis que les «contre» craignent surtout que l'anonymat serve à faciliter le travail des manipulateurs de l'opinion publique. Mais ce qui réunit ces deux grandes familles d'opinions, c'est leur prétention à défendre l'option qui sert le mieux la démocratie, l'intérêt public et la vérité.

Dans le clan des «pour», on fait surtout valoir que le recours aux sources anonymes favorisera la circulation de l'information, la transparence gouvernementale et la protection des sources. Ce sont là leurs arguments majeurs. Viennent ensuite des arguments secondaires selon lesquels le recours aux sources anonymes permet au journaliste d'être plus rigoureux et précis dans ses comptes rendus (quand, par exemple, sa source est un fonctionnaire qui lui fournit des détails précis, alors qu'il ne devrait pas parler aux journalistes). I1 favoriserait aussi les primeurs et les exclusivités, ainsi que la concurrence entre médias. La recherche menée au sujet des courriéristes parlementaires de l'Assemblée nationale du Québec a bien confirmé l'importance de cette pratique pour le journaliste qui n'hésite pas à accorder l'anonymat, car cela favorise nettement la publication de *scoops* et d'exclusivités qui sont publiés dans les pages valorisées (la UNE par exemple).

D'autres font valoir que cette pratique relève tout simplement de la liberté de la presse et ne devrait pas être remise en question. Enfin, il y aurait également des avantages esthétiques à recourir aux sources anonymes parce que cela permet d'alléger les comptes rendus et de les rendre plus «comestibles» et attrayants.

Chez les «contre», les principaux arguments avancés sont les risques de manipulation et de désinformation ainsi que les économies réalisées aux dépens du public (on suppose qu'il en coûte moins en temps et en énergie de s'en remettre à des sources anonymes que de se mettre en quête de sources qui accepteront de parler ouvertement). Parmi les arguments secondaires, des auteurs croient que cette pratique peut créer de la confusion dans le public (quand deux sources anonymes se contredisent, par exemple, et qu'il est impossible de juger laquelle semble le plus près de la vérité); il y aurait aussi un risque pour l'authenticité, car il est souvent difficile pour le public et pour les autres journalistes de vérifier le bien-fondé d'une information émanant d'une source anonyme; cette pratique pourrait entraver la bonne marche des institutions (par exemple, en publiant les discussions des membres d'un jury ou d'un conseil des ministres); cela pourrait inciter des sources à se livrer à des attaques à l'endroit de personnes qui n'auront pas la capacité de savoir qui met ainsi leur réputation en péril. Certains font valoir qu'en assurant l'anonymat de ses sources, le journaliste participe à un système favorisant le secret, ce qui est contraire à son rôle social. Par ailleurs, d'autres avancent que les sources anonymes peuvent porter atteinte à la sécurité nationale sans en payer le prix. Finalement, on craint que cette pratique professionnelle serve parfois à satisfaire l'ego des journalistes qui laissent ainsi croire qu'ils ont «une grosse histoire».

On voit qu'il existe d'excellents arguments dans les deux clans. Par ailleurs, et ce point n'est pas le moins important, le recours aux sources anonymes soulève des interrogations éthiques, car il va à l'encontre de la règle déontologique dominante selon laquelle les journalistes doivent mentionner et nommer leurs sources afin de mieux informer le public. Mais il existe des situations où le recours aux sources anonymes est le seul moyen de servir l'intérêt public, le scandale du Watergate en est un exemple convaincant. La règle déontologique dominante est aveugle devant ces situations, elle les rejette du haut de sa norme qui, dans certains codes, admet les exceptions, certes, mais ne précise pas ce qui les rend exceptionnelles, laissant ainsi les journalistes aux prises avec leurs questionnements éthiques, avec les risques de décisions arbitraires difficilement défendables *a posteriori*. C'est pourquoi ici encore, les journalistes ont besoin de critères spécifiques qui seront des outils intellectuels auxquels ils auront recours dans des situations où la dérogation à la règle dominante et le fait d'accorder l'anonymat à une source sont justifiables.

Critères spécifiques

- *Cette information est-elle si importante et existe-t-il d'autres sources identifiables pour l'obtenir?*

Plusieurs auteurs soutiennent explicitement ou implicitement ce critère du dernier recours[37]. Des réseaux de télévision américains en font même une règle catégorique (Wulfemeyer et McFadden 1986, 469-470). Le journaliste devrait s'efforcer de convaincre ses sources de se laisser nommer. En cas de refus, il devrait se mettre à la recherche d'autres sources d'information identifiables. Si cela est impossible, il devrait considérer les critères suivants.

- *Le public serait-il privé d'une information vraiment importante pour lui, ou cette information sert-elle plutôt les intérêts de la source ?*
- *Ai-je évalué et soupesé les bienfaits et les torts potentiels pour les autres ?*

Cette question est d'autant plus pertinente que les informations de la source peuvent être dommageables pour des personnes qui ne sauront pas qui leur cause ce tort, ce qui rend le procédé encore moins équitable.

- *La source est-elle vraiment menacée de représailles si son nom est associé à cette information ?*

Cette menace doit paraître assez probable au journaliste. Celui-ci doit user de son jugement et non pas s'en remettre aux affirmations de sa source qui peut exagérer les conséquences réelles de sa collaboration.

- *Serai-je en mesure de justifier publiquement pourquoi j'ai accordé l'anonymat à cette source ?*

Lorsqu'un journaliste décide d'accorder l'anonymat à une source, ses raisons doivent être avouables et révélées au public. Il y a un large consensus à ce sujet chez les auteurs qui ont traité de la question. Selon Bovée, taire l'identité de sa source est en quelque sorte une méthode condamnable qui porte en elle un fardeau négatif que le journaliste doit justifier (1991, 142).

- *Le public sera-t-il en mesure de juger de la fiabilité et de la crédibilité de la source anonyme à partir de la description que j'en aurai faite ?*

Le journaliste devrait aussi se demander s'il peut faire état des compétences de sa source et d'autres informations utiles pour son public sans pour autant nuire à sa source.

- *À moins d'avoir une source très fiable, puis-je vérifier les affirmations de la source anonyme et solliciter un point de vue différent avant la publication de l'information ?*

37. Voir à ce sujet Sibbison (1987 56), Williamson (1979, 71), Wulfemeyer (1985, 126), Goodwin (1986, 24-25), Shaw (1984, 58) Bovée (1991, 140) et Foreman (1984, 22).

Cela est important quand des informations provenant de sources anonymes risquent de nuire à quelqu'un. Foreman croit qu'il faut alors se mettre en quête de documents et d'autres sources indépendantes et, bien entendu, permettre à la personne mise en cause de donner son point de vue (1984, 22).

- *Ai-je révélé l'identité de la source anonyme et ses compétences à mon employeur et la source est-elle d'accord avec cette démarche?*

Ce critère revient très souvent dans les travaux sur les sources anonymes et jouit d'un large consensus. La source doit savoir que l'entente sur l'anonymat implique que le journaliste révélera l'identité de sa source à son employeur. C'est en effet l'employeur qui aura la charge de défendre son employé devant la justice si jamais des procédures judiciaires étaient prises contre ce dernier.

- *Suis-je prêt à aller en prison pour défendre ma décision d'accorder l'anonymat et ai-je demandé à la source si elle était prête à révéler son identité si une telle menace pesait sur moi?*

Ce dernier critère est déterminant, surtout quand les informations en cause concernent le gouvernement, la justice ou de grandes organisations puissantes qui ont les ressources financières pour poursuivre un journaliste afin de connaître le nom de ses informateurs. Aux États-Unis par exemple, le *Reporters Committee for Freedom of the Press* recense les cas de journalistes emprisonnés, parfois pendant quelques semaines, pour avoir refusé de fournir l'identité des sources auxquelles ils avaient accordé l'anonymat (RCFP 2001). La possibilité que la source refuse que son identité soit dévoilée, advenant le cas où le journaliste serait mis en demeure de le faire, rend la décision encore plus difficile, car le journaliste ne pourra pas revenir sur sa parole et dévoiler sa source afin de «sauver sa peau». Ce qui m'amène à discuter des sources confidentielles.

Les sources confidentielles

La question des sources confidentielles est moins complexe, mais ses conséquences pour le journaliste risquent d'être plus sévères. Nous avons vu qu'une source devient confidentielle à compter du moment où une instance judiciaire quelconque demande au journaliste d'en révéler l'identité. Nous avons aussi défini des critères spécifiques qui aident le journaliste à décider s'il taira ou non l'identité de sa source à son public. Mais une fois qu'il a accordé l'anonymat à sa source, en toute connaissance de cause, le journaliste est-il absolument obligé de respecter son engagement? La presque totalité des codes de déontologie consultés pour les besoins du présent ouvrage et les opinions d'autres auteurs semblent fermes à ce sujet: le journaliste est lié à son engagement, c'est une question d'honneur. L'Association canadienne des journalistes y voit une raison pour ne pas accorder l'anonymat à la légère (ACJ 2002). Pourtant, il s'agit là d'une affirmation discutable, comme tous les énoncés absolus du reste. On peut admettre l'existence d'une règle déontologique et éthique très forte, et presque incontournable une fois que le journaliste a bien évalué sa décision d'accorder l'anonymat. Cependant, des cas exceptionnels peuvent se présenter *a posteriori*. Par exemple, lorsque la source se sert de son anonymat pour attaquer des personnes et pour les accuser publiquement d'être les sources anonymes qui ont rendu publiques des informations importantes, voire secrètes, ou encore lorsqu'une source se permet de mentir et de tromper impunément le public grâce à ce procédé. Le *Guide de déontologie* de la FPJQ abonde dans le même sens quand il prescrit aux journalistes de «tenir leur promesse (d'anonymat) devant quelque instance que ce soit, sauf si la source a volontairement trompé le public» (1996, 17).

Que doit faire le journaliste quand il constate que ce qu'il croyait être une action visant l'intérêt public devient un moyen d'attaquer des innocents? Doit-il se faire le complice silencieux de cette mascarade pour respecter sa promesse de taire l'identité de sa source? Le principe d'équité pousse plutôt à réagir. Dans certaines situations, il pourrait par exemple faire savoir publiquement que les personnes injustement dénoncées ne sont pas celles qui lui ont communiqué l'information, sans pour autant dévoiler sa source. Il peut ainsi venir en aide à des innocents sans «inculper» sa source.

Mais s'il doit absolument choisir entre protéger des innocents en dévoilant sa source, ou être le complice silencieux du tort causé à ceux que sa source a malhonnêtement mis en cause, il y a de bonnes raisons qui militent pour la première option, au détriment de la source qui, au fond, a menti au journaliste sur ses véritables intérêts. Si le journaliste a pris la décision d'accorder l'anonymat en se basant sur un ensemble d'informations qui se révèlent volontairement trompeuses *a posteriori*, il paraît légitime qu'il revienne sur son engagement, car l'objectif de service public a été détourné malicieusement par la source. Si le journaliste décide tout de même de respecter sa promesse et de ne pas dévoiler sa source, il devra assumer deux rôles: être le complice de la source qui rejette le blâme sur des personnes innocentes, et être la victime de la stratégie trompeuse de cette source. Face à un tel dilemme, la boîte de Potter devient utile afin de bien établir à qui doit aller l'allégeance du journaliste.

Certains critères spécifiques permettent cependant au journaliste d'évaluer s'il a de très bonnes raisons de ne pas respecter son engagement:

- *La source que je protège m'a-t-elle volontairement trompé afin de servir des intérêts autres que l'intérêt public?*
- *Protéger ma source met-il en danger la réputation de personnes innocentes? Qui en tirera profit?*
- *Si cela était à refaire, et connaissant ce que je sais maintenant, aurais-je accepté d'accorder l'anonymat à cette source d'information?*

Ce dernier critère ne justifie cependant pas à lui seul que le journaliste reprenne sa parole. Il faut de plus que les conséquences de son silence soient très sérieuses pour des tiers, et peu utiles pour l'intérêt public.

Les omissions

Taire les éléments d'information qui pourraient contribuer à dresser un portrait équilibré d'une situation ou qui semblent contredire la démonstration que le journaliste cherche à faire participe également du manque d'équité dans le traitement de l'information, plus précisément dans la sélection de ce qui sera diffusé et de ce qui sera occulté. À cet effet, le Conseil de presse du Québec affirme que les «médias et les journalistes doivent livrer au public une information complète et conforme aux faits et aux événements» (1987, 9), ce qui ne peut être interprété que dans le sens d'une information exempte d'omissions majeures et pertinentes à la compréhension des faits et événements rapportés par les journalistes. L'ombudsman de la SRC explique pour sa part que pour que «l'information soit complète, il faut qu'elle fasse état de tous les faits pertinents et des divers points de vue se rapportant à la réalité qu'on veut montrer. Par conséquent, il faut se méfier des omissions qui pourraient contribuer à fausser cette réalité» (1995, 106). Quant au *Guide de déontologie des journalistes du Québec*, c'est au chapitre consacré aux questions de vérité et de rigueur qu'il prescrit aux journalistes l'obligation de «situer dans leur contexte les faits et opinions dont ils font état de manière à ce qu'ils soient compréhensibles, sans en exagérer ou diminuer la portée» (1996, 8).

Que nous tournions notre regard vers les quatre horizons, nous retrouvons des normes professionnelles condamnant les omissions qui déforment la vérité. Aux Philippines, par exemple, le *Journalists's Code of Ethics* est on ne peut plus clair, quand on y affirme que les journalistes doivent scrupuleusement rapporter et interpréter les informations en prenant soin de ne supprimer aucun fait essentiel ou de déformer la vérité par des omissions ou des insistances inappropriées. Le Conseil de presse du Sri Lanka abonde aussi dans ce sens, quand il affirme que chaque journaliste doit éviter de déformer la vérité par des omissions volontaires (1981). Il y a quelques années, au Botswana, des participants à un atelier relatif à l'éthique et à la déontologie du journalisme ont recommandé l'adoption d'un code de déontologie reprenant ce thème majeur de la profession (MISA 1997). Par ailleurs, la Fédération internationale des journalistes affirme, dans sa déclaration de principes, que le journaliste «ne supprimera pas les informations essentielles et ne falsifiera pas de documents» (FIJ 1986). Même avec une tradition journalistique plus portée vers le commentaire, la *Charte* du quotidien *Libération* soutient néanmoins que l'objectif de ce journal est:

> *«...de fournir une information complète et vérifiée, dans tous les domaines. (...)*
>
> *La distinction du fait et du commentaire, affectée en France par une tradition journalistique où l'écriture, donc l'humeur et la subjectivité, participent (SIC) du style des journaux. Reste qu'au minimum nous devons nous interdire l'opinion de "contrebande": de la sélection intéressée d'informations au détriment d'autres, à l'usage insidieux d'adjectifs ou d'adverbes dans le corps d'articles ou la rédaction de synthèses à partir de dépêches.» (Libération 1997)*

De nombreux autres textes déontologiques reprennent cette prescription sous une forme ou une autre et il serait inutile d'en faire une recension exhaustive.

Simulations et mises en scène

Les thèmes de la simulation et de la mise en scène sont abordés moins fréquemment que ceux de la vérité et du mensonge. Il convient de distinguer deux types de simulations: il y a d'abord la mise en scène explicite et révélée comme telle que constituent la reconstitution et la simulation d'événements. Généralement, cette forme de simulation fait l'objet d'une mise en garde. Il y a ensuite la mise en scène à propos de laquelle le public n'est pas clairement averti et qui cherche tantôt à reconstituer et à simuler des événements, tantôt à vouloir communiquer une réalité que l'on sait vraie, ou que l'on présume vraie, mais à propos de laquelle personne ne veut se «mouiller». C'est surtout dans le second type que l'on peut parler d'une méthode trompeuse de traiter et présenter l'information au public, bien que cela puisse aussi être le cas dans le premier type si la reconstitution et la simulation ne reflètent pas rigoureusement la réalité que l'on veut communiquer. À ce moment, il faudra aussi départager ce qui relève, d'une part, de la tromperie intentionnelle et, d'autre part, de l'incompétence professionnelle.

La règle déontologique dominante est assez claire relativement à la simulation. Comme l'énonce très bien une des règles déontologiques de l'Union des journalistes de la Finlande (1992), le public doit pouvoir distinguer le recours à des situations fictives des événements réels. La Société Radio-Canada affirme que toute «reconstitution ou simulation doit coïncider le plus étroitement possible avec l'événement qu'elle est censée représenter» et ajoute qu'il faut «prévenir clairement l'auditoire par un procédé sonore ou visuel» (SRC 2001, 107-108). Le guide de la FPJQ tolère également les reconstitutions sous condition de rigueur tout en notant que certaines sont anodines et ne portent nullement à conséquence (demander à quelqu'un de parler au téléphone pour avoir des images, etc.)

Certains critiques de cette pratique journalistique utilisent l'expression «information hyperréaliste» pour désigner ce procédé de plus en plus répandu, principalement pour les besoins de la télévision. Voici deux exemples d'informations «hyperréalistes» signalées, et dénoncées, par Berrah. Ils illustrent bien ce qu'est la fiction comme procédé journalistique trompeur. Précisons cependant que Berrah ne fait pas de distinction entre simulation déclarée et simulation non déclarée puisque, à son avis, la dramatisation, la simulation et la reconstitution d'événements sont toutes des techniques génératrices d'informations hyperréalistes qu'il dénonce en bloc.

Le premier exemple concerne le lecteur de nouvelles Dan Rather. Lors des événements de juin 1989 sur la place Tienanmen à Pékin, Rather a profité du fait que CBS avait acheté les dernières minutes de transmission d'un satellite pour monter un scénario: pendant un reportage diffusé en direct, l'image disparaît soudainement et en même temps Rather coupe volontairement la communication téléphonique. Le gouvernement chinois avait prévenu CBS de l'heure à laquelle le satellite allait cesser de retransmettre. Dan Rather a eu recours à cette interruption de service annoncée pour reconstituer une séquence qui s'était réellement déroulée la semaine précédente, et ainsi laisser croire au public à l'écoute que CBS était victime d'un acte de censure de la part des autorités chinoises. «De telles méthodes de travail font l'objet d'un débat entre, d'un côté, les tenants de la véracité du fait et, de l'autre, les *golden boys* de l'information, producteurs de ces *news*. Ceux-ci estiment que la conquête de l'audience autorise quelques entorses à la déontologie, et notamment le recours à la reconstitution pourvu qu'elle soit signalée par le mot *dramatization*», fait savoir Berrah (1990, 23) visiblement choqué par un tel procédé qui, du reste, a été l'objet de plusieurs critiques dans les grands médias américains, ce qui a forcé Rather à s'expliquer.

Le second exemple de reconstitution trompeuse concerne l'affaire Felix Bloch, diplomate américain en poste en Autriche de 1981 à 1987 et soupçonné d'être à la solde du KGB, à l'époque de la guerre froide entre les blocs communiste et capitaliste. En juillet 1989, «dans l'été débutant, ses aventures allaient bientôt constituer la trame d'un beau roman d'espionnage. La chaîne ABC, à l'émission *World News Tonight,* diffusait une " preuve irréfutable " de la collusion de Bloch avec Moscou. Au cours d'une séquence " exclusive ", Félix Bloch remettait une serviette à un agent soviétique. On apprendra plus tard que la scène était un faux, une reconstitution. ABC s'en excusera plus tard, trop tard» (p. 23).

À côté de ces reconstitutions d'événements on trouve la mise en scène, une pratique qui consiste à inventer une histoire afin de provoquer des réactions. Palmer relate le cas de la publication d'une fausse nouvelle afin de venir en aide à la police. Il s'agissait de diffuser une nouvelle voulant qu'un meurtre ait été commis sur la personne d'un individu déterminé, que les policiers de Hattiesburg, aux États-Unis, savaient menacé par un tueur à gage. La stratégie policière avait besoin de la diffusion de cette nouvelle pour que le commanditaire de l'assassinat se compromette d'une certaine façon et que les policiers lui mettent la main au collet. La fausse nouvelle a été diffusée grâce à la complicité d'un journaliste de Mississipi TV, alors que le rédacteur en chef du quotidien de l'endroit a refusé de se prêter à cette mise en scène (1989, 401-402). Ce cas pourrait être considéré comme à la frontière de l'acceptable, car il y avait de bonnes raisons de collaborer avec les policiers (peut-être aurait-il fallu mieux évaluer les probabilités de réussite de cette stratégie) et de bonnes raisons de ne pas le faire. Les cas limites *(borderline)* sont justement ceux où des personnes raisonnables se trouvent en désaccord quant au comportement à privilégier (Elliott et Culver 1993, 78). Si le recours aux critères n'élimine pas ces cas limites, il permet néanmoins de les discerner au milieu d'une foule de situations moins problématiques. La réflexion éthique ne conduit pas tout le monde à la même décision, mais lorsqu'elle est faite de façon rigoureuse, elle chasse beaucoup de confusion et indique assez clairement les zones de désaccord, ce qui a également été reconnu comme l'un des avantages de la boîte de Potter.

Les opinions concernant la simulation dans les reportages sont le plus souvent négatives. Sormany y voit «une solution de facilité utilisée par un journaliste qui n'arrive pas à dénicher un fait réel illustrant son propos» (1990, 67). Goodwin estime quant à lui qu'une histoire fictive est encore plus dommageable quand elle est si bien écrite que le lecteur est porté à la croire vraie (1986, 171). «Quiconque devient journaliste est supposé avoir compris que les mensonges et les feintes ne sont simplement pas permis. La fiction n'a pas sa place dans le journalisme», affirme-t-il on ne peut plus clairement (p. 179). Pour Koop, enfin, la plus sérieuse violation de la déontologie professionnelle est justement le recours à la mise en scène d'un événement qui est présenté comme un phénomène spontané (1980, 168).

Mais il s'en trouve également pour vanter les mérites du recours à la fiction, tel ce journaliste dont les commentaires étaient rapportés dans le magazine des journalistes chinois *The Journalism Front*. Il avait écrit un article à propos d'un ouvrier modèle qui a été largement repris par d'autres médias avant qu'on ne découvre, plus tard, qu'il s'agissait d'une pure invention. Bien qu'il ait été blâmé pour cela, le journaliste s'est défendu en faisant valoir que même si son histoire n'était pas véridique, elle a eu de bonnes conséquences sociales (Keguang 1989, 202).

Critères spécifiques

On constate que le recours à des situations fictives est très mal vu dans la profession. Le journaliste qui veut y recourir doit se demander s'il existe de bonnes raisons de transgresser la règle déontologique dominante. En plus des critères éthiques généraux communs à toutes les formes de tromperie, il doit aussi tenir compte de deux critères spécifiques :

- *Le public doit savoir qu'il s'agit d'une mise en scène.*

Ce point est considéré comme crucial par Olen (1988, 98), et le code de déontologie de l'Association des journalistes australiens énonce clairement que le public doit pouvoir reconnaître les reportages où l'on a eu recours à des situations simulées (Cooper *et al.* 1989, 292), comme le font du reste plusieurs textes déontologiques qui appliquent ainsi le test de la transparence.

- *La simulation doit se limiter à reproduire le plus fidèlement possible des faits dont la véracité a été très rigoureusement vérifiée et éviter toute spéculation.*

La reconstitution ou la simulation doivent refléter rigoureusement la réalité que l'on veut communiquer. En effet, il ne suffit pas d'avertir le public que la situation qu'on lui présente est simulée, elle doit aussi être représentative de la réalité, sinon elle ne répond plus aux critères d'information du journalisme. Il y a toute une différence entre recourir à la fiction pour mieux informer et y recourir pour divertir. Le journalisme ne doit pas être contaminé par le travail de journalistes aux plumes romancières incapables d'empêcher leur imagination et leur goût du *style pour le style* de transformer les faits afin d'enjoliver leurs comptes rendus.

Par ailleurs, on peut se demander si, à long terme, l'amalgame de scènes réelles et de mises en scène visant à reconstituer la réalité ne va pas contribuer à la confusion du public, surtout chez le jeune public qui grandit dans un contexte médiatique où la réalité et la fiction s'entremêlent constamment. Est-ce rendre un bon service au public que de contribuer aux risques de confusion sous prétexte de vouloir l'éclairer ?

Il importe aussi de se demander à quelles fins on a recours aux mises en scène. Dans bien des cas, le journaliste y a recours pour des motifs organisationnels et de contraintes du travail (limites de temps, besoin d'images percutantes, etc.) et non pas en raison de l'impossibilité de trouver des sources fiables qui pourraient témoigner des événements.

Manipulation digitale

Les techniques de numérisation de l'information permettent plus que jamais de manipuler les images qui sont présentées à l'écran et dans les médias imprimés. L'interdit déontologique concernant la manipulation des images est considéré comme un prolongement du devoir de vérité, notamment dans le code de l'APME (1995). Frost donne l'exemple «infâme» d'une photographie d'un député du Parti travailliste britannique, John Prescott, dont le verre de bière a été remplacé par un verre de champagne par le *Daily Express* (Frost 2000, 137), pour le faire paraître plus bourgeois que travailliste. Steele et Black, dans leur analyse de 33 codes de déontologie américain, ont observé la présence de ce thème dans presque la moitié des cas alors qu'il n'en était presque pas question par le passé (1999).

Dans le cadre de l'enquête d'Arant et Anderson, un responsable de site Internet a raconté que son média avait manipulé une photographie à l'aide du logiciel Photoshop, afin de voiler l'identité d'une personne accordant une entrevue où elle dévoilait des informations relevant de sa vie intime. Mais les journalistes se sont vite rendu compte que quiconque possédait ce logiciel pouvait faire une copie de la photographie et lui redonner son allure d'origine, ce qui permettait de reconnaître la source d'information. Il a donc été convenu d'enlever la photo du site Internet (Arant et Anderson 2000). Certes, la manipulation de photographies n'est pas nouvelle. Cette pratique a été étudiée dès 1989 (Gottlieb 1990) et a souvent été dénoncée quand des journalistes de médias traditionnels s'y adonnaient. Par exemple, il y a quelques années, le *National Geographic* avait déplacé une des pyramides d'Égypte pour avoir une image plus intéressante en page couverture et *Newsweek* avait assombri le visage de O.J. Simpson faisant face à des accusations de meurtre. Mais les nouvelles technologies permettent maintenant de créer des images et documents vidéo virtuels d'un réalisme étonnant qui peut conduire à la diffusion de documents prétendant illustrer des événements qui ne se sont jamais déroulés, comme cela s'est produit dans une campagne électorale américaine (Pavlick 1998). Ce dernier estime que l'impact des manipulations est multiplié en raison de la numérisation et de la diffusion de l'information. Constatant que les entreprises de presse n'ont pas formulé de normes largement répandues à ce sujet, il s'inquiète des limites que s'imposeront les journalistes. Il faut souvent des incidents pour stimuler la réflexion et instaurer des normes, comme ce fut le cas, notamment, au *Asbury Park Press* du New Jersey après qu'une personne eut été effacée d'une photographie pour ne laisser que deux personnages et créer le prolongement d'un mur en arrière-plan pour combler l'espace vide. Cette manipulation dénoncée a conduit le journal à se doter d'une politique en matière de retouches (Lasica 1988-1989). Un photographe du *New York Times* a déjà proposé que toute photographie retouchée et modifiée soit accompagnée d'un logo en avertissant le public, mais un tel symbole n'indique pas le degré de modifications apportées à l'image réelle (Mann 1998). Pour sa part, Newton est d'avis que l'application plus stricte de normes journalistiques traditionnelles permettra au photojournalisme de demeurer un acteur majeur parmi les rares diffuseurs d'informations vraies (Newton 1995).

Pour Frost, finalement, la manipulation d'une image ne fait pas référence aux techniques reconnues (équilibre des couleurs, contraste, masque, etc.) qui ont parfois lieu pour des raisons légales ou de sécurité (p. 138). C'est essentiellement lorsqu'elle trompe le public, volontairement ou par négligence, et lorsqu'elle déforme la réalité que cette manipulation est l'objet d'une critique. À cet effet, le code du *San Francisco Chronicle* prescrit clairement que toute altération d'une photographie doit être révélée au public en l'informant qu'il ne s'agit pas d'une illustration de type documentaire (1999).

DROITS HUMAINS ET DISCRIMINATIONS

Les droits de l'homme constituent désormais un élément incontournable de régulation de la vie des citoyens des grandes démocraties de notre époque. Ils imposent, ou cherchent à imposer, certaines libertés fondamentales qui ne seraient plus l'apanage des puissants mais plutôt le partage de tout être humain. La Déclaration universelle des droits de l'homme de l'Organisation des Nations Unies, en 1948, est en quelque sorte la référence en cette matière. Essentiellement, les 30 articles de cette déclaration s'opposent à toute discrimination basée sur le sexe, la race, la religion et les opinions politiques.

La Déclaration de 1948 est en quelque sorte l'aboutissement de près de trois siècles de luttes visant à faire reconnaître les systèmes philosophiques élaborés aux XVIIe et XVIIIe siècles. Au XVIIIe siècle particulièrement, ce sont Thomas Jefferson, John Adams et Samuel Adams qui ont fait la promotion des droits individuels comme impératifs d'une société démocratique (Lloyd 1991, 205). Ce thème général a bien entendu été repris par des philosophes contemporains, dont William Frankena (1963), qui a, entre autres, défendu l'idée que les êtres humains ont des droits individuels ne pouvant pas éthiquement être violés par leurs semblables.

Bien qu'elle soit générale et généreuse à souhait, la Déclaration de 1948 ne signifie pas pour autant que toutes les nations assurent le respect de ses principes, même celles qui en sont signataires, comme nous le confirment chaque année les désolants rapports d'Amnistie internationale et de Reporters sans frontières.

Cependant, bien au-delà des nations et de leurs gouvernements, le respect de ces droits est l'affaire de tous. Il est ainsi également l'affaire des journalistes, surtout, eux qui n'hésitent pas à revendiquer certaines de ces libertés fondamentales pour accomplir leur travail. Leur adhésion à ces libertés, pour se prétendre cohérente, devrait être respectueuse des contraintes qu'imposent à leur travail quotidien ces mêmes libertés accordées à leurs concitoyens. Le statut professionnel des uns, les journalistes en l'occurrence, ne doit pas nier le statut de citoyen des autres, la citoyenneté étant un concept plus fondamental sur lequel peuvent s'ériger les autres concepts sociaux (professions, vocations, relations sociales, etc.). Le citoyen moderne doit être considéré aussi bien du point de vue de ses droits politiques que de celui de ses autres libertés fondamentales, ce qui interdit *a priori* que ceux-ci autant que ceux-là soient sacrifiés sur l'autel des principes et des comportements professionnels.

Selon Lloyd, le respect des droits individuels comme pivot central des comportements éthiques ferait même l'objet d'un consensus (p. 202) et c'est sans doute dans cet esprit que l'ex-président de CBS, Arthur Taylor, déclarait, lors d'une conférence au congrès de l'International Press Institute, que les médias avaient, entre autres obligations vitales, celle de respecter la dignité humaine (Rubin 1978, 16-17). Même la plupart des spécialistes de l'interprétation du Premier Amendement de la Constitution des États-Unis reconnaissent que les droits individuels sont au nombre des éléments pouvant justifier une restriction de la liberté d'expression et de son corollaire, la liberté de la presse (Entman 1989, 103).

La reconnaissance et le respect de ces droits cherchent à accroître les chances que les humains vivent heureux et puissent s'épanouir librement, dans le respect des autres et de soi-même. Il s'agit d'assurer à tous les mêmes chances et moyens d'accéder au bien-être, sinon au bonheur dans la mesure où les conditions de celui-ci ne deviennent pas la cause du malheur des autres. Il y a là un principe d'équité qui va radicalement à l'encontre des fondements du darwinisme social, où la lutte pour la survie justifie les inégalités entre humains et les encourage en quelque sorte, puisqu'on y voit le prétendu témoignage le plus révélateur de la valeur génétique d'un individu.

Le darwinisme social visait en somme à justifier les inégalités socio-économiques en soutenant qu'elles étaient les conséquences naturelles et même désirables des «inégalités» biologiques. Comme plusieurs autres, Jacquard conteste la validité même de cette conception biologique, et encore plus son utilisation comme fondement justificatif des inégalités socio-économiques pouvant mener à admettre un partage inégal des droits et libertés. Il soutient que «deux hommes ne peuvent être qualifiés d'inégaux, au sens où l'un est supérieur à l'autre, que si l'on considère une seule de leurs caractéristiques; pris globalement, ils ne peuvent qu'être différents; ces deux mots sont loin d'être équivalents, l'un consacre une hiérarchie, l'autre non» (1978, 187). Il ajoute que la lutte pour les droits de l'homme commence par la définition rigoureuse des mots, «car les mots sont des armes».

Au-delà de la dimension biologique, apparaît la question morale qui, selon Etchegoyen, «tourne beaucoup autour de l'affirmation répétée: le respect des hommes est [...] une priorité» (1991, 50).

Ces principes sont à la fois clairs et évidents. C'est sur ce terrain que les choses se compliquent pour les journalistes, car ils peuvent se retrouver devant des droits qui charrient des valeurs pouvant être conflictuelles. Certaines valeurs ne sont pas fondamentales ou inhérentes au respect des êtres humains. C'est par exemple le cas des valeurs commerciales qui incitent les gestionnaires à promouvoir la vente des journaux ou les cotes d'écoute, comme en fait mention Gerbner (Emery et Smythe 1989, 428). Mais le conflit de valeurs peut devenir bien plus ardu à résoudre lorsque la liberté d'expression est en cause et s'oppose à d'autres valeurs (vie privée, droit à la réputation, etc.).

Pour plusieurs, la liberté d'expression implique une libre circulation de l'information comme base du système démocratique, et la condition d'existence de la liberté d'expression serait l'accès sans entrave à toutes les sources d'information (Wilhelm 1991, 21). Ce genre d'énoncé est certes charitable, mais peu convaincant. Rien n'est en effet moins démontré que la relation de nécessité devant exister entre la liberté d'expression et l'obligation d'avoir accès à toute l'information existante ; ce serait confondre la liberté d'exprimer ses idées et ses opinions avec la reconnaissance d'une autre liberté, soit l'accès libre et total à toute la documentation sous-tendant l'ensemble des actes de libre expression (écrire, parler, commenter, etc.). Si cette relation de nécessité avait été évidente, on aurait alors précisé et reconnu une liberté d'expression *éclairée*, c'est-à-dire documentée. On a vu, au contraire, que la métaphore du libre marché des idées voulait favoriser la libre expression d'opinions et d'idées, en tenant pour acquis que la vérité survivrait à l'erreur au bout du compte. C'est admettre que des opinions et des idées seraient erronées, ce qui ne peut se produire que par manque de documentation et de connaissances pertinentes ou à la suite d'erreurs de nature cognitive et logique. Du reste, l'argument du libre accès à l'information peut aussi venir en conflit avec le respect de la vie privée, comme ce serait le cas pour un journaliste cherchant à tout connaître de la personnalité d'un premier ministre, d'un président ou de toute personnalité publique en vue d'éclairer son opinion sur cette personne.

Que l'accès à l'information soit un élément majeur de la vie démocratique est assez défendable, mais en faire un droit absolu et incontestable ne signifie pas nécessairement que l'intérêt public sera mieux servi. L'Europe serait-elle ce qu'elle est devenue aujourd'hui si Hitler et ses alliés avaient pu avoir un accès direct aux stratégies militaires des Américains, des Français, des Canadiens, des Britanniques, etc. ? Les droits humains des Juifs, Tsiganes et handicapés mentaux auraient-ils été mieux respectés, eux qui étaient en tête de liste des « tarés » que la science nazie a exterminés de 1933 à 1945 afin d'assurer l'hégémonie de la race aryenne (Müller-Hill 1989), si les stratégies des Alliés avaient été librement diffusées dans les médias ? On peut en douter.

L'amélioration des conditions d'accès à l'information est un objectif louable, mais la crédibilité de ceux qui la revendiquent gagnerait à ce que leurs arguments ne s'arrêtent pas aux affirmations gratuites édifiées sur des équations fallacieuses. Il semble au contraire que c'est quand on en limite rationnellement et raisonnablement la portée que les différentes et nombreuses valeurs des démocraties peuvent le mieux cohabiter. Toutefois, comme les droits humains ne sont pas tous de la même importance pour le bien-être des citoyens, il est normal que le poids de certains soit plus lourd que celui des autres. À ce sujet, Juusela nous invite à distinguer les droits de première, de deuxième et de troisième génération. Ceux de première génération sont dits fondamentaux et concernent les droits des citoyens et les droits politiques. Ils sont souvent inscrits dans les constitutions des pays. Les droits de deuxième génération sont de nature économique, sociale et culturelle, et sont généralement assurés par des textes de loi. Les droits de troisième génération, plus généraux, sont surtout revendiqués par les pays en voie de développement. Ils comprennent le droit à la paix, le respect de l'environnement et le droit au développement économique (1991, 2-3).

Mais les droits de l'homme, même les plus fondamentaux, ne reçoivent pas la même considération d'un individu à l'autre, de la part de ceux qui les gouvernent ou les dominent tout simplement. Cela vaut également pour les journalistes qui, souvent, se permettent des écarts de langage et des comptes rendus biaisés qui portent atteinte à certains droits fondamentaux des individus et peuvent même être «à l'origine de mépris et de cynisme envers la presse» (Giroux 1991, 123). Dans leur analyse des biais institutionnalisés des grands médias américains, Herman et Chomsky ont clairement fait la démonstration que les droits de l'homme varient en importance selon qu'il s'agisse de citoyens de pays amis des États-Unis ou de citoyens de pays considérés comme «ennemis». Ainsi, au temps de la guerre froide et dans des circonstances assez semblables, le meurtre d'un religieux polonais, Mgr Popieluszko, s'est révélé de 137 à 179 fois plus «important», si l'on considère la couverture médiatique, que celui d'un religieux du Salvador, Mgr Romero (1988, 39). Dans la même veine, les rapports d'Amnistie internationale traitant des droits humains bafoués dans les pays hostiles aux États-Unis ont une couverture médiatique beaucoup plus importante que peuvent en espérer des rapports semblables concernant les pays amis (p. 75).

Les droits humains et les codes de déontologie

Les trois générations de droits humains n'ont pas une représentativité égale dans les codes de déontologie des journalistes. Juusela a observé que les droits de troisième génération (paix, environnement et développement économique) sont absents des codes étudiés. Il fait cependant remarquer l'existence d'un consensus grandissant en faveur du respect de l'ensemble des droits humains (p. 89), une tendance qui se manifeste dans la plupart des codes déontologiques étudiés par Porfirio Barroso Asenjo. Ce dernier indique cependant que cet intérêt est surtout destiné à protéger les droits des journalistes (White 1989, 42-43).

Le respect des droits humains doit pourtant s'étendre à tous, de façon équitable, et non pas être revendiqué par certains corps professionnels ou sociaux sans que ceux-ci les reconnaissent aux autres. Cela semble du reste une condition fondamentale de toute réflexion éthique contemporaine. Nous devons tenir compte de ces droits dans notre hiérarchie des valeurs comme dans la détermination de nos allégeances. On peut aussi se référer à ces droits afin de reconnaître ceux qui les méprisent, les menacent ou en sont indignes, de par leurs comportements violents, par exemple.

Le journaliste doit donc prendre connaissance et tenir compte de *ses* et de *ces* droits humains, c'est-à-dire les interpréter dans le cadre de son travail, en relation avec ses valeurs professionnelles et personnelles. Mais son cadre de réflexion ne doit pas se limiter à *ses* droits et à *ses* valeurs, il doit considérer que les autres ont également la protection et les privilèges de *ces* droits et de *ces* valeurs. Il y a un travail de décentration afin de résister à la tentation corporatiste qui habite tous les groupes sociaux.

L'article premier de la Déclaration universelle des droits de l'homme, proclamée par l'Assemblée générale de l'ONU, énonce explicitement le principe voulant que tous les humains naissent libres et égaux en dignité et en droits. Les journalistes doivent donc s'efforcer de respecter cette égalité s'ils adhèrent au principe de cet article, et surtout s'ils le revendiquent pour eux-mêmes. C'est ce que traduit le code de déontologie des journalistes finlandais, lequel reconnaît qu'il faut protéger la dignité humaine et que les gens ont droit à leur réputation (Juusela 1991, 63). Le code de la SPJ/SDX, aux États-Unis, dit sensiblement la même chose. Pour sa part, le *Guide de déontologie* en vigueur au Québec aborde la question des droits de la personne pour affirmer que les journalistes «doivent accorder un traitement équitable à toutes les personnes de la société» et, ce faisant, ne «peuvent faire mention de caractéristiques comme la race, la religion, l'orientation sexuelle, le handicap, etc. lorsqu'elles sont pertinentes» (FPJQ 1996, 19).

De même, le code des journalistes espagnols, comme 38% des codes déontologiques étudiés par Barroso Asenjo, invite ceux-ci à ne pas pratiquer de discrimination sur la base de la race, de la couleur, du sexe, des convictions religieuses, des opinions politiques ou des origines sociales (1989, 78). Cette règle reprend presque mot à mot l'article 2(1) de la Déclaration, qui inclut aussi les origines de fortune, de naissance ou de toute autre situation comme ne pouvant servir de justification à la discrimination. Juusela signale que l'interdiction de la discrimination est en voie de devenir l'un des principes majeurs de l'éthique et de la déontologie journalistiques (1991, 85).

Les cas de discrimination fondés sur la race et la religion seront abordés de manière plus précise un peu plus loin, car les journalistes doivent davantage y faire face. Quant à la discrimination basée sur le sexe, elle est laissée de côté pour deux raisons. Premièrement, une approche féministe de l'éthique de l'information n'est pas encore véritablement implantée et il se trouve même des femmes pour prétendre que, sur le plan théorique, il serait stérile de vouloir établir des principes moraux féministes pouvant laisser croire qu'ils sont supérieurs à ceux existant déjà, lesquels proposent des règles impartiales, non discriminatoires et fondées en raison. Cela n'empêche toutefois pas certaines auteures de critiquer les valeurs masculines que peuvent refléter ces règles et d'en proposer qui leur semblent meilleures (empathie, tendresse, affection, etc.), comme l'a noté Christians lors d'un survol des développements en éthique de la communication publique (1991, 18). Deuxièmement, la discrimination basée sur le sexe se limite bien souvent à la faible présence des sources d'information féminines dans les reportages journalistiques (Emery 1989, 306). Ce phénomène soulève certes des préoccupations éthiques et déontologiques (sur le plan de l'équité, entre autres), mais on doit admettre que ce sont les routines professionnelles qui sont principalement en cause ici, et non pas un choix délibéré. On pourrait aussi soulever la question de la place accordée aux femmes dans les salles de rédaction, qui est loin d'être proportionnelle à leur présence dans la société (Strauss Reed, 1989). Là encore, on a affaire à des principes qui relèvent non pas de l'éthique et la déontologie journalistique, mais bien de l'éthique sociale. Ce phénomène invite plutôt à une importante réflexion sur les iniquités et injustices sociales sans nécessairement mettre en cause directement les pratiques journalistiques quotidiennes. Toutefois, il y a lieu de critiquer un phénomène qui désavantage injustement les femmes journalistes à la télévision, auxquelles les gestionnaires font parfois bien des misères aussitôt qu'elles ont dépassé la quarantaine, ou que leur âge devient, disons, trop visible et ne répond plus à certains critères esthétiques retenus en raison de leur valeur commerciale. Dans ces cas de discrimination, c'est à la déontologie et à l'éthique des responsables de salles de rédaction et d'entreprises de presse qu'il faudrait en appeler, afin de leur recommander d'expliciter leur hiérarchie des valeurs, ne serait-ce que pour les bien confronter à eux-mêmes.

Avant d'aborder les thèmes spécifiques de la race et de la religion, il est pertinent d'énoncer quelques critères qui aideront les journalistes à déterminer dans quelles circonstances la dérogation aux règles déontologiques dominantes en matière de respect des droits humains serait justifiable.

Critères généraux

- *Y a-t-il un véritable intérêt public qui justifie de ne pas tenir compte en partie ou totalement d'un des droits universels reconnus aux humains? Cela va-t-il améliorer les choses?*

Bien entendu, on retrouve ici la préoccupation utilitariste liée à la promotion de l'intérêt public. Toutefois, il y a des circonstances où le journaliste doit faire état de faits pouvant contrevenir aux droits d'individus dont les agissements nient un ou plusieurs droits d'une ou de plusieurs autres personnes. Bref, les gens ont des droits, mais aussi des devoirs, et ceux qui menacent les droits des autres doivent s'attendre à être dénoncés, voire à y perdre leur dignité et leur liberté. Cette restriction rejoint l'article 30 de la Déclaration des droits de l'homme, qui stipule qu'aucune «disposition de la présente *Déclaration* ne peut être interprétée comme impliquant pour un État, un groupement ou un individu un droit quelconque de se livrer à une activité ou d'accomplir un acte visant à la destruction des droits et libertés qui y sont énoncés». Ce qui revient à dire qu'il ne sert à rien de reconnaître des droits et des libertés aux hommes pour ensuite les en priver de manière arbitraire en usant de violences, de tromperies, d'extorsions, etc.

- *Les fruits de mon travail, et les méthodes utilisées, respectent-ils le principe de la dignité humaine? Si j'étais en cause, ma dignité serait-elle injustement altérée?*
- *Est-il possible de respecter les droits de l'homme sans sacrifier le droit à l'information de mon public? Sinon, est-il possible d'atténuer les conséquences néfastes?*

La race

La couverture des minorités raciales compte parmi les 12 grands thèmes de recherche et d'enseignement en éthique du journalisme (Christians 1991, 10), car on postule que le travail des médias peut créer ou entretenir des stéréotypes raciaux au sein de la population. En parlant des journaux américains, Meyer affirme qu'il s'agit là d'un de leurs problèmes moraux (1987, 50). S'ils deviennent des vecteurs de propagation de stéréotypes raciaux contraires aux faits, les journaux alimentent ces stéréotypes et retardent d'autant les changements sociaux désirables. Meyer est d'accord avec ceux qui estiment qu'une des fonctions des journaux est de permettre aux gens d'avoir une meilleure connaissance de leur société et d'eux-mêmes. C'est pourquoi les journaux, comme les médias en général, doivent décrire la société telle qu'elle est réellement, et non s'en tenir aux idées reçues, celles-ci étant sources de préjugés et de discriminations diverses.

Les médias d'information américains ont mis du temps à se faire les promoteurs de l'égalité en matière de relations interraciales (Emery 1987, 50). Il faut se rappeler une époque assez récente où les journaux du sud des États-Unis usaient du Monsieur et Madame pour parler des personnes de race blanche, mais où ils ne recouraient jamais à ces formules de politesse lorsque des personnes de race noire étaient en cause (Hulteng 1981, 57). Heureusement, cette façon de faire est aujourd'hui largement condamnée. Mais certains journalistes, commentateurs et animateurs de tribunes radiophoniques ont encore le réflexe de recourir à l'argument de la liberté d'expression, non pour exprimer des idées et des opinions, avec lesquelles on pourrait être d'accord ou non, mais simplement afin de justifier leur droit à la discrimination raciale.

On doit ici souligner que, si la presse écrite a fait peu de cas de la question du racisme jusqu'au milieu du XXe siècle, la télévision par contre a eu une incidence majeure dans la lutte pour les droits civiques aux États-Unis. C'est la personnalité «médiatique» de Martin Luther King qui a permis cette impressionnante réforme sociale. Luther King était éloquent, capable de dramatiser ses discours afin de mieux persuader le public, et il a rapidement pu imposer sa rhétorique aux États-Unis grâce au petit écran cathodique noir et blanc (Christians 1986, 112).

Il survient encore des cas notables de discrimination raciale, cependant. Ainsi, en septembre 1986, l'ex-premier ministre japonais Nakasone a déclaré, dans un discours devant ses partisans, que si le niveau intellectuel des Américains était si bas, c'était parce que leur population comprenait des Noirs, des Mexicains et des Portoricains. Aucun des grands journaux du Japon n'a repris cette remarque, qui leur semblait peut-être aller de soi, jusqu'à ce que les grands médias des États-Unis en fassent état (Ito et Hatori 1989, 178). Cette vigilance antiraciste des médias américains n'est cependant pas homogène, car ces mêmes médias entretiennent des mythes et stéréotypes, surtout envers les Noirs qu'ils présentent encore plus pauvres qu'ils ne le sont réellement et qu'ils peuvent encourager des attitudes hostiles envers ceux-ci et miner le soutien aux politiques publiques leur venant en aide (Clawson et Trice, 2000). Dans le cas de la couverture médiatique des affaires criminelles à la télévision (qui est la principale source d'information des citoyens, surtout chez ceux qui s'informent le moins), les Noirs sont présentés comme plus menaçants que les Blancs et ces derniers sont davantage enclins à supporter des approches punitives à l'égard des premiers (Franklin et Iyengar 2000).

Un racisme sans fondements

Il est possible de comprendre non seulement l'existence historique de la discrimination raciale, mais surtout qu'elle ait fait l'objet d'un large consensus social pendant plusieurs siècles. Il y a des raisons à cela. Jusqu'au milieu du XXe siècle, il «allait de soi» que les Blancs étaient plus intelligents que les humains des autres races, et la preuve en était le rythme accéléré des progrès sociaux, techniques, artistiques, scientifiques et culturels. Pas surprenant, alors, que les Occidentaux jouissant de cette envieuse position aient sauté à la conclusion qu'ils étaient les vainqueurs légitimes de la lutte pour la survie qui est au cœur du paradigme du darwinisme social. Par exemple, dans la société victorienne où triomphait le colonialisme britannique, entre autres, ce paradigme de la survie du mieux adapté ne pouvait que légitimer les inégalités socio-économiques, qu'elles soient intérieures ou présentes dans les colonies.

Ce sentiment de supériorité était conforté par quelques théories scientifiques, dont le darwinisme social, bien entendu. De son côté, l'anthropologie du XIXe siècle était fondée sur «un raisonnement simpliste: si les populations n'ont pas atteint le même niveau de culture et ne disposent pas de la même technologie, c'est qu'elles ne jouissent pas des mêmes aptitudes physiques et mentales» (Ruffié 1993b, 153). C'est qu'à l'époque, comme c'est encore parfois le cas de nos jours, on admettait difficilement que les capacités cognitives des différentes sociétés humaines fussent similaires; on préférait croire q'elles s'adaptaient aux contraintes spécifiques de leur environnement. Pour nous, contemporains, il est maintenant bien établi que les descendants des premiers groupes d'*Homo sapiens* ont connu des développements culturels et techniques différents, selon qu'ils étaient installés en Afrique, en Europe orientale ou, plus tard, dans les Amériques. Immergés dans les cultures occidentales contemporaines, les descendants des «arriérés» d'il y a à peine quelques générations deviennent aujourd'hui des spécialistes en neurobiologie, en psychiatrie, en philosophie, etc., au même titre que les Blancs. Le facteur explicatif en est bien entendu une *mutation culturelle* et non pas une quelconque mutation génétique. Par ailleurs, il ne faut pas oublier que les habiletés valorisées dans une société ne sont pas les mêmes que celles d'autres sociétés, si bien qu'il faut souvent être très prudent dans l'évaluation des peuples et des cultures des autres.

Bien que la science ait fait progresser considérablement les connaissances à ce sujet depuis le début du XXe siècle, cela n'a pas empêché l'apparition de régressions momentanées mais combien cruelles. Comme le note très bien Müller-Hill, c'est sur une idéologie pseudo-scientifique que s'est élaborée dès janvier 1933 la violence nazie qui s'étendit de la ségrégation des Juifs jusqu'à la stérilisation de malades mentaux, en passant par la discrimination des Tsiganes, des Slaves, des Noirs et des «asociaux».

> *«Il est facile de résumer l'idéologie des nationaux-socialistes: la diversité des êtres humains a un fondement biologique. Ce qui rend les Juifs juifs, les Tsiganes tsiganes, les Asociaux asociaux et les Malades mentaux malades mentaux réside dans le sang, et donc dans les gènes [...]. La possibilité de voir les êtres inférieurs se reproduire plus vite que les supérieurs existe. Il faut donc sélectionner, stériliser, éliminer, écarter, c'est-à-dire tuer les êtres inférieurs; ne pas le faire, c'est porter la responsabilité de la disparition de la culture.» (Müller-Hill 1989, 15).*

Ces excès historiques, et de semblables qui se profilent de temps à autre aux quatre horizons du monde, conduisent à discuter brièvement de l'inexistence des fondements biologiques du racisme, et cela, afin de bien démontrer que l'éthique et la déontologie professionnelle, comme toute réflexion du reste, ne peuvent pas se limiter au cadre philosophique théorique où principes et valeurs sont organisés en systèmes quasi autonomes. La réflexion doit s'alimenter de recherches scientifiques empiriques, sinon elle risque fort de dévier et de s'éloigner du réel qu'elle prétend vouloir conceptualiser en toute validité. C'est d'une dérive à l'autre que les systèmes philosophiques se métamorphosent en idéologies intransigeantes, sans rapport avec l'ensemble des faits de la réalité; ces idéologies préfèrent en exploiter fiévreusement une infime partie utile à leur vulgate plutôt que d'aborder la réalité sociale dans sa troublante complexité qui invite davantage à la quête d'une connaissance explicative qu'à la conquête barbare, voire à l'élimination, d'un *alter* perçu et conçu comme menaçant. Pour les besoins du culte idéologique réducteur, on n'hésite pas à occulter les vérités contradictoires, qui sèment le doute, ce grand ennemi des convictions fanatiques qui engendrent parfois des systèmes de mort et d'atrocités.

La connaissance empirique et méthodique nous permet de rejeter les comportements discriminatoires basés sur la race, en nous fondant non seulement sur les valeurs morales, mais aussi sur les résultats des sciences de la vie, et plus spécialement de la génétique des populations. Cette dernière discipline est des plus formatrice pour qui se donne la peine d'aborder quelques ouvrages et articles de vulgarisation scientifique. On en voit l'importance dans le document de l'UNESCO, *Appel aux peuples du monde et à chaque être humain*, inspiré des réflexions de chercheurs de diverses disciplines; ces derniers ont constaté que la «diversité génétique est présente beaucoup plus entre les individus appartenant à une même population qu'entre les moyennes statistiques de ces populations, ce qui enlève toute possibilité de définition objective et stable des races humaines» (Jacquard 1982, 209-210). Morin affirme que chez l'*Homo sapiens* les différences de tous ordres, d'individu à individu, sont extrêmement fortes, y compris dans les isolats, beaucoup plus fortes que les différences statistiquement établies entre ethnies ou races (1980, 151). C'est ce qui fera dire à Ruffié que le racisme constitue «un non-sens biologique» (1983a, 9). Il précise qu'en raison de la complexification des sociétés humaines, notamment par les unions interraciales dues aux voyages et aux migrations, «l'homme a subi un processus de déraciation appelé à s'accentuer avec le temps» (p. 262), si bien que l'humanité entière doit être considérée, à l'heure actuelle, comme «un seul pool de gènes intercommunicants» (1983b, 139). Il rappelle que des anthropologues qualifiés de tous les pays réunis par l'UNESCO en sont venus à des conclusions identiques, à savoir que «le concept de race biologique n'est pas ou plus applicable à l'espèce humaine. Chez l'homme, la race est " moins un phénomène biologique qu'un mythe social "» (1983b, 142). Ruffié va plus loin et affirme que, sur le plan biologique, le racisme débouche sur la «dégénérescence de l'humanité» (p. 146). En somme, il convient de reconnaître le racisme comme une préférence illégitime (Kymlicka 1990, 26).

La règle déontologique dominante

Les codes de déontologie sont éloquents en matière de discrimination raciale. Celui du Syndicat national des journalistes, en Angleterre, a énoncé quelques règles assez précises sur ce sujet, dès le mois d'octobre 1987. On pourrait même lui reprocher d'être allé trop loin en recommandant aux journalistes de bien faire ressortir le caractère antisocial et les fondements fragiles de l'idéologie des groupes prônant des politiques racistes, car cela risque de verser vers l'activisme religieux. Cependant, les règles de ce syndicat professionnel proposent d'éviter le sensationnalisme dans les sujets de reportage à caractère racial, de mentionner la race des individus visés seulement si c'est pertinent à une meilleure compréhension du reportage, de ne pas utiliser sans vérification le mot «immigrant» parce que bien des gens de couleur sont nés au pays.

Le guide de la Presse Canadienne également incite ses journalistes à se montrer prudents dans l'utilisation d'expressions pouvant être préjudiciables aux membres de communautés ethniques (1986, 18-19). On trouve une règle semblable dans le code des journalistes polonais (Jakubowicz 1989, 103). En Inde, la deuxième Commission de la presse a déclaré, dès 1982, que même s'il n'était pas désirable de créer un code de déontologie, il fallait toutefois préciser certaines choses à ne pas faire, dont l'usage de stéréotypes qui peuvent conduire à l'étiquetage injuste et sans fondements de groupes de gens et de communautés (Agrawal 1989, 155). Enfin, on pourrait mentionner la règle du *New York Times* qui interdit de spécifier la race, la religion ou l'appartenance ethnique, sauf si cette information est pertinente. La question est de savoir ce qu'est une information pertinente, et c'est ce que tenteront de cerner les critères spécifiques que je présenterai un peu plus loin.

On observe une certaine constance sur cette question dans les règles déontologiques de pays pourtant très différents. Cela indique l'importance accordée à la non-discrimination. Il y a certes des situations où la race des protagonistes est un facteur majeur d'un événement, telles les manifestations sur la question raciale ou les émeutes comme celle qui a éclaté à Los Angeles, en 1992. Dans ces circonstances, la décision de mentionner la race est facilitée et, la plupart du temps, ne cause pas de dilemme moral majeur.

Il en va de même pour le cas d'un individu activement recherché par les forces policières qui le croient une menace pour la sécurité publique. Afin d'aider les recherches, sa description physique sera donnée par les médias, qui obéissent ainsi à leur conception de l'intérêt public. Dans ce contexte, Il est bien difficile de laisser de côté le caractère racial, lequel est souvent énoncé explicitement, quelle que soit la race en cause.

Cependant, le journaliste se trouve parfois devant des situations délicates où la mention de la race peut rehausser le caractère informatif de l'article, mais où elle risque aussi d'alimenter des préjugés raciaux. La prise de décision devrait s'appuyer sur certains critères spécifiques pouvant être enrichis par des considérations personnelles, mais celles-ci doivent cependant faire appel à la raison. Ces critères étant également valides pour la discrimination basée sur la religion, on les trouvera un peu plus loin.

La religion

La discrimination basée sur la religion est quelque peu différente de la question raciale. La religion d'un individu relève en effet d'une adhésion volontaire, en principe du moins ; dans les sociétés démocratiques, il peut toujours décider d'en changer ou de la renier, ce qui est impossible pour la race.

Il y a ainsi, en matière religieuse, une dimension intellectuelle (adhésion à des valeurs, à des principes, à un système moral, à des pratiques, etc.) qui en fait un sujet légitime de discussions, de débats et de critiques, alors qu'on ne peut pas, à proprement parler, débattre de la race ou du sexe de quelqu'un, bien qu'on puisse discuter des manifestations culturelles inhérentes des groupes biologiquement différents.

La discrimination fondée sur la religion apparaît ainsi plus problématique à circonscrire. La religion n'est pas un fait biologique objectivement observable, mais une construction intellectuelle, une vision à partir de laquelle les croyants interprètent la réalité. Dans certains cas, critiquer sévèrement une religion peut être perçu comme un comportement intolérant, voire discriminatoire, alors qu'il faudrait ramener le débat sur le plan intellectuel. Mais ce débat est difficile à amorcer, les différentes Églises étant réfractaires à leur remise en question. Plusieurs intellectuels qui ont voulu entreprendre ce débat furent ostracisés, surtout dans l'Église catholique. Ce fut le cas de Rabelais, de Sartre, d'Érasme, de Machiavel, de Luther, de Copernic. Leurs œuvres se sont retrouvées sur la liste des publications interdites. L'index des ouvrages censurés par l'Église catholique fut en vigueur de 1559 à 1966, soit jusqu'au concile Vatican II, où fut reconnue la liberté religieuse et où l'on mit fin à la publication du catalogue de l'Index (Pépin 1989, 34).

On s'est rendu compte depuis longtemps que la religion est la cause première de la discrimination sur la base de la religion. Au Québec, comme à bien d'autres endroits de la planète, elle fut aussi responsable de la mise en œuvre de la censure des idées politiques, voire du retard qu'a pris la reconnaissance des droits de l'homme. C'est ainsi que, de 1867 à 1967, l'Église a exercé une censure constante et particulièrement draconienne à l'endroit de la presse écrite (De Lagrave 1978, 12). Au Québec toujours, l'Église catholique n'a pas vu venir d'un bon œil le droit de vote pour les femmes et, partout où elle est présente, elle refuse à ces dernières l'accès à la prêtrise, alors que d'autres religions leur permettent de célébrer le culte.

Chez plusieurs, la doctrine religieuse est si puissante qu'elle justifie des guerres, le terrorisme, la censure, des crimes et des injustices. Il est donc pertinent de s'interroger sur la fonction de la religion chez l'*Homo sapiens*. Selon Morin, il ne fait pas de doute que la religion est une réponse à l'angoisse humaine devant la conscience de la mort qui

> *«… introduit la désolation et l'horreur au cœur même du site égocentrique, au centre subjectif du monde […] et désormais la mort et les exorcismes contre la mort – rites, funérailles, enterrement, cultes, tombeaux, prières, religions, salut, enfers, paradis – vont marquer toute culture, tout individu. Le plus humble, le plus modeste des humains subit l'agonie tout au long de son existence, et chacun porte, avec sa toute petite mort, le cataclysme d'une fin du monde.» (1980, 294)*

En ce sens, on peut suggérer que l'humain a créé Dieu à son image et à sa ressemblance, afin, justement, de combattre ses angoisses d'homme.

Cela dit, et quoi qu'on en pense, il faut reconnaître que la religion est une valeur très importante, voire fondamentale, pour bon nombre de gens et de peuples. Dans plusieurs pays, elle est considérée comme «une des variables les plus déterminantes dans le comportement électoral» (Blais et Nadeau 1984a, 297). Aux yeus de plusieurs journalistes, le christianisme est une valeur suprême, qui passe bien avant la liberté de la presse, ce qui a des implications éthiques (Mills 1983, 593).

Il ne fait pas de doute que la croyance religieuse d'un individu demeure une liberté fondamentale, au même titre que l'athéisme. Prendre cela au sérieux porte à conséquence. Cela admis, les journalistes doivent éviter d'en faire état sans bonne raison, surtout quand cela risque, de manière prévisible, d'engendrer le mépris ou la haine envers les personnes mises en cause pour des raisons étrangères à leurs croyances. Toutefois, le journaliste sera tenu d'en faire mention lorsque cette information est essentielle à la compréhension de son reportage, au risque de voir les personnes mises en cause en subir des effets néfastes dans la mesure où ces effets ne sont pas disproportionnés, eu égard aux bienfaits qu'en retire la société. Ce serait le cas, par exemple, des religions ou des sectes qui ont parfois recours au sacrifice de vies humaines ou abusent de personnes vulnérables (enfants, femmes, personnes âgées, etc.) dans l'exercice de leurs rites et dans l'application de leurs principes.

Les quelques critères suivants peuvent orienter la délibération journalistique quant à la pertinence de faire mention de la race ou de la religion de ceux dont il est question dans les médias.

Critères spécifiques

- *Si la personne en cause était de ma race ou de ma religion, l'aurais-je mentionné dans le compte rendu?*
- *Est-ce que révéler la race ou la religion est essentiel à la compréhension du compte rendu?*
- *Révéler la race ou la religion causera-t-il un préjudice? Quelles sont mes raisons justifiant ce préjudice, quel bienfait en tireront les autres?*

Le sensationnalisme

On retrouve diverses définitions du sensationnalisme médiatique[38]. Parmi celles relevant du sens commun, on retrouve la suivante, tirée du site Internet d'une commission scolaire de la région de Québec, dans le cadre d'un cours destiné à familiariser les adolescents aux médias:

> *«Le sensationnalisme consiste à dramatiser certains événements par le choix du titre, du vocabulaire, de la photo, c'est-à-dire à faire ressortir certains éléments pour attirer l'attention des spectateurs, des lecteurs. Souvent associé à la télévision, le sensationnalisme est également présent dans les médias écrits et est de fait lié à l'idée même de ce qui fait un événement ou une nouvelle, c'est-à-dire le caractère exceptionnel, prétendu ou réel, d'un fait sur lequel on désire attirer l'attention. Le terme "sensationnalisme" vient du terme "sensationnel", au sens de "qui fait sensation, produit une vive impression". Misant essentiellement sur les émotions du public, le sensationnalisme répond donc plus particulièrement au critère de l'intérêt humain de la nouvelle.» (Commission scolaire des découvreurs)*

Certains citoyens ont associé le sensationnalisme médiatique à l'exagération et à la déformation de la réalité, notamment quand il est question de parler de certaines maladies (Langlois *et al*, 2002). Chez les chercheurs et spécialistes des médias, le sensationnalisme médiatique a aussi droit à sa part de définitions. Certains parlent de couverture extensive d'un enjeu social de peu d'importance alors que des enjeux sociaux majeurs sont passés sous silence (Reisenwitz et Whipple 1999, 16, Kingdon 1984, 62). Sur le mode de l'ironie, on a même «découvert» une *loi* médiatique voulant que l'importance d'un événement soit inversement proportionnelle au nombre de journalistes affectés à sa couverture (Sigal 1987, 14). Adoptant une posture critique, Gingras décrit pour sa part le sensationnalisme comme «...ce qui produit une vive impression sur le public et rappelle un état psychologique temporaire à forte composante affective» (Gingras 1985, 115).

En parlant de l'affaiblissement de la fonction de chien de garde du journalisme d'enquête pratiqué chez les grands réseaux de télévision commerciale aux États-Unis, Kovach et Rosenstiel sont d'avis que plusieurs de ces émissions ont des apparences de journalisme d'enquête, sauf qu'au lieu de surveiller les puissants et de protéger la société de leur tyrannie, ils s'intéressent surtout à la

38. On devrait en fait parler de sensationnalisme médiatique de type journalistique, ou de sensationnalisme journalistique, mais l'expression «sensationnalisme médiatique», employée ici, fait référence aux messages journalistiques que diffusent les médias.

sécurité personnelle des gens ou à leur portefeuilles en dénonçant les mécaniciens douteux, le manque de sécurité des piscines publiques, etc. Ils se réfèrent notamment à une étude réalisée en 1997 concernant ces *newsmagazines*, présentés en heures de grande écoute, selon laquelle ce genre de journalisme ne tient aucunement compte de la plupart des enjeux typiquement reliés à la fonction de chien de garde de la presse. Ils déplorent également le traitement sensationnel d'enjeux parfois de grande importance dont traitent ces émissions (Kovach et Rosenstiel 2001, 120-121).

Certains associent le sensationnalisme à la multiplication de rumeurs et d'informations peu rigoureuses provenant souvent de sources anonymes, dont la diffusion est encouragée par un système médiatique hypercompétitif (Marks 1998). D'autres y voient le règne de l'information spectacle qui, pour des raisons commerciales, évacue l'information sérieuse au profit de contenus divertissants et légers (McCartney 1997, Sharkey 1997, Dennis et Pease 1994, Hayward 1998, Charron 1999), de plus en plus souvent diffusés en direct et en continu pour présenter des événements spectaculaires ou excitants, telles les chasses à l'homme que mènent régulièrement les forces policières (Prato 1998). Mais il faut savoir que le sensationnalisme était déjà dénoncé dès 1947, par la commission Hutchins, à cause de la sélection des informations en fonction de leur potentiel de divertissement (Bates 1995), si bien qu'il serait sans doute erroné de l'associer aux récentes tendances télévisuelles.

Dans la même veine, certains mettent en évidence les stratégies de marketing des bulletins de télévision qui encouragent les journalistes à susciter l'attention du public et à augmenter leurs cotes d'écoute - notamment lors de brèves interventions en direct dans le cours de la programmation normale - en lui promettant des nouvelles plus spectaculaires que ce qui sera présenté en réalité (MacManus 1990, 43).

On a aussi proposé des critères permettant de distinguer la couverture journalistique régulière de la couverture sensationnelle. Dans un texte publié originalement dans *Dutch magazine Massacommunicatie*, mais traduit et diffusé sur Internet, Peter Vasterman, professeur à la Faculté de communication et de journalisme d'Utrecht (Pays-Bas), présente huit critères non exclusifs qui caractérisent le sensationnalisme médiatique. Selon lui, un épisode de sensationnalisme est caractérisé par:

> *1) La couverture massive d'un sujet qui paraît nouveau parce qu'il avait été peu médiatisé auparavant: un tabou a été brisé, un nouveau problème social a été mis au jour. Un événement majeur inattendu peut avoir déclenché cette couverture intense.*

2) Il y a une définition incertaine ou vague de ce nouvel événement ou de la tendance qui s'en dégage. On ne sait pas encore avec précision ce qui arrive et quelle forme définitive cela prendra.

3) Un étiquette sera accolée au nouveau phénomène et elle deviendra très populaire dans les médias.

4) On observe des traces de panique morale[39]*, de dégoût, de peurs ou d'anxiétés dans la couverture et dans la société.*

5) La plupart des événements sensationnels se développent dans des secteurs névralgiques : invasion de territoire, santé personnelle, sexualité, comportements déviants, etc.

6) Il y a une couverture partiellement influencée, sinon mise en scène, de la part d'acteurs (gouvernements, groupes de pression, organismes, etc.) qui ont des intérêts à faire valoir et qui essaient de contrôler la couverture médiatique.

7) Il se dégage une pseudo-crise de la couverture des journalistes qui ont recours à des expressions fortes : « le virus de la violence », « une crise plus grave que les autres », « ce n'est que la pointe de l'iceberg », etc.

8) Toute l'attention et la publicité créent l'impression que le « problème » ou le phénomène social récemment découvert prend de plus en plus d'importance, qu'il s'amplifie. Ce processus d'amplification rend le problème plus visible en raison de la médiatisation et non pas en raison de son importance réelle (Vasterman 1995).

À plusieurs égards, les critères de Vasterman pourraient être observés dans la couverture médiatique ayant résulté de l'annonce, faite par des disciples de Raël, de la naissance présumée d'un premier être humain cloné, en décembre 2002,même si cette possibilité avait déjà été évoquée dans les textes publiés dès 1997. On pourrait aussi retrouver la présence de plusieurs de ces critères dans la couverture médiatique relative au Syndrome respiratoire aigu sévère (SRAS) à compter d'avril 2003, ou encore dans la couverture d'événements dramatiques dont la portée sociale est exagérée, comme le sont bon nombre de faits divers ou des tendances criminelles (violence chez les jeunes, rage au volant, etc.).

39. Les paniques morales sont des épisodes pendant lesquels les médias s'en prennent de façon critique ou exagérée à des idées, des façons de vivre, ou des menaces non fondées, etc. Ce sont en quelque sorte des périodes de panique sociale (Hall *et al.* 1987, 17) où des craintes sont manifestées à répétition relativement à un enjeu ou à un phénomène quelconque.

Sur le plan normatif, MacManus considère que les journalistes qui dramatisent des enjeux sérieux par le recours aux émotions sont en conflit d'intérêts entre leur devoir professionnel de servir le public et leur obligation de servir les intérêts financiers de leur employeur (1992, 196-197). Dans les *Normes et pratiques journalistiques* en vigueur à la Société Radio-Canada, la notion de sensationnalisme est associée à l'utilisation exagérée de scènes de douleurs et de souffrances dont la diffusion est tolérée «seulement lorsqu'elles sont nécessaires à la compréhension d'une information importante» (SRC 2001, 58).

En exagérant à certains types d'informations au détriment d'autres dont la portée sociale est plus importante, les journalistes s'éloignent de deux grands principes professionnels. Premièrement, ils manquent au devoir de rigueur journalistique qui prescrit de rapporter les faits avec exactitude et de les interpréter convenablement. Deuxièmement, en manquant de rigueur, ils ne rendent pas justice à l'événement, à l'enjeu, aux institutions ou aux personnes qui sont en cause, si bien que cela les éloigne de leur devoir d'équité. Dans certains cas, le sensationnalisme médiatique transgresse surtout la norme de la rigueur, notamment quand il prend la forme d'arguments fallacieux (appel aux conséquences, caricature, appel à la peur, etc.), de titres non conformes aux faits et de mises en pages de nature à dramatiser l'événement. Dans d'autres cas, le sensationnalisme médiatique transgresse la norme de l'équité en brossant un tableau injuste d'un enjeu, d'un événement et de ceux que cela met en cause (chercheurs, philosophes, compagnies pharmaceutiques, médecins, gouvernements, etc.).

Chez Olen, le sensationnalisme consiste à insister trop fortement sur l'aspect émotif et spectaculaire d'un événement. Il y voit une atteinte à la responsabilité sociale si cet élément est déterminant dans la décision de diffuser un reportage (1988, 107). Pour sa part, Deschênes (1996, 57) rapporte que la jurisprudence du Conseil de presse du Québec considère que les accusations de sensationnalisme «réfèrent à la volonté de la presse d'attirer l'attention, au détriment de sa responsabilité d'informer sur les sujets d'intérêt public».

À titre d'exemple, le sensationnalisme peut prendre la forme d'anticipations positives et de propositions dénuées d'esprit critique quant aux conséquences favorables de certaines découvertes génétiques en santé mentale. Ainsi, Conrad a procédé à une analyse de contenu de 110 articles publiés de 1987 à 1994, dans 5 journaux et 3 magazines américains. Il a constaté que ces découvertes génétiques étaient annoncées en grande pompe mais que leurs limites ou réfutations étaient passées sous silence, laissant intact l'optimisme qui avait été alimenté. Il a observé que, si les articles étaient rigoureux sur le plan scientifique, leur optimisme contribuait néanmoins à magnifier les effets positifs anticipés des découvertes et ne laissaient pas de place à la critique ou à l'examen des possibles conséquences négatives de ces percées scientifiques. Il estime que, puisque la société entre dans une ère où la génétique sera un enjeu social déterminant, il est primordial de trouver un équilibre entre les espoirs et les craintes que contiennent les articles relatifs à la génétique et aux maladies mentales (2001, 225).

Cette approche du sensationnalisme basé sur l'optimisme des articles journalistiques paraît moins compatible avec l'acception courante du sensationnalisme qui, au contraire, ne serait que l'amplification de la posture courante du journalisme consistant à mettre en évidence la dimension négative ou pessimiste des faits sociaux afin d'alarmer le public des menaces qui le guettent. Plusieurs auteurs font référence au négativisme des journalistes, notamment dans le contexte de la couverture des élections, de la politique ou des institutions sociales (Gilsdorf & Bernier 1991, 12; Jones 1996, 119; Moy, Pfau et Kahlor 1999, 138), certains allant plus loin en parlant de cynisme (Lisée 1994, 660; Rosen 1995, 24; Twentieth Century Fund 1993). Le sensationnalisme médiatique me paraît donc être l'amplification temporaire de cette tendance naturelle des journalistes à privilégier le côté négatif des événements. Pendant les épisodes de sensationnalisme, pour répondre rapidement à une demande d'information de la part du public, les journalistes gardent essentiellement la même posture mais multiplient les articles ou les reportages alarmistes sur un sujet particulier. Ce qui conduit notamment un chercheur comme Glassner (1999) à soutenir que les médias cherchent à faire peur afin d'en tirer des avantages économiques, plutôt que d'informer de façon rigoureuse et équilibrée.

Les intuitions théoriques de Frost

Comment expliquer la présence d'articles sensationnalistes dans les médias d'information ? Il semble que la mission économique des entreprises privées et l'exigence de maximaliser les profits soient les variables les plus pertinentes, surtout en présence de principes éthiques et règles déontologiques (rigueur, exactitude, équité) peu compatibles avec cette pratique journalistique. Pour augmenter les revenus de l'entreprise, il faut des lecteurs, des auditeurs et des téléspectateurs en grand nombre afin de pouvoir attirer les revenus de la publicité. Il faut aussi que ce public *construit* ait des caractéristiques qui intéressent les annonceurs, les plus importantes étant leur pouvoir d'achat et leur disposition à acheter des biens de consommation. Il y a donc en somme une double contrainte pour les médias: susciter l'attention d'un public déterminé, certes, mais pas avec n'importe quel contenu de façon à séduire ou attirer un certain profil d'auditeurs. Il faut donc à la fois trouver des thèmes porteurs et savoir susciter l'attention du public, en plus de renouveler chaque jour l'intérêt de ce dernier afin de s'assurer de sa fidélité. Si certains enjeux se prêtent bien à ce défi (faits divers, crises sociales, catastrophes naturelles, confrontations de personnalités, témoignages humains, etc.), d'autres sont moins faciles à *médiatiser* (tendances économiques, causes de la pauvreté, découvertes scientifiques, processus législatif, etc.). Il survient toutefois des événements du second type qui soulèvent néanmoins un vif intérêt du public, pour lesquels les journalistes perçoivent une demande d'information à laquelle ils doivent satisfaire dans l'immédiat afin de ne pas se laisser devancer par les médias concurrents. Le problème est que l'enjeu à la fois intéressant et important est souvent complexe et risque d'ennuyer l'auditoire. De plus, les journalistes sont bien souvent mal préparés à traiter de tels sujets qui exigent un bagage de connaissances spécialisées qui manquent à ces généralistes, sans compter que l'espace et le temps limitent leur capacité d'approfondir leurs connaissances.

Face à ces diverses contraintes, la stratégie la plus rentable demeure la superficialité, la simplification parfois abusive, l'exagération de certains faits ou d'hypothétiques conséquences sociales, économiques, morales, scientifiques, etc. Bref, nous retrouvons les germes du sensationnalisme médiatique, car les journalistes auront tendance à faire vite, à anticiper les conséquences de l'événement (pénibles ou euphoriques) plutôt qu'à l'expliquer, qu'à l'analyser ou qu'à en fournir le contexte social, scientifique, politique ou historique approprié.

L'importance de la mission économique des entreprises de presse et les conséquences que cela a sur la qualité de l'information diffusée par les journalistes ne laissent pas ces derniers indifférents. Au contraire, selon une grande enquête réalisée aux États-Unis, plusieurs admettent être désorientés par les exigences souvent contradictoires des normes de la profession, du public et des actionnaires. Aux prises avec le doute et la confusion, les journalistes sont en quelque sorte déphasés face à leur métier, une situation professionnelle qui tranche radicalement avec celle des généticiens qui, pour l'instant, estiment que leur travail est en harmonie avec les attentes du public en matière de santé, tout comme avec celles des actionnaires et des entreprises de ce secteur (Gardner *et al.* 2001, 6). Le sensationnalisme médiatique, en matière de clonage ou non, sans être un phénomène nouveau, pourrait être un indicateur de ce déphasage en raison de l'importance qu'il semble prendre.

En raison de la taille des salles de rédaction des entreprises de presse électronique commerciales (radio et télévision), qui est plus petite et moins diversifiée que celles des journaux quotidiens, en raison aussi des contraintes techniques des médias électroniques, les probabilités d'un traitement sensationnaliste de l'information sur des enjeux importants y sont plus élevées que dans la presse écrite.

On peut aussi recourir aux intuitions théoriques de Frost à propos du sensationnalisme des médias. Selon lui, il existe des conditions favorables au sensationnalisme lorsqu'il se déroule un événement important (la mort de Lady Di par exemple), que le public est avide d'informations qu'il souhaite obtenir le plus rapidement possible, mais que ces informations sont encore rares ou parcellaires, si bien que les médias et leurs journalistes auraient tendance à exagérer des faits et des rumeurs non vérifiés et à montrer les mêmes scènes de façon répétitive afin de remplir le temps d'antenne ou de combler l'espace médiatique (journaux, Internet, radio et télévision). Comme l'indique son modèle, les *risques* de sensationnalisme diminuent avec le temps, alors qu'augmente la disponibilité et l'exactitude de l'information en même temps qu'une certaine saturation ou lassitude de la part du public qui est prêt à accorder son attention à d'autres événements (courbe du niveau d'ennui). La *zone de risque* du sensationnalisme serait donc dans les premières heures et les premiers jours suivant l'annonce ou la découverte d'un événement de nature à captiver le public alors que les informations disponibles sont à leur niveau le plus bas et que la demande du public est à son niveau le plus élevé.

SCHÉMA 1

Zone de risque du sensationnalisme médiatique en fonction de l'offre et de la demande Selon le modèle de Frost (2000, 20)[40]

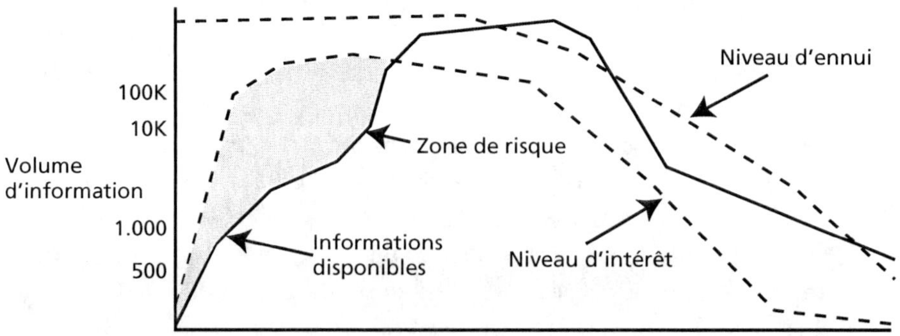

40. J'ai traduit et adapté les notions du modèle de Frost.

À l'inverse, il y aurait des conditions défavorables au sensationnalisme des médias lorsque l'information sur un sujet est abondante mais que l'intérêt du public pour cette information est peu élevé. D'après Frost, un problème existe quand le niveau d'intérêt ou le niveau d'ennui excède l'information disponible sur des enjeux majeurs. Dans le premier cas, il y a sensationnalisme médiatique, dans le second cas, il y a indifférence médiatique, ce que certains auteurs considèrent comme les angles morts de l'information (*blind spots*) en raison du peu d'attention que les médias leur accordent, au point de les occulter (Hackett *et al.* 2000). Dans les deux cas, le service public du journalisme entre en conflit avec la mission économique des médias (Frost 2000, 20-22).

Nommer ou ne pas nommer

Une interrogation récurrente en éthique du journalisme porte sur le fait de nommer ou ne pas nommer l'identité de certaines personnes, notamment celle de présumés coupables d'actes criminels quand ils sont en bas âge et le nom de victimes d'agressions sexuelles. Pour ce qui en est de révéler l'identité des personnes d'âge majeur accusées d'avoir commis des actes criminels, les journalistes ont peu d'hésitation à ce chapitre et, le plus souvent, rien ne peut les empêcher de diffuser bon nombre d'informations incriminantes avant même le début du procès. Ils ont cependant davantage de retenue quand le fait de nommer la victime d'un acte criminel risque assez clairement de lui causer un préjudice psychologique important, comme dans les cas de viol pour lesquels la règle déontologique dominante est que l'identité de la victime n'est pas importante en soi, sauf dans des circonstances exceptionnelles (Olen 1988, 52). Comme toujours, ce sont ces circonstances qui rendent problématique l'application ou la transgression de la règle. On y reviendra, au moment d'aborder les critères spécifiques.

Pour ce qui est des victimes d'accidents ou d'actes criminels, la règle dominante permet de dévoiler leur nom. Le *Guide de déontologie* en vigueur au Québec y voit une «information d'intérêt public», surtout «quand la victime est un personnage public ou quand les faits rapportés peuvent avoir des conséquences sur les responsabilités sociales ou les mandats publics des individus en cause» (1996, 15-16). On peut cependant trouver une posture différente, telle celle de Paule Beaugrand-Champagne voulant qu'il faille généralement taire cette identité pour protéger les victimes innocentes d'une publicité désavantageuse (Aubin *et al.* 1991, 107). Beaugrand-Champagne propose trois exceptions à sa règle: premièrement, «la victime est elle-même un criminel, ou est associée à un milieu criminel, et c'est donc elle-même qui s'est mise en marge de la société»; deuxièmement, «nommer la victime peut contribuer à comprendre, à solutionner le crime ou à protéger d'autres innocents menacés»; troisièmement, «il s'agit d'un personnage public». Si les deux premières exceptions semblent raisonnables et peuvent être reprises à titre de critères spécifiques, la troisième, qui rejoint le *Guide de déontologie*, paraît arbitraire en ce sens qu'elle se démarque radicalement des justifications des deux premières (ne pas protéger une réputation qui ne le mérite pas et protéger l'intérêt public). Cette exception devrait être précisée, par exemple spécifier si l'acte criminel dont est victime un personnage public a un lien quelconque avec ses fonctions officielles ou les menace, ou bien si cela s'est déroulé strictement dans le cadre de sa vie privée. Dans ce dernier cas, pourquoi le personnage public ne pourrait-il pas bénéficier lui aussi de ce que Gauthier nomme la «pudeur journalistique» (1992)? Est-il justifiable que le fait d'être un personnage public soit une source de privation d'un certain droit à la vie privée et à l'intimité lorsque l'événement ou ses conséquences n'ont aucun lien avec le rôle social assumé?

Quant aux individus accusés d'actes criminels, la question est également controversée quand on prend la peine d'y réfléchir sérieusement. Après avoir soumis un cas délicat à la réflexion d'étudiants (il s'agissait de nommer ou non les 125 personnes arrêtées pendant une opération policière visant à enrayer la sollicitation et la prostitution, dont des étudiants, des gens d'affaires, un ingénieur, un pharmacien et un ministre), Lloyd a observé que ceux en faveur de les nommer et ceux opposés à cette option se référaient au même discours portant sur la responsabilité sociale du journaliste afin de justifier leur décision (1991, 201). Cela l'amène à poser la question suivante: est-ce que les membres du public, en général, ont un droit à l'information concernant les gens à qui ils s'en remettent pour différentes raisons (religieuses, éducatives, financières, etc.) et à leurs façons de respecter la loi et les normes sociales du jour? À en croire les résultats de son analyse, la réponse est loin d'être évidente et elle varie selon qu'on privilégie la dimension publique ou privée de la vie d'un prévenu. Pour répondre à une telle question, on pourrait se demander si l'infraction reprochée a un lien quelconque ou est carrément en contradiction avec les fonctions officielles remplies par un individu, ce qui peut soulever des doutes légitimes quant à son intégrité et à la qualité des services qu'il rend à la communauté.

Se pose également la question de nommer ou ne pas nommer les individus accusés d'actes illégaux aussi longtemps qu'ils n'ont pas été reconnus coupables, comme cela se fait dans certains pays. Étant présumés innocents jusqu'à preuve du contraire, ils pourraient ainsi protéger leur réputation. Cela ne signifie nullement qu'ils aient un droit à la fausse réputation, c'est-à-dire le droit d'empêcher les médias de divulguer leur nom s'ils sont reconnus coupables de gestes criminels. La réputation d'un individu doit être la plus conforme possible à la réalité, et les gens qui sont en contact avec lui ont intérêt à savoir de quoi il retourne afin d'avoir une connaissance éclairée des événements et des gens qui peuvent modifier le cours de leur vie. Par exemple, l'acheteur d'une maison aura intérêt à apprendre par les médias qu'un entrepreneur en construction avec qui il négocie a déjà déclaré quelques faillites, ce qui a pu laisser ses anciens clients sans un service après-vente adéquat. Même chose pour le médecin incompétent, le notaire malhonnête ou le promoteur à la recherche de capitaux afin de financer des investissements louches. Mais compte tenu de l'avidité médiatique pour tout ce qui concerne la criminalité, compte tenu également du fait que la couverture journalistique est souvent démesurée eu égard à l'intérêt public et qu'elle cherche bien souvent à tirer le plus grand avantage commercial qui soit des malheurs s'abattant sur un individu, il n'est pas déraisonnable de se demander en quoi la société serait-elle perdante si on taisait le nom d'un accusé tant qu'il n'est pas reconnu coupable, dans la mesure où cela ne présente aucun risque pour d'éventuelles victimes ou encore pour la société.

S'inspirant de la théorie contractualiste de Rawls et de l'importance que ce dernier accorde à l'estime de soi, Gauthier maintient qu'il est possible de justifier une position «de pudeur journalistique» selon laquelle les médias devraient s'abstenir de publier le nom des personnes impliquées dans une affaire criminelle. Selon lui, l'approche rawlsienne permettrait d'établir que le droit à la réputation constitue une liberté fondamentale l'emportant sur le droit à l'information (1992, 36). Il ajoute qu'une telle façon de faire ne menace nullement la liberté de presse qui «continue de s'exercer dans presque toute sa plénitude si les noms ne sont pas publiés» alors que «le droit à la réputation est irrémédiablement entaché par leur publication» (1992, 36).

Se référant à un critère strictement temporel, celui de l'antériorité d'un droit sur l'autre, Sacchitelle fait pour sa part valoir que la présomption d'innocence prime la liberté de la presse. «La liberté individuelle est antérieure à la liberté de presse, qui elle, n'a commencé à s'inscrire dans les constitutions qu'au siècle dernier» (1986, 57). On pourrait dire que Sacchitelle est de ces avocats qui plaident les bonnes causes avec les mauvais arguments. Son énoncé implique qu'un droit récemment reconnu devrait être jugé secondaire à un droit obtenu de longue date, ce qui est en somme assez arbitraire et, surtout, ne tient pas compte de la valeur intrinsèque des droits en cause. S'en tenir à ce critère temporel écarte aussi toute discussion portant sur les fondements de ces droits, sur leurs conséquences et, si l'on veut pousser la chose jusqu'à l'absurdité, interdirait de réformer les anciennes lois afin de les adapter aux exigences des différentes époques, la vieille version étant *a priori* considérée comme meilleure que la nouvelle.

La théorie de Rawls fait aussi appel à un autre concept, celui du «voile de l'ignorance» qui fait de la justice le résultat d'une rationalité. Il s'agit d'un scénario imaginaire et spéculatif qui place les citoyens rationnels et raisonnables dans une position originelle où ils ne savent pas ce que leur réserve la vie, s'ils seront riches ou pauvres, en santé ou malades, doués ou non, etc. Placés dans cette situation d'incertitude totale, ils doivent néanmoins en arriver à des arrangements quant aux règles qu'ils devront suivre. Ils élaborent un contrat social basé sur certains principes, dont l'équité (1994, 112-113), qui peuvent dans certains cas s'opposer à l'utilitarisme qui pourrait justifier le fait de publier le nom des accusés avant qu'ils ne soient reconnus coupables. Bien que cette spéculation théorique soit contredite dans certains de ses détails, le philosophe Kymlicka y voit une intéressante façon de chercher l'équité (1990, 62). Pour le journaliste, soumettre une situation délicate à cet exercice spéculatif peut s'avérer utile pour se demander si l'action qu'il s'apprête à accomplir ferait l'objet d'une entente s'il en discutait derrière un voile d'ignorance l'empêchant de savoir s'il aura le rôle de celui qui fait un reportage ou de celui qui fait l'objet du reportage. Christians, Rotzoll et Fackler donnent l'exemple du tristement célèbre accident d'automobile du sénateur américain Edward Kennedy, qui a causé la mort d'une jeune femme se trouvant à ses côtés, alors qu'il était au volant, en état d'ébriété. Depuis de nombreuses années, cette histoire est publiée régulièrement dans les médias américains, même si aucun élément nouveau n'a été apporté. Les auteurs estiment que ce genre de couverture médiatique est habituellement justifié par les journalistes qui prétendent que le droit du public à l'information est plus important que le droit d'une personne au respect de sa vie privée. Ils émettent cependant l'hypothèse qu'un journaliste et le sénateur Kennedy se trouvant sous le voile de l'ignorance ne sauraient ni l'un ni l'autre qui prendrait la place de qui une fois le voile levé. Sans doute conviendraient-ils que les reportages sur l'accident étaient justifiables à une certaine époque, mais que les publier à répétition après tant d'années est un harcèlement non fondé en l'absence de nouveaux éléments. Selon le principe de Rawls, les journalistes limiteraient volontairement leurs enquêtes sur la vie privée des victimes d'événements tragiques (Christians et al. 1987, 14-15). Les auteurs avancent même que, sous ce voile de l'ignorance, les journalistes et politiciens laisseraient tomber les notions d'adversité et opteraient mutuellement pour le respect fondamental des humains qui remplacerait avantageusement le cynisme et l'ironie que les journalistes entretiennent à l'égard des politiciens. Du reste, Rawls est d'avis que des partenaires placés sous un voile d'ignorance préféreraient les principes de justice, dont l'équité, au principe de l'intérêt public. Ils préféreraient protéger leur réputation dans une mesure raisonnable que de la soumettre au principe d'un intérêt public dont l'évaluation est souvent problématique pour les acteurs. En somme, quand on ne sait pas ce que nous réserve l'avenir, on serait plus tenté de réduire les risques (avoir une mauvaise réputation), quitte à devoir se contenter de moins d'avantages (ne pas trop savoir avec qui on a affaire).

La posture philosophique de Rawls en fait un adversaire de l'utilitarisme, un principe qui, en journalisme, veut que les épreuves endurées par certains soient contrebalancées par un plus grand bien pour plusieurs personnes. Selon Rawls, chaque personne jouit d'une inviolabilité fondée sur la justice dont la société ne peut pas ne pas tenir compte au nom de son bien-être ou de son efficacité (1994, 27). Il semble pourtant qu'en accordant la priorité absolue du droit à la réputation des individus sur l'intérêt public, on admet la possibilité d'abus pouvant finalement menacer le respect des droits et libertés des membres de la société. Peut-être faudrait-il considérer que le droit à la réputation devrait être quasi incontournable pour les individus impliqués dans les affaires criminelles aussi longtemps qu'ils n'ont pas été reconnus coupables, et à la condition qu'ils ne soient pas une menace pour les autres entre le moment de leur arrestation et celui du prononcé du jugement. S'ils sont reconnus coupables ou menaçants, le fait de privilégier l'intérêt public en révélant aux citoyens visés quels sont les membres de la société qui risquent de leur faire du tort serait justifiable (et utilitariste, il faut en convenir). Il y a ici en jeu un principe des droits et devoirs : si l'individu a un droit à la réputation, il a aussi un devoir envers sa réputation, soit celui d'agir de façon à ne pas la déprécier lui-même et à la vider de sa valeur.

Critères spécifiques

Les codes de déontologie n'abordent pas souvent la question de nommer ou ne pas nommer et quand ils le font, leurs contributions se limitent le plus souvent à ses aspects juridiques. Dans les codes des 24 pays étudiés par Juusela, 12 seulement se penchent sur la nécessité de ne pas nommer les présumés auteurs d'actes criminels (1991, 61), bien que le thème de la protection de la dignité humaine, qui pourrait être jugé quelque peu voisin, soit abordé dans 19 codes. Les codes finlandais et suédois étudiés par Juusela stipulaient que la publication du nom ou d'informations révélant l'identité d'une personne qui n'est pas encore déférée devant la justice soit justifiée par un intérêt public considérable (p. 66).

On conçoit qu'il puisse exister de très bonnes raisons de ne pas nommer des individus impliqués dans les actes criminels, à titre de présumés auteurs ou de victimes de ces actes. Dans les cas de prise d'otages, ne publier ni les faits ni les noms des présumés criminels peut être d'une importance capitale, comme on l'a vu plus haut. Parfois, ce sont seulement les noms qui peuvent causer un préjudice grave, alors que la publication des faits est en soi d'intérêt public. Il existe quelques critères spécifiques relatifs à ces situations. J'aborderai tout d'abord la question sous l'angle des présumés auteurs d'actes criminels, puis sous celui des victimes d'actes criminels. Ainsi, avant de nommer un *présumé auteur* d'acte criminel, il faudrait se poser quelques questions, notamment:

- *L'individu est-il encore en position de nuire aux autres avant que les procédures judiciaires soient terminées?*

Prenons comme exemples le médecin agresseur sexuel, l'infirmier soupçonné de détourner des doses de tranquillisants destinés aux patients, le politicien chargé de prendre des décisions importantes qui pourraient avoir des liens avec ce qu'on lui reproche. Dans ces cas, il est légitime que les gens connaissent l'identité de l'inculpé afin d'agir en sorte de ne pas devenir victimes à leur tour.

- *Révéler son identité peut-il le priver d'un procès juste et équitable?*

Il s'agit ici de prendre en considération le respect de ce droit fondamental dans les sociétés démocratiques.

- *Est-il bien certain que l'individu sera accusé formellement devant la justice?*

On connaît des exemples où les policiers ont délibérément laissé couler des informations à propos de suspects qui devaient être accusés de crimes mais qui ne l'ont jamais été. La révélation de leur identité leur a tout de même causé un préjudice non fondé, ce qui était du reste le but recherché.

Pour la présumée victime, on se posera entre autres les questions suivantes:

- *La publication de son identité aura-t-elle des effets néfastes sur sa santé psychologique, sa réputation, son estime d'elle-même?*
- *La victime a-t-elle cherché à éviter la publicité?*

Dans des cas de viol dont le présumé auteur était un personnage politique bien en vue, la victime a vendu son témoignage à des journaux et à des magazines en échange d'une promesse d'anonymat. Il me semble que, lorsqu'une personne accepte de se faire payer pour livrer publiquement un témoignage accablant pour autrui, il est raisonnable qu'elle soit nommée puisque ses motifs ne visent que ses propres intérêts aux dépens de ceux des autres, et les journalistes ne devraient pas se faire complices de ce procédé.

- *Quelle compréhension supplémentaire de l'événement le fait de nommer la victime procure-t-il au public?*
- *La famille et les proches de la victime auront-ils la possibilité d'apprendre par les médias la nature du drame vécu par celle-ci?*

Si oui, on peut croire que même la victime s'est sentie incapable d'en parler et qu'elle serait encore moins capable d'en supporter la publication.

Le journaliste qui prétend publier tout ce qui est publiable a de fortes chances de se retrouver un jour ou l'autre face à des situations où sa règle de conduite professionnelle ne sera efficace qu'au risque de la vie ou de la réputation des autres. Il doit alors entreprendre une réflexion éthique qui l'amènera à se poser plusieurs questions, et celles formulées précédemment ne prétendent pas à l'exhaustivité. La démarche qui caractérise le présent ouvrage vise autant à offrir des critères spécifiques et généraux qu'à convaincre les journalistes que les situations délicates, mais potentiellement néfastes, ne doivent pas être résolues sur la base d'impressions personnelles.

Le devoir de suite

L'équité journalistique doit aussi se manifester dans le suivi accordé aux informations qui ont été diffusées, surtout quand elles sont de nature judiciaire ou quasi-judiciaire et mettent en cause la réputation des personnes visées. Le *Guide de déontologie des journalistes du Québec* dicte à cet effet un devoir de suite:

> *«Lorsqu'un média a couvert une affaire où des individus ont été incriminés et traduits devant la justice, il doit suivre dans la mesure du possible le dossier jusqu'à son terme et en faire connaître le dénouement à son public.» (1996, p. 15)*

Cette règle, dérivée du principe d'équité et respectueuse du droit à la réputation, se retrouve également au *News & Observer* de la municipalité américaine de Raleigh, où l'on estime essentiel de faire état des décisions relatives aux accusations qui pesaient sur des individus, et où l'on ajoute que cela est particulièrement important dans les cas où les individus ont été innocentés des accusations pesant sur eux (Steele et Black 1999). De telles politiques se retrouvent dans diverses entreprises de presse canadiennes (Ericson *et al.* 1989, 41) et Frost rappelle pour sa part l'existence du code de déontologie journalistique en Suède selon lequel le résultat des procédures judiciaires ayant déjà fait l'objet de reportages doit être diffusé (Frost 2000, 114).

Le Conseil de presse du Québec prescrit aux journalistes le devoir d'assurer «une suite rigoureuse de l'information et accorder autant d'importance à l'acquittement d'un prévenu qu'à son inculpation ou à sa mise en accusation» (CPQ 1987, 18-19). On peut à la rigueur s'opposer au devoir d'accorder la même importance à l'acquittement qu'à la mise en accusation, compte tenu des contraintes qui pèsent parfois sur les médias, mais il se dégage de ces règles qu'il faut être équitable. L'équité n'est pas l'égalité, mais elle est un souci de justice, d'équilibre, de proportion dans certains cas. Le suivi d'un dossier peut parfois prendre la forme d'un droit de réplique, encore que ce droit soit loin d'être mis en pratique.

Parfois, c'est en vertu de la fausseté des informations diffusées et pour limiter autant que possible ses effets néfastes sur la réputation des victimes que le devoir de suite s'impose et qu'il doit prendre la forme d'un rectificatif complet qui réfute l'ensemble des informations inexactes ayant été diffusées. Ainsi, outre la notion d'équité, il y a dans ce devoir de suite un élément directement lié aux notions de vérité, de rigueur et d'exactitude, mais la façon dont ce devoir de suite est accompli est aussi une question d'équité à l'égard de ceux qui subissent injustement les effets des fautes professionnelles des journalistes. En vertu des principes d'exactitude et d'équité reconnus en journalisme, les corrections devraient respecter deux exigences fondamentales. La première concerne la rapidité avec laquelle on accepte de corriger nos erreurs afin d'atténuer les torts réels causés aux demandeurs. La seconde est l'exhaustivité des correctifs qui doivent reprendre point par point les faussetés diffusées et les corriger explicitement.

MATIÈRE À DÉLIBÉRATION

Cas 1 : *Un relationniste mandaté par un ordre professionnel vous communique officieusement des informations inexactes et négatives relativement à un individu qui se plaignait de la lenteur du traitement de plaintes concernant un membre de cet ordre. Lorsque vous vérifiez ces informations, vous vous rendez compte qu'elles sont fausses. Vous en avisez le relationniste qui s'engage à les vérifier et à les corriger rapidement et vous lui donnez un délai de quelques jours. Mais l'information vous semble intéressante* *car vous y voyez une manœuvre de l'ordre professionnel pour attaquer un plaignant. Que faites-vous: Publiez-vous cette information et dénoncez-vous la manœuvre avant l'expiration du délai accordé au relationniste? Demandez-vous au plaignant de venir réfuter en ondes des informations qui peuvent, à la limite, être diffamatoires pour lui? Attendez-vous l'explication du relationniste?*

Cas 2: *Un individu communique avec vous pour vous rapporter des déclarations d'un ex-ministre qui se serait vanté d'avoir un accès privilégié auprès du premier ministre en poste. Cet individu, qui est visiblement en colère contre l'ex-ministre, vous demande de lui accorder l'anonymat et l'ex-ministre dont il est question nie avoir tenu de tels propos. Que faites-vous: Vous rapportez l'information en accordant l'anonymat à votre source et en faisant état de la réaction de l'ex-ministre? Vous citez les paroles rapportées en les attribuant à l'ex-ministre comme si vous les aviez entendues vous-mêmes au lieu qu'on vous les ait rapportées? Vous refusez d'accorder l'anonymat à une source qui cherche surtout à nuire à l'ex-ministre? Vous refusez d'accorder l'anonymat et vous dévoilez l'identité de la source contre son gré?*

Cas 3: *Vous savez que le conseil municipal a attribué un mandat à une firme de consultants pour élaborer un projet visant à rentabiliser un parc municipal d'exposition dont les équipements sont désuets. Le maire s'est engagé officiellement à rendre le document public une fois le mandat terminé. Vous apprenez que les consultants ont une rencontre importante avec le maire et ses proches conseillers pour leur présenter un projet de rapport final, auquel vous n'avez pas accès. Ce projet peut du reste faire l'objet de modifications avant le dépôt final. Vous savez que, si vous mettez la main sur ce projet de rapport, vous aurez une nouvelle exclusive pour le bulletin de nouvelles de début de soirée. Que faites-vous: Vous en demandez un exemplaire aux consultants ou aux représentants de la municipalité? Devant leur refus, vous décidez d'appeler au bureau de la firme de consultants pour vous faire passer pour un fonctionnaire de la municipalité qui a besoin d'un exemplaire du rapport en espérant qu'on acceptera de vous le faire parvenir par télécopie ou courriel? Vous laissez tomber en attendant le dépôt du rapport final?*

CHAPITRE 10

L'IMPARTIALITÉ

« Les faits ne sont pas objectifs par eux-mêmes, ils sont objectivés par des méthodes et selon des points de vue différents. »

Pierre ANSART (1990, 14)

« En dépit de leurs affirmations selon lesquelles ils ne font que rendre compte de ce qui s'est déroulé, les journalistes reconstruisent la réalité grâce à des méthodes qui sont sélectives. »

Richard LENTZ (1991, 16)

« La tendance contemporaine en journalisme insiste plus sur l'équité que sur l'objectivité. »

Elizabeth B. ZIESENIS (1991, 241)

La question de l'objectivité est incontournable pour qui veut traiter des devoirs professionnels des journalistes. Le concept d'objectivité a deux fonctions principales en journalisme : la première rend uniformes les procédures de travail des journalistes, la seconde concerne les aspects éthiques et déontologiques de leur travail. On verra que l'objectivité journalistique, comme celle des scientifiques, est contestée de bien des façons, ce qui m'amènera à parler plutôt d'impartialité.

L'OBJECTIVITÉ JOURNALISTIQUE COMME PROCÉDURE

Pour les sources d'information, la notion d'objectivité journalistique est un facteur fondamental. Les obligations qu'elle impose aux journalistes assurent les sources que leurs versions et leurs interprétations de la réalité ne seront contestées que par d'autres sources et ne seront pas soumises aux biais et aux préférences du journaliste (Ericson *et al.* 1989, 15).

Pour les journalistes aussi, l'objectivité est un concept majeur. C'est à tout le moins ce que suggère notamment une étude de Phillips qui révèle que 98 % des journalistes interrogés à ce sujet disent adhérer à cette valeur professionnelle (Ericson *et al.* 1987, 104). Dans un article historique bien documenté portant sur les préoccupations éthiques et déontologiques des journalistes américains, Banning rapporte que la notion d'objectivité, tout comme celle de vérité et le besoin de règles déontologiques, était discutée dès 1875, au Missouri à tout le moins, mais sans doute ailleurs aussi (Banning 1999, 17). Mais en quoi consiste l'objectivité journalistique, dans les faits ? Il en existe plusieurs définitions.

Certains auteurs la décrivent comme un ensemble de procédures de travail, des routines en quelque sorte. Pour Padioleau, il s'agit de règles d'écriture formelles avec lesquelles sont familiarisés les différents auditoires des journalistes (1976, 269). Charron et Lemieux décrivent ces règles comme des «techniques discursives particulières : mode indicatif, formules neutres, catégories de sens commun, identification et citation des sources, etc.» (Charron *et al.* 1991, 12). Le recours à ces procédés n'est pas aléatoire. Au contraire, il constitue une obligation chez les journalistes nord-américains, surtout lorsque ceux-ci s'adonnent aux genres journalistiques factuels que sont le compte rendu et l'enquête. Chez les chroniqueurs, les critiques et les commentateurs, ces règles d'écriture neutres sont plus ou moins suivies, certains préférant un style plus flamboyant afin de créer des impressions et de susciter des émotions au sein de leur auditoire. Quant aux éditorialistes, ils ont traditionnellement adopté une règle d'écriture neutre afin de donner un caractère d'objectivité et de détachement à l'énoncé de leurs arguments et de leurs commentaires, mais eux aussi semblent s'orienter vers une forme plus expressive, sinon polémique afin de séduire leur public.

Par ailleurs, les règles d'écriture utilisées quotidiennement sont définies comme des *routines journalistiques* par certains théoriciens et praticiens des médias. Ainsi comprise et admise, l'objectivité journalistique permet de limiter le travail à la répétition de pratiques que l'ex-courriériste parlementaire québécois Gilles Lesage qualifie d'obnubilantes tellement elles s'opposent à la réflexion et à la distance critique (Lesage 1980, 277). Chez Padioleau, l'expression «routines» n'est pas péjorative, elle désigne simplement «un ingrédient nécessaire dans la profession [...] c'est-à-dire des pratiques d'écriture et de mise en forme de nouvelles qui s'exercent sans requérir des opérations innovatrices par rapport à la pratique quotidienne» (p. 271).

Ces routines ont des avantages certains pour les journalistes, surtout dans les sociétés où les médias voudraient être perçus comme un simple miroir de la réalité. Associées à cette perception des médias, elles offrent une grande protection aux journalistes contre d'éventuelles critiques qui pourraient leur être adressées relativement à un supposé parti pris (Padioleau 1976, 269). Ils peuvent toujours plaider qu'ils agissent de la même façon pour tous. Il se peut en effet que l'objectivité journalistique résulte de l'adhésion à une procédure méthodique qui respecte les piliers normatifs de la profession plutôt que d'être une fausse prétention au détachement et à la neutralité qui sont souvent des prétextes à l'insensibilité face aux conséquences de leur travail.

De plus, le fait d'accepter divers procédés narratifs comme des éléments majeurs de l'objectivité journalistique offre aux journalistes une rationalité qui les immunise partiellement contre certaines théories divergentes et contrariantes. Par exemple, l'objectivité journalistique s'oppose fondamentalement à la théorie voulant que les journalistes ne rapportent pas la réalité, mais participent plutôt, avec l'aide de leurs sources d'information, à un processus de construction de la réalité. C'est par ce processus que des faits deviennent des événements, puis des nouvelles grâce aux interventions successives des sources et des journalistes. Ce processus est complexe et jette le doute sur la «vérité» que rapportent les journalistes (Ericson *et al.* 1987, 120) qui préféreraient se contenter du concept d'objectivité érigé en paradigme simpliste.

Un autre avantage du *paradigme de l'objectivité* est de délester le journaliste de la responsabilité morale quant aux conséquences de ses actes professionnels pour les autres (Gans 1979, 188). En soutenant qu'il ne fait qu'obéir à des règles prédéfinies, comme rapporter les faits sociaux sans les censurer, par exemple, le journaliste parvient à se préserver de tout sentiment de culpabilité, même lorsque le produit de son travail a des conséquences néfastes pour certains.

On doit cependant reconnaître que l'objectivité complique également le travail des journalistes, car elle leur impose de toujours aller chercher la version opposée. Cela devient parfois problématique au point où un journaliste peut décider de ne pas faire mention d'une prise de position dans son compte rendu parce qu'il serait alors forcé de s'enquérir des réactions adverses (Eriscon *et al.* 1987, 112).

L'OBJECTIVITÉ REMISE EN QUESTION

La notion d'objectivité journalistique hante la conception nord-américaine du journalisme. On en trouve les traces dans plusieurs codes de déontologie ainsi que dans les critiques adressées aux médias et à leurs journalistes. Pourtant, l'objectivité est peut-être un mot creux. En tout cas, elle est une notion contestée qui fait l'objet d'au moins six types d'opposition, analyse Gauthier dans un article qui a l'avantage de bien éclairer ce débat et qui mérite qu'on s'y arrête un peu (1991b, 81-115). Ce sont des contestations d'ordre épistémologique, ontologique, psychologique, pragmatique, éthique et idéologique.

L'opposition d'ordre épistémologique à l'objectivité journalistique, précise Gauthier, est fondée sur l'impossibilité d'avoir une connaissance pleine et entière de la réalité. Il est incontestablement impossible de tout connaître. Même pour l'individu qui passerait sa vie entière à lire, expérimenter, conceptualiser et calculer, de larges pans de la réalité demeureraient occultés. Du reste, le temps nécessaire pour découvrir, connaître, comprendre et raffiner tous les outils de recherche suffirait à remplir honorablement toute une vie! Que dire maintenant du journaliste qui doit accéder à la connaissance de sujets variés, généralement assez complexes comme le sont les comportements humains, en faire une synthèse et communiquer le tout, le plus souvent en quelques heures et à travers d'autres activités professionnelles? On admet facilement le bien-fondé de la contestation épistémologique de l'objectivité journalistique.

Quant à la contestation d'ordre ontologique, elle a un rapport étroit avec le courant philosophique selon lequel la réalité n'existe pas indépendamment de l'observateur humain conscient. Des journalistes rejettent donc cette notion sous prétexte qu'il s'agit d'une illusion (Kovach et Rosenstiel 2001, 74). Contestable à plusieurs égards, ce courant philosophique ne résiste pas aux connaissances fournies par les sciences que sont l'anthropologie et, surtout, la paléontologie sur des époques précédant de plusieurs millions d'années l'émergence d'une conscience autoréflexive humaine. En somme, on sait que la réalité existait bien avant l'*Homo sapiens*.

La contestation d'ordre psychologique est fondée sur la conviction que les journalistes, comme tous les humains, appréhendent toujours la réalité en fonction de leur subjectivité propre. Cette subjectivité étant différente d'un individu à l'autre, il va de soi que le cadre perceptuel diffère également, ce qui rend impossible le projet d'*une* connaissance objective: on observe plutôt une multitude de connaissances partielles et partiales conditionnées par ce que Boudon (1986, 106-108) nomme des effets de position (dans la société) et de disposition (cognitive, morale, idéologique, etc.). À sa façon, Wolton abonde quand il affirme que le journaliste «essaie de comprendre ce qui se passe dans le monde pour pouvoir le raconter ensuite à des millions d'autres hommes et femmes. Son travail est avant tout subjectif et individualiste. Le fondement de l'information journalistique repose sur la subjectivité et non sur une quelconque prétention à l'objectivité» (1995, 89).

Vient ensuite la mise en cause d'ordre pragmatique selon laquelle l'objectivité journalistique ne serait en fait qu'une série de procédures relatives à la production de l'information, ce qui nous ramène à l'objectivité comme routine de travail évoquée plus haut. Ici, l'objectivité se réduit principalement au fait que tous les journalistes adoptent des pratiques identiques, dans toutes les circonstances, ce qui est perçu comme une méthodologie objective. Cela ne signifie pas que le produit de ces pratiques sera, lui, objectif.

Il existe aussi une contestation éthique parce que l'objectivité des journalistes aurait pour conséquence d'occulter leurs différentes responsabilités (que l'on sait nombreuses). J'ai fait mention plus haut de ce type d'argument et je n'y reviendrai pas.

Enfin, la contestation d'ordre idéologique se manifeste quand l'objectivité est dénoncée comme un instrument de mystification utilisé par les pouvoirs dominants (Gauthier 1991b, 108). Selon les tenants de cette thèse, l'objectivité journalistique est ni plus ni moins qu'une stratégie qui oblige les journalistes à accorder de l'importance aux arguments des détenteurs du pouvoir, lesquels peuvent faire valoir leurs points de vue, même lorsque ceux-ci ont toutes les allures de mensonges ou de demi-vérités. Grâce à cette «objectivité», les puissants sont assurés de ne pas être évacués des médias, qui pourraient autrement les contester à un point tel qu'ils risqueraient d'être renversés.

Pour Gauthier comme pour certains autres auteurs, la notion d'objectivité journalistique serait une extension de l'objectivité scientifique. Quand des journalistes utilisaient cette notion pour définir leur travail, pendant les années 1920, le terme désignait plutôt une méthodologie de travail rigoureuse venue du champ de recherche en sciences naturelles. L'objectivité fut perçue comme un antidote à l'émotivité et aux excès partisans *(jingoism)* de la presse américaine conservatrice (Streckfuss 1990, 973). Si la notion d'objectivité a pu apparaître dès la fin du XIXe siècle au sein des médias américains, comme le soutient Fink (1988, 8), ce n'est que pendant les années 1930 que «l'idéologie du journalisme objectif a pris racine» (Christians 1989, 9). On va même jusqu'à dire que journalistes et scientifiques «partagent nécessairement une éthique comparable de l'objectivité dans la recherche» (Bougnoux 1995, 2).

Au-delà de ces débats philosophiques, il faut se demander ce que recouvre la notion d'objectivité ou ce qu'on veut qu'elle contienne, sur le plan des pratiques journalistiques. On s'entend généralement pour concevoir l'objectivité comme une interdiction faite au journaliste de biaiser ses comptes rendus en fonction de ses préjugés, de ses croyances, de ses convictions, etc. On lui demande de laisser ces considérations de côté, de les exclure de son travail de diffuseur d'informations, bien qu'elles soient souvent utiles dans le travail de collecte d'informations, ne serait-ce que pour discuter avec les sources d'information afin de découvrir ce qu'elles veulent cacher ou de relever leurs incohérences. Au moment de livrer les fruits de son travail, le journaliste doit y aller de comptes rendus dits objectifs. Il ne doit pas prendre parti, mais présenter au public les éléments qui permettront à celui-ci de prendre parti. En ce sens, le journaliste est davantage impartial qu'objectif. Mais il est aussi possible d'adhérer à une conception restreinte, ou modestement positiviste, de l'objectivité comme c'est le cas pour la vérité. En ce sens, l'objectivité journalistique serait possible relativement à la description de faits empiriques, description qui pourrait alors être comparée au réel de référence pour faire l'objet d'un consensus. Mais bien souvent, c'est surtout la notion d'impartialité qui se retrouve sous la prescription d'objectivité journalistique.

L'IMPARTIALITÉ

Cette valeur professionnelle est souvent étroitement associée à la norme de l'intégrité journalistique dont il sera question au chapitre suivant. Ainsi, les *Normes et pratiques journalistiques* de la SRC prescrivent au journaliste le devoir de présenter des reportages «sans exprimer ni refléter son opinion ou ses tendances personnelles. En d'autres mots, il doit savoir se détacher de ses vues personnelles» (SRC 2001, 102).

En vertu de cette norme de l'impartialité, le journaliste doit également éviter de se trouver en conflit d'intérêts (Williamson 1979, 69), de «contaminer» son travail par ses préjugés et ses opinions (Aumente 1991, 42), ce qui signifie «dépersonnaliser» ses comptes rendus (Entman 1989, 30). Entman ajoute que l'incidence d'une nouvelle doit être attribuable aux faits qui y sont relatés et non pas à l'intervention du journaliste lui-même. Cette façon de présenter la réalité ne serait pas une faiblesse, selon Szuskiewicz (1991, 21), mais plutôt un témoignage de force puisqu'elle oblige à absorber tous les points de vue relatifs à un événement et à les présenter de façon cohérente, logique et concise. McDonald propose quant à lui une définition dans laquelle l'objectivité implique une correspondance entre un objet de la réalité et la connaissance qu'il est possible d'en avoir, ce qui écarte tout biais personnel, tout parti pris qui déformerait la représentation du réel (1975, 69). Il rejoint ainsi l'une des thèses dominantes du positivisme scientifique.

Pour les besoins du présent ouvrage, il suffit d'admettre que, quoique l'objectivité soit impossible à atteindre à moins d'en atténuer largement l'acception, cette convention journalistique, puisqu'elle en est une, n'en exige pas moins que le journaliste se limite aux faits et aux opinions des autres dans ses comptes rendus. On le veut impartial, c'est-à-dire qu'il ne prenne pas parti et qu'en outre il divulgue ses sources pour assurer qu'il n'est pas l'auteur des énoncés ou l'acteur des faits relatés. Aucune interprétation de la part du journaliste ne doit «contaminer» le texte, en somme, et les commentaires doivent provenir des sources (Sigal 1973, 66).

Kovach et Rosenstiel ont abordé cette obligation professionnelle pour soutenir que toute partisanerie doit être franchement avouée et assumée par les journalistes – essentiellement pour les journalistes d'opinion – ce qui permet au public d'être informé des biais que cela implique face à différents enjeux. Ils ajoutent cependant que cela ne doit pas justifier la participation directe et l'activisme, ce qui minerait la confiance des sources et des militants des différents groupes (2001, 97).

Mais en tout état de cause, sur le plan éthique, la divulgation de toute forme de partialité demeure un devoir incontournable afin de ne pas induire le public en erreur. Du reste, le respect des normes de la vérité, de l'équité, de la rigueur et de l'exactitude a pour effet de limiter considérablement les dérapages partisans et activistes de tout journaliste. La règle d'impartialité s'impose avant tout dans le compte rendu qui prétend à la description neutre et désintéressée des faits sociaux. Toutefois, l'obligation qui consiste à rendre publique toute partialité dégage une marge de manœuvre en faveur du journalisme engagé ou du journalisme de combat, dans la mesure où le contrat de lecture entre l'entreprise de presse et son public est explicite à ce sujet. Il ne faut cependant pas sous-estimer le fait que toute partialité, tout engagement du journaliste menace sérieusement un pilier normatif fondamental, l'intégrité journalistique qui proscrit le militantisme.

CHAPITRE 11

L'INTÉGRITÉ

« Contre les pressions on se défend par la solidarité. Contre les tentations, beaucoup plus insidieusement destructrices, seuls les principes sont efficaces »

Jean-Claude HAZERA (1989, 129).

L'intégrité journalistique repose largement sur l'absence de conflits de loyautés, et même sur l'absence d'apparence de tels conflits. Il semble que cette préoccupation a été soulevée à l'égard de presque toutes les fonctions sociales prétendant servir avant tout le bien public : élus, médecins, scientifiques, professeurs, journalistes, etc., comme si personne ne pouvait échapper au doute systématique. Quoi qu'il en soit, les conflits d'intérêts sont au nombre des questions déontologiques les plus importantes reconnues aux États-Unis aussi bien par des journalistes (Anderson 1987, 344) que par des cadres de salles de rédaction des médias électroniques (Wulfemeyer 1990, 985), et cette préoccupation est présente dans les congrès et les colloques ainsi que dans les cours de journalisme (Stein 1985, 84). Même l'apparence de conflit d'intérêts préoccupe autant les journalistes que les citoyens qui entretiennent une relation critique avec les médias (Smythe 1989, 369).

Comment définir le conflit d'intérêts typique, quel est l'élément central de tout conflit d'intérêts, que celui-ci soit manifeste ou apparent ? On peut dire qu'il s'agit d'une situation où la diffusion impartiale d'informations défavoriserait ou risquerait de défavoriser les intérêts personnels du journaliste en cause, que ceux-ci soient financiers ou non financiers (idéologie, parents, amis). Le journaliste doit alors choisir quels intérêts privilégier entre ceux du public qu'il est censé servir ou ses propres intérêts (ou ceux de son entourage).

Dans bien des cas, on associe à tort l'expression conflit d'intérêts aux journalistes qui servent honnêtement l'intérêt public tout en retirant ou espérant retirer de leur travail des bénéfices personnels (notoriété, vente de livres, reconnaissance, valeur *marchande* auprès d'entreprises de presse intéressées à ses services professionnels, etc.). Il doit être admis que le conflit d'intérêts n'existe que si l'obligation de servir l'intérêt public et le respect des devoirs professionnels d'un journaliste sont menacés par la promotion ou la protection de ses intérêts personnels. Sinon, on devrait plutôt parler de convergence d'intérêts. Ce serait le cas lorsque l'intérêt public est bien servi, que les devoirs professionnels sont respectés et que, par ailleurs, le journaliste voit sa situation personnelle s'améliorer, ou se maintenir. En fait, cela représente la situation idéale pour le journaliste qui peut honorablement gagner sa vie tout en rendant service à la communauté en l'informant des événements concernant son bien-être.

Il existe aussi des cas, la plupart peut-être, où le travail journalistique ne comporte ni conflit ni convergence d'intérêts, à la condition qu'on n'élargisse pas la définition des «intérêts» au domaine psychologique - au sens où quelqu'un possède un intérêt psychologique (ou est possédé par lui!) à accomplir son travail (bien-être moral, satisfaction personnelle, estime de soi, etc.). Celui qui désire élargir ainsi la définition des *intérêts* doit également prouver l'existence d'un intérêt psychologique chez un journaliste avant de déterminer si cet intérêt entre en conflit avec sa conception de l'intérêt public. On voit tout de suite les embûches méthodologiques de cette conception des intérêts psychologiques. C'est pourquoi je ne retiendrai pas ce type d'intérêts pour mon propos.

Il existe deux grandes catégories de conflits d'intérêts: les conflits d'intérêts de type financier et ceux de type non financier, les premiers étant à la fois les plus condamnables et les plus faciles à éviter.

LES CONFLITS D'INTÉRÊTS DE TYPE FINANCIER

«Nous vivons dans une société où l'argent a pris une grande importance et la plupart d'entre nous sommes jugés moins en raison de nos comportements éthiques qu'en raison de nos capacités à acquérir des biens, de l'influence, et du pouvoir» (Rubin 1978, 12). Cette citation, sans doute encore plus vraie qu'en 1978, nous conduit au vif du sujet: quels compromis faut-il faire entre accomplir pleinement un devoir professionnel, qui consiste à servir l'intérêt public, et s'adonner à des activités lucratives qui risquent d'entrer en conflit avec ce devoir? Est-il même question de compromis ou bien de compromission? Les intérêts privés doivent-ils passer après l'intérêt public? Idéalement, le journaliste doit être au service exclusif du public, surtout si son employeur s'est engagé implicitement ou explicitement à donner au public les informations importantes, et ce, de façon impartiale. Il s'agit d'un contrat social qui doit respecter l'attente légitime des gens. Mais une bonne partie du public est convaincue que les journalistes cherchent avant tout à s'enrichir (Cave 1989, 108). Un sondage effectué en France, dès 1990, révélait que 59 % des Français pensaient que les journalistes ne sont pas indépendants, c'est-à-dire qu'ils ne résistent pas «aux pressions des partis politiques, du pouvoir et de l'argent» (Wolton 1990, 12). Seulement 29 % croyaient à l'indépendance des journalistes, comparativement à 43 % dans un sondage du *Nouvel Observateur* en 1975. Un sondage similaire, publié en 1994, révélait que 58 % des Français interrogés croyaient que les journalistes ne sont pas indépendants à l'endroit de ces différentes pressions de l'argent (Missika 1994, 25), un taux qui grimpait à 59 % en 2001 (SOFRES 2001a). Une enquête réalisée au Québec en 2002 révélait pour sa part que les gens sont plus nombreux à penser que les journalistes sont au service de leur entreprise de presse qu'au service du public (38 % vs 27 %) et près de 30 % étaient d'avis qu'ils travaillent avant tout pour leurs propres intérêts. Et 66 % des répondants étaient d'avis que les annonceurs influencent le travail de la presse québécoise. En somme, la question de l'intégrité, qui implique celle de son indépendance, est depuis longtemps une question fondamentale de l'éthique et de la déontologie du journalisme et le triple phénomène de concentration, de convergence et de commercialisation des médias d'information va vraisemblablement conduire à des dérapages importants au cours des prochaines années, au point qu'il ne serait pas surprenant que le public et les journalistes demandent l'intervention des gouvernements pour rétablir un peu les choses.

Généralement, les journalistes se tiennent à l'écart des activités pouvant engendrer des situations de conflit d'intérêts. Mais il existe des spécialités journalistiques qui n'affichent pas cette prudence. Les journalistes sportifs sont généralement de ceux-là, aussi bien au Québec qu'aux États-Unis et en France, et on le déplore aussi dans plusieurs autres pays. En France, par exemple, De Virieu se demande quelle est la place du journaliste sportif à la télévision dans le «nouveau triangle d'or sport-médias-argent? Commentateur ou promoteur d'un spectacle? L'imbrication des intérêts commerciaux risque de peser sur son impartialité journalistique» (1990, 179). Animateur connu de la télévision française, De Virieu est lui-même pris à partie par d'autres auteurs, dont Woodrow, qui lui reproche de rejeter «avec un certain agacement les anciens garde-fous déontologiques» (1990, 140) parce qu'il est tantôt journaliste, tantôt animateur ou consultant. Plus récemment, Pierre Péan et Philippe Cohen (2003) ont dénoncé l'existence de tels conflits d'intérêts de la part de dirigeants du quotidien *Le Monde*, tandis qu'aux États-Unis, le critique des médias David Shaw faisait l'autopsie d'un dérapage majeur impliquant la direction du *Los Angeles Times* qui avait accepté de publier un cahier spécial en collaboration avec les dirigeants d'un nouveau complexe sportif afin de partager les recettes publicitaires.

La question que De Virieu soulève mérite qu'on s'y arrête. Celui-ci met en doute l'intégrité et impartialité des journalistes sportifs. Il est vrai que ces journalistes vont rarement faire enquête auprès des clients des équipes sportives, soit les spectateurs, afin de leur permettre d'exprimer leurs doléances, par exemple sur le prix des billets, la compétence des grands responsables de l'équipe, etc. Généralement, le rôle dévolu au public se limite à jouer au gérant d'estrade, à critiquer les officiels, les joueurs et les entraîneurs. Les occasions de s'exprimer lui sont offertes lors de tribunes téléphoniques radiophoniques et, maintenant, télévisées. L'aspect contestataire de ce «monde ordinaire» (comme on le nomme parfois sans trop expliquer ce que cela veut dire) n'est jamais mis en évidence au même titre que les contestations des décisions des responsables politiques, scolaires, du milieu de la santé, etc. Du reste, ce sont très rarement les journalistes sportifs qui divulguent les grands scandales qui concernent les milieux sportifs, qu'il s'agisse de dopage de cyclistes ou de fraudes réalisées par les agents négociateurs d'athlètes professionnels. Cela est le plus souvent l'œuvre de journalistes qui ne sont pas étroitement liés avec ce milieu.

Il s'en trouve pour affirmer que les sections sportives des médias sont par définition des lieux de conflits d'intérêts. On se demande si l'on y fera la couverture de divertissements, d'activités économiques ou des victoires et des défaites des athlètes. «La plupart du temps, c'est les trois. Mais leur plus grand conflit d'intérêts est surtout dû à une ambiguïté fondamentale: faire la promotion des sports ou en assurer la couverture journalistique» (Goodwin 1986, 59). Il rappelle que les journalistes sportifs ont souvent été au nombre des promoteurs de l'implantation d'une franchise professionnelle dans leur ville (p. 78), et cela s'est vu, entre autres endroits, à Québec pour le club de hockey les Nordiques. Des journalistes des deux quotidiens de cette ville s'y sont longtemps vantés de leur contribution importante aux négociations entourant l'arrivée de cette franchise professionnelle dans leur ville, avant qu'elle ne soit déménagée aux États-Unis.

Il y a aussi une tradition, dans les médias électroniques à tout le moins, voulant que ce soient les propriétaires des équipes professionnelles qui choisissent les journalistes qui commenteront les matchs présentés et qui détermineront, contre rémunération, quels joueurs auront excellé. Hulteng ne voit pas comment on pourrait prétendre qu'il ne s'agit pas là de conflit d'intérêts. Il croit que la seule façon de régler ce problème est de rendre les journalistes sportifs entièrement indépendants de leurs sources d'information qu'ils doivent, théoriquement, couvrir sans craintes ni faveurs (1976, 36).

Le phénomène des journalistes-animateurs jouant un rôle d'agents de promotion a eu droit à de nombreux écrits ces dernières années. En France comme ailleurs, on les voit créer des boîtes de production, des firmes de consultants en communication, des sociétés de vidéo, se plaint Woodrow, qui précise qu'ils «organisent des événements sportifs, des rallyes, des courses, des safaris, en monnayant au maximum les possibilités de sponsoring et de publicité» (1990, 135). Le même auteur rapporte les propos de la journaliste Christine Ockrent qui a constaté, en Europe, le développement d'une industrie de la communication «où les publicitaires, les animateurs vedettes et les informateurs forment une même nébuleuse» (p. 139). Elle dénonce aussi la confusion des rôles entre l'information et la communication. Car, sur le plan normatif, c'est essentiellement de cela dont il s'agit: une confusion, le plus souvent volontaire et fondée sur un sophisme qui va à peu près comme suit: le rôle du journaliste est de diffuser des informations; il y a de l'information partout (lire dans la publicité, les relations publiques, les déclarations officielles, etc.), donc le journaliste peut diffuser intégralement ces informations contre rémunération de ses sources. Ce que ce procédé de rhétorique oublie, c'est que l'information est un concept polysémantique (il est présent en biologie, en écologie, en informatique, en chimie, en neurobiologie, etc.) et que le sens traditionnel donné au concept d'information *journalistique* est différent de celui de l'information *publicitaire*: le premier vise à accroître le champ de connaissances de l'individu conçu comme un citoyen qui sera ainsi en mesure de mieux décider des gestes qu'il posera (politiques, économiques, sociaux, etc.), alors que le second vise à persuader l'individu conçu comme un consommateur d'adopter un comportement précis, soit l'achat de biens et de services déterminés.

Le mot «information» demeure, mais le champ sémantique qui le caractérise se modifie d'un contexte à l'autre. Ainsi peut-on dire que le journaliste qui adhère à la seconde conception de l'information, ou à une conception voisine, s'éloigne du même coup de la conception traditionnelle de l'information journalistique, celle qui vise avant tout l'intérêt du citoyen, lequel ne peut être réduit au statut de consommateur. Selon Wolton, le problème est que l'information journalistique se trouve progressivement banalisée et intégrée

> *«... dans la grande moulinette de la communication. Dans les deux cas, c'est le problème du système de référence qui est en cause. L'information renvoie d'abord à une logique politique liée au modèle fragile de la Démocratie dont elle est un des éléments structurants. Les publi-reportages et toutes les formes " d'information et de communication à caractère commercial " renvoient d'abord à une logique économique assez différente du système de valeurs dans lequel s'insère l'information» (1989, 56).*

Le monde des communications constitue une nébuleuse au sein de laquelle on trouve des publicitaires, des relationnistes, des conseillers, des animateurs, des journalistes, etc. Tous ont des rôles différents, parfois divergents. Tous servent des intérêts différents, ou parfois les mêmes, mais à des degrés divers. Ce qui distingue le journaliste des autres, c'est qu'il doit avant tout servir l'intérêt public. Mais la nébuleuse des communications est aussi une vaste nébuleuse sémantique où les étiquettes varient selon les fonctions sociales des agents de communication. Plusieurs aimeraient bien alimenter cette confusion des genres communicationnels, de façon à en tirer le maximum de profits. Cela donne un amalgame journaliste-communicateur-promoteur qui brouille le contrat de lecture entre les journalistes et leurs publics et risque, à terme, de miner sérieusement leur légitimité sociale.

Les journalistes ont beaucoup à perdre à laisser cette confusion s'installer dans l'esprit du public, voire dans celui des responsables de salles de rédaction. Ces derniers, pour des raisons de rentabilité, aiment bien employer des journalistes vedettes qui hésitent peu sur les moyens à prendre pour arriver à leurs fins, souvent sensationnelles. Le vedettariat journalistique met en danger l'intégrité professionnelle et la crédibilité des journalistes sans lesquelles le public n'a aucune bonne raison de chercher à s'informer auprès de médias qu'il suspecterait d'être aussi trompeurs que le sont, à ses yeux, les politiciens et les publicitaires. Dans plusieurs médias, la plus grande part du budget attribué aux collaborateurs spéciaux ou aux chroniqueurs ne va pas dans les poches de pigistes ayant certaines convictions professionnelles, mais dans celles de porte-parole plus ou moins avoués de constructeurs de voitures, de dessinateurs de mode, de commerçants d'appareils électroniques, de propriétaires de bureaux comptables, etc.

On peut comprendre les syndicats de journalistes, par ailleurs pas toujours très soucieux d'une déontologie signifiant parfois des sacrifices pécuniaires ou des sanctions disciplinaires pour leurs membres, de s'opposer à l'invasion des collaborateurs spéciaux. Dans ce contexte, l'exclusion de ces journalistes d'occasion est loin de relever uniquement de la rigidité des conventions collectives. Elle s'explique partiellement par le souci de sauvegarder l'intégrité professionnelle et la crédibilité des journalistes en général, sans lesquelles la société a peu de raison d'accorder à la presse la liberté qu'elle revendique sous prétexte de servir l'intérêt public et d'assurer le bon fonctionnement de la démocratie.

Il existe en réalité un genre journalistique que l'on pourrait qualifier de journalisme promotionnel. Au Québec, on le retrouve dans des magazines comme *Coup de pouce, Clin d'œil, Châtelaine, Madame au foyer;* etc. (Sormany 1990, 336), et dans les publications spécialisées dans la consommation, l'habitation, l'automobile, la mode, voire les spectacles. Mamou écrit même que «le journalisme auto est considéré de manière unanime comme l'une des branches pourries de la profession» (1991, 84). De l'avis de Thureau-Dangin, et toujours relativement aux conflits d'intérêts financiers, il est «de notoriété publique que les journaux de décoration, les journaux féminins, la presse automobile, les magazines de cinéma et bien d'autres prêtent flanc à la critique» (1989, 67). Les journalistes promotionnels sont de l'or en barre pour les entreprises qui savent bien qu'un reportage journalistique vantant leurs produits a plus de crédibilité qu'une publicité; et cela sera vrai jusqu'à ce que les lecteurs, ne sachant plus s'ils ont affaire à un reportage journalistique ou à une promotion masquée, ne croiront plus en la «vérité désintéressée» de ce qu'ils lisent. Strauss prophétise que certains d'entre eux cesseront de lire les journaux et les magazines qui ont volontairement semé la confusion (1990, 18) comme, sans doute, les autres publications dont la réputation d'intégrité aura été contaminée par le travail de sape des premiers.

Mais on ne peut limiter le phénomène de la publicité clandestine au seul travail des journalistes de type promotionnel. La présence occulte de la publicité dans l'information journalistique est de toutes les époques de cette profession et, en ce sens, il n'y a pas eu d'«âge d'or» du journalisme qui aurait été caractérisé par une intégrité professionnelle incontestable. La présence de la publicité clandestine varie d'abord en fonction de variables macro-économiques (récession, prospérité, etc.) et micro-économiques (concurrence, spécialisation des médias, secteur couvert par le journaliste), ces deux grandes familles ayant parfois entre elles des relations de cause à effet. Rouge affirme que «c'est une règle bien établie : plus une presse est spécialisée, plus elle a de "chances" d'être corrompue» (1990, 38)[41]. Par exemple, en période de récession économique, les entreprises de presse dont la situation financière est précaire hésiteront moins à «faire plaisir» à leurs annonceurs importants en leur permettant de se mettre en valeur dans des reportages journalistiques. Cela se fait au moyen d'une «commande» qui provient du service de la publicité et, par l'intermédiaire d'un cadre de la salle de rédaction qui y déniche un «angle journalistique intéressant», qui devient une «assignation», c'est-à-dire un ordre de couverture auquel le journaliste doit obéir. C'est ainsi que prend forme une publicité clandestine dédiée à la promotion de biens et de services et sert avant tout les intérêts privés de l'annonceur et de l'entreprise de presse, bien que ceux-ci ne soient pas toujours sans intérêt.

La publicité clandestine passe donc par le journaliste, et c'est ici qu'entre en jeu une autre variable qui influe sur la présence de ce type de publicité : la conscience professionnelle des journalistes. C'est souvent en son nom que ceux-ci se sont regroupés en syndicats pour défendre des principes professionnels et intégrer progressivement des règles déontologiques plus ou moins explicites et formelles dans leurs contrats de travail.

La présence de la publicité clandestine ayant été observée de tout temps, on aurait tort de parler de l'invasion de la publicité dans l'information comme d'un phénomène nouveau, alors qu'il s'agirait plutôt d'un phénomène cyclique. En 1978, aux États-Unis, tous les journaux et toutes les stations de télévision étudiés par Tuchman diffusaient des reportages commandés afin de favoriser ici un annonceur, là des amis des principaux gestionnaires de l'entreprise (1978, 15).

Mais qu'on le qualifie d'invasion ou de cycle, le phénomène de la publicité dans l'information journalistique constitue un «problème de crédibilité pour la presse, et les annonceurs ont tort, si tout devient publicitaire, tout sera bidon», a déjà soutenu le président-directeur général du magazine français *Le Point*, Jacques Duquesne (Leroy et Chambord 1989, 80). De son côté, Thureau-Dangin déclare que la «vénalité des journalistes est généralement de petite envergure. Mais elle est constante. Et elle augmente. Parce que la pression et les offres des communiquants augmentent» (1989, 66).

41. Il explique cette *règle* par le fait que les revenus publicitaires proviennent tous du même milieu économique et que les journalistes dépendent de peu de sources ayant les mêmes intérêts. Rouge n'est cependant pas très convaincant et sa règle ne repose pas sur une méthode empirique. Il occulte les contre-exemples qui la font mentir, comme le *Wall Street Journal* ou les publications scientifiques spécialisées.

Concentration et convergence des médias

Le problème des conflits d'intérêts ne se limite nullement aux journalistes, qu'ils couvrent les scènes sportives ou politiques. On peut le faire remonter jusqu'aux propriétaires des entreprises de presse, si bien que les journalistes et la liberté de la presse se butent à «une contradiction insurmontable quand les gens qui possèdent les médias sont ceux-là même sur qui il faudrait enquêter» (Lee 1991, 14). Ce problème est de plus en plus soulevé autant par les critiques des médias que chez les journalistes et divers acteurs sociaux.

De plus en plus de médias appartiennent à de grandes corporations privées aux intérêts diversifiés (ou soi-disant privées, car en réalité elles reçoivent de très importantes subventions gouvernementales, dans tous les pays industrialisés). Ainsi, certaines entreprises qui détiennent le contrôle financier de médias d'information fabriquent des armes, construisent des centrales nucléaires, s'implantent dans des pays gouvernés par des dictatures de droite et de gauche, profitent des fonds publics, et exercent des pressions sur les décideurs politiques, etc. Aux États-Unis, le journaliste Paul Brodeur s'est déjà plaint que deux de ses ouvrages aient eu peu d'écho dans les grands journaux américains et attribuait cela au fait qu'ils traitaient des risques des champs électromagnétiques, ce qui pouvait porter atteinte aux intérêts de propriétaires de certains de ces journaux (Blumberg 1991, 42).

À l'opposé, les journalistes seront souvent pressés de faire des reportages qui favorisent les intérêts des conglomérats pour lesquels ils travaillent. Un tel phénomène a été observé dans les pages du magazine *Time*, à la suite de la fusion avec Warner, en 1989. Lee et Hwang ont observé que le *Time* a presque doublé sa couverture des «produits» culturels de la Warner à la suite de la fusion alors que le *Newsweek* a sensiblement conservé la même couverture. De plus, la couverture du *Time* est devenue plus favorable face à ces produits qu'elle ne l'était avant la fusion (Lee et Hwang 1997). Cohen rapporte lui aussi des cas similaires impliquant les émissions d'information du réseau américain ABC et les entreprises reliées à Walt Disney, qui en est le propriétaire (Cohen 2000). Des scénarios similaires se répètent vraisemblablement ailleurs en Amérique comme en Europe et restent à documenter. Bref, la concentration peut encourager un corporatisme d'affaires similaire à la discipline de parti qui a longtemps marqué la presse et peut du même coup influencer ses prises de position en matière d'enjeux fondamentaux, comme ce fut le cas, notamment, pour la participation du Canada aux combats de la Seconde Guerre mondiale (Lefebvre, Armstrong et Oglesby 1997, 29).

Pour le citoyen, les médias, devenus de véritables géants économiques, peuvent de moins en moins être des alliés dévoués et inconditionnels face aux éventuels abus de pouvoir des gouvernements, puisque ces médias sont de plus en plus partenaires de ces mêmes gouvernements. Ce qui est inquiétant, c'est qu'on puisse raisonnablement douter des grands médias et de leur volonté de servir l'intérêt public, à partir du moment où ils sont liés de près aux pouvoirs économiques. Il y a là une apparence de conflit d'intérêts ne pouvant que nuire à la crédibilité de la presse. Dans le même esprit, Rhode énonce une «vieille règle tacite qui consiste à reconnaître comme borne de sa liberté d'action éditoriale - voire pour seule limite - les intérêts de la société éditrice» et se demande jusqu'où il faut aujourd'hui porter le regard, en raison des nombreuses ramifications économiques de cette société éditrice. «Cette dilution patrimoniale dans des réseaux d'intérêts multiples, pourrait bien-être, dans les années à venir, l'un des aspects majeurs de la liberté d'information», prédisait-il (1989, 75). Dans bien des cas, en effet, on ne sait plus trop quelles sont les filiales de notre entreprise de presse et sur quels critères se basent les responsables de la rédaction pour décider quotidiennement des événements qui seront promus au statut de nouvelles et ceux qui sombreront dans les abîmes médiatiques.

Cette crainte est manifeste. Elle a poussé des journalistes des quotidiens *Star* et *Tribune*, de Minneapolis, à acheter de l'espace publicitaire dans leur journal respectif afin de faire savoir aux lecteurs que leurs principes professionnels ne devaient pas être mis en doute parce que leur patron était engagé financièrement dans la construction d'un stade couvert, un projet qui était devenu un important sujet d'actualité (Schafer 1981, 361). Selon une étude réalisée pour le compte de l'ASNE, le tiers des cadres de salles de rédaction d'une chaîne de journaux ont déclaré qu'ils ne se sentiraient pas libres de publier des articles pouvant avoir des effects négatifs pour des entreprises de la même famille corporative (Bagdikian 1989, 387). Rhode fait remarquer depuis longtemps que les journaux et les journalistes se retrouvent de plus en plus fréquemment dans un véritable réseau d'intérêts industriels, commerciaux et financiers, «du fait d'une répartition éclatée du capital et de leur société éditrice, et du fait des nombreuses liaisons financières des porteurs de parts» (1989, 75).

Par ailleurs, les journalistes doivent parfois couvrir des événements parrainés par leur média. Ils font ainsi face à deux cadres éthiques devenant alors contradictoires, une éthique journalistique et une éthique d'entreprise. «À quelle éthique devra se référer le journaliste qui doit couvrir des événements commandités par son journal ou sa station de radio: celle qui commande l'engagement de l'entreprise dans son milieu ou celle qui commande une couverture des événements autonome?» se demandent des chercheurs québécois qui se sont penchés sur la couverture par le quotidien *Le Soleil*, de Québec, de la fête des grands voiliers, à l'été 1984, un grand événement commandité et suivi de près par ce quotidien, pour constater que la couverture des journalistes du *Soleil* avait été plus promotionnelle que cela aurait été souhaitable (Charron *et al.* 1991, 213).

Au dernier degré du conflit d'intérêts se trouve la corruption. Pour l'individu qu'est le journaliste, la notion de conflit d'intérêts n'existe plus dans une telle situation puisqu'un seul intérêt compte, le *sien*. Et dans son intérêt, il accepte les récompenses, il les sollicite même. Dans les cas de corruption, le conflit d'intérêts devient carrément un conflit de fonctions, de rôles, et non plus une déviation plus ou moins grande de la règle déontologique dominante. Les cas de corruption sont rarissimes (Hulteng 1976, 27-28), mais on en trouverait sans doute davantage si les journalistes étaient soumis aux mêmes enquêtes que les politiciens, les juges, les médecins ou les policiers.

Il existe peu de moyens de mettre au jour les conflits d'intérêts des journalistes et des patrons de la presse, ceux-ci se réfugiant derrière l'argument de la liberté de la presse, invoqué de façon fallacieuse. Philip Meyer, professeur de journalisme à l'Université de la Caroline du Nord, a déjà proposé que les journaux publient périodiquement un compte rendu qui ferait état, entre autres choses, des informations erronées et des situations réelles et potentielles de conflit d'intérêts des employés (1987, 199). Mais pour ce faire, il faudrait que la question des conflits d'intérêts soit pour les médias une véritable préoccupation déontologique, et non une façon d'améliorer l'image de l'entreprise et de se donner bonne conscience, comme cela semble être trop souvent le cas, ajoute-t-il (p. 178). Celui-ci est d'avis qu'il ne faut pas se demander qu'est-ce qui *paraît* mal, mais qu'est-ce qui *est* mal, et distinguer l'apparence de conflit d'intérêts du conflit réel (p. 20).

QUELQUES CAS

Les cas de conflit d'intérêts ne manquent pas dans les études sur le journalisme. On peut en détecter quotidiennement si l'on connaît bien les journalistes et leurs activités personnelles. Mais il ne suffit pas d'affirmer qu'un phénomène est omniprésent, il faut aussi le démontrer. Le problème est que les statistiques sur ces situations sont inexistantes, ce qui est assez paradoxal pour un phénomène facilement observable. C'est peut-être l'évidence même de ce phénomène qui a rendu le sujet peu intéressant pour les chercheurs. Je soumettrai ici quelques cas qui visent essentiellement à illustrer des situations réelles de conflit d'intérêts.

Un premier cas historique montre que les conflits d'intérêts ne sont pas une perversion du mercantilisme débridé des dernières décennies. Il implique le propriétaire du *New York Herald,* James Gordon Bennet, qui a réussi à faire revivre et fructifier son entreprise à la suite d'un incendie survenu en 1835. Il a refait fortune grâce aux espaces publicitaires achetés par un médecin charlatan, le Dr Brandreth, dont les pilules étaient du reste encensées par le journal, jusqu'au jour où un litige opposa les deux parties. À ceux qui lui reprochaient son comportement, avant le litige, Bennet répliquait, dans ses éditoriaux: «Donnez-moi plus d'annonces et d'argent que le Dr Brandreth et vous n'en entendrez plus parler dans ces pages. Les affaires sont les affaires, l'argent c'est de l'argent et le Dr Brandreth n'est rien d'autre qu'une source d'argent» (Bagdikian 1989, 383). Cet auteur rappelle qu'au tournant du siècle dernier, des centaines de journaux ont vendu leur «âme» journalistique à des charlatans de la médecine.

Un autre cas historique date début du XXe siècle, alors que toute la presse économique française, «corrompue par l'or du tsar, avait comme un seul homme conseillé aux épargnants de souscrire à ces mirobolants placements!» commente Rouge à propos des circonstances qui ont entouré les «emprunts russes» que Mikhail Gorbatchev envisageait encore de rembourser en 1990, avant son éviction de la direction de ce qui allait redevenir la Russie (1990, 37). On s'imagine facilement les soucis et malheurs causés aux centaines, sinon aux milliers de petits et gros épargnants qui ont été victimes de ce racket où la presse française a joué, comme on dit, un «sale rôle».

L'une des caractéristiques que l'on retrouve dans presque tous les cas de conflits d'intérêts est qu'ils se produisent à l'insu du public qui ignore avoir affaire à un journaliste «concerné» ou «intéressé». Ce fut le cas, en 1989, lorsque le Commissariat à l'énergie atomique a simulé pour ses cadres un accident semblable à celui de Tchernobyl, mais à la française. Des journalistes furent payés 10 000 francs par jour (environ 2 000 dollars canadiens) pour jouer le rôle qui serait le leur si une centrale mettait réellement en danger la vie de personnes (Mamou 1991, 94). Pour les gestionnaires de ces centrales, cette simulation permettait d'analyser le comportement des journalistes et de mettre au point une stratégie de communication dans le but éventuel de cacher de l'information importante en situation réelle. D'autre part, on peut se demander si ces journalistes, dans une situation réelle, auront la même facilité à conserver une certaine distance à l'égard de leurs sources. On ose à peine imaginer quelle serait la réaction de la population menacée si elle apprenait que ceux qui l'informent sont les mêmes qui ont indirectement contribué à la stratégie de communication.

On peut aussi rappeler ici la révélation du *New York Times* du 30 juillet 1990, selon laquelle l'État d'Israël avait versé 500 dollars par mois, pendant 4 ans, à des journalistes européens et américains afin qu'ils présentent une «image positive du pays et de sa politique» (Mamou 1991, 195). La CIA n'est pas en reste. Elle a déjà versé des paiements mensuels à des journalistes du Honduras et du Costa Rica afin qu'ils produisent des comptes rendus favorables aux *contras* du Nicaragua. Un comité d'enquête du Sénat américain a aussi révélé que 50 journalistes américains ont été au service de la CIA pendant plusieurs années, selon le *San Francisco Bay Guardian* (1989, 316). Il est difficile de ne pas penser ici à l'assassinat du journaliste Daniel Pearl, du *Wall Street Journal*, par des intégristes musulmans, en février 2002 au Pakistan, qui le soupçonnaient d'être un agent de la CIA. Rien n'indique que Pearl était un agent de la CIA mais saura-t-on jamais l'impact que peuvent avoir les stratégies de cette agence sur la réputation et la sécurité des journalistes.

Aux États-Unis, en 1980, le budget destiné aux relations publiques de la Mobil Oil était de 21 millions de dollars et faisait travailler une équipe de 73 personnes. De 1976 à 1981, cette équipe a produit une douzaine de reportages télévisés sur le prix de l'essence, avec un journaliste engagé pour interroger des responsables de la Mobil Oil et d'autres experts. Ces reportages furent présentés à la télévision sans la mention du commanditaire, au même titre que n'importe quel compte rendu journalistique (Herman et Chomsky 1988, 341).

Ces cas soulèvent une question en deux volets : lorsqu'ils sont payés par leurs sources, les journalistes adoptent-ils des attitudes et des comportements professionnels différents ou bien ne font-ils que reproduire ceux qu'ils ont tous les jours ? Il appert que la seconde éventualité est plus inquiétante que la première, car elle implique un faible apport du jugement critique du journaliste dans sa routine quotidienne, et dévoile un manque d'intérêt à chercher d'autres versions des événements. C'est ce que l'on observe du reste assez souvent chez les journalistes qui travaillent également pour des équipes de sport professionnel ou qui collaborent étroitement à leurs outils de promotion (programmes-souvenir, soirées-bénéfice, etc.).

Il y a aussi quelques exemples tragiques de conflit d'intérêts et de corruption de journalistes, comme le cas du journaliste Jake Lingle, de Chicago, qui avait accepté d'écrire des articles favorables au milieu du crime organisé en échange de sommes d'argent. Ses articles ayant trop tardé à être diffusés, il a été exécuté dans la plus pure tradition des gangsters (Swain 1978, 91).

LA RÈGLE DÉONTOLOGIQUE DOMINANTE : NE PAS S'ENGAGER

Dès 1910, l'Association des propriétaires de journaux du Kansas avait adopté certaines règles déontologiques, dont celle sur les conflits d'intérêts qui énonçait qu'aucun journaliste ne devait accepter des privilèges, des faveurs inhabituelles, des chances de réaliser des bénéfices personnels, ou des emplois secondaires dont les obligations pourraient influer sur ses reportages. Cette préoccupation manifestée dès le début du XXe siècle fera dire au président du défunt Conseil de presse des États-Unis que ceux qui plaident encore de nos jours pour un meilleur respect des règles déontologiques ne sont pas de braves explorateurs s'aventurant dans une jungle inconnue, mais simplement les nouveaux volontaires d'une vieille cause (Isaacs 1982, 33). De fait, outre l'exception du Kansas qui semble être une première américaine, l'expression «conflit d'intérêts» n'apparaît pas dans les premiers codes de déontologie de 1'ASNE, ni dans ceux des diverses associations professionnelles d'États américains et des journaux avant les années 1920. Aujourd'hui, elle est présente invariablement dans tous ces codes américains (Goodwin 1986, 76-77).

La règle déontologique dominante des différents codes de déontologie tourne autour du principe voulant que le journaliste ne s'engage pas dans les activités de la communauté qu'il doit couvrir ou qu'il peut être amené à couvrir (Rubin 1978, 12). Certains auteurs font valoir que le travail même du journaliste est un engagement social suffisant dont les effets peuvent être importants auprès du public et qu'il devrait surtout se préoccuper d'être compétent (Strentz 1978, 54).

Ce principe général est articulé de multiples façons dans les codes de déontologie d'associations professionnelles, d'organismes de surveillance ou d'entreprises de presse, et ce, dans un grand nombre de pays (Cooper 1989a, 34). Ainsi, la philosophie de la Société Radio-Canada affirme clairement que les «ondes doivent échapper à la domination de tout individu ou de tout groupe dont l'influence dépend de leur situation particulière» (SRC 2001, 47). C'est notamment en vertu de cette philosophie qu'elle prescrit le respect des principes journalistiques reconnus, dont celui de l'intégrité selon lequel l'information «est véridique, sans déformation visant à justifier une conclusion particulière. Les professionnels de l'information ne tirent pas profit de leur situation avantageuse pour faire valoir des idées personnelles» (p. 48).

Le *Guide de déontologie* de la Fédération professionnelle des journalistes du Québec est lui aussi explicite à cet effet quand il affirme que :

> *« Les journalistes doivent éviter les situations de conflit d'intérêts et d'apparence de conflits d'intérêts, que ceux-ci soient de type monétaire ou non. Ils doivent éviter tout comportement, engagement ou fonction qui pourraient les détourner de leur devoir d'indépendance, ou semer le doute dans le public.*
>
> *(...)*
>
> *« Les conflits d'intérêts ne deviennent pas acceptables parce que les journalistes sont convaincus, au fond d'eux-mêmes, d'être honnêtes et impartiaux. L'apparence de conflit d'intérêts est aussi dommageable que le conflit réel. » (1996, 20-21)*

De son côté, le Conseil de presse de l'Ontario énonce que les professionnels de l'information ne doivent pas se porter candidats à des fonctions publiques, adhérer à des formations politiques ou travailler pour elles, ni faire partie de comités formés par des corps publics (OPC 1978, 14). On comprendra que cette règle vise le journaliste actif, et non celui qui décide, dans ces circonstances, de se retirer totalement de la profession.

Mais la rigueur du Conseil de presse de l'Ontario ne trouve pas toujours son équivalent au Québec. Dans l'une de ses décisions, le Conseil de presse du Québec, qui s'oppose pourtant aux situations de conflits d'intérêts, écrit qu'il « ne saurait restreindre le droit des éditorialistes, pas plus que celui des journalistes, de s'engager bénévolement au service d'une cause. Ce sont des citoyens comme les autres. On peut toutefois s'attendre à ce qu'ils fassent preuve de réserve et évitent de signer des éditoriaux et des articles reliés à cette cause lorsqu'ils sont devenus des acteurs importants dans cette même cause » (CPQ 1992, 66). Un problème soulevé par cette affirmation est la référence au droit comme fondement du propos. La question n'est pas de restreindre ou non les droits des journalistes, mais bien, comme le suggère le Conseil de presse de l'Ontario, d'inciter les journalistes à se mettre à la recherche d'un autre travail où ces contraintes seront moins importantes s'ils ne peuvent pas se tenir à l'écart d'activités pouvant soulever des doutes quant à leur impartialité. La position du Conseil de presse du Québec propose un équilibre qui lui paraît juste parce qu'elle limite *a priori* l'analyse d'une situation à deux considérations qui lui paraissent immuables : l'éditorialiste a des droits comme individu et il n'est pas question de lui suggérer de quitter la profession s'il est incapable d'en respecter l'un des principes de base.

Vue sous cet angle, la position du CPQ est sans doute la meilleure qui soit, mais faut-il réellement voir la situation sous cet angle? Être libres de toute obligation pouvant nuire à leur travail est pourtant considéré comme un impératif pour les journalistes (Christians et Covert 1980, 44). Ils ne doivent pas donner prise au doute quant à leurs motivations réelles (Hulteng 1981, 25), et c'est justement ce que veulent prévenir les règles déontologiques. Le journalisme est une profession d'utilité publique qui exige de ses professionnels qu'ils soient désintéressés et ceux qui modifient leurs comptes rendus dans le but d'en retirer des bénéfices personnels sont considérés comme corrompus et condamnés presque unanimement par leurs pairs (Bagdikian 1989, 383).

J'ai parlé plus haut des journalistes affectés à la couverture d'événements sportifs et du fait qu'ils baignaient le plus souvent dans des situations potentiellement ou effectivement conflictuelles. Il existe pourtant, aux États-Unis, une association des journalistes sportifs (APSC - Associated Press Sports Editors) dont les règles déontologiques sont très claires en cette matière. Il y est dit premièrement que le journaliste doit éviter toute activité extérieure à son travail qui puisse causer un conflit d'intérêts ou en donner l'apparence. En outre, dans le meilleur intérêt du journalisme, les journalistes devraient cesser d'agir à titre de marqueurs officiels. Ce n'est pas tant la rémunération reliée à ce travail qui soulève un problème, mais le fait que le journaliste assume alors une fonction officielle autre que la sienne. Le code de l'Association interdit de plus à ses membres d'écrire dans les programmes des équipes ou des organisations sportives qu'ils couvrent. En somme, les journalistes ne doivent pas toucher de salaire provenant du milieu sportif qu'ils couvrent (Goodwin 1986, 78).

Il n'y a pas que les journalistes qui sont visés par les règles interdisant les conflits d'intérêts. Les propriétaires des entreprises de presse écrite et électronique sont également encouragés à adhérer à ces règles. Par exemple, le Conseil de presse australien estime qu'ils ne devraient pas faire la promotion d'opinions qui favorisent leurs intérêts sans informer le public de l'existence même de ces intérêts. Les codes de déontologie des quotidiens de Louisville et de Des Moines, aux États-Unis, ainsi que celui de la Society of Professional Journalists précisent que leurs règles s'appliquent aussi bien aux journalistes qu'aux propriétaires. Cependant, dans plusieurs journaux, la question est mise de côté, ce qui avantage les cadres et les propriétaires et alimente le cynisme chez les journalistes soumis à des règles que leur employeur se permet de transgresser sans avoir à se justifier (Swain 1978, 93). Les risques de conflits d'intérêts institutionnels et systémiques sont du reste au cœur des nombreuses préoccupations que suscitent la convergence, la concentration et la commercialisation des médias d'information, surtout quand leurs dirigeants deviennent des bailleurs de fonds des formations politiques et de leurs candidats aux plus hautes fonctions.

Toutefois, il faut reconnaître que cette abondance de règles déontologiques similaires ne crée pas l'unanimité. Abordant la question dans une «perspective nigérienne», Okigbo affirme que la règle qui interdit aux journalistes d'accepter des bénéfices autres que leurs salaires légitimes pour publier ou taire des informations est impossible à implanter dans un pays comme le Nigeria où l'échange de cadeaux est une pratique culturelle profondément enracinée. Le journaliste nigérien doit donc soupeser son devoir de vérité avec les valeurs éthiques de son ethnie (1989, 132-133). Paradoxalement, cette exception renforce la validité de la règle déontologique dominante dans les pays d'Occident où elle est compatible avec les valeurs sociales et professionnelles explicitement reconnues: honnêteté, intégrité, impartialité, etc. La règle déontologique est en ce sens cohérente avec les pratiques culturelles et sociales valorisées sur le plan moral en Occident. On voit aussi que certaines règles déontologiques ne peuvent pas prétendre à l'universalité.

Par ailleurs, il peut survenir des occasions exceptionnelles où un journaliste ou une entreprise puisse ou doive s'engager autrement que par ses activités d'observateur ou de diffuseur. Il me semble qu'une telle décision doit être prise après mûre réflexion. Voici quelques critères généraux qui peuvent avoir une certaine utilité dans ce processus de réflexion.

Critères généraux

- *En s'engageant, le journaliste risque-t-il de se placer en conflit d'intérêts? Les autres sont-ils au courant?*

Ce critère est incontournable. Il permet de faire le point sur la situation, d'en analyser les conséquences et les ramifications. Par exemple, le journaliste qui devient membre bénévole du conseil d'administration d'une organisation de loisirs devrait s'assurer que ces fonctions n'empiéteront pas sur son travail. Il devrait aussi prévenir les autres membres de cet organisme des limites que lui impose son travail, afin qu'ils sachent à quoi s'attendre avant de lui confier quelque tâche que ce soit.

- *Les intérêts du journaliste et de son employeur pouvant être potentiellement ou réellement en conflit avec ceux du public, en matière d'information, sont-ils révélés au public?*

Rappelons que, selon le Conseil de presse australien, les propriétaires et gestionnaires de journaux ne devraient pas faire la promotion d'opinions qui favorisent leurs intérêts sans informer le public de l'existence même de ces intérêts.

- *Y a-t-il de l'argent en jeu?*

Nous savons que l'argent prend beaucoup de place dans nos sociétés. Il constitue une tentation et le journaliste devrait éviter les engagements communautaires pouvant lui rapporter des bénéfices financiers. S'il accepte une fonction rémunérée autre que celle de journaliste, il devrait en aviser son employeur et refuser toute affectation qui le mettrait de près ou de loin en contact avec les activités inhérentes à cette fonction et avec les gens qu'il y côtoie.

- *Y a-t-il un lien direct et démontrable entre les intérêts en conflit?*

Cette question est très importante pour qui refuse d'adhérer au concept d'apparence de conflit d'intérêts. Il semble en effet discutable de juger un comportement professionnel seulement sur des apparences et, en tout temps, il vaut mieux démontrer clairement et rationnellement l'existence du conflit, par exemple en prouvant qu'un journaliste reçoit de l'argent de ses sources d'information. Même si le fait de démontrer l'existence d'un conflit intérêts ne signifie pas pour autant que le journaliste a effectivement privé le public d'informations pertinentes afin d'en retirer des bénéfices personnels, le conflit est néanmoins évident, ce qui est plus qu'une simple apparence, laquelle est bien souvent une impression subjective et fragile parce que non démontrée.

- *Cet engagement me contraint-il au silence?*

Le rôle du journaliste est de diffuser l'information importante et utile à son public. Il n'est pas d'une grande utilité publique s'il s'engage dans tout et sait tout alors que, du même coup, il doit garder le silence au profit de quelques intérêts particuliers.

Après avoir traité en général de la question des conflits d'intérêts de type financier, je vais m'attarder sur trois sous-catégories: les voyages, les cadeaux et les prix de journalisme. Les voyages et les cadeaux sont inclus dans les conflits de type financier parce qu'ils sont monnayables. Quant aux prix, ils sont souvent considérés comme des moyens détournés d'inciter les journalistes à faire des choix professionnels en vue de bénéfices personnels.

LES VOYAGES GRATUITS

La question des voyages gratuits est souvent source de débats énergiques entre journalistes, d'une part, et entre journalistes et cadres des salles de rédaction, d'autre part. Elle est malheureusement souvent réduite à se demander si le jugement et l'indépendance professionnelle du journaliste seront compromis par le fait qu'il a voyagé aux frais de ses sources d'information ou de ceux qui pourraient tirer profit des comptes rendus qui en résulteront. Les employeurs aiment bien dire qu'ils font confiance au professionnalisme de leurs journalistes. Cela leur permet de faire d'une pierre deux coups. Premièrement, ils émettent un énoncé élogieux qui peut flatter certaines vanités. Deuxièmement, ils rendent mal à l'aise les journalistes opposés aux voyages gratuits en insinuant qu'eux ne font pas confiance au professionnalisme de leurs collègues!

Bien qu'elle soit défendable sur le plan stratégique, cette position se révèle une simplification d'une réalité beaucoup plus complexe et, le plus souvent, ne tient pas compte des stratégies des sources ou des répercussions que de telles pratiques peuvent avoir au sein du public, le débat étant centré sur les journalistes. Il me semble que les arguments en faveur et contre les voyages ne doivent pas seulement s'appuyer sur des principes ou sur des impressions, mais aussi tenir compte des intentions réelles de ceux qui offrent ces voyages ainsi que des résultats escomptés et obtenus par cette stratégie, notamment l'objectif de se servir de la crédibilité ou de la notoriété d'un journaliste et de son entreprise de presse pour favoriser une marque, une institution, un produit, etc.

En départageant les arguments généralement mis de l'avant pour et contre les voyages gratuits, on arrive aux résultats suivants:

• **Pour**

- *Cela n'engage pas la conscience du journaliste.*
- *Les entreprises de presse n'ont pas toujours les moyens de payer de tels voyages.*
- *Refuser un voyage revient à priver le public d'une information pouvant être pertinente, l'important étant d'aviser les lecteurs que le voyage a été payé par l'organisme qui bénéficie du reportage.*
- *Refuser un voyage prive les journalistes de voyager et de sortir de leur routine.*

• Contre

- *Accepter les voyages revient à accorder plus d'espace rédactionnel aux organismes riches, au détriment des moins fortunés.*
- *La valeur de l'information risque de ne plus être évaluée en elle-même, mais en fonction de la «subvention» qui l'accompagne.*
- *Il existe d'autres moyens d'obtenir de l'information.*
- *Cela mine la crédibilité des journalistes, car il existe une apparence de conflit d'intérêts qui est contraire à leur devoir d'impartialité et de neutralité.*
- *Lorsqu'il s'agit d'organismes subventionnés par les fonds publics, les lecteurs doivent payer leur information de deux façons: par leurs taxes et impôts et au moment de l'achat du journal. Quant au public qui ne lit pas ce journal, il a tout de même subventionné ce dernier. Les auditeurs et les téléspectateurs se trouvent dans une situation semblable.*

Mamou prétend que les bureaux de relations publiques s'efforcent de convaincre leurs clients que, pour faire passer leur message, ils doivent être agréables avec le journaliste «en l'invitant à déjeuner ou en le faisant voyager» (1991, 72). En France, le président et directeur général de CBS Disques, Henri de Bodinat, a déjà reconnu franchement la valeur marchande du «rédactionnel» qui consiste

> *«... à obtenir d'un journaliste qu'il parle spontanément de l'entreprise ou de son produit. Le rédactionnel n'est pas totalement gratuit, même s'il est très bon marché. En effet, l'entreprise doit payer des attachés de presse, des cocktails, des voyages (les journalistes automobiles vont en effet essayer la nouvelle Ford aux frais de l'entreprise, dans un pays ensoleillé), des cadeaux, et, rarement mais parfois, rémunérer le journaliste pour sa complaisance» (Mamou 1991, 84).*

Différents auteurs ont repris l'heureuse expression anglaise *information subsidies* pour parler des «subventions informationnelles» que les organismes versent aux médias afin de s'assurer un meilleur accès à l'espace médiatique Les sources d'information savent qu'elles n'ont pas un accès automatique à la place publique, à cause de l'interférence des journalistes qui sélectionnent ce qui sera transformé ou non en nouvelle. C'est du reste dans le but d'améliorer leurs chances d'influencer le processus de construction de l'actualité et de pouvoir plus facilement accéder à cet espace public tant convoité qu'elles adaptent différentes stratégies, dont celle consistant à *subventionner* les médias. Il s'agit d'une subvention de nature informationnelle qui consiste à prendre «à sa charge les coûts de la cueillette et du traitement de l'information... [afin] d'exercer une influence déterminante sur la production journalistique» (Charron 1990, 6).

Bien entendu, ce mode de subvention n'est pas utilisé par tous les groupes d'intérêts de la société. Il favorise les institutions puissantes et les groupes bien nantis qui, outre qu'ils sont perçus comme des sources crédibles par les journalistes, s'assurent par cette pratique d'un accès privilégié aux médias (Curran *et al.* 1982, 20; Herman et Chomsky 1988, 22). À une époque où la rareté des ressources économiques restreint les budgets attribués à la rédaction et où le contexte néolibéral encourage le souci d'une rentabilité accrue, on peut croire que certains médias sont tentés de refiler aux sources une partie des dépenses reliées à la collecte et au traitement de l'information. Des auteurs québécois ont bien résumé ce phénomène:

> *«En quête d'*information subsidies *[...] les entreprises de presse et les journalistes risquent de devenir de simples diffuseurs de messages définis par les sources. Ici, comme ailleurs, l'argent est le nerf de la guerre: lorsque les budgets des rédactions sont réduits, bien souvent l'autonomie des journalistes l'est aussi» (Charron* et al. *1991, 212)*

Mais les organisations qui en ont les moyens ne limitent pas leurs subventions à l'approvisionnement en informations (communiqués, documentation, etc.), elles poussent plus loin et proposent d'amener les journalistes sur les lieux de l'événement, où qu'il se trouve, afin d'en assurer une «bonne» couverture journalistique.

Un attaché de presse interrogé par Thureau-Dangin n'hésite pas à affirmer que «les voyages de presse, ça marche bien. Les journalistes écrivent, car ils ont déjà vendu l'idée du papier à leur rédacteur en chef avant de partir. Et ils savent que pour être de nouveau invités ils doivent le faire» (1989, 66). Le même Bodinat a déjà déclaré que le «rédactionnel est d'autant plus efficace que n'étant pas présenté comme une pub, le lecteur y croit d'autant plus facilement» (Mamou 1991, 84-85).

Mamou relate le cas de Patrick Kreiss, directeur des communications de la Société Alain Jérôme Événement qui, pour le compte de l'Aérospatiale de Toulouse, avait invité des milliers de personnes, dont des journalistes et le président Mitterrand. Cette stratégie promotionnelle lui a valu une heure et demie de télévision, plusieurs heures de radio et un «Bottin d'articles de presse». Avec «de telles opérations événementielles, et pour le même prix, a admis Kreiss, j'ai cinquante à cent fois plus de retombées médiatiques positives qu'avec une campagne de relations publiques» (1991, 77).

Quelques exemples québécois sont également instructifs au sujet des voyages gratuits. Il y a d'abord le cas de la multinationale américaine Waste Management Inc., spécialisée dans la gestion d'immenses sites d'enfouissement de déchets domestiques. Il y a plusieurs années, cette entreprise a voulu implanter un tel site dans la petite municipalité de Saint-Étienne-des-Grès, dans la région de Trois-Rivières. Un regroupement de citoyens a été créé pour s'opposer à ce projet. Afin de convaincre le public qu'elle gérait ses sites de manière sécuritaire pour l'environnement, elle a payé deux voyages à des journalistes du quotidien *Le Nouvelliste* pour qu'ils visitent son site près de Boston. Les citoyens ont dénoncé cette pratique, d'autant plus que le site visité devait être le seul à ne pas faire l'objet de poursuites judiciaires aux États-Unis. Les citoyens ont du reste déposé une plainte auprès du Conseil de presse du Québec, contre *Le Nouvelliste* et ses journalistes. Le Conseil a mis près de deux ans à rendre sa décision, car il a dû auparavant élaborer une position concernant la problématique des voyages gratuits. Au terme de longs débats parmi les membres du comité chargé d'analyser la question, la décision rendue en mars 1993 a finalement consisté à inviter les journalistes à refuser les voyages gratuits.

Un autre cas, mieux documenté celui-là, concerne l'annonce d'un important projet de construction de nouvelles alumineries de la compagnie Alcan, à Laterrière, dans la région du Saguenay. Afin d'éviter une manifestation de syndiqués prévue pour le jour de l'annonce, Alcan a décidé de déplacer de Chicoutimi à Montréal le lieu de l'événement et de payer le voyage des journalistes régionaux. Comme les syndiqués ne pouvaient plus atteindre le but recherché, «soit attirer l'attention des médias nationaux et des "gros bonnets" d'Alcan», le syndicat a dû annuler sa manifestation (Le Hir et Lemieux 1991, 70 et 97). Un journaliste interrogé par les chercheurs a signalé que les journalistes de la région du Saguenay «étaient tellement épatés par leur voyage à Montréal, payé par Alcan, qu'ils n'ont presque pas posé de questions en conférence de presse».

Ces effets pervers des voyages gratuits, anticipés et espérés par les bailleurs de fonds, ont été reconnus par plusieurs entreprises de presse aux États-Unis qui ont décidé de supporter les frais de voyage de tous les journalistes devant se déplacer pour accomplir leur travail (Stein 1985, 88). Cette mesure par ailleurs a été reprise par plusieurs médias du Canada anglais. En Angleterre, 11 journaux qui craignaient le vote d'une loi encadrant la déontologie professionnelle ont élaboré une «charte» en 10 points. La règle concernant les voyages est claire, explique le fondateur du journal londonien *The Independent*,

Andreas Whittam Smith: «Nos journalistes ne sont autorisés à accepter une invitation à un voyage qu'à la seule condition de payer leur transport et leurs frais de séjour.» (Gavi 1992, 15).

Au Québec comme dans certaines autres sociétés, il y a très peu d'hésitation à accepter les voyages gratuits, même lorsque l'intention évidente est de brimer certains droits, comme le droit de tenir une manifestation. Au sein du Conseil de presse du Québec, par ailleurs, des journalistes ont pour leur part défendu l'argument voulant que certaines entreprises de presse moins bien nanties n'aient pas les moyens financiers d'assumer les mêmes règles déontologiques que les entreprises de presse prospères. Faudrait-il espérer que ces journalistes appliqueront les mêmes critères aux avocats, aux médecins, aux architectes, aux ingénieurs et aux autres professionnels que des motifs financiers pousseront à transgresser aux règles de leur code de déontologie respectif?

Un peu dans le même sens, une enquête de Wulfemeyer révèle qu'aux États-Unis la tentation d'accepter des voyages gratuits est plus grande chez les responsables de salles de rédaction dans des petits marchés que chez ceux des grands marchés (1990, 990). Quant à la situation en France, selon Rouge, «le compte est vite fait: tout le monde accepte les voyages de presse. Seul *Libération* prétend s'en affranchir. Mais cette nature rigoriste se nuance singulièrement selon le service du quotidien que l'on interroge» (1990, 40).

Critères spécifiques

Les codes déontologiques américains étudiés par Juusela conviennent que les journalistes ne devraient pas accepter les voyages gratuits. C'est du reste l'esprit de l'ensemble des règles déontologiques sur cette question. Mais on a vu, parmi les arguments en faveur de l'acceptation de ces voyages, qu'il y en a un de taille, qui mérite notre attention. Selon cet argument, refuser un voyage revient à priver le public d'une information pouvant être pertinente, l'important étant d'aviser le public que le voyage a été payé par l'organisme. Souscrire à cet argument signifie admettre des exceptions à la règle déontologique. Mais il me semble que cette condition ne doit pas être le seul critère. Elle est nécessaire mais ne me paraît pas suffisante tant qu'elle n'aura pas été mise à l'épreuve en quelque sorte. C'est pourquoi je propose ici plusieurs critères qui m'apparaissent comme pertinents, dont certains font référence aux arguments opposés à l'acceptation de voyages gratuits.

- *Les sujets qui seront abordés grâce à ce voyage ont-ils déjà fait l'objet de publications ou de diffusions de la part de mon entreprise? Si le voyage n'est pas payé, ces sujets seront-ils portés à l'attention du public?*

Ce critère permet de savoir si le média considère réellement ces sujets comme d'intérêt public. Si oui, il aurait dû les traiter ou pourrait le faire indépendamment du voyage gratuit qu'on lui offre de façon intéressée.

- *Les informations en jeu ont-elles une valeur journalistique majeure?*
- *Existe-t-il d'autres façons d'obtenir ces informations?*

On peut toujours trouver de la documentation sur à peu près tous les sujets, et cela est encore plus vrai depuis l'avènement d'Internet et l'utilisation massive du courriel qui permet de faire des entrevues intéressantes à distance, d'entrer en possession de documents publiés dans des contrées éloignées, de recevoir des fichiers multimédias. De fait, on peut même soutenir que la technologie qui accélère la circulation des messages et relie instantanément les individus se trouvant à l'autre bout du monde, cette «mondialité informationnelle et culturelle» (Leclerc 1999, 3), permet plus que jamais de faire état d'événements se produisant à l'étranger sans avoir à s'y déplacer. Bien souvent, les moyens qu'offrent la technologie et la débrouillardise du journaliste permettent de recueillir des informations qui seront par la suite diffusées au grand public.

- *Accepter ce voyage lésera-t-il des gens, directement ou indirectement?*

Par exemple, ce voyage peut être l'occasion d'exposer les thèses favorables à l'organisme payeur, alors que celles de sources opposées, mais moins nanties, ne pourront pas être également mises en valeur. C'est par le fait même le principe d'équité procédurale qui est en jeu dans ce cas.

- *Ce voyage jette-t-il un doute sur mon intégrité et sur mon impartialité?*

On peut présumer que les groupes et les individus désavantagés pourront faire valoir le fait que le journaliste a eu droit à un voyage gratuit, dans le but de discréditer ses comptes rendus. Le journaliste peut aussi se demander s'il lui est arrivé de douter de l'impartialité de collègues ayant eu droit à des voyages gratuits, afin de se sensibiliser au pouvoir suggestif des apparences.

- *Puis-je justifier ce voyage auprès de mon public?*

En somme, quelles sont les «bonnes raisons» en jeu? Il s'agit de passer avec succès le test de la publicité qui consiste à défendre ses décisions plutôt qu'à les occulter.

- *Quelles sont les intentions avouées ou présumées du bailleur de fonds? Sont-elles compatibles avec l'intérêt public ou servent-elles plutôt les intérêts de l'organisme payeur?*

Il pourrait arriver que des organismes proposent des voyages gratuits de façon désintéressée, mais cela est tellement rare qu'il vaut la peine d'examiner cette question, ne serait-ce que pour découvrir que ce n'est pas le cas. À ce chapitre, les journalistes auraient intérêt à mieux connaître les écrits professionnels et scientifiques des spécialistes des relations publiques qui préconisent cette façon de faire afin d'obtenir à peu de frais une couverture journalistique que ne pourrait leur rapporter une campagne publicitaire traditionnelle. À cet effet, la politologue Anne-Marie Gingras dénonce les grands médias du Québec qui acceptent des voyages gratuits et «produisent, en retour, une information engageante, non critique, sans mise en garde ou commentaires dérangeants» (1999, 102).

- *Vais-je pouvoir demeurer maître de mon agenda pendant ce voyage?*

Cela comprend la liberté pour le journaliste de rencontrer qui il veut, de poser les questions qu'il souhaite et de ne pas être soumis à un horaire surchargé qui limiterait son autonomie professionnelle. Un horaire trop contraignant ne lui laisse que le temps de traiter superficiellement ou avec complaisance du sujet ou de l'événement privilégié par le bailleur de fonds.

- *Mon employeur supporte-t-il habituellement les dépenses de voyage dans les autres secteurs d'information?*

Dans bien des médias, les frais de voyage des journalistes qui couvrent les activités des équipes de sport professionnel sont payés par l'employeur qui juge cette couverture assez importante et rentable pour l'entreprise. Mais dans d'autres secteurs d'information, parfois plus importants eu égard à l'intérêt public (politique, environnement, économie, etc.), l'employeur attend les offres de voyages gratuits pour «assumer» ses responsabilités envers son public. Du reste, dans bien des cas, c'est aux frais des contribuables que voyagent les journalistes au service de conglomérats milliardaires.

- *Est-il possible de se rendre à l'endroit projeté en recourant à d'autres moyens que ceux offerts gratuitement par l'organisme?*

Cela est souvent possible, mais parfois non. Par exemple, survoler une zone d'incendie de forêt ou un secteur de manœuvres militaires est impossible à moins d'être accompagné d'une personne en autorité. Mais les journalistes peuvent très bien utiliser leurs propres moyens pour se rendre dans un autre pays ou dans d'autres villes afin d'y faire leur travail, sauf, peut-être, lors de conflits armés majeurs. Il y a donc ici une ouverture ou un critère permettant de déroger à la règle déontologique dominante.

- *Le public qui prendra connaissance des reportages résultant de ce voyage sera-t-il avisé clairement qu'ils ont été rendus possibles grâce à un voyage payé par la personne, la compagnie, l'organisme ou le pays visé?*

Dans un système de presse libre, une entreprise a toujours la liberté de refuser un voyage gratuit. Mais quand elle en accepte un, cela doit être clairement déclaré au public. Cornu est d'avis qu'il faut le dire «sans détour au lecteur, à l'auditeur, au téléspectateur (...) Cette transparence fait office de mise en garde. Elle peut être assortie de quelques précisions sur les conditions du reportage, sur les latitudes qui ont été offertes, sur les entraves qui ont été placées» (Cornu 1997, 35). Cette pratique reconnaît implicitement que le jugement du journaliste a pu être influencé par le voyage gratuit et invite le public à faire preuve d'une attitude plus critique ou réservée à l'endroit du compte rendu. C'est vraisemblablement à cause de cela que bien des entreprises de presse préfèrent cacher le fait que les frais du reportage ont été supportés par ceux qui en tirent profit ou que d'autres se contentent timidement de déclarer que leur journaliste a été «invité» par un groupe, une entreprise ou un gouvernement, ce qui peut faussement laisser croire qu'il a tout de même supporté les frais de ses déplacements et qu'il est à l'abri de toute influence.

LES CADEAUX ET GRATIFICATIONS

Dans la très grande majorité des cas, les voyages gratuits sont des cadeaux donnés aux journalistes, mais il existe d'autres façons, pour les sources d'information et les organismes divers, «d'aider les journalistes à les aider», comme le veut l'expression populaire.

Le «problème des gratifications» serait plus important dans les petites entreprises de presse écrite et électronique et chez les journalistes affectés à la décoration, au tourisme, à l'habitation, aux sports et à l'alimentation (Goodwin 1986, 82). Ce dernier signale que la plupart des codes de déontologie traitent les gratifications comme une composante des conflits d'intérêts, et lui-même les a inscrites parmi les sept sujets problématiques sur le plan déontologique (p. 355). Selon un sondage effectué en 1983 par Ralph S. Izard, alors responsable du programme de l'École de journalisme de l'Université de l'Ohio, auprès de 902 membres de différentes associations de journalistes américains, les règles déontologiques relatives aux gratifications étaient déjà beaucoup plus présentes dans les codes que 10 ans auparavant. Il ne fait pas de doute que de telles règles sont présentes dans la très grande majorité des textes normatifs en journalisme.

La règle déontologique dominante énonce que les journalistes ne devraient jamais accepter de cadeaux, de gratifications diverses et de privilèges pouvant influer sur leur travail (Juusela 1991, 21). Aux États-Unis, plusieurs codes font référence à des biens de valeur comme les cadeaux, les voyages, les traitements de faveur, voire les repas. En Australie, la règle précise que le devoir des journalistes ne doit pas être influencé par les cadeaux et les autres gratifications.

L'un des arguments fondateurs de cette règle est que le public s'attend à recevoir des comptes rendus rigoureux, véridiques et impartiaux de la part des journalistes. En théorie, ces derniers acceptent implicitement ce contrat social (du moins ne le remettent-ils jamais en question explicitement et publiquement) et doivent en conséquence se tenir loin de ces tentations. En pratique, ils déclarent publiquement ne pas accepter de telles gratifications justement parce qu'elles minent leur crédibilité en attaquant leur intégrité. En somme, les gratifications sont inacceptables. C'est la raison pour laquelle plusieurs médias, ceux de culture anglo-saxonne surtout, refusent systématiquement les privilèges et payent les entrées au cinéma, au théâtre, les livres, etc., en somme tous les «outils» de travail de leurs journalistes. Il y a lieu d'ajouter qu'une telle pratique est cohérente avec les prétentions des journalistes de moraliser la vie publique en dénonçant les situations qui mettent en péril l'intégrité des autres acteurs sociaux en même temps qu'elles contaminent la qualité de la vie démocratique.

Critères spécifiques

Mais toute gratification est-elle nécessairement une menace à l'intégrité journalistique? Il ne fait pas de doute que certaines le sont carrément, par exemple les cadeaux dispendieux comme les œuvres d'art, les encyclopédies, les bijoux, etc. D'autres sont nettement moins compromettants, par exemple les «outils» de travail qui servent effectivement à accomplir une tâche, s'ils ne visent pas à récompenser le journaliste pour le travail fait ou à faire. Il est par contre difficile de convaincre hors de tout doute que quelques pointes de sandwichs et morceaux de desserts avalés en vitesse sur les lieux d'une conférence de presse sont au nombre des gratifications compromettantes. On pourrait même soutenir que cela aide souvent le journaliste à retourner rapidement à la salle de rédaction pour y travailler. Mais les longs repas arrosés de vin, eux, sont plus coûteux et ne visent certainement pas à faciliter le travail du journaliste;

ils ont d'autres visées à propos desquelles il ne faut pas être naïf. On approche ainsi d'un premier critère, celui de l'utilité de cette gratification afin de faciliter le travail du journaliste. Être reçus en groupe à l'hôtel de ville et manger dans un grand restaurant en tête à tête avec un responsable de la ville qui règle la facture sont deux situations différentes, fait valoir Stein (1985, 96), qui trouve la seconde beaucoup plus inquiétante que la première.

Voici du reste quelques critères spécifiques pouvant alimenter la réflexion au sujet des gratifications.

- *La gratification facilite-t-elle l'accomplissement de mon travail de journaliste sans compromettre mon impartialité ?*

Par exemple, un livre reçu de l'éditeur peut aider un journaliste à mieux connaître un sujet précis et à le traiter avec plus de compétence. Mais une œuvre d'art de valeur donnée à un journaliste ne peut certainement être du même secours, elle relève d'une autre catégorie plus proche du pot-de-vin.

- *Suis-je en mesure de révéler publiquement et sans embarras le fait d'avoir accepté cette gratification ? Cela peut-il raisonnablement créer l'impression que j'ai favorisé certaines personnes ou organismes ?*
- *La valeur de la gratification est-elle importante ?*
- *Suis-je certain des attentes de celui qui m'offre cette gratification et sont-elles compatibles avec mes devoirs professionnels ?*
- *Retourner la gratification au donateur coûtera-t-il plus cher que la gratification elle-même ?*

On peut penser que les médias d'information n'ont pas à débourser de l'argent pour retourner les cadeaux indésirés. Mais ils pourraient cependant en faire profiter la communauté par l'intermédiaire d'organismes bénévoles qui les redistribueraient ou toucheraient des fonds en les revendant.

- *La gratification est-elle l'élément déclencheur du compte rendu, du reportage, du commentaire, etc. ?*

Si tel est le cas, non seulement ce don soulève des questions relatives à l'intégrité journalistique mais il pose aussi la question de l'équité envers les différents acteurs sociaux, car tous n'ont pas les moyens matériels qui leur permettent de faire parler d'eux.

LES PRIX DE JOURNALISME

Les prix de journalisme qui soulèvent des inquiétudes sur le plan de la déontologie sont ceux décernés par des organismes autres que professionnels. Quand les journalistes sont récompensés et honorés par leurs pairs, cela ne soulève généralement pas de problèmes, car on peut présumer que des critères journalistiques ont été utilisés pour choisir les lauréats. Ce n'est pas le cas des prix décernés et commandités par les gouvernements, les corporations privées et les associations diverses. Voilà autant de grandes catégories de groupes dont les intérêts ne sont pas toujours compatibles avec l'intérêt public.

Les prix prolifèrent depuis plusieurs décennies. Aux États-Unis, par exemple, la revue *Editor & Publisher* avait recensé plus de 750 prix de journalisme en 1990, soit presque le double des 400 prix dénombrés au début des années 1980 (Marklein 1991, 48). Grandes brasseries, corporations professionnelles, constructeurs d'automobiles, ligues de sport professionnel, etc., voilà quelques exemples de groupes qui ont intérêt à faire parler d'eux dans les médias et qui encouragent les journalistes en ce sens. On peut cependant douter sérieusement que leurs prix de journalisme récompenseront ceux qui auront présenté au public une image peu reluisante de leur organisation. Marklein rapporte que cette crainte a déjà été exprimée par Shannon Brownell, journaliste scientifique au *U.S. News & World Report,* qui a remporté un prix de journalisme de la Fondation GM. Si ce prix lui a donné confiance en elle, Brownell admet cependant douter qu'elle l'aurait reçu si elle avait eu à écrire un article faisant état de recherches scientifiques selon lesquelles les émanations toxiques des automobiles causeraient le cancer (p. 51).

Les prix de journalisme soulèvent trois problèmes, selon Goodwin. Premièrement, la très grande majorité de ces prix sont insignifiants et ne contribuent pas à améliorer le travail des journalistes. Deuxièmement, la compétition pour les prix de prestige, comme les Pulitzer, est tellement intense qu'elle incite parfois les journalistes à exagérer l'importance de leurs nouvelles pour faire bonne figure. Cynthia Bolbach, assistante du directeur au *Media Law Reporter,* croit même que, bien souvent, le recours aux sources anonymes vise simplement à convaincre le public que la nouvelle est très importante et mérite potentiellement un prix (Wulfemeyer 1983, 43). Troisièmement, la plupart de ces prix sont commandités par des groupes d'intérêts qui chercheraient ainsi une visibilité médiatique (Goodwin 1986, 63).

Ces craintes cependant ne semblent pas partagées par les journalistes qui ont fait l'objet d'études scientifiques, ni par l'ensemble de la profession si l'on se fie aux rares présences de cette question dans les codes de déontologie, les congrès et les colloques. Une étude américaine effectuée en 1983 a déjà révélé que la majorité des responsables de salles de rédaction des médias écrits et électroniques encourageaient leurs journalistes à s'inscrire aux différents concours de journalisme commandités par des corporations privées et des groupes d'intérêts divers. Selon cette étude, 51,6 % de ces responsables avaient une opinion favorable à l'endroit de ces concours, mais cette proportion était inférieure de 17 % à celle qu'avait révélée une autre enquête, menée en 1974. Stein explique cette diminution de popularité par le fait maintenant reconnu que certains commanditaires tirent profit de ces concours, ou participent au choix des lauréats, ce qui met en cause leur impartialité et leur intégrité (1985, 102). Un autre chercheur rapporte que 60 % des cadres interrogés sont d'avis que les journaux accordent trop d'importance aux prix et aux concours de journalisme (Anderson 1982, 366). Une étude de Wulfemeyer, effectuée auprès de responsables de journaux et de stations de télévision des États-Unis, a par ailleurs indiqué que 67 % des répondants encouragent régulièrement leurs journalistes à s'inscrire à des concours (1983, 43).

Le désir des cadres de salles de rédaction de voir leurs journalistes remporter des prix de journalisme est tellement fort, chez certains, qu'ils exagèrent nettement dans leurs lettres de recommandation les qualités des reportages soumis aux différents jurys, constate John Troan, du *Pittsburgh Press*, qui a lui-même été membre d'un jury. Il se demande si la recherche des prix ne compromet pas la rigueur et le sens des valeurs de ces responsables de salles de rédaction, et même si elle n'incite pas certains à faire appel au mensonge (ASNE 1981, 66).

Au Canada, on peut signaler, entre autres, le cas du Dr Erick Jackman, un psychologue qui a mis sur pied la Canadian Journalism Foundation que Files décrit comme un groupe de pression qui distribue des bourses et des prix aux journalistes. Jackman croit au renforcement positif et se demande comment amener les journalistes canadiens à se sentir mieux dans leur peau, et dès lors à cesser de s'en prendre aux autres et à devenir plus positifs, et enfin à donner l'exemple à leurs jeunes collègues. Il a trouvé trois façons différentes d'arriver à ses fins. Il décerne premièrement une bourse afin de financer des recherches en éthique du journalisme. Deuxièmement, il offre des programmes de perfectionnement aux journalistes d'expérience, quitte à financer des congés sabbatiques. Troisièmement, il parraine la remise de prix de journalisme (Files 1991, 30).

Il n'existe pas vraiment de règle dominante en cette matière, puisque la question des concours n'est pas abordée de façon systématique par les différents codes de déontologie, loin de là. La prolifération des prix et des concours de journalisme va peut-être inciter les journalistes à remettre en question leur participation à ce qui est bien souvent une stratégie de relations publiques de la part des commanditaires. Il faut observer aussi que le journaliste qui remporte des prix voit parfois sa valeur marchande augmenter sur le marché de l'emploi, ce qui n'est pas un bénéfice personnel négligeable lorsqu'il s'agit de prix prestigieux.

Cependant, quand ils abordent cette question, les codes de déontologie demandent aux journalistes de ne pas participer à des concours commandités par des groupes et des organismes qui cherchent avant tout une visibilité médiatique en associant leur nom à l'événement.

Au Courier-Journal et au *Louisville Times*, par exemple, on a résolu cette question depuis plusieurs années déjà en limitant à environ 60 le nombre de concours de journalisme jugés acceptables auxquels les employés de l'entreprise peuvent participer. Ces deux journaux ont retenu les concours «purement journalistiques» ou ceux commandités à la condition que ce soient des journalistes qui décident des lauréats, à partir de critères professionnels d'excellence et non sur la base des loyaux services rendus à une «bonne cause». *Au Philadelphia Inquirer*, on interdit aux journalistes de participer à des concours commandités par des groupes intérêts qui recherchent avant tout leur avantage commercial. De plus, le jury doit être composé de journalistes (Stein 1985, 102). Pour Gene Roberts, qui fut directeur général de ce quotidien, les journalistes qui acceptent de s'inscrire à des concours commandités par des corporations privées contribuent à leur stratégie de marketing, et cela n'est pas compatible avec leur travail (Marklein 1991, 51). Le *Guide de déontologie* de la FPJQ prescrit que les journalistes ne doivent être candidats que pour des concours «qui servent l'avancement du journalisme», c'est-à-dire quand le jury n'a aucun lien avec le commanditaire, est formé majoritairement de journalistes et juge les matériaux en fonction de critères journalistiques reconnus. Le but est de ne pas servir les intérêts du commanditaire ou encore d'encourager les journalistes à choisir des sujets de reportage en fonction de ces concours (1996, 23).

Puisque la question des commanditaires et des prix de grande valeur est au cœur des problèmes déontologiques et éthiques que soulèvent les concours chez les journalistes, il convient de proposer certains critères spécifiques pertinents afin de mieux évaluer la compatibilité d'un concours avec les devoirs professionnels.

CRITÈRES SPÉCIFIQUES

- *Le jury qui choisira les gagnants est-il formé de journalistes et a-t-il des critères journalistiques comme référence ?*
- *Le commanditaire du concours cherche-t-il surtout à faire sa propre promotion, le concours devenant ici un moyen de mieux atteindre ses objectifs publicitaires ?*
- *Le jury aurait-il fait le même choix si le lauréat avait été l'auteur de comptes rendus défavorables à certains groupes de pression, dont ceux qui commanditent le concours ?*

LES CONFLITS D'INTÉRÊTS NON FINANCIERS

L'argent n'est pas toujours au cœur des situations qui mettent en péril l'intégrité journalistique. Des études sur le sujet font état de quatre sous-types de conflits d'intérêts non financiers : liens familiaux, liens politiques, antipathie et sympathie entre les journalistes et leurs sources (McAdams 1986, 700). Ce qui distingue les conflits d'intérêts de type financier de ceux de type non financier, c'est principalement le caractère concret, voire physique, des premiers (argent, gratifications, voyages, etc.) et le caractère abstrait des seconds (affection, amitié, similarités ou antinomies idéologiques, etc.). C'est sans doute ce qui contribue à rendre les conflits d'intérêts non financiers si difficiles à prouver puisque les relations entre les sentiments des journalistes et leurs comportements peuvent aussi bien exister avant même que des situations concrètes de conflits se manifestent. Par exemple, le journaliste a souvent des *a priori* idéologiques avant même de faire face à des situations et à des personnes dont les *a priori* sont compatibles ou incompatibles, ce qui va sans doute influencer son travail, malgré lui et malgré les efforts s'opposant à cette source de biais.

C'est pourquoi un code de déontologie peut facilement prévoir des sanctions à l'endroit de conflits d'intérêts financiers - objectivement plus démontrables - mais peut difficilement faire de même pour ceux de type non financier, qui demeurent souvent au niveau de l'argumentation ou de la preuve logique. Pour les conflits non financiers, la sanction devra généralement se limiter à la critique ou aux réprimandes, du moins dans les cas où le conflit est discutable. Dans les cas de liens familiaux et politiques évidents et officiels, il va de soi que la preuve est du domaine de l'observable et que la sévérité des sanctions peut varier en conséquence.

Par exemple, Strentz signale le cas d'un photographe de presse congédié parce qu'il avait collaboré avec le FBI (1978, 53). Dans un quotidien de Philadelphie, une journaliste affectée à la couverture de la politique municipale a perdu son travail parce qu'elle était la conjointe d'un élu au sujet de qui elle avait souvent écrit. Elle avait caché cette relation à son employeur (Smythe 1989, 363). Au Québec, la Société Radio-Canada a pris les moyens de se défaire rapidement des services de son journaliste vedette Normand Lester après que celui-ci eut publié, en 2001, un premier livre très critique sur le Canada anglais, un pamphlet qui pouvait laisser croire qu'il était devenu un militant de la cause souverainiste. Mais la même société d'État n'a pas inquiété son journaliste Claude Beauchamp qui œuvre au sein du Conseil pour l'unité canadienne qui est un groupe de pression fédéraliste, s'exposant ainsi à la critique relative à ses double standards en matière d'éthique et de déontologie professionnelle (Bernier 2003b).

Il y a par ailleurs une ambivalence chez les entreprises de presse ayant fait l'objet d'études. Il semble en effet que certains employeurs acceptent de courir le risque de s'attirer des critiques en échange d'informations officieuses et véridiques, ce que peuvent souvent leur procurer des journalistes jouissant de relations privilégiées avec leurs sources d'information. On a même publié une annonce en vue de trouver un responsable de la section des affaires ayant une philosophie «pro-business» (McAdams 1986, 705).

Si plusieurs journalistes sont d'avis qu'il ne faut pas trop s'engager dans les groupes sociaux de tous genres, afin d'éviter les risques de conflit d'intérêts, Goodwin fait remarquer que cette attitude n'aide en rien les journalistes à devenir plus sensibles, compréhensifs et documentés sur les gens et les événements dont ils parlent (1986, 324). Ce point de vue implique que les journalistes feraient mieux leur travail s'ils étaient davantage engagés dans diverses activités, alors que la compréhension d'un événement ou d'un sujet n'est pas conditionnelle à un engagement. Elle demande simplement un travail intellectuel sérieux, lequel peut s'inspirer des sentiments et des émotions sans s'y soumettre.

Par ailleurs, la compréhension n'est pas tout pour le journaliste, encore doit-il communiquer. Et c'est surtout dans cette autre étape de son travail que son engagement social peut nuire. On peut présumer que le journaliste engagé dans un groupe social quelconque, et sans doute identifié à ce groupe et d'accord avec ses objectifs, aura tendance à faire valoir certains points de vue aux dépens des autres, à cacher des aspects négatifs, à nier des contre-arguments, etc. Bref, il sera tenté de ramener le compte rendu journalistique à une vulgate parmi d'autres. Qui, alors, pourra offrir au public un aperçu global des discours intéressés et fragmentés ? Qui aura avant tout le souci de l'intérêt public ?

Dans les prochains paragraphes, je vais traiter de deux grands aspects des conflits d'intérêts non financiers, soit la proximité avec les sources et le militantisme. Les quatre sous-types énoncés plus haut (liens de familles, liens politiques, antipathie et sympathie avec les sources) se retrouvent tantôt chez l'un, tantôt chez l'autre.

LES RELATIONS ÉTROITES AVEC LES SOURCES

Une forme insidieuse de conflit d'intérêts surgit quand les journalistes deviennent identifiés à leurs sources d'information au point qu'ils commencent à penser et à avoir les mêmes réactions qu'elles. Ils perdent du même coup leur impartialité et deviennent vulnérables aux manipulations, quand ils ne sont pas carrément les porte-parole de leurs sources (Rivers et Mathews 1988, 94). Cela est encore plus plausible chez les journalistes qui sont affectés à un secteur bien précis d'information (équipe sportive, parlement, hôtel de ville, faits divers, etc.). Certains auteurs ont même écrit qu'il suffisait de gratter un peu la carapace des journalistes couvrant les activités gouvernementales à Washington pour y découvrir un conseiller politique (Stein 1985, 85). En raison des échanges bidirectionnels fréquents marquant leurs relations quotidiennes, les journalistes affectés spécifiquement à la couverture des activités gouvernementales deviennent parfois des collaborateurs efficaces et des sources d'information pertinentes pour les élus à la recherche de solutions à des problèmes difficiles, va jusqu'à suggérer Strentz (1978, 52).

L'histoire est riche de cas où journalistes et élus ont été très amis, voire *étroitement* amis. Il y a eu, par exemple, l'amitié entre le président John F. Kennedy et le journaliste Ben Bradlee, qui était alors responsable du *Newsweek*. Commentant cette relation, Walter Lippmann avait dit que les journalistes doivent savoir garder leurs distances et ne pas devenir les intimes des dirigeants. Il faut cependant savoir que Lippmann lui-même a déjà écrit un discours pour un politicien, puis une chronique qui en faisait l'éloge (McAdams 1987, 701)! Il ne fait pas de doute que, pour bien des journalistes, l'amitié «est une grande source» de conflit d'intérêts, comme l'a déjà avoué l'un d'eux (Beaulieu et Sauvageau 1991, 158).

La sympathie est une condition nécessaire pour favoriser les relations étroites avec les sources. Dans certains cas, cette sympathie à l'égard des sources est perçue négativement, comme le révèle une importante enquête de

Meyer auprès de membres de l'ASNE (1983, 57). Celui-ci a demandé à des propriétaires de médias, à des responsables de salles de rédaction et à des journalistes si le fait d'affecter à la couverture de la politique municipale un journaliste dont le meilleur ami est le maire pouvait être un avantage ou un inconvénient. Il est alors apparu que 88 % des répondants y voyaient des inconvénients, seulement 10 % croyaient que cela pouvait être utile, tandis que 6 % des répondants ne voyaient pas quelle différence cela faisait. Cependant, quand les journalistes sont affectés à d'autres secteurs que la politique, la sympathie n'est plus perçue comme un inconvénient, mais comme un atout.

Analysant l'ensemble des résultats de Meyer, McAdams (1986, 703-704) constate que les liens familiaux et politiques, ainsi que les antipathies envers les sources, sont généralement perçus comme désavantageux, tandis que la sympathie est souvent considérée comme une aide au travail du journaliste. Ce qui est remarquable, précise-t-il, c'est que la perception négative des relations antagonistes entre les journalistes et leurs sources contredit le stéréotype faisant des journalistes des adversaires des différents groupes d'intérêts de la société. Cette remarque rejoint les conclusions de nombreuses recherches qui ont porté sur les relations entre les journalistes et leurs sources d'information dans des milieux aussi différents que les parlements, les palais de justice, les sénats, etc. Grosso modo, ces études nous révèlent que les journalistes et leurs sources transigent et négocient à l'intérieur de règles d'échange implicites et explicites. Cela constitue un système dont la viabilité repose sur des sanctions et des récompenses. Dans ce contexte symbiotique, les nouvelles journalistiques sont comprises et définies comme étant les produits de transactions entre les journalistes et leurs sources d'information. En somme, journalistes et sources d'information seraient des collaborateurs plutôt que des adversaires dans le processus de construction de l'actualité, comme le suggèrent plusieurs chercheurs de différentes nationalités et cultures qui ont abordé la question sous des angles méthodologiques différents et avec des approches théoriques diverses[42]. Cet état de fait inciterait même les médias à se montrer très prudents à l'égard de sources d'information critiques et radicales qui pourraient offenser les sources régulières et dérégler ou mettre en péril des relations étroites établies entre les journalistes et leurs sources privilégiées, quand ce sont ces

42. Voir notamment Gieber et Johnson (1961), Tunstall (1971), Grossman et Rourke (1976), Padioleau (1976), Heilmann Miller (1978), Ericson *et al.* 1987, Ritchie (1991), Hart *et al.* 1991, Charron (1990 et 1994), Bernier (2000).

dernières ou les idées qu'elles défendent qui sont prises à partie par les sources radicales (Herman et Chomsky 1988, 22).

Au-delà des relations amicales entre les journalistes et leurs sources, les relations amoureuses sont sans doute à l'origine des conflits d'intérêts non financiers les plus évidents. À cet effet, il a déjà clairement été écrit que les journalistes ne devraient pas couvrir des événements impliquant leur conjoint ou des membres de leur famille (Smythe 1989, 363).

LE MILITANTISME

On peut affirmer que le journaliste qui fait état d'individus, de partis politiques, d'idéologies ou de groupes d'intérêts divers, alors que lui-même est engagé à titre personnel dans ces domaines ou avec les personnes en cause, se livre à des activités de militantisme qui n'ont rien à voir avec un compte rendu impartial ou une critique désintéressée des faits, des personnes et des événements. En soi le militantisme non avoué chez les journalistes est source de conflits d'intérêts non financiers et ressemble à de la propagande, laquelle est incompatible avec la fonction du journaliste dans nos sociétés modernes.

Par exemple, le chroniqueur George Will a été sévèrement critiqué en 1983 quand il est devenu de notoriété publique qu'il avait aidé le candidat à la présidence américaine, Ronald Reagan, dans sa préparation en vue du débat avec le président sortant Jimmy Carter. Invité comme commentateur à l'émission *Nightline*, du réseau américain ABC, au soir du débat, Will avait fait l'éloge de la « magnifique performance » du candidat Reagan sans faire mention de son rôle (McAdams 1986, 701). Mais le comportement de Will ne lui a pas valu que des critiques. Olen croit que Will n'a pas à se reprocher sa participation à titre de commentateur parce que sa sympathie était bien connue et que son rôle de conseiller n'en faisait pas le porte-parole de Reagan. On peut se demander de qui était connue la sympathie de Will. Était-ce uniquement de l'élite politico-journalistique ? des intellectuels ? de la minorité de la population bien informée des subtilités politiques ? Olen ne répond pas à cette question. Pour que cette sympathie ne soit pas suspecte, elle aurait dû être bien connue des téléspectateurs exposés aux commentaires plus que favorables de Will, ce qui ne devait pas être le cas, est-il permis de croire. On doit aussi se demander ce qui a empêché Will d'informer les téléspectateurs de son rôle dans l'événement qu'il commentait, si ce n'est la certitude que cela pouvait nuire à la crédibilité de son analyse et desservir peut-être le candidat Reagan.

Il existe d'autres cas de militantisme, tel le projet Hasbara, auquel ont participé volontairement des journalistes américains, et qui consistait à protéger systématiquement l'image d'Israël dans les médias américains. En plus du recours aux mensonges ou à des pressions afin que des experts favorables à Israël soient interviewés quand les politiques de ce pays étaient en cause, le projet Hasbara jouissait de l'adhésion idéologique de certains journalistes. Friedman signale que ce fut le cas de Rick Kaplan, de l'émission *Nightline*, du réseau ABC, qui a été l'un des «journalistes influents» à avoir collaboré au projet Hasbara, ce qui n'a pas étonné les intervenants arabes aux États-Unis qui ont déjà fait valoir que cette émission avait un biais favorable à Israël. Quant à Kaplan, il a fermement contesté les accusations de conflit d'intérêts (Friedman 1989, 286). Même Albert Londres, que bien des journalistes francophones rêvent d'imiter, a été, à ses heures, un «honorable correspondant» du Deuxième Bureau français, un représentant de l'État, en quelque sorte (Rouge 1990, 37). Dans leur ouvrage critique sur *Le Monde*, Péan et Cohen formulent de nombreuses critiques pour dénoncer le militantisme des dirigeants du prestigieux quotidien (2003).

Ces cas contrastent radicalement avec les témoignages de nombreux journalistes couvrant les affaires gouvernementales à Washington, qui ont déclaré à Hess qu'ils préféraient ne militer dans aucun groupe communautaire, certains disant même ne pas voter pour démontrer à quel point ils tenaient à être *objectifs* (1981,89). En effet, derrière la question des conflits d'intérêts se trouve celle de l'impartialité journalistique, dont il a été question en première partie de cet ouvrage Certains journalistes considèrent même l'appartenance religieuse comme suspecte parce qu'elle est souvent accompagnée d'une vision du monde particulière pouvant compromettre cette impartialité ou objectivité journalistique (Swain 1978, 88).

Il faut mentionner ici le cas de Ira Harkey, du *Pascagoula Chronicle*, aux États-Unis, qui, dans un article à la une sur des adolescents délinquants déférés devant un juge de la cour juvénile, n'a pas omis de préciser clairement que son fils de 14 ans était du nombre (Gilmore et Root 1975, 29). Et il y a celui d'Iver Peterson, du New *York Times*, qui a cessé de donner des conférences publiques ou d'assumer le rôle de modérateur lors de débats, pour éviter de côtoyer des gens qui pouvaient potentiellement devenir des sources d'information (Swain 1978, 89). Pour Ghiglione, le moindre engagement dans des associations locales et communautaires risque de dévier les allégeances du journaliste et de soulever des doutes quant à son intégrité (1978, 175).

Par ailleurs, il y a des journalistes qui, par reconnaissance, se sentent obligés de s'engager positivement au sein de la communauté qui leur permet d'avoir une qualité de vie intéressante. D'autant plus que cet engagement leur permettra d'apprendre davantage de choses, ce qui n'est pas à dédaigner. Ghiglione affirme, sans s'appuyer sur des recherches empiriques faut-il préciser, que les journalistes ne savent qu'entre 20 et 25% des choses qu'ils devraient connaître à propos des événements qu'ils couvrent (1978, 174). Il ajoute un autre argument en faveur de l'engagement des journalistes dans leur communauté: celle-ci se sentirait parfois trahie si quelqu'un l'observe, écrit à son sujet, mais ne participe pas à son essor. La position de Ghiglione écarte le fait que l'engagement du journaliste au sein de sa communauté peut être très important même s'il n'intervient pas directement dans une activité ou un groupe précis. On pourrait même dire que l'engagement d'un individu à titre de journaliste est suffisamment important pour justifier qu'il ne cherche pas à en faire davantage et à accroître son influence ou son pouvoir.

LA RÈGLE DOMINANTE : NE PAS S'ENGAGER

Un problème inhérent aux conflits d'intérêts non financiers, c'est que les journalistes ne sont pas toujours sensibilisés aux probabilités que leur travail soit jugé en fonction de leurs engagements personnels dans d'autres milieux. C'est pourquoi les règles déontologiques sont utiles, car elles peuvent les sensibiliser à cette réalité. En effet, les sujets ne sont pas toujours bien situés pour évaluer «objectivement» leur conduite et avoir une idée exacte de ce qu'elle peut inspirer aux autres.

Quand ils abordent la question des conflits d'intérêts de type non financier, les codes de déontologie prônent souvent des relations monogames pour les journalistes, c'est-à-dire que ceux-ci doivent être fidèles à leur média et ne pas participer à d'autres activités (Rubin 1978, 12). Si l'on voulait en faire un énoncé simple à retenir, on pourrait dire que la règle est que les journalistes ne doivent pas s'engager dans des activités pouvant leur donner des raisons de ne pas accomplir leurs devoirs professionnels (Olen 1988, 24).

Selon le code de déontologie commun au *Courier-Journal* et au *Louisville Times*, la politique est une source majeure de suspicion et les journalistes de ces journaux ne doivent pas s'adonner à des activités politiques pouvant laisser planer des doutes sur les articles, éditoriaux et photographies qui sont publiés (Hulteng 1981, 73). Du reste, les codes déontologiques américains étudiés par Juusela demandent aux journalistes de ne pas participer à des activités associées au militantisme politique ou à l'administration publique. En Espagne, le code des journalistes de la presse écrite interdit à ses membres de s'engager dans des activités pouvant mettre leur objectivité en doute et les inciter à servir des intérêts autres que celui du public. Au journal londonien *The Independent,* aucun membre de la rédaction «appelé à exprimer une opinion ne peut être membre actif d'un parti ou d'un mouvement, fut-il vert» (Gavi 1992, 15).

Quant aux liaisons sentimentales, les journalistes doivent accepter de ne pas en entretenir qui puissent interférer avec leur travail. Le *Philadelphia Inquirer* a un code assez explicite à ce sujet puisqu'il interdit à un journaliste d'écrire à propos d'une personne avec qui il a des liens de sang ou de mariage, ou une quelconque relation personnelle étroite, financière ou romantique. Cela vaut aussi pour les photographes de presse (Goodwin 1986, 129).

Critères spécifiques

Comme cela se fait déjà, semble-t-il, il faut traiter les situations de conflit d'intérêts non financier au cas par cas. Au-delà des critères spécifiques utiles, rien n'interdit le recours à des principes et à des règles déontologiques. On doit reconnaître que des situations se présentent où la règle déontologique n'est pas d'une grande utilité. Par exemple, lorsqu'un journaliste se trouve en présence d'informations pouvant à la fois être d'intérêt public et favoriser ou léser un proche, ou un groupe de personnes qu'il côtoie régulièrement, que doit-il faire ? Doit-il se taire, au risque de ne pas accomplir son devoir professionnel ? On peut tenter de résoudre la question en considérant les quelques critères spécifiques suivants.

• *Est-il possible de communiquer ces informations à un collègue qui, lui, sera plus libre d'en juger la valeur journalistique et d'agir en conséquence ?*

Cette façon de faire est la plus simple et la plus défendable à la condition que le journaliste ne fasse pas pression sur son collègue pour qu'il traite le sujet de telle ou telle façon.

• *Est-il possible d'avertir le public de mes relations avec les sources d'information ou les organismes en cause ? Cela va-t-il jeter un doute sur l'impartialité de mon travail ?*

Si l'on arrive à la conclusion qu'un doute est possible, il vaut alors mieux ne pas faire de compte rendu, sauf si l'information est d'une gravité telle qu'elle risque de causer de lourds préjudices à d'autres si l'on tarde à la diffuser. Le doute pouvant être soulevé sur l'intégrité du journaliste pèsera moins que les conséquences positives, et celui-ci pourra toujours justifier sa décision.

- *Suis-je vraiment le seul à pouvoir dire la vérité?*

Une personne mêlée à des événements a parfois en sa possession des informations très intéressantes que d'autres journalistes ne possèdent pas. Dans ce cas, il faut idéalement les communiquer aux autres journalistes qui jugeront si elles valent la peine d'être publiées. Si, vraiment, il est impossible de les communiquer à un autre journaliste (pour des raisons de concurrence, par exemple), le journaliste en cause peut publier les informations en précisant clairement quels sont ses liens et son engagement, afin que le public soit averti qu'il s'agit du témoignage d'une personne en cause et non du compte rendu d'un observateur présumé neutre.

LE PLAGIAT

Le plagiat est aussi vieux que le premier des travailleurs intellectuels. Platon lui-même ne mentionnait pas l'auteur de certaines théories qu'il exposait comme c'était de coutume pour un adversaire encore vivant (Popper 1979, 101). Le plagiaire est celui qui pille les ouvrages d'autrui, les reprend à son compte et en tire profit sans indiquer ses sources. Ce procédé a souvent été le sujet de controverses en littérature, certains auteurs ayant été accusés d'avoir plagié les écrits d'autres écrivains. En science, où la règle est d'indiquer systématiquement et rigoureusement les sources et les références, les accusations sont moins fréquentes, mais quand survient un cas de plagiat, il est facilement démontrable étant donné le caractère formel de l'édition scientifique. Chez les chercheurs, du reste, on attache une très grande importance aux références puisqu'elles permettent d'avoir une idée de la notoriété de certains d'entre eux.

En journalisme, la règle est plus floue quand vient le temps de nommer les sources d'information que sont les autres médias, alors que la règle déontologique dominante sur ce point prescrit clairement de les nommer. Précisons tout de suite qu'il ne faut pas confondre la question du plagiat avec celle des sources anonymes, cette dernière faisant référence à une pratique qui consiste à rendre publiques des informations tout en cachant au public l'identité de la source afin de protéger celle-ci de représailles possibles, entre autres raisons invoquées, comme on l'a bien vu plus haut.

Dans le milieu journalistique, ne pas indiquer que les informations que l'on publie proviennent d'autres médias est associé à une forme de pillage du travail intellectuel des autres. Cela laisse volontairement croire que l'information publiée est, sinon exclusive, du moins originale et le fruit du travail du journaliste qui a signé le reportage. On pourrait d'une certaine façon classer cette pratique parmi les formes de tromperie. Elle trompe le public sur l'origine exacte du travail de collecte d'informations, quand elle ne s'étend pas à la mise en forme de ces informations (style, syntaxe, vocabulaire, etc.). Cependant, on doit reconnaître que le plagiat journalistique n'a pas de conséquence grave pour le public. Ce sont du reste surtout les journalistes victimes de cette pratique qui s'en plaignent.

Il paraît assez certain que le procédé est malhonnête. Comme toutes les méthodes du genre, le plagiat porte l'obligation d'une justification de la part de celui qui y a recours, car il prive autrui d'un bien, qui serait ici la reconnaissance publique de la «paternité» de l'information et du travail présumé bien fait.

Malgré cela, la pratique du plagiat est courante chez les journalistes. Dans certains pays, elle est surtout utilisée par les journalistes radiophoniques qui animent les émissions matinales. Pour remplir leur temps d'antenne, ils relisent presque mot à mot des articles de journaux, sans en mentionner la provenance, laissant parfois croire que ces informations viennent de l'équipe rédactionnelle de la maison. Cette pratique s'explique peut-être parce que certains médias craignent de trop laisser paraître qu'ils consacrent peu de ressources à la recherche autonome d'informations, et qu'en donnant crédit continuellement à leurs compétiteurs ils risqueraient de perdre leur clientèle au profit de la «source originale». En fait, l'aspect concurrentiel est important dans cette pratique journalistique qui consiste à se servir et à tirer profit du travail de gens payés par l'entreprise concurrente. Si l'historien des médias Jean de Bonville a observé que le plagiat entre journaux a diminué entre 1945 et 1985 (1995, 135), il est fort possible que cette pratique soit en recrudescence chez les journalistes de médias électroniques et des nouveaux médias qui ont souvent peu de ressources pour cueillir une information originale mais ont en revanche beaucoup de temps et d'espace pour diffuser l'information des autres.

Cette forme de tricherie banalisée n'est pas toujours soulevée dans les codes de déontologie. Par exemple, dans les codes des pays de la CSCE étudiés par Juusela (1991), on accordait très peu d'importance à ce thème. Toutefois, le code finlandais énonce clairement que le journaliste ne doit pas plagier On retrouve une énoncé semblable dans les codes journalistiques de l'ex-Union soviétique, de la Pologne, de la Chine et de la Society of Professional Journalists. Aux États-Unis, justement, le plagiat est considéré comme l'offense la plus sérieuse ayant conduit à la suspension ou à la mise à pied de journalistes (Smythe 1989, 367). À l'hiver 2000, par exemple, le *San Jose Mercury News* a congédié un jeune journaliste qui cherchait vraisemblablement à impressionner ses patrons en plagiant un article du *Washington Post* (Corney 2001). Il en a été de même dans le cas du réputé chroniqueur Mike Barnicle, au *Boston Globe*, qui a dû quitter ce quotidien, en 1998, après avoir été surpris à plagier et à inventer des faits (Mashberg 1998). La même chose est arrivée au journaliste politique Dennis Love, du *Sacramento Bee*, où l'on considère cela comme une faute impardonnable (Rodriguez 2000). Il y a aussi le cas de la suspension du journaliste Fox Butterfield, du *New York Times*, qui a repris dans son article plusieurs paragraphes d'un article du *Boston Globe*, même s'il a cité le *Boston Globe* comme une source dans son article. Au même moment, en 1997, le *Washington Post* avait congédié Laura Parker dont l'article était avéré basé sur un article publié par *l'Associated Press* et le *Miami Herald* (1997, 57-58). Bien d'autres cas pourraient être ajoutés à cette courte liste.

Au Québec, le code de déontologie de l'hebdomadaire régional le *Canada français* contient un article traitant de la «dignité professionnelle» où il est écrit que le journaliste «évitera tout plagiat et mentionnera la source d'informations ou de textes provenant d'autres médias d'informations» (Gagnon 1986, 65). Le *Guide de déontologie* de la FPJQ interdit lui aussi le plagiat. Cela n'a pas empêché l'hebdomadaire culturel *Voir* de plagier une bonne partie d'un texte de l'Agence Science-Presse publiée quelques jours auparavant, en mars 2001, dans le quotidien montréalais *La Presse*. Au quotidien *Le Soleil* de Québec, c'est un chroniqueur de cinéma qui a plagié des extraits de la revue américaine *Entertainment Weekly*, pour y aller de ses prédictions concernant la remise des Oscar de 2001. Après avoir avoué sa faute du bout des lèvres, sous la pression d'un animateur radiophonique, le journaliste a eu droit à un blâme du Conseil de presse du Québec, mais il est toujours en poste, quoiqu'on l'ait muté dans une autre section par la suite (CPQ 2002).

On a vu que la règle déontologique dominante est claire et précise: il faut indiquer la provenance d'informations reprises des autres médias. Comme ces informations sont déjà du domaine public, on a peine à imaginer des situations où des journalistes hésiteraient à indiquer la provenance de leurs informations dans le but de protéger une autre entreprise de presse contre des représailles quelconques. Comme il a été mentionné plus haut, ce sont souvent des considérations fondées sur la concurrence entre entreprises de presse qui incitent les journalistes à taire le nom de leurs compétiteurs dans leurs comptes rendus, surtout quand leur mention peut promouvoir la réputation et la notoriété des concurrents. Sans être dictée par l'entreprise qui l'utilise, la pratique du plagiat chez les journalistes est tolérée, voire encouragée, par les collègues et les supérieurs qui s'étonnent souvent de trouver le nom d'un compétiteur dans les comptes rendus maison.

Par ailleurs, le journaliste peut aussi recourir au plagiat afin de ne pas rendre public outre mesure le fait que son compétiteur a obtenu des informations qui lui avaient échappé. Cette mesure vise, entre autres choses, à maintenir sa crédibilité auprès de ses sources d'information, de son employeur et du public, quand ce n'est pas sa notoriété. En cachant le fait qu'il s'approvisionne chez un concurrent, le journaliste évite d'avoir des comptes à rendre à son employeur et cherche à afficher une compétence ne pouvant que lui être favorable dans ses relations avec ses sources. Quant au public en général, le journaliste peut prétendre l'avoir bien informé et arguer que la provenance des informations «recyclées» n'est pas une préoccupation de ses lecteurs ou de ses auditeurs.

Critères spécifiques

On voit que ce ne sont pas des grands problèmes de conscience qui poussent les journalistes à transgresser la règle déontologique dominante pour se faire plagiaires. En ce sens, il est difficile de dire qu'ils ont de «bonnes raisons» de plagier, bien qu'ils aient des raisons utilitaires de le faire: protection de leur notoriété, protection contre les sanctions possibles de l'employeur, etc. La différence, ici, c'est que la transgression de la règle déontologique ne vise pas à mieux servir l'intérêt public, mais à protéger ou favoriser quelques intérêts particuliers. C'est ainsi qu'au lieu de critères spécifiques pouvant aider le journaliste à évaluer les «bonnes raisons» de dominer la règle déontologique dominante, je proposerai exceptionnellement trois critères qui inciteront le journaliste à respecter cette règle. Le journaliste tenté par le plagiat devrait au moins se poser les quelques questions suivantes:

- *Aimerais-je être moi-même victime du plagiat que je m'apprête à faire au détriment d'un autre?*
- *Que d'autres le fassent à mon endroit suffit-il à me justifier quant au fait d'adopter cette méthode?*

C'est souvent cette excuse qui est avancée par les journalistes pour justifier leur plagiat. Ils proclament être victimes de plagiat et se considèrent donc comme autorisés à en faire autant à l'égard des autres, comme si une faute en corrigeait une autre.

- *M'est-il possible de vérifier les informations que je désire inclure dans mon compte rendu, même si elles ont déjà été diffusées par d'autres journalistes ?*

Cette mesure a l'avantage d'inciter les journalistes à plus de rigueur professionnelle et à vérifier eux-mêmes ce que d'autres ont publié.

MATIÈRE À DÉLIBÉRATION :

Cas 1 : *À titre d'animateur vedette d'un magazine hebdomadaire d'information télévisée, vous acceptez d'être le président d'honneur bénévole d'une association de charité dont la mission est de venir en aide aux enfants handicapés. Cette association sollicite les dons du public et jouit de votre popularité pour recueillir plus d'argent auprès du public. Dans le cadre de votre travail, certaines personnes viennent vous voir pour dénoncer le mode de sollicitation d'un autre organisme de charité qui se trouve à concurrencer celui auquel vous êtes associé. Que faites vous : Vous refusez d'enquêter et de faire un reportage sous prétexte que vous êtes associé à un organisme concurrent ? Vous renvoyez ces personnes à un autre journaliste de votre entreprise ou d'un autre média ? Vous décidez au contraire que cette information est d'intérêt public, que votre statut de président d'honneur est connu de tous et que vous êtes fondé à prendre en charge cette enquête qui va conduire à diffuser un reportage incriminant pour l'association rivale ?*

Cas 2 : *Vous êtes à la fois journaliste et producteur de votre émission d'information qui est ensuite vendue à un important diffuseur public. Dans le cadre de vos activités de producteur, vous avez aussi des contrats avec des entreprises privées et des groupes de pression divers pour produire de brefs documents vidéo qui font la promotion et la propagande d'idées et de valeurs politiques controversées. Vous savez que vos clients aimeraient que ces capsules vidéo soient diffusées dans le cadre de votre émission d'information. Que faites-vous : Vous refusez en vous expliquant à vos clients ? Vous acceptez de diffuser ces capsules en demandant à l'un de vos invités de choisir celle qui lui plaît le plus ? Vous décidez d'intégrer ces capsules à l'émission d'information pour la rendre plus intéressante ? Vous diffusez ces capsules en informant clairement l'auditoire qu'il s'agit de documents visant à persuader plutôt qu'à informer ?*

Cas 3 : *Vous travaillez dans un hebdomadaire local où vous êtes à la fois journaliste, photographe et celui qui assure la mise en pages du contenu rédactionnel du journal. Une bonne partie de votre travail consiste à cou-*

vrir les décisions du conseil municipal. Votre patron a une petite imprimerie privée et accepte le contrat pour imprimer le bulletin d'information de la municipalité. Il est aussi l'éditorialiste qui commente les faits et gestes de l'administration municipale et de l'opposition. Votre patron vous demande de travailler à la rédaction du bulletin municipal, ce qui implique de rencontrer les responsables de la ville pour savoir ce que doit contenir le journal. Ce travail vous rapportera plusieurs centaines de dollars. En même temps, des citoyens viennent à vous pour dénoncer la gestion des affaires municipales sans savoir que vous travaillez aussi pour ceux qu'ils critiquent. Que faites-vous : Vous acceptez le contrat offert par votre patron sans rien révéler au public ? Vous acceptez le contrat et le faites savoir publiquement à ceux que vous rencontrez dans le cadre de vos activités journalistiques ? Vous refusez le contrat de votre employeur pour ne pas paraître en conflit d'intérêts ? Vous acceptez le contrat de communication mais trouvez un autre journaliste pour s'occuper de toutes les nouvelles concernant la municipalité ?

CHAPITRE 12

LE CYBERJOURNALISME[43]

Le présent chapitre se penche sur les principaux enjeux éthiques et déontologiques du cyberjournalisme. Les textes normatifs spécifiques du cyberjournalisme sont relativement rares (Arant et Anderson 2000, Steele et Black 1999). Colon rapporte que, lors d'un congrès consacré aux journaux électroniques et interactifs, en février 2000, très peu de participants ont levé la main quand on leur a demandé qui possédait des textes pour guider la couverture des drames et désastres, pour assurer l'exactitude ou une politique de correction des erreurs (Colon 2000). La recherche d'Arant et Anderson révèle que 33 % des sites Internet de journaux ne possèdent pas de code de déontologie, tandis que 42 % ont un code traditionnel qui ne traite cependant pas de la question des hyperliens et 35 % ont à la fois un code traditionnel et un code adapté aux médias en ligne. Les sites associés à des quotidiens dont le tirage est supérieur à 50 000 exemplaires sont plus susceptibles que les autres de posséder des textes normatifs (Arant et Anderson 2000).

D'entrée de jeu, on peut soutenir que ceux-ci sont généralement les mêmes que ceux du journalisme traditionnel : intérêt public et vie privée, vérité, exactitude et rigueur, équité, impartialité et intégrité pour ne nommer que les principaux thèmes recensés sous différentes formes dans les codes de déontologie journalistique. Plusieurs auteurs affirment que les valeurs traditionnelles du journalisme devraient s'appliquer aux nouveaux médias d'information[44].

43. Ce chapitre est inspiré d'une contribution à un ouvrage collectif traitant du thème Éthique et Internet (Bernier 2002).

44. Voir à cet effet Lasica 2001a, De Wolk 2001, Lavin 2000, Poynter 1997, Byrd, 1997, Pryor 1999, Reddick et Fickess 2000, Steele et Cochran 1998b, Potter 1998.

Pour sa part, le Conseil de presse du Québec considère que le cyberjournaliste est soumis aux mêmes normes professionnelles que les journalistes traditionnels et analyse depuis janvier 2002 les plaintes du public les mettant en cause. Selon un avis du CPQ, on affirme que «le «cyberjournalisme» ne diffère pas, quant à sa substance et à sa raison d'être, d'un journalisme plus traditionnel, que celui-ci tienne du mode écrit, radiophonique ou télévisuel. En fait, aux yeux du Conseil, «seul le support technologique a changé» (CPQ 2002). Dans l'énoncé de principes du *Online Journalism Review*, Larry Pryor insiste pour dire que, sans le respect de ces valeurs traditionnelles, les nouveaux médias vont sombrer dans le divertissement, la rumeur, les insinuations et le sensationnalisme avant d'ajouter que le respect de ces valeurs est une protection contre d'éventuelles réglementations gouvernementales (Pryor 1999). Quant à la nouvelle édition des *Normes et pratiques journalistiques* de la Société Radio-Canada, elle contient une section consacrée exclusivement au journalisme en ligne. Il y est explicitement affirmé que ces *NPJ* s'appliquent «au matériel journalistique en ligne de Radio-Canada» (SRC 2001, 31). À cet égard, il n'y aurait donc pas de différence fondamentale entre journalisme traditionnel et cyberjournalisme en ce qui concerne les principes éthiques et les normes déontologiques en vigueur, il y a surtout des procédures adaptées au médium.

Regan ajoute que la pratique du journalisme a toujours été fortement influencée par les nouvelles technologies et qu'il en va de même du cyberjournalisme qui doit respecter les valeurs fondamentales du métier, tout en subissant d'importantes transformations, notamment par l'importance qu'y prend le public qui peut de plus en plus réagir aux reportages et articles grâce à l'interactivité d'Internet (Regan 2000, 6). Mais cette interactivité avec le grand public ne fait pas que des heureux, car des journalistes trouvent déprimant d'être constamment soumis à des attaques personnelles et à des critiques jugées injustifiées qui étaient autrefois filtrées par leur supérieur (Seibel 2000, 28). D'autres journalistes reconnaissent la difficulté de leur rôle social dans un environnement interactif où l'instantanéité, la liberté, le militantisme et même l'irrévérence sont valorisés, comme le souligne Giles (2000, 3). Ces modifications aux conditions de travail liées aux développements technologiques peuvent en inciter certains à réclamer des modifications aux normes journalistiques, mais il semble que ceux qui contestent la pertinence des normes journalistiques traditionnelles au nom de l'aspect inédit des nouveaux médias soient minoritaires, sinon marginaux. Il faudra sans doute attendre encore quelques années et la publication d'enquêtes empiriques auprès des cyberjournalistes pour avoir une idée plus précise des transformations professionnelles et normatives qui ont pris place dans l'éventualité où de telles mutations seraient significatives. Pour l'instant, il est pertinent de relever diverses particularités du cyberjournalisme eu égard aux principales normes professionnelles reconnues.

INTÉRÊT PUBLIC ET VIE PRIVÉE

On l'a vu, les journalistes sont accusés de faire fi de la vie privée des citoyens dits ordinaires et des personnalités publiques. Souvent, cela prend la forme de diffusion d'informations personnelles ou de photographies prises alors que les personnes mises en cause se trouvaient dans leur maison ou sur leur propriété privée. L'intrusion dans la vie privée peut aussi se faire par l'intermédiaire de la technologie. Selon Steele, le respect de la vie privée s'étend aux données disponibles sur des supports informatiques divers auxquels les journalistes pourraient accéder (Steele et Cochran 1998). Mais l'arrivée des nouvelles technologies d'imagerie numérique provenant de caméras *omnicam* qui peuvent capter des images dans un champ de vision de 360 degrés, associée au pouvoir de diffusion d'Internet, a de quoi inquiéter fortement ceux qui se soucient de préserver la vie privée des citoyens, même lorsqu'ils se trouvent dans des endroits publics (Pavlick 1998). La diffusion en ligne de telles images, par un média d'information, risque de miner gravement le droit à la vie privée. Inquiet, le Poynter Institute recommande déjà aux cyberjournalistes de se montrer prudents dans leur utilisation des banques d'information numérisées, notamment pour respecter le droit à la vie privée des gens quand aucun intérêt public ne justifie la dérogation à ce principe. Dans le même sens, il faudrait s'assurer que les informations se trouvant dans ces banques de données soient mises à jour pour en assurer l'exactitude. Les responsables des nouveaux médias sont également invités à ne pas faire le commerce des informations personnelles qu'ils détiennent (Poynter 1997).

Étroitement associé au cyberjournalisme sans en être l'apanage exclusif, le journalisme assisté par ordinateur peut par ailleurs conduire à des dérapages majeurs, menaçant le droit à la vie privée des gens, signalent Steele et Cochran, compte tenu de l'abondance des banques de données informatisées que peuvent explorer clandestinement les journalistes spécialisés. Ils rapportent notamment les cas de journalistes sportifs qui ont eu accès aux courriels de la patineuse Tonya Harding et de journalistes ayant rapporté des propos tenus sur un babillard électronique avant de se rendre compte que l'auteur présumé de ces messages ne les avait pas écrits (Steele et Cochran 1998b).

Une autre source d'inquiétude est reliée à la présence de publicité interactive lorsqu'elle côtoie le contenu journalistique affiché à l'écran. Certains y voient une menace potentielle à la vie privée des usagers et suggèrent que les médias d'information devront prendre des mesures pour protéger leur public, notamment en l'informant de l'utilisation possible d'informations obtenues à son insu lorsqu'il visite les sites des annonceurs.

On s'inquiète aussi de la collecte d'informations relatives aux visiteurs des sites Internet, à leur insu, grâce à divers moyens techniques qui permettent de découvrir les préférences des individus. Selon une étude américaine, seulement 38 % des 405 sites de nouveaux médias visités par les chercheurs affichent une politique relative au respect de la vie privée, même si 65 % des sites prélèvent des renseignements personnels tels que le courriel ou des numéros de cartes de crédit par l'intermédiaire de formulaire d'inscription. De plus, 68 % avaient recours à des *cookies* pour suivre les déplacements des usagers sur Internet, le plus souvent à l'insu de ces derniers. Cette pratique, considérée comme une forme d'invasion de la vie privée par 54 % des répondants à un sondage du *Pew Internet Project*, pourrait nuire à la crédibilité des médias en ligne ainsi qu'à celle des médias traditionnels auxquels ils sont associés (Pryor et Grabowicz 2001). En vertu du principe de transparence souvent mis de l'avant par les médias pour protéger le public contre d'éventuels abuseurs, il serait possible d'aviser explicitement les internautes de l'existence de moyens de s'informer à leur sujet comme de l'utilisation qui sera faite de ces informations.

VÉRITÉ, RIGUEUR ET EXACTITUDE

La rigueur et l'exactitude sont au nombre des principes journalistiques pouvant être mis à rude épreuve compte tenu de l'instantanéité de l'information du cyberespace. C'est du moins ce que croient un grand nombre de responsables de journaux ayant un site Internet (Arant et Anderson 2000). La rigueur journalistique impose notamment d'évaluer la crédibilité et l'expertise des sources d'information, un objectif qui se complique passablement quand les journalistes utilisent Internet pour chercher des informations qu'ils rapporteront au public sans toutefois être toujours en mesure d'en évaluer la qualité. De plus, la vive concurrence que se livrent les médias, traditionnels comme nouveaux, peut facilement encourager la diffusion précoce d'informations fragmentaires, sinon erronées, tandis que des faits importants ne sont pas encore connus ou disponibles. Cela implique-t-il que la norme de la rigueur et de l'exactitude devra être diluée pour se conformer aux nouvelles contraintes du métier? Pas nécessairement, semble-t-il, même si certains penchent vers cette *mutation* normative.

D'une certaine façon, les nouveaux médias permettent plus que jamais de suivre le déroulement d'un événement grâce aux hyperliens (qui renvoient le public aux sources primaires, aux organisations dont il est question, etc.) et grâce aux archives. Cela pourrait accroître la rigueur et l'exactitude de l'information disponible puisque le public n'est plus captif du traitement journalistique d'un événement.

Par ailleurs, les cyberjournalistes devront vivre avec la tension créée entre le respect strict des règles déontologiques de la rigueur et de l'exactitude, d'une part, et le désir de diffuser les premiers les informations qu'ils possèdent, d'autre part. Cette tension est peut-être nouvelle pour bon nombre de journalistes de la presse écrite, mais elle est vécue depuis toujours par les journalistes d'agence de presse, de la radio et de la télévision. En tout état de cause, Lasica suggère que la question à se poser demeure la suivante : qu'est-ce qui sert le mieux les intérêts des lecteurs et du public tout en demeurant équitable pour ceux dont il est question (Lasica 2001a) ? Par ailleurs, le Poynter Institute insiste pour que chaque hyperlien soit revu régulièrement pour en assurer la pertinence et l'exactitude (Poynter 1997).

De son côté, Robert Cauthorn, vice-président au *San Francisco Chronicle*, présente la situation de façon tout à fait différente. Selon lui, les médias traditionnels, surtout les journaux, publiaient dans un contexte d'autorité, c'est-à-dire qu'à chacune de leur édition, ils diffusaient l'information la plus exacte et rigoureuse disponible au moment de publier, ce qu'il nomme *Authoritative Moment*. À l'opposé, les nouveaux médias sont dans un processus de mise à jour continuelle des grands événements retenant l'attention des journalistes, ce qu'il nomme le *Big Now*, lequel serait une vue du monde moins fiable parce qu'elle se produit avec très peu de décalage temporel sur les événements réels, sinon en temps réel. Il estime que le public est conscient de cette fragilité, qu'il sait avoir affaire à des informations partielles, passibles d'être révisées ou contredites, si bien qu'il ne serait pas victime de ce processus. Cauthorn ajoute que le public a besoin des deux dimensions de l'information, l'autorité et l'instantanéité (Lasica 2001b). Il suggère en somme que les normes de rigueur et d'exactitude de l'information soient revues à la baisse dans un contexte de mouvance continuelle à laquelle le public s'adapterait sans en être victime, ce qui repose sur un postulat qui demeure à vérifier, à savoir que les attentes réelles du public en matière d'information journalistique seraient moins exigeantes que ne le suggèrent les normes du journalisme traditionnel.

La norme de l'exactitude exige que des correctifs soient apportés à la suite de la diffusion d'informations erronées, bien que cela ne soit pas systématique. Par exemple, en matière de correction de documents en archives, il est recommandé que toute «correction apportée à un sujet archivé devra inclure la date à laquelle la correction a été faite. Les corrections devraient, dans la mesure du possible, être liées ou apparaître avec le sujet qui fait l'objet de la correction» (SRC 2001, 66). Arant et Anderson évoquent pour leur part la possibilité que les cyberjournalistes soient tentés d'effacer des erreurs présentes dans des versions antérieures de leurs articles et reportages plutôt que d'apporter un correctif en bonne et due forme (Arant et Anderson 2000). Leur enquête menée auprès de responsables de sites Internet associés à des quotidiens américains révèle que 60 % de ceux-ci sont d'accord pour corriger une erreur diffusée en remplaçant l'article au complet plutôt qu'en y apportant des rectifications. Parmi les autres formules mentionnées, un responsable mentionne qu'il diffuse les correctifs à un endroit précis sur le site et corrige le texte original en mentionnant qu'il s'agit d'une correction. Arant et Anderson suggèrent que les responsables de nouveaux médias se dotent de procédures pour corriger efficacement les erreurs diffusées, notamment en alertant le public grâce à un graphisme standard et en faisant mention des correctifs apportés aux textes archivés.

Cependant, leur enquête révèle que 86 % des responsables de nouveaux médias aux États-Unis, le plus souvent associés à des quotidiens, affirment que les exigences en matière de rigueur et d'exactitude doivent être les mêmes, alors que 16 % estiment qu'elles devraient être différentes pour s'adapter à la nouvelle réalité médiatique. Cela concerne notamment les questions de style et de structure du texte, mais leur recherche ne permet pas d'en savoir davantage à ce sujet. Certains extraits de réponses suggèrent néanmoins que des responsables sont séduits par l'instantanéité de l'information, une qualité qui serait plus importante que son exactitude ou son équilibre. À cet effet, notons qu'une enquête annuelle réalisée par Middelberg et Ross a déjà révélé que 17 % des journalistes se disaient prêts à rapporter ce qu'ils avaient lu sur Internet sans en vérifier l'exactitude, même s'ils mettaient en doute la crédibilité des sources d'information consultées (Merina 2000).

Dans un autre registre, la manipulation des photographies est facilitée par la technologie permettant la numérisation de l'information, ce qui produit parfois des situations inédites, comme on l'a vu précédemment.

Finalement, en matière de fiabilité de l'information trouvée sur Internet et passible d'être reprise par les cyberjournalistes, le Poynter Institute préconise que des vérifications et questionnements soient effectués lorsque ces informations n'ont pas été soumises à un traitement rigoureux au préalable, lorsqu'elles proviennent de sources incertaines, ou encore lorsque les banques de données consultées offrent des informations pouvant être périmées (Poynter 1997). Cette importante institution privée américaine plaide pour le respect des normes de rigueur et d'exactitude en vigueur dans les médias imprimés traditionnels.

L'ÉQUITÉ

Au chapitre de la collecte des informations, les nouveaux médias présentent des occasions sans précédent de tromper le public, notamment en permettant à quiconque le veut de cacher son identité lors de clavardages (*chats*) afin de diffuser ultérieurement des informations obtenues de manière clandestine. La question de pouvoir rapporter les propos tenus par des participants aux listes de discussion est parfois soulevée et une règle de prudence serait de vérifier que les règles d'accès à la liste ne l'interdisent pas, tout en s'assurant du consentement de la personne qui sera citée dans un contexte pouvant différer de celui où elle s'est exprimée. Quant au recours à une fausse identité pour accéder à des lieux particuliers et à des sources d'information, une pratique généralement proscrite, sauf dans des circonstances exceptionnelles, il semble tout aussi controversé en ce qui concerne les nouveaux médias qu'il l'est chez les médias traditionnels. Le cyberjournaliste Robert Galinsky l'a appris à ses dépens après avoir signé un article pour le *Siliconalley.com* (un site d'information spécialisée en médias, technologies et finances) dans lequel il racontait, à la première personne, comment il avait endossé un uniforme d'ouvrier de la construction pour accéder aux ruines du World Trade Center au lendemain des attentats terroristes du 11 septembre 2001, à New York (Lasica 2001a). Ce procédé clandestin a été sévèrement critiqué par les habitués de ce site, au point que le responsable a dû s'excuser d'avoir diffusé l'article.

L'utilisation de caméras cachées est une pratique journalistique contestée de longue date. Elle est généralement considérée comme une pratique inéquitable de collecte d'information. Cette problématique demeure d'actualité dans un environnement technologique où des caméras de plus en plus sophistiquées peuvent en quelque sorte espionner n'importe qui, même quand il se trouve dans la cour arrière de sa résidence, notamment par la voie aérienne s'inquiète à nouveau Pavlik, car cela menace deux normes journalistiques, soit le respect de la vie privée et le recours à des méthodes de collecte d'information clandestine.

Par ailleurs, les articles archivés sur le site Internet des nouveaux médias ont une vie active plus longue que les archives des journaux imprimés, puisque le public peut les consulter facilement et pendant plusieurs mois ou plusieurs années sans y consacrer d'effort important, contrairement aux archives traditionnelles qui exigent temps, déplacement et méthode de recherche efficace. La recherche d'Arant et Anderson révèlent un cas inédit, soit celui d'une femme qui avait été tenue en otage pendant quelques jours lors d'un voyage dans les Caraïbes. Cette dame, dont le nom avait été diffusé sur les versions papier et en ligne du journal, a reçu des appels téléphoniques et des courriels pendant les mois qui ont suivi les événements, provenant de ceux qui avaient accès aux archives électroniques du journal, si bien qu'il a été convenu d'enlever l'article du site, à la demande de la dame, afin de ne pas lui faire subir inutilement les effets néfastes de l'archivage électronique (Arant et Anderson 2000).

Le sensationnalisme peut aussi faire son chemin sur Internet, notamment lorsque des images choquantes, terrifiantes ou frappantes y sont présentées à volonté, alors que les médias traditionnels ont développé, avec le temps, une certaine pudeur ou un sens de la responsabilité sociale. Les attentats terroristes du 11 septembre 2001 ont mis en évidence ce problème quand des images jugées trop violentes et dramatiques pour les médias traditionnels se sont retrouvées sur certains sites Internet. Lasica rapporte que certains ont fait valoir que cela était acceptable à partir du moment où les gens acceptent volontairement de s'exposer à de telles images en se branchant à ces sites, à la condition que des avertissements appropriés préviennent l'internaute. Il cite par ailleurs l'exemple du *New York Times* qui diffusait la photographie d'un homme traînant un cadavre derrière sa motocyclette, lors des affrontements ethniques de Bornéo en 1999, photo diffusée sur la version papier et le site Internet du prestigieux quotidien. Mais le site Internet permettait aussi d'accéder à une autre photographie beaucoup plus morbide, montrant que le cadavre avait été décapité. Cet accès était associé à un avertissement à l'intention du public pour l'informer qu'il s'apprêtait à voir une image d'horreur.

À cet effet, la SRC met en garde les cyberjournalistes quant a la pertinence des hyperliens qu'ils offriront au public, afin que ces liens soient de bon goût et ne menacent pas la crédibilité de la société d'État en créant l'impression de l'associer aux individus, institutions ou organismes référés (SRC 2001, 67). En matière de contenu pouvant être offensant pour le public, il est ici aussi suggéré d'aviser le public.

Arant et sa collègue rapportent pour leur part que 70 % des responsables de nouveaux médias ayant participé à leur enquête sont d'avis qu'ils ne doivent pas afficher d'hyperliens menant à des sites contestables (par exemple, des sites affichant des messages de haine raciale quand on parle de ce phénomène) mais que seulement 22 % des journaux auraient une directive à cet effet (Arant et Anderson 2000). Du reste, la question des hyperliens à des banques de données et à divers sites Internet controversés est intégrée à la réflexion éthique depuis quelques années, comme en fait foi un atelier du Poynter Institute qui s'est déroulé dès le début de 1997. Le Poynter Institute propose qu'avant d'afficher un hyperlien contestable ou potentiellement offensant, le responsable devrait se demander s'il n'existe pas d'autres options, par exemple offrir un résumé du matériel qui peut s'y trouver (Poynter 1997).

L'INTÉGRITÉ

Au chapitre de l'intégrité, plusieurs évoquent la notion de conflit d'intérêts, notamment quand la critique théâtrale ou littéraire est étroitement associée à des hyperliens conduisant directement à des sites destinés à la vente des produits culturels dont il est question. La traditionnelle séparation de «l'État et de l'Église» dans les salles de presse risque-t-elle de s'étioler? À cet effet, dès 1998, le *New York Times* a été la cible de critiques parce qu'il avait placé un hyperlien vers *barnesandnoble.com* sur son site Internet consacré à la critique de livres (Lasica 1999). Cette initiative a été dénoncée comme une intrusion de la publicité dans le contenu rédactionnel. D'autres journaux ont des sites Internet qui affichent des publicités étroitement liées au contenu rédactionnel diffusé, ce qui soulève la question de l'étanchéité entre les services rédactionnels et les services publicitaires. Certains chiffres ont de quoi inquiéter à ce chapitre. Seulement 33 % des responsables de sites Internet associés à des journaux américains interrogés par Arant et Anderson se sont dits d'accord avec l'affirmation voulant que la publicité des cybermédias doive toujours être secondaire à leur fonction d'information et doive de ce fait être clairement et visiblement isolée du contenu journalistique (Arant et Anderson 2000). Par ailleurs, 26 % des répondants ont déclaré que leurs cyberjournalistes s'adonnaient également à des tâches d'infographie et de rédaction publicitaires. De même, 58 % des responsables ayant participé à l'enquête croient que la présence d'hyperliens publicitaires étroitement reliés au contenu journalistique (critique de livre et possibilité d'acheter le livre, par exemple) est acceptable et 30 % de ceux qui ont déjà de tels hyperliens déclarent que le média touche une commission pour chaque livre ainsi vendu. Pavlik rapporte des résultats d'une enquête menée par la revue *Editor & Publisher* selon laquelle 84 % des nouveaux médias associés à des médias traditionnels, et possédant un personnel autonome, utilisaient leurs journalistes pour créer des bannières publicitaires en ligne pour les annonceurs (Pavlik 1998). En janvier 2002, le *New York Times* a diffusé sur son site Internet des documents d'archives relatifs à la trilogie du *Seigneur des anneaux* de Tolkien. Cette diffusion était étroitement associée au lancement du premier film de la trilogie dans les salles de cinéma nord-américaines, ce qui a fait l'objet de débats au sein de spécialistes de l'éthique journalistique qui y ont vu une pratique douteuse associant trop étroitement le travail journalistique et la mission économique du site Internet. Ainsi, on peut craindre que la publicité soit non seulement plus visible, mais de plus en plus intimement liée à la matière rédactionnelle, surtout si les profits continuent de se faire attendre (Arant et Anderson 2000). Le Poynter Institute ajoute que les hyperliens à caractère commercial doivent être clairement désignés comme tels (Poynter 1997).

Le paysage des nouveaux médias propulse les journalistes dans un territoire inconnu pour plusieurs, estime Aly Colon, qui craint l'effondrement des cloisons séparant traditionnellement les fonctions informatives et économiques des médias, surtout en raison de la facilité technique à associer du contenu rédactionnel à des contenus publicitaires. Résumant les propos tenus lors d'un congrès consacré aux journaux électroniques et interactifs, Colon rapporte des cas où des journalistes ont subi des pressions pour que le contenu rédactionnel ne soit pas incompatible avec des réclames publicitaires ou diverses promotions. Il semblerait également que les journalistes des nouveaux médias soient plus près de leurs collègues de la publicité et de la promotion sur les plans physiques et organisationnels (Colon 2000).

Une autre dimension des enjeux liés à l'intégrité des sites Internet est reliée au triple mouvement de concentration des médias d'information, de la convergence des médias traditionnels et des nouveaux médias, ainsi que de la commercialisation de l'information. La diffusion sur Internet favorise la promotion croisée des médias appartenant aux conglomérats, lesquels ont aussi des intérêts diversifiés dans l'industrie, le commerce et les services financiers. La tentation de la synergie est grande et il faudra voir comment les gestionnaires et les professionnels des nouveaux médias sauront résister aux pressions des dirigeants de conglomérats qui cherchent à maximaliser les profits des actionnaires.

Au chapitre de la prévention des conflits d'intérêts, le cas de *Street.com*, cybermédia spécialisé en finance, mérite d'être signalé. Ce cybermédia d'information spécialisé affiche sa politique de divulgation des situations de conflits afin d'éviter de donner l'impression que ses journalistes sont motivés par l'attrait de gains personnels. Ils doivent donc limiter leurs investissements à des fonds mutuels, sauf pour l'achat d'actions de leur employeur *The Street.com Inc.* Cette politique, qualifiée de la plus restrictive de la presse financière, s'étend à leurs collaborateurs du *New York Times*. Si un journaliste doit écrire à propos d'un fonds mutuel dont il est actionnaire il doit l'indiquer clairement (Street.com 2001). Le cybermédia affiche également les liens corporatifs qu'il a avec d'autres entreprises.

L'intégrité journalistique passe notamment par le respect de la propriété intellectuelle et la reconnaissance du travail des autres journalistes. Or, le plagiat serait devenu très tentant tellement il est devenu facile de trouver des informations spécifiques peu connues dans l'océan informationnel que représente la «grande toile». La règle déontologique est de citer la provenance des informations et d'attribuer le crédit aux autres médias quand un journaliste y reprend une information. En matière de cyberjournalisme, où il est facile et tentant de copier des extraits de textes, Lasica recommande de ne pas simplement réécrire des informations obtenues sur Internet, encore moins de les copier sans les attribuer. Il croit que le nombre d'accusations de plagiat et de violation des droits d'auteur va croître au cours des prochaines années, notamment grâce à certains logiciels qui pourront les détecter (Lasica 2001a), tandis que Middleberg et Ross ont observé que les journalistes qui ont recours à Internet ont souvent la tentation de ne pas donner la provenance de leur information (Merina 2000).

ATTENTES DU PUBLIC ET CRÉDIBILITÉ

La crédibilité des médias est une question récurrente. Il est permis d'y voir un défi majeur à relever. Par exemple, en juillet 2001, l'Online News Association annonçait la tenue d'une enquête sur la crédibilité des nouveaux médias en faisant valoir qu'il existait peu de textes normatifs pour les cyberjournalistes et en reconnaissant que les nouveaux médias permettaient la venue de concurrents non traditionnels qui rendaient plus difficile l'établissement des sites et de sources d'information crédibles (ONA 2001a).

Des enquêtes réalisées ces dernières années indiquent que les nouveaux médias souffrent d'un manque de crédibilité si on les compare aux médias traditionnels que sont les journaux, la radio et, surtout, la télévision. Mais certains résultats suggèrent que la mise en cause de la crédibilité des nouveaux médias serait plus importante chez les journalistes qu'au sein du grand public.

La crédibilité des nouveaux médias d'information varierait largement en fonction de facteurs différents, dont la familiarité avec ces médias, laquelle repose sur bon nombre d'autres variables socio-démographiques (âge, revenu, instruction, occupation professionnelle, etc.) associées avec l'utilisation des nouveaux moyens de communication. Par exemple, une enquête du Pew Research Center, réalisée en juillet 2001 auprès de 308 internautes, a révélé que la majorité de ceux-ci accordaient plus de crédibilité aux sites Internet de médias traditionnels qu'à ces médias mêmes! Ainsi, les informations disponibles sur le site Internet *CNN.com* étaient jugées hautement crédibles par 54 % des internautes, tandis que seulement 40 % accordaient le même mérite aux informations télévisées de CNN. Le site *ABC News.com* était jugé très crédible par 44 % des internautes alors que 29 % des répondants étaient de cet avis pour les informations télévisées du réseau ABC (Pew Center 2000). Il semble par ailleurs que les sites Internet des médias traditionnels soient jugés plus crédibles que les sites des fournisseurs de service (AOL, Netscape, Yahoo) et que les sites moins connus du grand public (*Slate, Salon*). L'enquête indique aussi qu'un Américain sur trois allait s'informer dans le cyberespace en juin 2000 contre seulement 20 % en 1998. On y apprend en outre que les Internautes intéressés par l'information possèdent généralement un diplôme collégial et ont moins de 50 ans. Lasica suggère deux explications à ce phénomène. Premièrement, les sites Internet des médias traditionnels sont crédibles parce que les journalistes traditionnels, surtout ceux de la presse écrite, ont su y imposer leurs plus grandes valeurs professionnelles que sont l'exactitude, l'équité, la crédibilité et la fiabilité. En même temps, ils ont su tirer profit du potentiel de cette nouvelle technologie (la non-linéarité grâce aux hyperliens, la possibilité d'approfondir des sujets, la liberté laissée à l'usager quant au moment de s'informer, l'instantanéité de l'accès à la nouvelle de dernière minute, l'authenticité de l'information grâce à des hyperliens aux organisations en cause et l'interactivité). Deuxièmement, les nouveaux médias permettent de corriger rapidement les erreurs diffusées dans un premier temps (Lasica 2001a). Ce dernier ajoute que les craintes de voir le cyberjournalisme devenir un lieu anarchique de diffusion de rumeurs non vérifiées, en suivant l'exemple de Matt Drudge, se sont révélées sans fondement. Il cite le cas d'une «histoire de pêche» aux singes Rhésus dans la région des Keys

(Floride), diffusée par le magazine électronique *Slate*, qui a rapidement été mise en doute sur Internet puis dans le *New York Times*, ce qui a amené l'éditeur de *Slate*, Michael Kinsley, à s'excuser auprès de ses lecteurs pour avoir diffusé des faussetés. Lasica croit que l'interactivité et l'instantanéité d'Internet ont permis de corriger rapidement cette erreur.

Par ailleurs, un sondage d'opinion rendu public au congrès annuel 2001 de la Online News Association révèle que seulement 13 % des répondants du public estiment qu'Internet est leur source d'information la plus crédible (ONA 2001b). On y apprend aussi que les internautes ne se sont pas encore fait une idée précise quant à la crédibilité des nouveaux médias (Lasica 2001b). Là encore, 47 % des internautes sondés sont d'avis que les sites Internet d'information offrent une compte rendu complet des événements. Mais les journalistes sondés pour la même enquête se montrent plus inquiets à ce chapitre. Selon le président fondateur de l'ONA, Rich Jaroslovsky, ce phénomène ressemble à la réaction conservatrice des grands médias qui avaient refusé, en 1982, que les journalistes de CNN soient accrédités à la Maison-Blanche sous prétexte que ce nouveau média spécialisé en information continue n'était pas aussi crédible que les stations traditionnelles (Lasica 2001b). Jaroslovsky affirmait alors que les nouveaux médias ont deux défis : se montrer à la hauteur des normes journalistiques reconnues et le faire savoir aux autres journalistes.

L'accueil mitigé que les journalistes traditionnels réservent aux cyberjournalistes est documenté depuis quelques années. Dès 1999, une enquête américaine révélait que plus les journalistes traditionnels étaient âgés, plus ils étaient critiques envers les nouveaux venus du secteur de l'information. Cette réserve est peut-être due au fait que les valeurs fondamentales du journalisme ne sont pas tout à fait les mêmes pour ces deux groupes de journalistes, notamment en raison de l'âge. Ainsi, le devoir de neutralité était considéré comme fondamental par 76 % des journalistes traditionnels exerçant leur métier au niveau national et local, mais par seulement 52 % des cyberjournalistes, généralement plus jeunes. Alors que 59 % des premiers s'entendaient pour affirmer que l'interprétation des événements est une autre valeur fondamentale, cette proportion grimpait à 71 % chez les seconds. Par ailleurs, si les médias traditionnels nationaux et locaux estimaient que l'utilisation du « je » est à proscrire dans les comptes rendus (dans des proportions respectives de 40 et 46 %), il n'y avait que 25 % des cyberjournalistes à partager cette valeur (Pew Research Center 1999, 1-2).

Il est difficile de cerner avec certitude les perceptions, les opinions, les attitudes et les attentes du public, pour ne pas dire des publics, relativement au cyberjournalisme. Les études empiriques sont encore très rares et peu spécifiques. Selon l'ombudsman du site Internet MSNBC, Dan Fisher, les inquiétudes du public face aux nouveaux médias seraient les mêmes qu'à l'égard des médias traditionnels : confusion des genres journalistiques, exactitude et rigueur, équilibre dans les reportages politiques, etc. (Lasica 2001a). Selon une étude réalisée pour le compte de l'*Online News Association*, le public recherche l'exactitude et l'instantanéité de l'information quand il visite des sites Internet, soit deux qualités qui sont souvent difficiles à concilier (Lasica 2001b). Il semblerait toutefois que les jeunes internautes soient moins exigeants que les plus âgés en ce qui concerne l'étanchéité entre information et la publicité.

Pour sa part, Fred Man, directeur général du *Philadelphia Online*, site Internet du *Philadalphia Inquirer* et du *Daily News*, affirme que le fait d'atténuer la portée des valeurs journalistiques traditionnelles au sein des nouveaux médias risque de miner la réputation des médias traditionnels auxquels ils sont associés. Selon lui, les versions imprimées et électroniques du journalisme doivent alimenter une bonne réputation et non la miner (Arant et Anderson 2000). Ces auteurs rapportent que 98 % des responsables des nouveaux médias de leur recherche sont d'avis que les normes devraient être les mêmes et ils observent que pour 37 % des répondants, cela est plus difficile non pas en raison de l'instantanéité du média, mais bien à cause du manque de personnel. Arant et Anderson croient cependant qu'il est impossible d'espérer le respect de normes élevées de qualité dans un environnement qui valorise la rapidité de la diffusion de l'information et la mise à jour constante tout en y affectant peu de personnel, mais ils ajoutent que les normes traditionnelles comme l'exactitude et l'intégrité devront être respectées si les nouveaux médias ne veulent pas ternir la réputation des médias traditionnels auxquels ils sont associés (Arant et Anderson 2000).

* * *

Les citoyens de la démocratie s'informent de plus en plus dans le cyberespace. À la suite des attentats terroristes du 11 septembre 2001, 69 % des quelque 100 millions d'internautes américains ont eu recours aux médias en ligne pour s'informer au sujet des attaques et de leurs conséquences, plusieurs ayant choisi l'information en ligne pour demeurer informés sur les derniers rebondissements en s'inscrivant à des services d'alerte par courriel. Et parmi les internautes qui ont surveillé le plus attentivement les faits nouveaux liés à ce drame, 33 % ont obtenu des informations financières, car ils s'inquiétaient des conséquences d'ordre économique de ces attentats (Rainie et Kalsnes 2001, 2). Certes, la télévision demeure la principale source d'information pour 79 % des Américains et 80 % des internautes, seulement 1 % des gens ont appris la nouvelle des attaques terroristes grâce à Internet contre 44 % par la télévision et 22 % la radio. On a aussi enregistré une baisse significative du nombre d'internautes en ligne dans les heures et les jours suivant immédiatement les attentats de New York et Washington, mais la proportion d'internautes qui se sont mis en quête d'information dans le cyberespace est passée de 22 %, du 13 août au 10 septembre, à 27 % du 11 au 19 septembre (Rainie et Kalsnes 2001, 12).

Ces chiffres témoignent à la fois de l'importance que peuvent avoir les nouveaux médias pour les citoyens et du chemin qui leur reste à parcourir avant de s'imposer comme la principale source d'information des gens. Mais dans les deux cas, la qualité de l'information diffusée est une variable importante : pour conserver la confiance et l'achalandage de ceux qui sont déjà habitués à fréquenter les nouveaux médias, et aussi pour favoriser la réputation des nouveaux médias et des cyberjournalistes auprès d'un public à conquérir.

La pression pour le changement des normes journalistiques pourra certes provenir de l'arrivée massive de jeunes journalistes très à l'aise avec les nouvelles technologies de l'information, dont les valeurs sociales et le bagage culturel seront différents de ceux de leurs aînés ; mais il y a aussi lieu de croire qu'elle proviendra des pressions visant à rentabiliser au maximum les importants investissements consentis au lancement des nouveaux médias, dans un contexte de concentration et de convergence des médias d'information et de divertissement. La logique de la synergie qui s'observe de plus en plus en Amérique du Nord comme en Occident, ajoutée au courant de déréglementation du secteur médiatique et à l'importance accrue de la mission économique des médias d'information gérés par des cadres devant rendre des comptes à des actionnaires exigeants, va probablement accélérer certaines mutations des normes professionnelles chez les cyberjournalistes. Ces jeunes journalistes familiarisés avec la technologie, exerçant leur métier dans un environnement très concurrentiel et économiquement fragile, seront-ils soumis à d'importantes pressions afin de participer à la maximalisation des profits sans pouvoir compter sur des structures syndicales et professionnelles aptes à défendre leurs droits de travailleurs et à faire reconnaître et respecter les normes professionnelles traditionnelles ? Les cyberjournalistes sauront-ils résister mieux que les journalistes des médias traditionnels à ceux qui veulent transformer la fonction sociale du journalisme pour en faire une profession davantage tournée vers le divertissement et la consommation ?

CONCLUSION

Au terme de ce travail de documentation et d'explicitation des principes éthiques et des règles déontologiques qui font consensus dans bon nombre de sociétés démocratiques, on peut légitimement se demander qu'y a-t-il de changé? Le journalisme sera-t-il meilleur, plus juste? Il serait bien imprudent de l'affirmer catégoriquement. Mais une chose est certaine, les journalistes ne peuvent plaider l'ignorance car les choses sont plus claires, plus évidentes maintenant.

Le métier de journaliste exige un effort constant afin de tenter de faire le mieux en évitant le pire. Ceux qui exercent ce métier se buteront toujours à une impossible perfection, malgré toutes les précautions suggérées par la réflexion éthique, malgré toutes les connaissances pratiques et théoriques. Il y aura toujours des dilemmes insolubles mettant en conflit des valeurs fondamentales, qui demeureront le sujet de discussions et d'oppositions entre individus raisonnables.

Certaines choses peuvent quand même changer. Premièrement, il est permis de croire que certains dilemmes auront trouvé une solution en cours de route. Deuxièmement, on saura pourquoi les autres sont insolubles, quelles valeurs fondamentales n'ont pu être sacrifiées au profit d'une autre. Diminuer la confusion n'est pas négligeable. On peut y arriver par l'application des critères généraux et spécifiques énoncés dans ce livre, mais aussi par le recours à d'autres stratégies de résolution de dilemmes, comme la casuistique et la boîte de Potter. Par ailleurs, rien n'interdit de trouver des critères plus pertinents que ceux suggérés ici.

L'éthique et la déontologie ne suffisent pas à rendre un journaliste compétent, au service de l'intérêt public, mais elles constituent des conditions nécessaires. Quel bienfait social à long terme peut-on attendre d'une connaissance obtenue grâce à des méthodes qui nient les droits et libertés de ceux dont on prétend servir les intérêts ? Que peut-il résulter de la diffusion abondante d'informations qui assouvissent la curiosité publique et non l'intérêt public ? Et combien de temps encore une société soucieuse d'équité va-t-elle tolérer que des individus revendiquent à leur profit une certaine conception de la liberté qui bafoue la liberté des autres ? Se poser sérieusement ces questions et tenter d'y apporter des réponses qui soient cohérentes avec les discours officiels de la profession (servir l'intérêt public, la vérité, être équitable, impartial et intègre) fait aussi partie des qualités du journaliste compétent, même si celles-ci ne sont pas toujours valorisées par une profession qui préfère remettre des prix pour la qualité du style, les sujets de reportage ou l'originalité des propos plutôt que de scruter la qualité de la démarche journalistique qui pourrait révéler les failles des articles et reportages primés. On a trop tendance à évaluer la qualité du travail d'un journaliste à partir d'une seule perspective : le produit final, ce qui a été diffusé, et on ne se soucie pas suffisamment des méthodes employées pour arriver à cette fin.

Malheureusement, aussi, les questions d'éthique et de déontologie se retrouvent bien loin sur la liste des priorités des responsables de salles de rédaction. Ces derniers se consacrent à gérer un mince budget ou une convention collective parfois trop rigide, quand ils ne sont pas occupés à contourner les obstacles syndicaux et déontologiques afin de satisfaire aux commandes de la publicité : créer une section pour la mode ou l'automobile, affecter un journaliste à la couverture d'un pseudo-événement de nature promotionnelle, etc. Bien souvent, ils se chargent également d'extirper toute expression qui déplaît le moindrement à leur conseiller juridique, lequel songe d'abord et avant tout aux intérêts économiques de l'entreprise, ceux-ci ayant préséance sur le droit du public à être informé complètement et honnêtement.

Mais ce ne sont là que des prétextes, au fond. La plupart du temps ces mêmes gestionnaires n'ont ni la formation théorique ni la connaissance pratique pouvant leur procurer la crédibilité et la légitimité d'intervenir en matière de déontologie et d'éthique auprès de leurs journalistes, tout aussi démunis sur ces plans.

C'est au regard de ces considérations que je souhaite simplement que le présent ouvrage vienne en aide aux journalistes et aux responsables de salles de rédaction lorsqu'ils sont aux prises avec des situations complexes, de façon qu'ils puissent prendre, en toute conscience et en toute connaissance de cause, les décisions qui épargneront les individus tout en respectant le principe fondamental de l'intérêt public. Ce serait déjà beaucoup que de ne plus déplorer de victimes d'un journalisme injuste.

Je souhaite aussi que les principes, les valeurs et les normes journalistiques explorés ici soient de plus en plus pris en compte par les gouvernements, les entreprises de presse et les journalistes des sociétés démocratiques et pluralistes ou en voie d'instaurer un tel régime.

Enfin, ma contribution s'adresse également au public qui doit lui aussi se référer à des critères précis pour évaluer et critiquer à bon escient le travail des journalistes, car il serait injuste de leur inventer des devoirs et obligations professionnelles au gré des intérêts de ceux qui, un jour ou l'autre, se retrouvent mis en cause par les journalistes.

BIBLIOGRAPHIE

ADAMS, J. B. «The Relative Credibility of 20 Unnamed News Sources», *Journalism Quarterly*, vol. 39, 1962, p. 79-82.

ADAMS, J. B. «Unnamed Sources and the News: a Follow-Up Study», *Journalism Quarterly*, vol. 41, 1964, p. 262-264.

ADAM, Stuart G. *Notes Towards a Definition of Journalism: Understanding an old craft as an art form*, St. Petersburg, The Poynter Institute for Media Studies, 1993, 55 p.

AGENCE FRANCE PRESSE. «Indisciplinée, la presse britannique est menacée d'un "code de conduite rigoureux". Les représentants des médias sont très inquiets et crient à la censure», *La Presse*, lundi 11 janvier 1993, p. A-10.

AGRAWAL, Binod C. «Dual Ethics in Indian Communication: A Cultural Crisis», in T.W. COOPER *et al.* 1989, p.147-158.

ALTER, Jonathan. «Network documentaries on the blink», *Washington Monthly*, vol. 17, janvier 1986, p. 35-36.

ALTSCHULL, J. Herbert. «The Amoral Morality of Editors: Uniformity and the nose of the Camel», *in* A. van DER MEIDEN, 1980, p. 89-107.

AMERICAN SOCIETY OF NEWSPAPER EDITORS. «Ombudmanship and the Jimmy Story», *Proceedings of the 1981 Conventions*, Washington, D.C. April 21-2, p. 52-69.

AMERICAN SOCIETY OF NEWSPAPERS EDITORS, *The Editors' Exchange*, Août-Septembre 1998 [http://www.asne.org/ideas/exchange/August98.htm].

ANDERSON, Douglas. «How managing editors view and deal with ethical issues», *Journalism Quarterly*, vol. 64, 1987, p. 341-345.

-------- «How Newspaper Editors Reacted to *Post's* Pulitzer Prize Hoax», *Journalism Quarterly*, vol. 59, 1982, p. 363-366.

ANSART, Pierre. *Les sociologies contemporaines*, coll. Points, n° 211, Paris, Seuil, 1990, 342 p.

ARANT, David M. et ANDERSON, Jeanna Quitney. «Online Media Ethics: A Survey of U.S. Daily Newspaper Editors», Communication au Congrès annuel de l'Association for Education in Journalism and Mass Communication, Phoenix, août 2000. [http://list.msu.edu/cgi-bin/wa]

ARCAND, Bernard. *Le Jaguar et le Tamanoir: Vers le degré zéro de la pornographie*, Montréal, Boréal, 1991, 397 p.

ARVIDSON, Cheryl. «Neuharth: Press must be more fair to remain free», *Freedom Forum Online*, 13 octobre 2000. [http://www.freedomforum.org/templates/document.asp?documentID=3290]

ASSOCIATED PRESS MANAGING EDITORS. *Statements of Ethical Principles*, 1994.

ASSOCIATION CANADIENNE DES DIRECTEURS DE L'INFORMATION RADIO-TÉLÉVISION. *Code d'éthique*, Article un.

ASSOCIATION CANADIENNE DES JOURNALISTES. Canadian Association of Journalists Statement of Principles, adopté au congrès annuel de 2002. [http://www.caj.ca/principles/principles-statement-may-2002.htm]

ASSOCIATION CANADIENNE DES JOURNAUX. *Déclaration de principes*, adoptée en 1977, revue et corrigée en 1995.

AUBIN, Henry *et al. Questions d'éthique*, Montréal, Québec/Amérique, 1991, 145 p.

AUMENTE, Jerome. «Growing a free press: The struggle in Eastern Europe», *Washington Journalism Review*, April, 1991, p. 38-42.

AUSTRALIEN PRESS COUNCIL, *Reporting Guidelines*, juillet 2001. [http://www.presscouncil.org.au/pcsite/guides/gpr246_4.html]

BAGDIKIAN, Ben H. «Economics and the Morality of Journalism», *in* Michael C. EMERY et Ted C. SMYTHE, 1989, p. 382-392.

BAKER, C. Edwin. *Media, Market and Democracy*, Cambridge, University Press, New York, 2002, 377 p.

BALZAC, Honoré de. *Les journalistes*, Paris, Arléa, 1991, 158 p.

BANNING, Stephen A. «'Truth is Our Ultimate Goal': A Mid-19th Century Concern for Journalism Ethics» in *American Journalism*, hiver 1999, p. 17-39.

BARNETT, Stephen R. «The JOA Scam», *Columbia Journalism Review*, Novembre/Décembre 1991. [http://www.cjr.org/year/91/6/joa.asp]

BARROSO, ASENJO Porfirio. «Spanish Media Ethics,» *in* Thomas W. COOPER *et al.* 1989, p. 69-84.

BASTIEN, Frédéric C. «La mention de la méthodologie des sondages électoraux dans les quotidiens québécois de 1979 à 1997», *Politique et Société*, vol. 20, n° 2-3, 2001.

BATES, Benjamin et HARMON, Mark. «Do Instant Poll Hit the Spot. Phone-In vs Random Sampling of Public Opinion», *Journalism Quarterly*, vol. 70, n°s 2, été 1993, p. 369-380.

BATES, Stephen. *Realigning Journalism with Democracy: The Hutchins Commission, Its Times, and Ours,* Washington D.C., Annenberg Washington Program in Communication Policy Studies, 1995, 50 p. [http://www.annenberg.nwu.edu/pubs/hutchins/]

BEAUCHAMP, Colette. *Le silence des médias,* 2e édition, Montréal, Les Éditions du remue-ménage, 1988, 281 p.

BEAUD, Jean-Pierre. «Médias et sondages politiques: le cas de la campagne électorale fédérale de 1988», *Politique,* no 20, Octobre 1991, p. 131-151.

BEAUSOLEIL, Jocelyn. «Comment juger dans le feu de l'action?», *in* Michael SCHLEIFER, *La formation du jugement,* Montréal, Logiques, 1992, 268 p. p. 227-231.

BÉGIN, Luc. «Le meilleur des mondes?» *Contact,* vol. 6, no 2, 1992, p. 34-36.

BELOFF, Nora. «This Above All», *in* Bernard RUBIN,1978, p. 61-80.

BERGERON, Gérard. *L'État en fonctionnement,* Paris et Sainte-Foy, L'Harmatan et Presses de l'Université Laval, 1993, 170 p.

BERGSON, Henri. *L'évolution créatrice,* coll. Prix Nobel de littérature, Paris, éd. Rombaldi, 1962, 345 p.

BERNIER, Marc-François. «Crise d'éthique ou éthique de crise», *Communication,* vol. 13 no 1, 1992a, p. 93-113.

BERNIER, Marc-François. *Le recours aux sources anonymes dans les comptes rendus journalistiques: l'état de la situation,* Essai pour l'obtention d'un diplôme de second cycle en communication publique, Université Laval, 1992b, 55 p.

BERNIER, Marc-François. «Questions d'éthique… mais réponses déontologiques! », *La Dépêche,* vol. 11, no 4, 1992c, p. 22-24.

BERNIER, Marc-François. *Les Fantômes du parlement: Étude de l'utilité des sources anonymes chez les courriéristes parlementaires,* Sainte-Foy, Presses de l'Université Laval, 2000, 171 p.

BERNIER, Marc-François. «Quelques enjeux éthiques et déontologiques du cyberjournalisme», *in* Patrick J. Brunet (sous la direction de) *Éthique et Internet,* Sainte-Foy, Presses de l'Université Laval, 2002, 248 p. p. 177-200.

BERNIER, Marc-François. «Liaisons incestueuses», *Le 30,* vol. 27, no 3, mars 2003a, p. 30-31.

BERNIER, Marc-François. «L'ombudsman de Radio-Canada face aux doléances du public en matière d'unité nationale et d'ingérence politique», *in Mélanges en l'honneur de Vincent Lemieux: La science politique au Québec: le dernier des maîtres fondateurs,* Sainte-Foy, Presses de l'Université Laval, 2003b, 548 p., p. 391-416.

BERRAH, Mouny. «Plus vraies, plus dramatiques, plus spectaculaires: À l'heure des informations hyperréalistes», *Le Monde diplomatique,* vol. 37, no 437, août 1990, p. 22-23.

BERTHIAUME, Pierre. *Le journal piégé ou l'art de trafiquer l'information,* Montréal, VLB Éditeur,1981, 195 p.

BERTRAND, Claude-Jean, «National Codes of Journalistic Ethics,» *in* T.W. COOPER *et al.* 1989, p. 273-276.

BERTRAND, Claude-Jean. *Les médias aux États-Unis,* 2e édition, coll. Que sais-je?, no 1593, Paris, éd. Presses universitaires de France, 1982, 127 p.

BLACK, Jay. et CONNOLLY, Michael. «Journalism in Australia: In Search of Professionalism», *in* T.W. COOPER et al.1989, p. 204-218.

BLACK, Jay et STEELE Robert. «Professional decision making and personal ethics», *Journalism Educator,* vol. 46, no 3, 1991, p. 3-17.

BLACK, Jay et STEELE Robert. *Doing Ethics in Journalism : a Handbook With Case Studies,* second edition, Needham Heights, Allyn and Bacon, 1995, 271 p.

BLAIS, André. NADEAU, Richard. «L'appui au Parti québécois: évolution de la clientèle de 1970 à 1981», *in* CRETE Jean, *Comportement électoral au Québec,* Chicoutimi, éd. Gaëtan Morin, 1984, 447 p, p. 279-318.

BLUMBERG, Peter. «Paul Brodeur's War on Electromagnetics Fields», *Washington Journalism Review,* January/February, vol. 13, no 1, 1991, p. 40-44.

BOEYINK, David E. «Casuistry: A Case-Based Method for Journalists», *Journal of Mass Media Ethics,* vol. 7, no 2, 1992, p.107-120.

-------------. «Anonymous Sources in News Stories: Justifying Exceptions and Limiting Abuses», *Journal of Mass Media Ethics,* vol. 5, no 4, 1990, p. 233-246.

BOEYINK, David E. «How Effective Are Codes Of Ethics? A Look at Three Newsrooms», in *Journalism Quarterly,* vol. 71, no 4, 1994a, p. 893-904.

BOEYINK, David E. «Public Understanding, Professional Ethics, and the News: A Response to Jane Rhodes» *in Federal Communications Law Journal,* vol. 47, no 1, octobre 1994b. [http ://www.law.indiana.edu/fclj/pubs/v47/no1/boeyink.html]

BOGART, Leo. «Media and Democracy», in *Media Studies Journal,* vol. 9, no 3, été 1995, p. 1-10.

BOK, Sissela. *Lying: Moral Choice in Public and Private Life,* New York, Vintage Books, (1989), 1999, 326 p.

BONVILLE, Jean de. *Les quotidiens montréalais de 1945 à 1985: morphologie et contenu,* Québec, Institut québécois de recherche sur la culture, 1995, 223 p.

BOUDON, Raymond. *L'art de se persuader des idées douteuses, fragiles ou fausses,* coll. Points essais, no 242, Paris, Fayard, 1990, 458 p.

--------------. *L'idéologie ou l'origine des idées reçues,* coll. Points, no 241, Paris, Fayard, 1986, 330 p.

BOUDON, Raymond. *Le juste et le vrai: Études sur l'objectivité des valeurs et de la connaissance,* Paris, Fayard, 1995, 575 p.

BOUGNOUX, Daniel. «La science au risque des médias», *Le Monde Diplomatique,* septembre 1995.

BOURETZ, Pierre. «Préface», *in* MILL John Stuart, *De la liberté,* Paris, Gallimard, 1990, 243 p., p. 13-60.

BOURGEAULT, Guy. «Depuis le serment d'Hippocrate... - des codes, des modèles, des repères», *in* Jacques TREMBLAY, 1989, p. 43-63.

BOVÉE, W. G. «The End Can Justify the Means - But Rarely», *Journal of Mass Media Ethics* , vol. 6, nº 3, 1991, p. 135-145.

BOYLAN, James. «Where have all the people gone? Reflections on voter alienation and the challenge it poses to the press», *Columbia Journalism Review,* May/June, 1991, p. 33-35.

BRAMAN, S. «Public Expectations of Media Versus Standards in Codes of Ethics», *Journalism Quarterly,* vol. 65, nº 1, 1988, 240 p.p. 71-77.

BRETON, Philippe. PROULX, Serge. *L'Explosion de la communication à l'aube du XXIe siècle,* Montréal, Boréal, 2002, 390 p.

BRIDGES, Lamar W. et BRIDGES Janet A. «Newspaper ombudsman's role during a presidential campaign», *Newspaper Research Journal,* vol. 16, nº 2, 1995. [http://www.facsnet.org/cgi-bin/nrj_search.cgi?row=6]

BRIEF, Jean-Claude. «Le jugement: une vision périphérique», *in* Michael SCHLEIFER, *La formation du jugement,* Montréal, Logiques, 1992, 268 p., pp. 37-51.

BRITISH NATIONAL UNION OF JOURNALISTS, *Code of conduct,* 1994, [http://www.uta.fi/ethicnet/uk.html].

BROADCASTING & CABLE, «A journalist comes home», *Broadcasting & Cable,* 30 septembre 1996, vol. 126, nº 41, p. 4-9.

BURGOON, J., BERNSTEIN, J., et BURGOON, M. «Public and Journalist Perceptions of Newspaper Functions», *Newspaper Research Journal,* vol. 5, nº 1, 1983, p. 77-89.

BURRISS, Larry L. «Attribution in network radio news: a cross-network analysis», *Journalism Quarterly,* vol. 65, 1988, p. 690-694.

CAVE, Ray. «Musings of a Newsmagazine Editor,» *in* Michael C. EMERY et Ted C. SMYTHE, 1989, p. 108-113.

CENTER FOR SURVEY RESEARCH AND ANAYSIS (CSRA), sondage réalisé pour le compte de la Radio Television News Director's Foundation, document Internet, s. d.

CHARON, Jean-Marie *Cartes de presse: Enquête sur les journalistes,* col. Au Vif, Paris, Stock, 1993, 356 p.

CHARON, Jean-Marie. *Réflexions et propositions sur la déontologie de l'information,* Rapport à Madame la ministre de la Culture et des Communications, Paris, 8 juillet 1999, 56 p.

CHARRON, Jean. *Les relations entre les élus et les journalistes parlementaires à l'Assemblée nationale du Québec: une analyse stratégique,* Québec, Université Laval thèse de Ph.D. en science politique, octobre 1990, 606 p.

CHARRON, Jean. *La production de l'actualité: une analyse stratégique des relations entre la presse parlementaire et les autorités politiques,* Montréal, Boréal, 1994, 446 p.

CHARRON, Jean, BONVILLE, Jean de. «Présentation – Journalisme en mutation. Perspectives de recherches et orientations méthodologiques», *Communication*, vol. 17, nº 2, 1997, p. 15-49.

CHARRON, Jean. LEMIEUX, Jacques et SAUVAGEAU, Florian. *Les journalistes, les médias et leurs sources*, Boucherville, Gaëtan Morin éditeur, 1991, 237 p.

CHEMILLIER-GENDREAU, Monique. «Que vienne enfin le règne de la loi internationale», *Le Monde Diplomatique*, vol. 38, nº 448, 1991, p. 18-19.

CHRISTIANS, Clifford G. *Communication Research Trends*, vol. 11, nº 4, 1991, 36 p.

-------- «Ethical Theory in a Global Setting» *in* Thomas W. COOPER *et al.*, 1989, p. 3-19.

-------- «Reporting and the Oppressed», *in* Deni ELLIOTT, 1986, p. 109-130.

-------- «Media ethics courses have increased since 1977», *Journalism Educator*, vol. 40, nº 2, 1985, p. 17-19, 51.

CHRISTIANS, Clifford G. et COVERT, Catherine L. *Teaching Ethics in Journalism Education.*, ed. Institute of Society, Ethics and the Life Sciences, The Hastings Center, [coll. The Teaching of Ethics III,] 1980, 71 p.

CHRISTIANS, Clifford G., ROTZOLL, Fim B. et FACKLER, Mark. *Media Ethics : Cases and Moral Reasoning*, 2e édition, Longman, 1987, 343 p.

CHRISTIANS, Clifford G., FACKLER, Mark, ROTZOLL, Kim B. et MCKEE Kathy Brittain. *Media Ethics Cases and Moral Reasoning*, 6e edition, New York, Addison Wesley Longman, 2001, 333 p.

CLAWSON, Rosalee A. et TRICE, Rakuya, «Poverty as we know it : Media portrayals of the poors», *Public Opinion Quarterly*, Vol. 64, 2000, p. 53-64.

COCKERELL. Michael, HENNESY, Peter, et WALKER, David, *Sources Close to the Prime Minister : Inside the hidden world of the news manipulators*, London, Macmillan, 1984, 255 p.

COHEN, David. «Concentration of media concentrates conflicts», *St. Louis Journalism Review*, vol 30, avril 2000, p. 7.

COLLINS, Keith S. ed. «Responsibility & Freedom in the Press : Are They in Conflict ?», *The Report of the Citizen's Choice National Commission on Free and Responsible Media*, 1985, 119 p.

COMMISSION SCOLAIRE DES DÉCOUVREURS, *L'Actualité en classe*, Québec. [http : //www.actualiteenclasse.com/documentation/6.html]

COMMITTEE OF CONCERNED JOURNALISTS, «The Clinton Crisis and the Press : A New Standard of American Journalism ?» *in Committee of Concerned Journalists*, 23 février 1998, 10 p. [http ://www.journalism.org/Clintonreport.htm]

CONAN, Éric. «Où va le journalisme ?», *Esprit*, décembre 1990, p. 5-12.

CONRAD, Peter. «Genetic Optimism : Framing Genes and Mental Illness in the News», *Culture, Medicine and Psychiatry*, vol. 25, 2001, p. 225–247.

CONSEIL CANADIEN DES NORMES DE LA RADIODIFFUSION (CCNR). *Code de déontologie de l'Association canadienne des directeurs de l'information radio-télévision,* 2000. [http ://www.cbsc.ca/francais/codes/acdirtrevise.htm]

CONSEIL CANADIEN DES NORMES DE LA RADIODIFFUSION (CCNR) *Code de déontologie de l'Association canadienne des directeurs de l'information radio-télévision,* 1986. [http ://www.cbsc.ca/francais/codes/acdirt.htm]

CONSEIL DE PRESSE DU QUÉBEC. *Rapport annuel 1991-92,* Québec, 1992, 147 p.

CONSEIL DE PRESSE DU QUÉBEC. *Avis sur le journalisme d'enquête et l'utilisation abusive de procédés clandestins»,* 21 septembre 1999.

CONSEIL DE PRESSE DU QUÉBEC. Décision D2002-03-048, en date du 4 octobre 2002.

CONSEIL DE PRESSE DU QUÉBEC. «Le Conseil de presse examinera toute plainte relative au journalisme sur Internet ou "journalisme en ligne"», communiqué du 7 janvier 2002. [http ://www.cnw.ca/releases/January2002/07/c0731.html]

CONSEIL DE PRESSE DU QUÉBEC. *Les droits et responsabilités de la presse,* Québec, 1987.

CONSEIL DE RECHERCHES MÉDICALES. *Lignes directrices concernant la recherche sur des sujets humains : 1987,* Ottawa, Conseil de recherches médicales du Canada, 1987, 67 p.

CONSEIL SUPÉRIEUR DE L'AUDIOVISUEL (CSA). «Les Français et le respect de la vie privée des hommes publics», 22 décembre 1999. [http ://www.csa-fr.com/fra/dataset/data99/opi19991222d.htm]

CONWAY, Daniel W. «Nietzsche and Autonomy in Communication Ethics», *Communication,* vol. 12, juillet 1991, p. 217-230.

COOPER, Thomas W. «Global Universals : In Search of Common Ground», in Thomas W. COOPER *et al.*,1989a, p. 20-39.

-----------. «Methodological Challenges : Comparison of Codes and Countries,» *in* Thomas W. COOPER *et al.*,1989b, p. 227-241.

-----------. «Conclusions and Directions,» *in* Thomas W. COOPER *et al.*,1989c, p. 251-269.

COOPER, Thomas W., CHRISTIANS, Clifford G., PLUDE, Frances Forde. et WHITE, Robert A. *Communication Ethics and Global Change,* New York, Longman, 1989, 385 p.

CORNEY, Cynthia. «Getting It Right», *American Journalism Review,* mars 2001. [http : //ajr.org/article.asp ?id=387]

CORNU, Daniel. *Éthique de l'information,* coll. Que sais-je ? n° 3252, Presses Universitaires de France, Paris, 1997, 128 p.

CORYELL, Schofield. «Recettes américaines,» *in* Le Monde diplomatique, *La Communication victime des marchands ; Affairisme, information et culture de masse,* Paris, éd. La Découverte/Le Monde, 1989, 283 p., p.126-137.

COUTURE, Jocelyne. «La rationalité de l'éthique : théorie et pratique», *Cahiers d'épistémologie,* n° 9106, 1991, 15 p.

CRABLE, Richard. «Ethical Codes, Accountability, and Argumentation», *Quarterly Journal of Speech*, vol. 64, 1978, p. 23-32.

CROZIER, Michel et FRIEDBERG Erhard, *L'acteur et le système*, Paris, Seuil, 1977, 500 p.

CULBERTSON, Hugh M. «Leaks - a dilemma for editors as well as officials», *Journalism Quarterly*, vol. 57, 1980, p. 402-408, 535.

CULBERTSON, Hugh M. «Veiled attribution - an element of style?», *Journalism Quarterly*, vol. 55, 1978, p. 456-465.

CULBERTSON, H. M., SOMERICK, N. «Variables Affect How Persons View Unnamed News Sources», *Journalism Quarterly*, vol. 54, printemps 1977, p. 58-69.

CUNNINGHAM, Richard P. «Use of anonymous sources», *Editor & Publisher*, 1983, March, 5 , p. 36.

CYR, Marie-France. «Les discours seconds des quotidiens durant la campagne électorale 1988», *Communication Information*, vol. 11, n° 2, 1990, p. 205-228.

DARLING, M. «Conflict of Interests», *Ryerson Review of Journalism*, 1991, avril, p. 12-13.

de LAGRAVE, Jean-Paul. *Liberté et servitude de l'information au Québec confédéré (1867-1967)*, coll. Liberté, Montréal, de Lagrave, 1978, 372 p.

DEMERS, François. «L'échec du discours éthique des journalistes à la lumière de "l'analyse stratégique"», *Communication*, vol. 13, n° 1, 1992, p. 47-69.

-----------. «La transparence journalistique mise en péril par la fièvre actuelle de mercantilisme», *Ethica*, vol. 3 n° 1, 1991, p. 45-62.

DENNIS, Everette E. «Can Ethics Survive Business-Editorial Harmony?», *in* Michael C. EMERY et Ted C. SMYTHE, 1989, p. 377-382.

-----------. «Social Responsibility, Representation, and Reality», *in* Deni ELLIOTT,1986, pp. 99-108.

DENNIS, Everette E., PEASE, EdwArd C. «The Presidency in the New Media Age: Preface», *Media Studies Journal*, vol. 8, n° 2, printemps 1994, p. xi-xxiii.

DESBARATS, Peter. *Guide to Canadian News Media*, Toronto, Harcourt Brace Jovanovich, 1990, 274 p.

DESCHÊNES, Ulric. *L'insoutenable légèreté du discours. L'analyse de la jurisprudence du Conseil de presse du Québec*, mémoire de maîtrise, département d'information et de communication, Faculté des Arts, Université Laval, 1996, 101 p.

DE WOLK, Roland. *Introduction to Online Journalism*, Allyn & Bacon/Longman, San Francisco, 2001, 200 p.

DOMENACH, Jean-Marie. *La responsabilité: Essai sur le fondement du civisme*, Paris, Hatier, 1994, 80 p.

DONSBACH Wolfgang et KLETT, Bettina. «Subjective objectivity. How journalists in four countries define a key term of their profession», *The Gazette*, n° 51, 1993, p. 53-83.

DUFOUR, Jacques. *Réflexions sur la protection des sources confidentielles d'information et du matériel journalistique*, Québec, École des gradués, Université Laval, Mémoire de maîtrise en droit, 1990, 92 p.

DUPLAT, Domitille. *Liberté de presse, responsabilité des médias, l'Afrique sur la voie de l'autorégulation*, Paris, Éditions du GRET, 2002, 96 p.

EEMEREN Frans H. van, GROOTENDORST Rob et KRUIGER, Tjark. *Handbook of Argumentation Theory*, Dortrecht, Forest, 1987.

ELLIOTT, Deni. *Responsible Journalism*, Beverly Hill, Sage Publications, 1986, 187 p.

ELLIOTT, Deni. et CULVER Charles. «Defining and Analyzing Journalistic Deception», *Journal of Mass Media Ethics*, vol. 7, nº 2, 1992, p. 69-84.

EMERY, Michael C., SMYTHE, Ted C. *Readings in Mass Communication: Concepts and Issues in the Mass Media*, Dubuque, Wm. C. Brown Publishers, 1989, 443 p.

ENTMAN, R.M. *Democracy Without Citizens: Media and the Decay of American Politics*, New York, Oxford, 1989, 232 p.

EPSTEIN, Edward Jay. «The American Press: Some Truths About truths», *in* John C. MERRILL et Ralph BARNEY, 1975, p. 60-68.

ERICKSON, Keith V., FLEURIET, Cathy A. «Presidential Anonymity: Rhetorical Identity Management and the Mystification of Political Reality», *Communication Quarterly*, vol. 39, nº 3, 1991, p. 272-289.

ERICSON, Richard V., BARANEK, Patricia M., CHAN, Janet B. L. *Negociating Control: A Study of News Sources*, Toronto: University of Toronto Press, 1989, 428 p.

--------------. *Visualizing Deviance: A Study of News Organization*, Toronto, University of Toronto Press, 1987, 390 p.

ESOMAR, *The Freedom to Publish Opinion Polls: Report on a Worldwide Study*, 1997 (http://forum.gfk.ru/texts/standards/opinion_polls97.pdf]

ESOMAR, *The Freedom to Publish Opinion Polls: Report on a Worldwide Study*, 2003. [http://www.unl.edu/WAPOR/Opinion%20polls%202003%20final%20version.pdf).

ESQUENAZI, Jean-Pierre. *Télévision et démocratie: Le politique à la télévision française 1958-1990*, Paris, Presses Universitaires de France, 1999, 387 p.

ETCHEGOYEN, Alain. *La valse des éthiques*, Paris, François Bourrin, 1991, 244 p.

FALARDEAU, Louis. «L'affaire Wilhelmy-Tremblay: Pourquoi il fallait diffuser la conversation», *Le 30*, vol. 16, nº 9, 1992, p. 9-10.

--------------. «La liberté de presse, une liberté d'entreprise?», *in* Alain PRUJINER et Florian SAUVAGEAU, 1986, p. 81-96.

FALARDEAU, Louis., LÉVESQUE, Louiselle. Communication dans le cadre du colloque *La publicité dans l'information: l'invasion tranquille*, organisé par la Fédération nationale des communications (CSN), Québec, les 14 et 15 juin 1990.

FÉDÉRATION INTERNATIONALE DES JOURNALISTES, *Déclaration de principe de la FIJ sur la Conduite des Journalistes*, Adoptée au Congrès mondial de la FIJ en 1954, et amendée au Congrès mondial de 1986. [http://www.ifj.org/docs/ETHICS-F.DOC]

FÉDÉRATION PROFESSIONNELLE DES JOURNALISTES DU QUÉBEC, *Guide de déontologie des journalistes du Québec*, Montréal, adopté le 24 novembre 1996, 25 p.

FERRÉ, J.P. «Communication Ethics and the Political Realism of Reinhold Niebuhr», *Communication Quarterly*, vol. 38, nº 3, 1990, p. 218-225.

FERRO, Marc. *L'information en uniforme: Propagande, désinformation, censure et manipulation*, Paris, Ramsay, 1991, 127 p.

FILES, Gemma. «Dr. Jackman wants you to feel good about yourselves», *Ryerson Review of Journalism*, avril 1991, p. 29-34.

FINK, Conrad C. *Media Ethics in the Newsroom and Beyond*, New York, McGraw-Hill, 1988, 323 p.

FISQUE, John. «British Cultural Studies and Television», *in* Robert C. ALLEN, *Channels of Discourse: Television and Contemporary Criticism*, Chapel Hill, University of North Carolina Press, 1992, p. 254-290.

FOREMAN, G. «Confidential Sources: Testing the Readers' Confidence», *Nieman Reports*, vol. 38, nº 2, 1984, p. 20-23.

FORTIN, Pierre. «L'éthique et la déontologie: un débat ouvert», *in* Jacques TREMBLAY, 1989, p. 65-83.

FORTIN, Pierre. «Quelques enjeux éthiques liés à la pratique du journalisme», *Éthique de la communication publique et de l'information*, Rimouski, *in Cahiers de recherche éthique*, nº 17, 1992, 184 p., p. 59-83.

FORUM MAGAZINE, «The love-hate relationship between politicians and the news media», *The Forum Magazine*, septembre 1994.

FRANKENA, William. *Ethics*, Englewood Cliffs (NJ), Prentice-Hall, 1963, 125 p.

FRANKLIN, Gilliam D., et IYENGAR Shanto, «Prime Suspects: The Influence of Local Television News on the Viewing Public», *American Journal of Political Science*, juillet 2000, vol. 44, nº. 3, p. 560-573.

FRIEDMAN, Robert I. «Selling Israel to America: The Hasbara Project Targets the U.S. Media», in Michael C. EMERY. et Ted C. SMYTHE, 1989, p. 280-293.

FROST, Chris. *Media Ethics and Self-Regulation*, Harlow, Longman, 2000, 271 p.

GAGNON, Yves. «Un code d'éthique: luxe ou nécessité?», *in* Alain PRUJINER et Florian SAUVAGEAU, 1986, p. 59-63.

GAGNON, Katia. «La drogue des sondages», *La Presse*, 10 octobre 2001.

GALLICHAN, Gilles. *Livre et politique au Bas-Canada: 1791-1849*, Sillery, Éditions du Septentrion, 1991, 519 p.

GANDY, Oscar H. Jr. «Information Privacy and the Crisis of Control», *in* Marc RABOY et Peter A. BRUCK Peter. *Communication for and against Democracy*, Montréal/New York, Black Rose Books, 1989, 248 pages, p. 59-73.

GANS, Herbert J. *Deciding Wat's News*, New York, Pantheon, 1979, 393 p.

GAWISER, Sheldon R., et WITT, Evans G. «20 Questions a Journalist Should Ask About Poll Results», *in* MEDIA STUDIES CENTER, *Covering Polls: A Handbook for Journalists*, Arlington VA, 2000, 32 p. [http://www.aceproject.org/main/samples/me/mex29.pdf]

GARDNER, Howard, CSIKSZENTMIHALYI, Mihaly et DAMNO, William. *Good Work: When Excellence and Ethics Meet*, New York, Basic Books, 2001, 291 p.

GASSAWAY, Bob M. «Are Secret Sources in the News Media Really Necessary?» *Newspaper Research Journal*, vol. 9, nº 3, 1988, p. 69-77.

GAUDETTE, Pierre. «Éthique, morale, déontologie; une question de mots?», *in* Jacques TREMBLAY, 1989, p. 23-29.

GAUTHIER, Gilles. «"Nommer ou ne pas nommer". Un fondement rationnel de la pudeur journalistique», *Communication*, vol. 13 nº 1, 1992, p. 15-45.

--------------. «L'exigence éthique de la communication publique», *Ethica*, vol. 3, nº 1, 1991a, p. 63-86.

GAUTHIER, Gilles. «La mise en cause de l'objectivité journalistique», *Communication*, vol. 12, nº 2, 1991b, p. 81-115.

GAUTHIER, Gilles. «L'éthique de la communication publique: une approche analytique», *Communication*, vol. 11 nº 2, 1990, p. 121-152.

GAVI, Philippe. «Onze journaux britanniques se sont donné une charte: Les dix commandements», *Le Nouvel Observateur*, octobre 1992, nº 1458, p. 16.

GHIGLIONE, Loren. «Small-Town Journalism Has Some Big Ethical Headaches», *in* Bernard RUBIN, 1978, p.171-179.

GIEBER, Walter et JOHNSON, Walter. «„The City Hall „Beat": a Study of Reporter and Source Roles», *Journalism Quarterly*, vol. 38, nº 3, 1961, p. 289-297.

GILES, Bob. «Journalism in the Era of the Web», *Nieman Reports*, vol. 54, nº 4, hiver 2000, p. 3.

GILES, Bob. «Discovering What Constitutes Fairness in Newspaper Reporting», *Nieman Reports*, vol. 56, nº 2, été 2002, p. 3. [http://www.nieman.harvard.edu/reports/02-2NRsummer/02-2NRsummer.pdf]

GILSDORF, William O. et BERNIER, Robert. «Pratiques journalistiques et couvertures des campagnes électorales au Canada», *in* FLETCHER Frederick J. *Sous l'œil des journalistes. La couverture des élections au Canada, Commission royale sur la réforme électorale et le financement des partis politiques*, Montréal, Wilson & Lafleur Limitée, 1991, vol. 22, 366 p, p. 3-89.

GILMORE, Gene. et ROOT, Robert. «Ethics for Newsmen», *in* John C. MERRILL et Ralph BARNEY, 1975, p. 25-36.

GINGRAS, Anne-Marie. *Médias et démocratie: Le grand malentendu*, Sainte-Foy, Presses de l'Université du Québec, 1999, 237 p.

GINGRAS Anne-Marie, *La politique dans les quotidiens francophones de Montréal et de Québec en 1983*, thèse de doctorat de Troisième cycle en Études politiques, Institut d'Études Politiques de Paris, 1985, 369 p.

GIOBBE, Dorothy. «Pollster defends the use of 900 numbers», *Editor & Publisher*, 9 juillet 1994, vol. 127, nº 28, p. 27.

GIROUX, Guy. «La déontologie professionnelle dans le champ du journalisme. Portée et limites», *Communication*, vol. 12, nº 2, 1991, p. 117-138.

GLASSNER, Barry. *The Culture of Fear: Why Americans are Afraid of the Wrong Things*, New York, Basic Books, 1999, 276 p.

GLASSER, Theodore L. «Communication and the Cultivation of Citizenship», *Communication*, vol. 12, août 1991, p. 235-248.

GLASSER, Theodore L. «Press Responsibility and First Amendment values», *in* Deni ELLIOTT, 1986, p. 81-98.

GOLDBERG, Jonah. «She can't do that, betrayal is your job!», *The American Enterprise*, juin 2000, vol. 11, nº 4, p. 53.

GOODWIN, Eugene. *Groping for Ethics in Journalism*, 2e édition, Ames, Iowa State University Press, 1986, 411 p.

GORDON, Margaret T. «Journalists - Professionals in a Market Culture», *Media Studies Journal*, vol. 9, nº 3, été 1995, p. 149-154.

GOSSELIN, André. «Le champ éthique de la pratique du journalisme et du droit à l'information», *Communication*, vol. 13, nº 1, 1992, p. 71-91.

GOTTLIEB, Stephen S. «Media Ethics: Some Specific Problems», *ERIC Clearinghouse on Reading and Communication Digest*, nº 49, février 1990. [http://www.ed.gov/databases/ERIC_Digests/ed314802.html]

GROSSMAN, Michael Baruch et ROURKE, Francis E. «The Media and the Presidency: An Exchange Analysis», *Political Science Quarterly*, vol. 91, nº 3, 1976, p. 455-470.

GUÉRIN, Guy. *Groupe de travail sur l'administration de la justice en matière criminelle, rapport synthèse*, Québec, Gouvernement du Québec, ministère de la Justice, 1992, 43 p.

HABERMAS, Jürgen. «Morale et communication: conscience morale et activité communicationnelle», *in* Karl METER, Karl M. (van). *La Sociologie*, coll. Textes essentiels, Paris, Larousse, 1992, 831 p., p. 768-774.

HACKETT, Robert A., GRUNEAU, Richard, GULSTEIN, Donald, GIBSON, Timothy A. et NESWATCH CANADA. *The Missing News: Filters and Blind Spots in Canada's Press»*, Aurota, Canadian Center for Policy Alternatives/Garamond Press, 2000, 258 p.

HALE, D. F. «Unnamed News Sources: Their Impact on the Perceptions of Stories», *Newspaper Research Journal*, vol. 5, nº 2, 1984, p. 49-56.

HALL, Stuart, HOBSON, Dorothy. LOWE, Andrew., et WILLIS, Paul. *Culture, Media, Language*, London, Hutchison et Centre for Contemporary Cultural Studies, 1987, p. 16-28.

HALLORAN, Richard. «A primer on the fine art of leaking information,» *New York Times*, 1983, January 14, p. A-16.

HALSTUCK, Martin E. «Press Rights Versus Privacy: A pending case may open a back door to prior restraint», *Columbia Journalism Review*, janvier/février 2003, p. 60.

HAMON, Alain. «La confidentialité des sources», *Mediaspouvoirs*, mai-juin 1991, n° 22, p. 134-140.

HAMPSHIRE, Stuart. *The age of reason: the 17th Century Philosophers*, coll. Meridian, New York, Penguin Books, 1984, 186 p.

HART, Roderick P., SMITH-HOWELL, Deborah. et LLEWELLYN, John. «The Mindscape of the Presidency: Time Magazine, 1945-1985», *Journal of Communication*, vol. 41, n° 3, 1991, p. 6-25.

HAYWARD, Kathryn. «Downsizing the Truth», *Ryerson Review of Journalism Online*, été 1998, 11 p. [http://www.ryerson.ca/rrj/print/hayward.html]

HAZERA, Jean-Claude. «Naissance d'une charte», *Médiaspouvoirs*, n° 16, 1989, p. 128-132.

HEDGES, Chris. «The Unilaterals», *Columbia Journalism Review*, 1991, May/June, p. 27-29.

HEILMANN MILLER, Susan. «Reporters and Congressmen: Living *in* Symbiosis», *Journalism Monographs*, n° 53, 1978, 25 p.

HEMANUS, Pertti. «Ethics *in* Mass Communication in Western Countries: Solved and Unsolved Problems», in Anne van der MEIDEN, 1980, p. 42-52.

HERMAN, Edward S. et CHOMSKY, Noam. *Manufacturing Consent: The Political Economy of the Mass Media*, New York, Pantheon, 1988, 412 p.

HESS, Stephen. *The Washington Reporters*, Washington, The Brookings Institution, 1981, 174 p.

HIXSON, Richard F. «Journalistic Ethics in the U.S.A.», *in* Anne van der MEIDEN, 1980, p. 129-146.

HOBBES, Thomas. *Le citoyen ou les fondements de la politique*, Paris, Flammarion, 1982, 408 p.

HODGES, Louis W. «Defining Press Responsibility: A Functional Approach», *in* Deni ELLIOTT, 1986, p. 13-31.

HOWELL, William S. *The Empathic Communicator*, Belmont, Cal., Wadsworth, 1982.

HULTENG, John L. *Playing it Straight*, coll. The Globe Pequot Press, Chester, American Society of Newspaper Editors, 1981, 90 p.

----------------. *The Messenger's Motives... Ethical problems of the News Media.*, Prentice-Hall, 1976, 262 p.

ISAACS, Norman. «Meeting the Barbed-Wire Frontier», *Nieman Reports*, vol. 36, n° 2, 1982, p. 32-35, 54-56.

ISMACH, Arnold H. «The Media World: An Introduction», *in* Michael C. EMERY et Ted C. SMYTHE, 1989, p. 3-22.

ITO, Youichi. et HATTORI, Takaaki. «Mass Media Ethics in Japan», *in* Thomas W. COOPER *et al*. 1989, pp. 168-180.

IZARD, Ralph. «Investigative reporters call credibility key», *The Freedom Forum Online*, 5 juin 2000. [http ://www.freedomforum.org/templates/document.asp?documentID=12632]

JACQUARD, Albert. *Éloge de la différence*, coll. Points, Paris, Seuil, 1978, 221 p.

JAKUBOWICZ, Karol. «Media Ethics in Poland», *in* Thomas W. COOPER *et al.* 1989, p. 100-108.

JOHANNESEN, Richard L. *Ethics in Human Communication*, 2e édition, Illinois, Waveland Press Inc., 1983, 244 p.

JONES Charles O. «The Presidency and the Press», *The Harvard International Journal of Press/Politics*, vol. 1, no 2, 1996, p. 116-120.

JONES, Stephen C. et SHRAUGER Sidney J. «Reputation and Self-Evaluation as Determinants of Attractiveness», *Sociometry*, vol. 3, no 3, septembre 1970, p. 276-286.

JOURNAL OF MASS MEDIA ETHICS. «Foreword,», note des éditeurs, *Journal of Mass Media Ethics*, vol. 7, no 2, 1992, p. 67-68.

JUUSELA, Pauli. *Journalistic Codes of Ethics in the CSCS Countries: An Examination*, Tampere, University of Tampere, 1991, 93 p.

KEGUANG, Guan. «Journalism Ethics in China», *in* Thomas W. COOPER *et al.* 1989, pp. 194-203.

KELLNER, Douglas. *Television and the Crisis of Democracy*, Boulder, Westview Press, 1990, p. 1-24 et 71-129.

KINGDON John W. *Agendas, Alternatives, and Public Policies*, University of Michigan, Harper Collins, 1984, 240 p.

KLAIDMAN, Stephen. et BEAUCHAMP, Tom L. *The Virtuous Journalist*, New York, Oxford University Press, 1987, 246 p.

KLEIN, Herbert G. «The Administration's Views of Press and Politics», *in* Richard Lee. *Politics and the Press*, Washington, Acropolis Books, 1970, 191 p.

KLOS, Diana Mitsu, «Reconsidering journalism values», *ASNE*, février 1997. [http: //www.asne.org/works/jvi/jvirecon.htm]

KOHLBERG, Lawrence. *The psychology of moral development: the nature and validity of moral stages*, Harper & Row, 1984, 729 p.

KOOP, Theodore F. «Evolving Standards of Broadcast Journalism», in Lee THAYER. *Ethics, Morality and The Media: Reflections on American Culture*, New York, Hastings House, 1980, 302 p., p. 165-172.

KOVACH, Bill et ROSENSTIEL, Tom. *The Elements of Journalism: What Newspeople Should Know and the Public Should Expect*, New York, Crown Publishers, 2001, 205 p.

KREMER-MARIETTI, Angèle. *L'éthique*, coll. Que sais-je? Paris, Presses Universitaires de France, no 2383, 1987, 128 p.

KRIPPENDORF, Klaus. «The Power of Communication and the Communication of Power: Toward an Emancipatory Theory of Communication», *Communication*, vol. 12, 1991, p.175-196.

KURTZ, Howard. «Father of the slide», *New Republic*, 12 février 1996, vol. 214, nº 7, p. 12, 14-15.

KYMLICKA, Will. *Contemporary Political Philosophy: An Introduction*, New York, Clarendon Press-Oxford, 1990, 321 p.

LAKE, James Burges. «Of Crime and Consequence: Should Newspapers Report Rape Complainants Names?», *Journal of Mass Media Ethics*, vol. 6, nº 2, 1991, p. 106-118.

LAMBETH, Edmund B. *Committed Journalism: An Ethic for the Profession*, Bloomington, Indiana University Press, 1986, 208 p.

LANGOIS, Serge, HUOT, Céline, BOUCHARD, Raymond, *et al.* «Du sensationnalisme à Radio-Canada», lettre d'opinion dénonçant un reportage, *La Presse*, lundi 28 janvier 2002.

LAPLANTE, Laurent. «La liberté de presse, une liberté surveillée?», in Alain PRUJINER et Florian SAUVAGEAU, 1986, p. 35-48.

LAPLANTINE, François. *L'Anthropologie*, coll. Clés, Paris, Seghers, 1987, 223 p.

LAROUSSE ENCYCLOPÉDIQUE EN COULEURS, Paris, France Loisirs, vol. 5, 1986, p. 1995.

LASORSA, Dominic L. et REESE, Stephen D. «News source use in the crash of 1987: a study of four national media», *Journalism Quarterly*, vol. 67, nº 1, 1990, p. 60-71.

LASICA, Joseph D. «Ethics Debate: It's Time to Move On», *Online Journalism Review*, 11 mars 1999. [http://ojr.usc.edu/content/story.cfm?id=92]

LASICA, Joseph D. «Photographs That Lie», article publié à l'origine dans le *Washington Review of Journalism*, 1988-1989, diffusé sur Internet. [http://www.well.com/user/jd/WJR.html]

LASICA, Joseph D. «A Scorecard for Net News Ethics», *Online Journalism Review*, 20 septembre 2001a. [http://ojr.usc.edu/content/story.cfm?request=643]

LASICA Joseph D. «Online News on a Tightrope: Credibility, terrorism, inclusiveness are themes at 2nd ONA conference», *Online Journalisme Review*, 1er novembre 2001b. [http://ojr.usc.edu/content/print.cfm?print=657]

LAVIN, Rochelle Lewis. «It's Still Journalism», *Poynter Institute*, 25 août 2000. [http://poynter.org/centerpiece/082500.htm]

LECLERC, Gérard. *La société de communication: une approche sociologique et critique*, Paris, PUF, 1999, 223 p.

LEE, Douglas. «Libel judgment climb as respect for media falls», *Freedom Forum First Amendement Center*, août 1997.

LEE, Martin A. «Le complexe militaro-médiatique», *Le Monde Diplomatique*, n° 446, 14 mai 1991.

LEE Tien-Tsung et HWANG, Hsiao-Fang. «The Impact of Media Ownership – How Time and Warner's Merger Influence Time's Content», *American Education of Journalism and Communication 1997 Annual Convention*, 30 juillet au 2 août 1997, Chicago, 13 p.

LE HIR, Françoise. et LEMIEUX, Jacques. «Alcan et le projet de l'usine Laterrière au Saguenay», *in* Jean CHARRON, Jacques LEMIEUX et Florian SAUVAGEAU, 1991, p. 65-99.

LEFEBVRE, Florant, ARMSTRONG, Elizabeth et OGLESBY, R.B., *La presse canadienne et la Deuxième Guerre mondiale: Recueil de textes*, Ottawa, Défense nationale, 1997, 189 p.

LE GROUPE LÉGER & LÉGER, *Les journalistes et les communicateurs gouvernementaux*, rapport descriptif, novembre 1993.

LEMIEUX, Cyril. *Mauvaise presse: Une sociologie compréhensive du travail journalistique et de ses critiques*, Paris, Éditions Métailié, 2000, 467 p.

LEMIEUX, Vincent. *Les sondages et la démocratie*, Québec, Institut québécois de recherche sur la culture, 1988, 122 p.

LE MONDE DIPLOMATIQUE, *La communication victime de ses marchands*, Paris, La Découverte/Le Monde, 1989, 283 p.

LENTZ, Richard. «The Search for Strategic Silence: Discovering What Journalism Leaves Out», *American Journalism*, vol. 8, n° 1, hiver 1991, p. 10-26.

LEÒN, Jose A. «The effects of headlines and summaries on news comprehension and recall», *Reading and Writing: An Interdisciplinary Journal*, vol. 9, 1997, p. 85-106, 1997.

LEROY, Estelle et CHAMBORD, Amaury. «Publi reportages: le journalisme en trompe-l'œil», *Médiaspouvoirs*, n° 16, 1989, p. 79-88.

LESAGE, Gilles. «L'information politique à Québec. De Duplessis à Lévesque: les journalistes au pouvoir?», *in* Florian SAUVAGEAU *et al.*, *Dans les coulisses de l'information: les journalistes*, Québec, Québec/Amérique, 1980, 421 p, p. 263-290.

LÉVESQUE Louiselle. *La publicité dans l'information: l'invasion tranquille*, Québec 14 et 15 juin 1990, *in* Actes du Colloque, p. 53-55.

LEVINE, Allan. *Scrum Wars: The Prime Ministers and the Media*, Toronto & Oxford, Dundurn Press, 1993, 389 p.

LEVY, Fabienne. «Liaisons dangereuses», *Mediaspouvoirs*, n° 18, avril-mai-juin 1990, p. 23-28.

LEVY, Neil. «In Defence of Entrapment in Journalism (and Beyond)», *Journal of Applied Philosophy*, vol. 19, n° 2, 2002, p. 121-130.

LIBÉRATION. «Les principes en vigueur à 'Libération'», 11 juillet 1997 (sans auteur).

LIBÉRATION. «Charte de Libération», 11 juillet 1997 (sans auteur).

LIPMAN, Matthew. «L'éducation au jugement», *in* Michael SCHLEIFER, *La formation du jugement*, Montréal, Logiques, 1992, 268 p, pp. 99-123.

LIPOVETSKY, Gilles. *Le Crépuscule du devoir*, NRF Essais, Paris, Gallimard, 1992, 292 p.

LIPOVETSKY, Gilles. *Métamorphoses de la culture libérale: Éthique, médias, entreprise*, Montréal, Liber, 2002, 113 p.

LISÉE, Jean-François. *Le naufrageur*, Montréal, Boréal, 1994, 716 p.

LLOYD, Scott. «A Criticism of Social Responsibility Theory: An Ethical Perspective»*Journal of Mas Media Ethics*, vol. 6, n° 4, 1991, p.199-209.

LOCHARD, Guy. «Genres rédactionnels et appréhension de l'événement médiatique», *Réseaux*, n° 76, 1996, p. 83-102.

MAMOU, Yves. *C'est la faute aux médias*, Paris, Payot, 1991, 243 p.

MANN, Fred. ««New Media» Brings a New Set of Problems», *Poynter Institute*, mai 1998. [http://www.poynter.org/dj/Projects/leadproduce/nm_mann98.htm]

MARKLEIN, Mary Beth. «When Journalists Go For The Gold», *Washington Journalism Review*, vol. 13, n° 1, janvier/février 1991, p. 48-56.

MARKS, Alexandra. «Are Media Standards Drooping?», *Christians Science Monitor*, 29 janvier 1998. [http://csmweb2.emcweb.com/durable/1998/01/29/us/us.1.html]

MARLIN, Randal, *Propaganda & the Ethics of Persuasion*, Peterborough, Broadview Press, 2002, 328 p.

MARQUISET, Jean. *Les droits naturels*, Paris, Presses Universitaires de France, 1965, 128 p.

MASHBERG, Tom. «Repeat Offender», *Salon*, 20 août 1998. [http://www.salon.com/media/1998/08/20media.html]

McADAMS, Katherine C. «Non-Monetary Conflicts of Interests For Newspaper Journalists», *Journalism Quarterly*, vol. 63, 1986, p. 700-705, 727.

McCARTNEY, James. «News Lite», *American Journalism Review*, juin 1997. [http://www.ajr.org/Article.asp?id=635]

McDONALD, Donald. «Is Objectivity Possible?», *in* John C. MERRILL et Ralph BARNEY, 1975, p. 69-88.

McGILLIVRAY, Don. «The Impossibility of a Media Ethics Code», *Bulletin*, n° 41, automne 1990, p. 29-30.

McMANUS, John, «Serving the public and serving the market: a conflict of interest?», *Journal of Mass Media Ethics*, vol. 7, n° 4, 1992, p. 196-208.

McMANUS John. «Local TV News: Not a Pretty Picture», *Columbia Journalism Review*, mai-juin 1990, p. 42-43.

MEDIA INSTITUTE FOR SOUTHERN AFRICA (MISA), *Recommended draft media code of ethics Emanating from discussions of the MISA Botswana*, Gaborone, Media Code of Ethics Workshop - 7-8 August 1997.

MEDIA STUDIES CENTER, *Ethics, the Press and the Presidency*, New York, 1998, 26 p.

MEDIA STUDIES JOURNAL, «Preface», in *Media Studies Journal*, printemps 1995a, vol. 9, n° 2, p. 1-3.

MEDIA STUDIES JOURNAL, «A Decade of Change», *in Media Studies Journal*, vol. 9, n° 1, 1995b, p. 75-80.

MEIDEN, Anne van der. «Media Ethics and Media Morality in the Netherlands», *in* Thomas W. COOPER, 1989, pp. 85-99.

MEIDEN, Anne van der (ed.), *Ethics and Mass Communication*, Utrecht, 1980, 237 p.

MERINA, Victor. «Study: Media Plays Fast, Loose with Ethics Online», *Poynter Institute*, 26 mars 2000. [http://www.poynter.org/centerpiece/030600-index.htm]

MERRILL, John C. *The Dialectic Journalism: Toward a Responsible Use of Press Freedom*, Baton Rouge, Louisina State University Press,1989, 259 p.

-----------. «Non au droit du public à l'information ! Oui à l'autonomie du journaliste !», *in* Alain PRUJINER et Florian SAUVAGEAU, 1986a, p. 205-214.

-----------. «Three Theories of Press Responsibility and the Advantages of Pluralistic Individualism,» *in* Deni ELLIOTT, 1986b, p. 47-59.

-----------. «Ethics: A Worldview for the Journalist», *in* Anne van der MEIDEN, 1980, p. 108-118.

-----------. «Ethics and Journalism», *in* John C. MERRILL et Ralph BARNEY, 1975a, p. 8 17.

-----------. «The "Apollonysian" Journalist», *in* John C. MERRILL et Ralph BARNEY, 1975b, p. 117-131.

-----------. «The Imperative of Freedom: A Philosophy of Journalistic Autonomy», New York, Hastings House Publishers, 1974, 228 pages.

MERRILL, John C. et BARNEY, Ralph. *Ethics and the Press: Readings in Mass Media Morality*, New York, Hasting House, 1975, 338 p.

MEYER, Philipp. *Ethical Journalism*, New York, Longman, 1987, 262 p.

MEYER, P. *Editors, Publishers and Newspaper Ethics: A report To the American Society of Newspaper Editors*, Washington, D.C., ASNE, 1983, 105 p.

MILLS, Rilla Dean. «Newspaper ethics: a qualitative study», *Journalism Quarterly*, vol. 60, 1983, p. 589-594, 602.

MINNAMEIER, Gerhard. «A New "Stairway to Moral Heaven"? A systematic reconstruction of stages of moral thinking based on a Piagetian "logic" of cognitive development», *Journal of Moral Education*, vol. 30, n° 4, 2001, p. 317-337.

MISSIKA, Jean-Louis. «Les français et leurs médias: la confiance limitée», *Médiaspouvoirs*, n° 16, 1989, p. 39-50.

MISSIKA, Jean-Louis. «Les Français et leurs médias: la défiance s'installe», *Médiaspouvoirs*, n° 33, 1er trimestre, 1994, p. 16-26.

MOLAWNA, Hamid. «Communication, Ethics, and the Islamic Tradition», *in* Thomas W. COOPER *et al.*, 1989, p. 137-146.

MONOD, Jacques. *Le hasard et la nécéssité.*, coll Points., Paris, Seuil, 1970, 244 pages.

MORIN, Edgar. *La Méthode 4. Les Idées. Leur habitat, leur vie, leurs mœurs, leur organisation*, Paris, Seuil, 1991, 262 p.

-----------. *Introduction à la pensée complexe*, oll. *Communication* et complexité, Paris, Éditeur ESF, c1990, 160 pages.

-----------. *La Méthode. La Connaissance de la Connaissance/1*, tome 3. Paris, Seuil, 1986, 246 p.

-----------. *La Méthode 2. La Vie de la Vie*, Paris, Seuil, 1980, 472 p.

-----------. *La Méthode. La Nature de la Nature, tome 1*, Paris, Seuil, 1977, 399 p.

-----------. *Autocritique*, coll. Politique, Paris, Seuil, 1975, 256 p.

MORTON, John. «Skepticism upsets wartime public», *Washington Journalism Review*, avril 1991, p. 50.

MOY, Patricia., PFAU, Michael., and KAHLOR, LeeAnn., «Media Use and Public Confidence in Democratic Institutions», *Journal of Broadcasting & Electronic Media*, vol. 43, nº 2, printemps 1999, p. 137-158.

MÜLLER-HILL, Bennio. *Science nazie, science de mort*, Paris, Odile Jacob, 1989, 248 p.

NADEAU, Richard et GIASSON, Thierry. *Les médias et le malaise démocratique au Canada*, Institut de recherches en politique publique, Montréal, février 2003, 32 p. [http://www.irpp.org/fr/index.htm]

NAJI, Jamal Eddine. *Médias et journalistes : Précis de déontologie*, Rabat, UNESCO, 2002, 199 p.

NEEL, J.V., «Lessons from a primitive people,» *Science*, 1970, nº 3960, p. 815-822.

NEWTON, Julianne H. «The Burden of Visual Truth: The Role of Photojournalism in Mediating Reality», communication soumise dans le cadre du congrès annuel de l'Association for Education in Journalism and Mass Communication, Washington, D.C., août 1995.

NIELSON, Richard P. «Legal-ethical interactions in journalism», *in* Bernard RUBIN, 1978, p. 180-206.

NILSEN, Thomas R., *Ethics of Speech Communication*, Indianapolis, 2e édition, Bobbs-Merrill, 1974.

NORDENSTRENG, Kaarle. «Professionalism in Transition: Journalistic Ethics», in Thomas W. COOPER *et al.*, 1989, p. 277-283.

NORTON-SMITH, Thomas Michael. «Can the increasing use of public opinion polling be justified?», *The Midwest Quarterly*, vol. 36, nº 1, 1994, p. 97-113.

O'BRIEN, Patricia. «A Consumer's Guide to Media Truth», *Media Studies Journal*, vol. 9, nº 1, 1995, p. 109-110.

OKIGBO, Charles. «Communication Ethics and Social Change: A Nigerian Perspective», *in* Thomas W. COOPER *et al.*, 1989, p.124-136.

OLEN, Jeffrey. *Ethics in Journalism*, Englewood Cliffs (NJ), Prentice Hall, 1988, 127 p.

O'MALLEY, Tom et SOLEY Clive. *Regulating The Press*, London, Pluto Press, 2000, 244 p.

ONTARIO PRESS COUNCIL. *Press Ethics and Freebies: Should newspapers or their employees accept free services and gifts?*, Ottawa, 1978, 54 p.

OPITZ, Edmund A. «Instinct and Ethics», *in* John C. MERRILL et Ralph BARNEY, 1975, pp. 17-24.

PADIOLEAU, Jean. «Systèmes d'interaction et rhétoriques journalistiques», *in* Jean PADIOLEAU. *L'Opinion publique*, Paris, Mouton Éditeur, 1976, p. 256-282.

PALMER, Nancy Doyle. «When Reporting Endangers a Life», *in* Michael C. EMERY et Ted C. SMYTHE, 1989, p. 397-402.

PAQUET, Gilles. «Requiem pour la normalisation», *in* Alain PRUJINER et Florian SAUVAGEAU, 1986, p. 71-79.

PAVLIK, John V. «Journalism Ethics and New Media», *Center for New Media*, Columbia University, notes de cours en ligne, 1998. [http://newmedia.jrn.columbia.edu/1998/exploring/CNM-Ethics.html]

PÉAN, Pierre et COHEN, Philippe, *La face cachée du Monde: Du contre-pouvoir aux abus de pouvoir*, Paris, Mille et une nuits, 2003.

PÉPIN, Raynald. «Des livres pointés du doigt», *Interface*, vol. 10, n° 6, 1989, p. 34-35.

PÉNINOU, Jean-Louis. «Il faut des *ombudsman* dans les journaux», *Esprit*, décembre 1990, p. 79-81.

PÉRIER-DAVILLE, Denis. «Menaces sur le pluralisme de la presse», *in Le Monde diplomatique*, 1989, p. 105-111.

PETERS, C. *How Washington Works*, Reading, MA, Addison- Wesley, 1980, 146 pages.

PETERS, John Durham. et CMIEL, Kenneth. «Media Ethics and the Public Sphere», *Communication*, vol. 12, juillet 1991, p. 197-215.

PEYREFITTE, Alain. *C'était de Gaulle*, coll. «Livre de poche», Paris, Fayard, 1994.

PHILLIPS, Bill et KEES, Beverly. *Nothing Sacred - Journalism, Politics and Public Trust in a Tell-All Age*, 1995, Freedom Forum Center. [http//: www.fac.org/publicat/nothsacr/nstoc.htm]

PIOTTE, Jean-Marc *Les grands penseurs du monde occidental*, Montréal, Fides, 1997, 610 p.

PIPPERT, Wesley G. *An Ethics of News*, lieu? Georgetown University Press, 1989, 156 pages.

PLANTIN, Christian. *L'argumentation*, coll. Memo, Paris, Seuil, 1996, 97 p.

POPPER, Karl R. *La société ouverte et ses ennemis. Hegel et Marx*, Paris, Seuil, Tomes 1 et 2, 1979.

POTTER, Deborah. «The President, the Intern, and the Media: Journalism Ethics Under Siege», *Poynter Institute*, 16 février 1998. [http://www.poynter.org/Research/me/me_seige.htm]

POVICH, Elaine S. *Partners & Adversaries : The Contentious Connection Between Congress & the Media*, Washington, DC, The Freedom Forum, 1996, 163 p. [http://www.asne.org/kiosk/archive/convention/conv96/congress.htm]

POYNTER INSTITUTE, *Journalism Values & Ethics in New Media Conference*, 23 février 1997. [http://www.poynter.org/dj/Projects/newmedethics/me_samprot.htm]

PRATO, L. «Don't forget about the news», *American Journalism Review*, 1998, vol 20, nº 7, p. 90.

PRESSE CANADIENNE. *Guide du journaliste*, 3e édition revue et augmentée, Montréal, 1986, 153 p.

PRICHARD Peter S. *News junkies, News critics; How Americans use the news and what they think about it*, New York, *Freedom Forum Media Studies Center*, Presswatch, 7 mars 1997.

PRITCHARD, David. «The Role of Press Councils in a System of Media Accountability: The Case of Quebec», *Canadian Journal of Communication*, vol. 16, 1991, p. 73-93.

PRITCHARD, David et MORGAN, Madelyn Peroni. «Impact of ethics codes on judgments by journalists: a natural experiment», *Journalism Quarterly*, vol. 66, nº 4, 1989, p. 934-941.

PRITCHARD, David et SAUVAGEAU, Florian, *Les Journalistes canadiens; un portrait de fin de siècle*, Sainte-Foy, Éditeur PUL 1999, 144 p.

PRUJINER, Alain et SAUVAGEAU, Florian. *Qu'est-ce que la liberté de presse?*, Montréal, Boréal, 1986, 258 p.

PRYOR, Larry. «Statement of Purpose», *Online Journalism Review*, 28 septembre 1999. [http://ojr.usc.edu/content/story.cfm?id=58]

PRYOR, Larry et GRABOWICZ, Paul. «Privacy Disclosure on News Sites Low», *Online Journalism Review*, 13 juin 2001. [http://ojr.usc.edu/content/story.cfm?id=595]

RADIO-TELEVISION NEWS DIRECTORS ASSOCIATION, «RTNDF Journalism Ethics and Integrity Project», 1998, 66 p. [http://www.rtnda.org/research/survey.pdf]

RADIO AND TELEVISION NEWS DIRECTOR FOUNDATION, *Local Television News Study of News Directors and the General Public*, 2003, 95 p. [http://www.rtnda.org/ethics/2003survey.pdf]

RAMONET, Ignacio. «Frontières», *Le Monde Diplomatique*, nº 447, juin 1991, p. 1.

RAMONET, Ignacio. «Médias en danger», *Le Monde diplomatique*, février 1996, p. 1.

RAWLS, John. *A Theory of Justice*, 1971, Cambridge, The Belknap Press of Harvard University Press, 20e édition, 1994, 607 p.

REDDICK, Randy et FICKES, Jim. «New Media Summit», *2001 and Beyond*, actes d'un colloque organisé par *Facsnet*, 2000, 9 p., p. 22-24.

REGAN, Tom. «Technology Is Changing Journalism Just as it always has», *Nieman Reports*, vol. 54, nº 4, hiver 2000, p. 6-9.

REISENWITZ, Timothy H. et WHIPPLE, Thomas W. «Social Issues and Media Sensationnalism: The Effectiveness of Teaching Methods to Affect Their Perceived Importance», *Teaching Business Ethics*, vol. 3, 1999, p. 13–25.

REPORTERS COMMITTEE FOR FREEDOM OF THE PRESS, *Paying the Price :A Recent Census of Reporers Jailed or Fined for Refusing to Testify*, 200, (http ://www.rcfp.org/search .php?method=and&words=paying+the+price).

RESEARCH INDUSTRY COALITION, *Misuse of call-in «polls»*. [http :// www.researchindustry.org/Pages/polls.html]

REST, James R., NARVAEZ, Darcia, THOMA, Stephen J. et BEBEAU, Muriel J. «A Neo-Kohlbergian Approach to Morality Research», *Journal of Moral Education*, vol. 29, nº 4, 2000, p. 381-395.

REVEL, Jean-François. *Mémoires. Le voleur dans la maison vide*, Paris, Plon, 1997, 649 p.

RHODE, Éric. «Le journaliste et ses pièges», *Médiaspouvoirs*, nº 16, 1989, p. 71-78.

RICCHIARDI, Sherry. «Standards Are the First Casualty», *in American Journalism Review*, mars 1998, 12 pages (formal légal) [en ligne]. [http//www.newslink.org/ ajrricchiardi.html)

RICHSTAD, Jim. «Communication in a Dangerous World», *in* Michael C. EMERY et Ted C. SMYTHE, 1989, pp. 245-259.

RIFFE, D. «Relative Credibility Revisited : How 18 Unnamed Sources Are Rated»,*Journalism Quarterly*, vol. 57, hiver 1980, p. 618-623.

RINGIER ROMANDIE, *Baromedia 2001 : Baromètre annuel des médias suisses*, Lausanne, 2001, 20 p.

RISSER, James. «Lessons from L.A.: The Wall is Heading Back» *Columbia Journalism Review*, janvier/février 2000. [http ://www.cjr.org/year/00/1/lalessons.asp]

RITCHIE, Donald A. *Press Galery: Congress and the Washington Correspondents*, Cambridge, MA, Harvard University Press, 1991, 293 p.

RIVARD, Adjutor. *De la liberté de la Presse*, Québec, Librairie Garneau, 1923, 125 p.

RIVERIN BEAULIEU, Caroline. et SAUVAGEAU, Florian, «Québec 84 ou des médias "mer et monde"», *in* Jean CHARRON, Jacques LEMIEUX et Florian SAUVAGEAU, 1991, p. 139-169.

RIVERS, William L. et MATHEWS, Cleve. *Ethics for the Media*, New Jersey, Prentice Hall, 1988, 307 p.

ROBERTSON, Lori. «Who Do You Trust?» *in American Journalism Review*, juillet-août 1998, 6 p. [en ligne]. [http ://www.newslink.org/ajrlorijuly98.html]

ROBINSON, Michael J. et KOHUT Andrew, «Believability and the Press», *Public Opinion Quarterly*, vol. 52, nº 2, été 1988, p. 174-189.

ROBINSON, M. et ORNSTEIN, N. «Why Press Credibility is going down», *Washington Journalism Review*, vol. 12, nº 1, 1990, p. 34-37.

RODRIGUEZ, Juan Vincente Requenjo. «The Ethics of Journalism in Peru», *in* Thomas W. COOPER *et al.*, 1989, p. 219-224.

RODRIGUEZ, Rick. «Ethics breach results in firing of Bee reporter», *The Sacramento Bee*, 22 novembre 2000.

ROSEN, Jay. *Getting the Connections Right: Public Journalism and the Troubles in the Press*, New York, Twenty Century Fund, 1995. [http://www.tcf.org/Publications/Media/Getting_the_Connections_Right/Preface.htm]

ROSSMAN, Allen J. «Quantitative reasoning: argument with data», *College Teaching*, printemps 1997 vol. 45, n° 2, p. 52.

ROUGE, Jean-François. «Le journaliste au risque de l'argent», *Esprit*, décembre 1990, p. 35-46.

ROUSSEAU, Jean-Jacques. *Du contrat social*, Paris, Flammarion, 1992, 187 p.

RUFFIÉ, Jacques. *De la biologie à la culture*, coll. Champs, Paris, Flammarion, 1983a, vol. 1, 303 p.

--------------. *De la biologie à la culture*, coll. Champs, Paris, Flammarion, 1983b, vol. 2, 334 p.

--------------. *Traité du vivant*, Tome I, coll. Champs, Paris, Flammarion, 1986a, 350 p.

--------------. *Traité du vivant*, Tome II, coll. Champs, Paris, Flammarion, 1986b, 446 p.

RYAN, Claude. «Les multiples facettes du problème», *in* Alain PRUJINER et Florian SAUVAGEAU, 1986, p. 15-33.

SACCHITELLE, Robert. «L'information judiciaire: un contrôle est nécessaire», *in* Alain PRUJINER et Florian SAUVAGEAU, 1986, p. 54-58.

SAKHAROV, Andreï. *Mémoires*, Paris, Seuil, 1990, 808 p.

SANDERS, Keith P. et CHANG, Won H. *Codes - The Ethical Free-for-All*, Columbia, Freedom of Information Foundation, Columbia, 1977, 26 p.

SAN FRANCISCO BAY GUARDIAN (SFBG). «Project Censored: Ten Big Stories the Mainstream Press Ignored», *in* Thomas W. COOPER *et al.* 1989, p. 309-320.

SAN FRANCISCO CHRONICLE, *Ethical News Gathering*, American Society of News Editors, 17 février 1999. [http://www.asne.org/ideas/codes/sanfranciscochronicle.htm]

SAURIOL, Chantal. *Les abus de la liberté d'expression: l'encadrement juridique du rôle du critique*, Cowansville, Les éditions Yvon Blais Inc. 1991, 118 p.

SAUVAGEAU, Florian. «Le droit à l'information n'égale pas l'intérêt public», *Le 30*, vol. 16, n° 9, 1992, p. 11.

--------------. «Pour terminer... sans conclure: la liberté au quotidien», *in* Alain PRUJINER et Florian SAUVAGEAU, 1986, p. 215-223.

SCANLON, Joseph T. «Some Reflections on the Matter of Ethics in Journalism», *in* Lee THAYER. *Ethics, Morality and The Media: Reflections on American Culture*, New York, Hastings House, 1980, 302 p., p. 127-137.

SCHAFER, R. «The Minnesota News Council - Developping Standards for Press Ethics», *Journalism Quarterly*, vol. 58, n° 3, 1981, p. 355-362.

SCHAFER, R. «News Media and Complainant Attitudes Toward the Minnesota Press Council», *Journalism Quarterly*, vol. 56, nº 4, hiver 1979, pp. 744-752.

SCHMUHL, Robert.*The Responsibilities of Journalism*, s.l., University of Notre Dame Press, 1984, 138 pages.

SCHOENBACH, Klauss. «Mass media et campagnes électorales en Allemagne», *in* Frederick J. Fletcher (dir.) *Médias, élections et démocratie*, Montréal, Wilson & Lafleur, 1991, Commission royale sur la réforme électorale et le financement des partis, vol. 19, 266 p., p. 73-98.

SCHRAMM, Wilbur. «Quality in Mass Communications», *in* John C. MERRILL et Ralph BARNEY, 1975, pp. 37-47.

SEIBEL, Mark. «Is Including E-Mail Addresses in Reporters' Bylines a Good Idea?

At The Miami Herald, the jury of journalists is still deliberating», *Nieman Reports*, vol. 54, nº 4, hiver 2000, p. 28.

SÉNÉCAL, Jean-Pierre j.c.s., *Yves Beaudoin* c. *La Presse Ltée* et *André Noël, Yves Beaudoin* c. *La Presse Ltée et Agnès Gruda*, (c. s. Montréal, nº 500-05-018-459-923 et c. s. Montréal, nº 500-05-000-520-955), jugement, 18 novembre 1997, 104 p.

SERGEANT, Jean-Claude. «La presse britannique à la recherche d'une déontologie», *Médiaspouvoirs*, nº 22. mai-juin, 1991, p. 118-124.

SHARKEY, Jacqueline. «The Diana Aftermath», *American Journalism Review*, novembre 1997. [http://www.ajr.org/Article.asp?id=785]

SHAW, D. *Press Watch: A Provocative Look at How Newspapers Report the News*, New York, MacMillan, 1984.

SHAW, David. «Crossing the Line», *Los Angeles Times*, 20 décembre 1999, supplément de 14 pages relatant les resultats de l'enquête de Shaw.

SHEPPARD, Judith. «Playing Defense», *American Journalism Review*, septembre 1998, 15 p. [http://www.newslink.org/ajrjudysept98a.html]

SIBBISON, Jim. «AP: The price of purity», *Columbia Journalism Review*, novembre/ décembre 1987, p. 56-57.

SIGAL, Leon V. *Reporters and Officials*, Massachusetts, Lexington Books, 1974, 221 p.

SIGAL, Leon V. «Sources Make the News», *in* MANOFF, Robert Karl, et SCHUDSON, Michael, (éd.) *Reading the news*, New York, Pantheon Books, 1987, 246 p., p. 9-37.

SILK, Leonard. «The Ethics and Economics of Journalism», *in* Robert SCHMUHL, 1984, p. 86-92.

SINGLETARY, M.W., CAUDILL, S., CAUDILL, E. et WHITE, A. «Motives for ethical decision-making», *Journalism Quarterly*, vol. 67, nº 4, 1990, p. 964-972.

SMYTHE, Ted Curtis. «Ethics in American Mass Communications: An Introduction», *in* Michael C. EMERY et Tad C. SMYTHE, 1989, p. 361-374.

SOCIÉTÉ RADIO-CANADA, *Normes et pratiques journalistiques*, Montréal, 2001, 215 p.

SOCIÉTÉ RADIO-CANADA, *Rapport annuel de l'ombudsman 1993-1994*, Montréal, 1994.

SOCIÉTÉ RADIO-CANADA, *Rapport annuel de l'ombudsman du service français 1994-1995*, Montréal, 1995,

SOCIÉTÉ RADIO-CANADA, *Rapport annuel de l'ombudsman du service français 1995-1996*, Montréal, 1996.

SOCIÉTÉ RADIO-CANADA, *Rapport annuel de l'ombudsman du service français 1996-1997*, Montréal, 1997.

SOCIETY OF PROFESSIONAL JOURNALISTS, *Code of Ethics*, 1996.

SOFRES, *La confiance des Français dans les médias*, 23 janvier 2001a. [http ://www.tns-sofres.com/etudes/pol/230101_medias_n.htm]

SOFRES, résultats du sondage *Télérama/La Croix* de décembre 2001, 2001b (http: //www.sofres.com/etudes/pol/290102_medias_r.htm).

SON, Taegyu, *Leaks How do Codes of Ethics address them ?*, Communication prononcée au congrès 2001 de l'Association for Education in Journalism and Mass Communication, Washington.

SORMANY, Pierre. *Le métier de journaliste : guide des outils et des pratiques du journalisme au Québec*, Montréal, Boréal, 1990, 406 p.

SPROULE, Michael. Argument. *Language and its Influence*, New York, McGraw-Hill, 1980.

SRI LANKA PRESS COUNCIL, *Press Council (Code of Ethics for Journalists) Rules*, 1981.

STARK, David. «Bad apples spoil it for pollsters : the spread of unscientific surveys», *Marketing*, 30 juin 1997, vol. 124, n° 25, p. 21.

ST. DIZIER, B. «Reporters' Use of Confidential Sources, 1974 and 1984 : A Comparative Study», *Newspaper Research Journal*, vol. 6, n° 4, 1984, p. 44-50.

STEELE, Bob et BLACK, Jay. «Codes of Ethics and Beyond», *Poynteronline*, 1er avril 1999. [http ://www.poynter.org/dg.lts/id.5522/content.content_view.htm]

STEELE, Bob et COCHRAN, Wendell. *A Sample Protocol for Ethical Decision-Making in Computer- Assisted Journalism*, 19 octobre 1998a. [http ://www.poynter.org/Research/car/car_prot.htm]

STEELE, Bob et COCHRAN, Wendell. *Computer-Assisted Reporting Challenges Traditional Newsgathering Safeguards*, 19 octobre 1998b. [http :// www.poynter.org/Research/car/car_chal.htm]

STEIN, M.L. *Getting and writing the news : a guide to reporting*, New York, Longman, 1985, 297 p.

STEPP, Carl Sessions. «When readers design the news», *Washington Journalism Review*, avril 1991, p. 20-24.

STEPP, Carl Sessions, «Positive Reviews», *American Journalism Review*, mars 2001. [http : //216.167.28.193/Article.asp ?id=230]

STRAUS REED, Barbara. «Women and the Media», *in* Michael C. EMERY et Tad C. SMYTHE, 1989, p. 199-217.

STRAUSS, Marina. «Buying "News": Advertorials invade editorial departments», *Content*, septembre/octobre 1990, p. 17-18.

STRECKFUSS, Richard. «Objectivity in journalism: a search and a reassessment», *Journalism Quarterly*, vol. 67, n° 4, 1990, p. 973-983.

STRENTZ, Herbert. *News reporters and news sources; what happens before the story is written*, Ames, Iowa State University Press, 1978, 102 p.

STROOBANTS, Jean-Pierre. «Opinions et débats», Entrevue avec Dominique Wolton, *Le Soir*, mardi 21 mars 1995, p. 2.

STUART MILL, John. *De la liberté*, coll. Folio essais, n° 142, Paris, Gallimard, 1990, 242 p.

SWAIN, Bruce M. *Reporter's Ethics*, Iowa State University Press, Ames, 1978, 153 p.

SWEARINGEN, John E. «Responsibility in Journalism: A Business Perspective», *in* Robert SCHMUHL, 1984, p. 93-103.

SWENSON, Dadid F. «A Danish Thinker's Estimate of Journalism», *International Journal of Ethics*, vol. 38, n° 1, octobre 1927, p. 70-87.

SYNDICAT NATIONAL DES JOURNALISTES. [http://www.globenet.org/snj/deontologie/munich.html]

SZUSKIEWICZ, Chris. «Journalism schools unnecessary», *Content*, septembre/octobre 1991, p. 21.

TAYLOR, Humphrey. «Can bad polls drive out good?», *National Review*, 19 octobre 1994, vol. 44, n° 20, p. 48.

TEPLJUK, V.M. «The Soviet Union: Professional Responsibility in Mas Media», *in* Thomas W. COOPER *et al.*, 1989, p. 109-123.

The Twentieth Century Fund Task Force on Television and the Campaign of 1992. *Synopsis of the Meetings of the Task Force*, New York, Twentieth Century Fund, 1993. [http://epn.org/tcf/xx800-02.html]

THOMSON, James C. Jr. «Journalistic Ethics: Some Probings by a Media Keeper», in Bernard RUBIN, 1978, p. 40-60.

THUREAU-DANGIN, Philippe. «Journalistes sous influence», *Médiaspouvoirs*, n° 16, 1989, p. 64-70.

TORRACINTA, Claude. «Éthique: attention danger!», *Médiaspouvoirs*, n° 16, 1989, p. 94-101.

TREMBLAY, Jacques (éd.). «L'éthique professionnelle: Réalités du présent et perspectives d'avenir au Québec», *Cahiers de Recherche Étique*, Rimouski, Université du Québec à Rimouski, n° 13, 1989, 191 p.

TRINQUET, Daniel. *Une presse sous influence: Comment la gauche manipule l'opinion*, Paris, Albin Michel, 1992, 369 p.

TRUDEL, Clément. «Les médias doivent limiter leur intrusion dans la vie privée, affirment Lise Bissonnette et le Protecteur du citoyen», *Le Devoir,* mercredi, 19 février 1992, p. A-2.

TUCHER, Andie et BISCHOFF, Dan. «Scorned in an Era of Triumphant Democracy», *Media Studies Journal,* vol. 9, n° 3, été 1995, p. 155-162.

TUCHMAN, Gaye. *Making News: A study in the Construction of Reality,* New York, The Free Press, 1978, 244 p.

TUNSTALL, Jeremy. *Journalists at work,* London, Constable, 1971, 304 p.

UNESCO, *Appel aux peuples du monde et à chaque être humain,* Paris, 1981.

UNION OF JOURNALISTS IN FINLAND, *Guidelines for Good Journalistic Practice,* 1992. [http ://www.ijnet.org/FE_Article/codeethics.asp?UILang=1&CId=8298&CIdLang=1]

VAN GELDER, Lindsay. «Straight or gay, stick to the facts», *Columbia Journalism Review* , novembre/décembre 1990, p. 52-53.

VASTERMAN, Peter. «Media Hypes: A Framework for the Analysis of Publicity Waves», septembre 1995. [http ://www.journalism.fcj.hvu.nl/mediahype/mchype/hype2.html]

de VIRIEU, François-Henri. *La médiacratie,* Paris, Flammarion, 1990, 294 p.

WARHURST, John. «La communication électorale en Australie», *in* Frederick J. Fletcher (dir.) *Médias, élections et démocratie,* Montréal, Wilson & Lafleur, 1991, Commission royale sur la réforme électorale et le financement des partis, vol. 19, 266 p., p. 119-153.

WESTIN, Alan F. *Privacy and Freedom,* New York, Atheneum, 1967.

WHITE, N.D. «Plagiarism and the News Media», *Journal of Mass Media Ethics,* vol. 4, n° 2, 1989, p. 265-280.

WHITE, Robert A. «Social and Political Factors in the Development of Communication Ethics», *in* Thomas W. COOPER *et al.,* 1989, p. 40-65.

WHITMEYER, Joseph M. «Effects of Positive Reputation System», *Social Science Research,* vol. 29, 2000, p. 188-207.

WILHELM, Patricia. «Protection des sources», *Le journaliste démocratique,* n°s 5-6, mai-juin 1991, p. 21.

WILLIAMS, Paul N. *Investigative reporting and editing,* Englewood Cliffs (N.J.), Prentice Hall, 1978, 294 p.

WILLIAMSON, Daniel R. *Newsgathering,* New York, Communication Arts Books, Hastings House, 1979, 250 pages, p. 62-76.

WOLPER, Allan. «Newscaster feuding with newspapers», *Editor & Publisher,* 6 mai 1995, vol. 128, n° 18, p. 9.

WOLTON, Dominique. «Les français et leurs médias: la confiance reste faible», *Médiaspouvoirs,* n° 18, 1990, p. 6-22.

WOLTON, Dominique. «Le journalisme victime de son succès», *Médiaspouvoirs*, nº 16, 1989, p. 51-62.

WOLTON, Dominique. «Communication et démocratie», *Mediaspouvoirs*, nº 37, 1er trimestre, 1995, p. 84-90.

WOOD, Daniel B. «Watching those who watch public opinion», *The Christian Science Monitor*, 19 November 1998, p. 3.

WOODROW, Alain. *Information Manipulation*, Paris, Félin, 1990, 204 p.

WULFEMEYER, Tim K. «Defining ethics in electronic journalism: perceptions of news directors», *Journalism Quarterly*, vol. 67, nº 4, 1990, p. 984-991.

--------------. «How and Why Anonymous Attribution is Used in *Time* and *Newseek*», *Journalism Quarterly*, vol. 62, 1985, p. 81-86, 126.

--------------. «Use of Anonymous Sources in Journalism», *Newspaper Research Journal*, vol. 4, nº 2, 1983, p. 43-50.

WULFEMEYER, K. T. et McFADDEN, L. «Anonymous Attribution in Network News», *Journalism Quarterly*, vol. 63, 1986, p. 468-473.

YOUM, Kyu Ho. «Licensing of journalists under international law», *Gazette*, vol. 46, 1990, p. 113-124.

ZIESENIS, Elizabeth B. «Suicide Coverage in Newspapers: An Ethical Consideration», *Journal of Mass Media Ethics*, vol. 6, nº 4, 1991, p. 234-244.

MARQUIS
Marquis imprimeur inc.
Québec, Canada
2011